文
化
普
华

PUHUA BOOKS

我
们
一
起
解
决
问
题

趋势投资

金融市场
技术分析指南

Investment
by Trend

丁圣元 著

人民邮电出版社
北 京

图书在版编目（CIP）数据

趋势投资：金融市场技术分析指南 / 丁圣元著. --
北京：人民邮电出版社，2020.10
ISBN 978-7-115-54580-0

Ⅰ．①趋… Ⅱ．①丁… Ⅲ．①金融市场—经济分析
Ⅳ．①F830.9

中国版本图书馆CIP数据核字(2020)第144003号

内 容 提 要

金融市场异常复杂，入场投资前，我们需要先看清楚市场大势，理解中期和短期趋势的变化逻辑，才能做到顺势而为、趋利避害、稳健获利。

本书从《易经》中的辩证思维模型出发，综合考虑金融市场长期与中短期趋势推动因素，构建了一整套趋势投资分析方法。作者将这一方法与蜡烛图分析工具相融合，化繁为简，使读者可以清晰地看到持续横盘走势、反转走势等复杂市场行情背后的本质，把握其中的关键事实，计算市场未来各种可能走向的概率，建立买入与卖出的原则和标准，采取合理的交易策略。本书搜集了过去数十年间来自股票、期货、外汇市场的大量图形案例，证明了这些分析方法可以广泛适用于不同的金融产品市场。

本书适合喜爱技术分析的个人投资者以及金融机构的操盘手、分析师阅读。

◆ 著　　　　丁圣元
　　责任编辑　王飞龙
　　责任印制　彭志环

◆人民邮电出版社出版发行　　北京市丰台区成寿寺路11号
　　邮编 100164　　电子邮件 315@ptpress.com.cn
　　网址 https://www.ptpress.com.cn
　　北京捷迅佳彩印刷有限公司印刷

◆开本：787×1092　1/16
　　印张：24.5　　　　　　　　　2020年10月第1版
　　字数：360千字　　　　　　　2025年11月北京第15次印刷

定　价：118.00元

读者服务热线：（010）81055656　印装质量热线：（010）81055316
反盗版热线：（010）81055315

前言

写作本书的目的是将趋势分析的方法融会贯通，使它们更加切合实用。具体来说，首先是给市场技术分析建立理论基础；其次是使读者能够吃透日本蜡烛图技术、西方技术分析方法；最后是使读者可以将理论和方法应用到实践中，力求得心应手，形成趋势投资能力。

本书的图例覆盖了中美股市、外汇、能源、贵金属、债券等众多金融市场，几乎每个图例都附有较详细的解说。其中主要涉及的是中美股市和外汇市场，差不多构成了几个系列，既形成了连续演变的剧情，也从各个角度反复分析，以求深入。

值得说明的是，虽然本书内容有一定的内在逻辑，但读者不需要以前文为基础来理解后文。本书每章一个主题，分别理解市场技术分析某一方面的重要内容，力求深入浅出、完全吃透。您完全可以按照自己喜欢的顺序来阅读。有的内容不感兴趣，或者一时不理解，可以先跳过，以后再说。

1990 年毕业后，我从外汇交易做起。那时候没有现成的计算机图表，每天必须手工绘制行情图线。外汇交易的主要研究工具是技术分析，因此我几乎从一开始便接触到市场技术分析了。

1993 年，我翻译了《期货市场技术分析》（[美] 约翰・墨菲著，地震出版社 ）。这本书讲的是西方技术分析，全书 17 章，是一部经典的技术分析教材。1998 年，我翻译了《日本蜡烛图技术》（[美] 史蒂夫・尼森著，第二版，湖南文艺出版社・博集天卷 ）。这本书讲的是东方技术分析。蜡烛图的技术色彩鲜明，提供了丰富的图形信息。上面这两本书相互补充，较为全面地介绍了市场技术分析理论和方法，是学习技术分析的良好起点。虽然如此，随着市场实践的增多，随着对技术分析理解的加深，我心中依然存在一些疑问。

以《期货市场技术分析》为例，首先，市场技术分析的理论基础就是那三条[1]吗？它们似乎是对现象的归纳，没有更深入地揭示市场变化的内在原因。其次，该书内容全面，可是哪些是主要内容，哪些是附带内容？特别是当技术分析工具发出矛盾信号时，如何取舍？很显然，技术分析的各方面内容并不能等量齐观，而是有些带有根本性，有些带有辅助性。最后，西方技术分析往往一个工具说一个方面，带有较强的分析感，有时导致只见树木不见森林的困惑，而市场演变是整体的，存在起、承、转、合的基本顺序，怎么才能认识其中的整体感呢？

以《日本蜡烛图技术》为例。首先，蜡烛图技术形态花样繁多，死记硬背不是办法，其中贯穿了什么基本原则？怎样才能以简御繁、纲举目张？其次，蜡烛图技术信号大多十分灵敏，往往凭借两三根蜡烛线就能得到相应的技术线索，那么这样的技术信号会管用多长时间？怎样理解蜡烛图技术的长短时间架构？最后，西方技术分析和东方技术分析如何从根本上结合起来，成为一个整体化的分析框架？

这些疑问多年来一直在我心头萦绕，驱动我不断学习、思考，在实践中尝试着寻求解答。尤其是学习《周易》，令我受益良多。另外，我经常讲授市场技术分析理论与方法的课程，几乎每次都需要编写讲课提纲。经过不断积累、修改、补充。久而久之，终于获得了一点点收获。

简言之，市场技术分析的理论基础是《周易》，"易以道阴阳"（《庄子·天下篇》）。"天地之间无往而非阴阳，一动一静、一语一默皆是阴阳之理"（朱熹，《朱子语类·读易纲领》）。阴阳"模型"普适于分析世间万事万物的变化，金融市场行情当然包括在内。本书借助《周易》，以阴阳作为分析事物变化的理论基础，提出了变化的基本方式——理想的趋势演变模式。《周易》在帮助我们认识市场的同时，更突出的贡献在于帮助我们认识投资交易行为，认识自己。

西方技术分析的趋势定义具有提纲挈领的良好作用，本书运用趋势定义来理解蜡烛图图表、蜡烛图技术形态，将繁杂的蜡烛图技术简化为基本的趋势演变过程，理解为基本趋势信号，从而以一当十、以简御繁。不仅如此，以趋势定义作为共同出发点，可以将东西方技术分析融会贯通、自然整合。

分析市场、应对变化，关键在于简化。所谓简化，就是要抓住行情变化和投资交易的本质。行情变化和投资交易的本质是"文武之道，一张一弛"。

---

[1] 该书第一章提出了市场技术分析的三条基本假定：市场行为包容消化一切，价格以趋势方式演变，历史会重演。

当行情顺利推进时，大多数市场参与者都会感受到明确的趋势方向，行情一次接一次地创新高（或创新低），形成了向上（或向下）延伸的线条，这是"张"。突然，行情掉头，突破了一个近期的标志性低点（或高点），接下来，到底是转势呢，还是调整一段时间后再继续原来的趋势呢？变化从这里产生。

变化刚刚发生时，线索少，看不清来头，"其初难知"（《周易·系词传》）。慢慢地，市场稳定下来，逐步显示出持续形态或反转形态的特点，演变为横向发展的团块，这是"弛"。"弛"的过程不断带来新的市场信息，最后，市场通过向上或向下的突破，进入新的"张"的阶段。

"弛"之后，一种可能是恢复原来的趋势。在这种情况下，"弛"之前的"张"确立趋势，"弛"调节了趋势节奏，"弛"之后的"张"顺水推舟。

另一种可能是原来的趋势逆转，产生新趋势。在这种情况下，"弛"之前的"张"和现在新的"张"分道扬镳，"弛"的过程从最初的不确定，酿成了天翻地覆的大变化。

总之，"张"和"弛"的延续都是既有市场状态的延续，无论从"弛"到"张"，还是从"张"到"弛"，都是既有市场状态的改变，可能引发趋势变化。要抓住上述变化的本质，重点是切实掌握市场技术分析的理论和工具，包括图表的基本形式、趋势定义、理想的趋势演变模式、基本的趋势分析工具、价格形态等，然后再通过简化来解决如下重要问题：

第一，趋势方向；

第二，趋势阶段；

第三，"张""弛"转化的发生和演变。

基本上，分析市场的过程，就是上述简化的过程。

本书的前身是授课讲义。清华大学深圳国际研究生院培训学院、北京大学经济学院金融与投资期货研修班多次邀请我为金融期货从业人员和产业界从事套保和交易的人员讲授市场技术分析。每次授课前我都会认真修改讲义，每次授课都力求讲得更明白，自己也每次都获益匪浅、有所提高。衷心感谢各位老师和同学们！

丁立侬绘制了图 9.2，为本书增色，一并致谢！

丁圣元

2020 年 6 月 6 日 于北京

本书导读

在本节，我将一一介绍本书各个部分的内容。本书包括引言和正文，正文共分为九章。

引言　趋势分析的一个通用"模型"

引言从双腿走路说起，用《周易》阴阳的观点来看待投资人与市场、看得清与看不清、投资与风险等根本性问题。再借助六十四卦中与投资交易关系较直接的几卦，说明了投资交易的本质，以及对投资交易应采取的恰当态度。

第一章　趋势原理及理想的趋势演变模式

几个要素相互促进或相互抑制，组成了正反馈因果循环链条，或负反馈因果循环链条，由此决定了行情趋势。本章以《周易》八卦作为大、中、小三层次趋势组合的标志，按照先天卦序为趋势组合状态排列大、中、小趋势的组合顺序，叠加起来得到理想的趋势演变模式：第一个阶段，做底或做顶；第二个阶段，往来不穷；第三个阶段，几乎单向式上涨或下跌。

第二章　蜡烛图技术基础

日本蜡烛图技术特点鲜明、技术形态种类繁多。结合西方技术分析的趋势定义，我们可以以简御繁，认清趋势的本质。将繁复的蜡烛图技术转化为基本的趋势形态和信号，起到了纲举目张的良好效果。本书大力推荐月蜡烛线图，认为其简繁得当，可以用来简明地跟踪长期趋势。

第三章和第四章　趋势分析基本工具

基本的趋势分析工具最贴近行情本身，最大限度地保留了原始市场信息，它们包括趋势定义、价格水平、百分比回撤水平、价格跳空、趋势线等。它们标识了市场状态的边界，当市场突破边界线时，它们可以帮助我们第一时间注意到市场状态可能改变。如此一来，它们便成为识别市场趋势的有力工具。

基本工具简明而实用，是市场技术分析的基础，值得仔细深入地研究。

第五章　常见的持续价格形态

市场趋势状态像一条线，非趋势状态像一个或大或小的团块。线是前进，团块是停顿。价格形态就是要区分"行情团块"的性质。预期团块完成后原趋势还将继续的，则其属于持续价格形态；预期原趋势将逆转为反向趋势的，则其属于反转形态。当市场进入非趋势状态后，越早分辨其性质，越有利于我们采取恰当的应对措施。

价格形态分析是对基本的市场分析工具的组合运用，而后者正是价格形态分析的基础。

第六章　常见的反转价格形态

在趋势演变过程中，停顿的情况如果发生一百次，那么其中可能有九十九次都是持续性质的，只是虚惊一场，只有那唯一的一次属于真正的反转形态。然而，我们对一百次中的每一次都要小心应对、如履薄冰，为的就是甄别那唯一的一次。反转形态标志着趋势的完全逆转。跟踪趋势的过程，就是恰如其分地处置行情"团块"，尽早分辨价格形态到底属于持续形态还是反转形态。解开这团乱麻，就能接着再享受下一段行情"线条"。

如果有证据表明它是持续形态或反转形态，那我们当然会如愿以偿；如果有证据表明它不可能是某种性质的价格形态，那它就更可能是另一种性质的，也可以从反面加以利用。

第七章　市场技术分析的三个层面

我们可以从三个层面来应用市场技术分析。第一个层面主要应用趋势定义，关注重要的历史高低点，以重要历史高低点作为比较基准，识别长期乃至超长期趋势。第二个层面是价格形态层面，通过分析价格形态跟踪趋势演变，判断趋势是持续还是逆转。第三个层面是密切跟踪每根蜡烛线，尤其是最新蜡烛线的动态演变过程，主要应用蜡烛图趋势分析、基本的买卖信号等。

第八章　跟踪趋势的要领

本章反复叮咛实际跟踪趋势的若干要领。首先，提出了若干重要注意事项，包括"投资交易问题多，唯有趋势方向最关键""判断趋势须保持直观和朴素""靶子是死的，兔子是活的""面向未来，处处歧路"。然后，详细分析了五项日常操作要领。最后，学以致用，通过上证指数 2008—2015 年行情演变展示了日常跟踪趋势的具体过程。

第九章 透过市场求觉悟

当事人境遇变化在前，观念"跟进"在后，身子比脑子快，现实比思想快。市场技术分析的专业训练和其他各种实用技术的基本目的是，一旦事件发生，当事人就能正确地认识事件本质，在事件发生后的第一时间采取恰当的应对措施，不需要事件重复发生，尽可能缩短滞后效应，不脱离现实。

目录

第四章

趋势分析基本工具（下） _ 147

第五章

常见的持续价格形态 _ 197

趋势分析的一个通用"模型"

Investment
by Trend

每当买家具之前，我们都会在摆放家具的空间里左量右量，一定要弄清楚地方有多大、能放多大的家具，这样买来的家具才能既实用又与周边环境和谐。甚至给家里的边边角角买个小架子装饰装饰，我们也都会量清楚。

家具若不合适，顶多影响一段时间的观瞻和使用，实在不行，扔掉重买也没什么大不了的。即使买家具算不上什么太大的事情，我们都要反复衡量，那么比这重要的事情，自然就更需要仔细测算，必须做到心中有数了。

学业、婚姻、求职、创业、投资理财等都是生活中的大事，无一不对人生具有决定性的影响。以求学为例，人们给学校、专业进行排名，是希望从口碑、排名等方面找到一个尺度来衡量学校和专业。学生成绩则是另一种尺度，人们希望通过成绩来衡量学生的学习能力、培养前途。可是，这些尺度往往是突出一点不及其余，成绩与排名主要体现的是能不能考取的问题，但其中的关键性问题，即到底哪个学校和哪个专业适合某位学生，这就很难有尺度来衡量了。特别是当我们考虑这位学生未来的发展前途时，需要把社会发展趋势、个人潜力、运气等因素都考虑进来，这就成为一个相当有难度的问题了。

现代社会建立了各式各样的衡量尺度：衡量宏观经济有 GDP 增长率，衡量通货膨胀有物价指数，衡量投资理财有基准利率，衡量股市有股票指数，衡量财富有人均收入，诸如此类，不一而足。这种现象说明人们越来越重视客观尺度，现代生活离不开各种尺度。

然而，每种尺度都有其不足之处。那么，世上有没有一种普遍适用的万能尺度，它可以衡量未来趋势？

第一节
走路带来的启发——我们身上活生生的阴阳特性

从走路看阴阳的关系

观察一个人走路可以看到，走路时两腿交替，动的腿有力地朝前迈出，不动的腿稳定地把住地面，同时支撑身体；当动的腿迈出一定距离时，脚落地，此时它开始把住地面，与此同时，之前不动的那条腿开始蹬起、向前迈出，交替循环，人便往前移动。以上过程实际上是连续变化的，腿的迈动、蹬动相辅相成，身体重心不停地向前移动、上下起伏，连续交替、变化，形成了一种协调有韵律的行为。

《周易》中说："古者包羲氏之王天下也，仰则观象于天，俯则观法于地，观鸟兽之文与地之宜，近取诸身，远取诸物，于是始作八卦……"走路的双腿乃是活生生的阴阳"模型"，差不多人人都能走、可以随时拔腿就走，我们可以"近取诸身"，从中深刻领会阴阳的概念，进而加以发展和运用。

首先，"阴"和"阳"具有不同的角色分工，又各具显著不同的基本特点。动腿可以用阳代表，其属性包括动、主动、在明处使劲、朝向目标、动作大；对应地，不动的腿用阴代表，其属性包括静、被动、在暗处使劲、止于原点、配合动作。

我们用"–"爻表示阳，用"--"爻表示阴，一般说来，阴和阳的对照和属性如表1所示。

表1　阴和阳举例

阳	阴
刚	柔
天	地
日	月
男	女
明、显	暗、隐
实	虚
主动、主	被动、从
动、行	静、止
开	合
直接	间接

（续表）

阳	阴
直	曲
前	后
开创	守成
善	不善
富	不富
进	退
涨	跌
益	损
快	慢
大、多	小、少

其次，走路的两腿阴阳分工并不是固定不变的，例如不能简单说左腿为阳、右腿为阴等，而是在走路的过程中才产生角色分工，并且，在走路的过程中阴阳角色分工不停地动态转化、轮流交换。走路时，两腿不停地"左、右、左、右"往前迈，这实质上就是阴阳角色交替，并形成一定的节奏和韵律。从这个道理出发，太极图中的阴阳鱼便可以看成是对两条腿交替转化的图形化说明（见图1）。

再次，阴和阳同属一个整体，甚至它们的分工都是为了这个整体的共同目的——有意或随意地走动。之所以前腿要迈，是为了实现和发挥后腿蹬的功效；之所以后腿要止定不动，是为了稳住阵脚，保证前腿稳定、可靠地朝向目标迈出。阴的蹬和阳的迈，通过身体来相互协作、相互转化，相反相成。

图1 太极图

外侧的圆圈表示阴和阳两者共同组成一个整体。阴和阳的变化相反相成，阴中有阳，阳中有阴；阳极转阴，阴极转阳。阴和阳的发展变化具备阶段性特征。

复次，阴和阳均需适度，并且相互必须达成平衡与和谐。阴过盛，则后腿如同灌了铅，拖沓不前；阴不足，则走不稳，如同走在冰上，滑来滑去；阳过盛，则步子迈得太大，冒冒失失，一步太大，后面的步子反而难以为继；阳不足，则扯不开腿、迈不开步子，蹭地趔趄。正常的走路是在同一个整体下双腿协调一致，大步迈进，阴阳均需有力；若似流星赶月，则阴阳均需快速；若讲排场踱方步，则需双腿不疾不徐，启停四平八稳；若信马由缰散步，则是缓步行来，随意漫步，一路观花赏景。

最后，可能也是最重要的，只要谈到变化，则必谈阴阳；不止如此，有阴必有阳，有阳必有阴，阴阳相伴、相生、相克，相反相成。当然，这并不是说阴阳等量齐观，阳是主动一方，主导整体变化的方向和节奏。

当一个人站立不动时，谈不上走向、路径、目的地。站着不动，相当于一个囫囵的整体（这是太极），不分阴阳。奇特的是，当他走起来后，两腿连续动态转化，变化就此发生。想想看，一个人仅凭他的两条腿，就可以双腿协调随心所欲，可行可止，行万里路，走向任何目的地。阴阳动态角色分工，乃是变化的根源，是我们理解变化的起点。换言之，理解变化，必须从阴阳开始。

概括起来，通过分析走路时活生生的阴阳鱼，区分阴阳，可以看到其中既有角色分工又有相互转化，阴阳动态交替，变化就此产生，从而可以据此建立阴阳"模型"。该模型一方面简单到不能再简单，另一方面又普遍适用。

根本趋势和方向——"方向比速度重要，选择比努力重要"

事业和生活事务的处理大致可分为三大步骤：第一，观察并判断形势；第二，形成决策并付诸行动；第三，评估后果并调整前两个步骤。这三个步骤循环不已。

在上述三个步骤中，存在两种截然不同的大趋势和大方向的基本抉择，如果这个抉择做错了，就从根子上错了。须知"方向比速度重要，选择比努力重要"。方向错了，走得越快，偏离得越远。

不仅如此，从长期来看，大趋势和大方向的确是交替前行的，没有一劳永逸，也不会一成不变。因此，我们可以借助阴阳关系来深刻理解根本趋势和方向（见表2）。

在观察和判断方面，举例来说，在季节演变上，春天是气温从寒冷到暑热的过渡，秋天是气温从暑热到寒冷的过渡，其基本趋势和方向完全不同；在事业发展上，兴盛是从低潮向高潮的蓬勃发展，是成长和扩张期，而衰退则是从高潮向低潮的消退，是收缩和回落期；在市场交易方面，则无疑是行情上涨和下跌。同样，这些例子在决策和行动方面，也存在基本方向完全不同的两类根本性抉择，在现实后果方面，自然也是泾渭分明。

表2　借助阴阳关系来深刻理解观察形势、决策行动和后果评估，判断这三大步骤中的根本趋势和方向

	观察形势	决策行动	后果评估
气候	春、秋	播种、收藏	丰、欠
事业	兴、衰	攻、守	利、害
能力	强、弱	主、从（主动、被动）	得、失
境遇	机、危	取、舍；行、止；实、虚	安、危；成、败；存、亡
仕途	通、塞	出、入（显、隐）	顺、逆；荣、辱
投资交易	上涨、下跌	多头、空头	损、益；盈、亏

实际上，在我国的传统智慧中，借助阴阳关系来建立基本框架的做法比比皆是。

《孙子兵法》中的名言"知己知彼，百战不殆"将其应用在敌我较量中，并强调了观察和判断形势的重要性。

《老子》中的名言"知人者智，自知者明"强调了"知人"和"自知"的阴阳关系，而在现实生活中，人们往往眼睛向外，只求"知人"，殊不知，知人和自知互为表里，不自知，所谓知人多是想当然耳。

《人物志·九徵》中有"圣人淳耀，能兼二美，知微知章，自非圣人莫能两遂"之语。"章"同"彰"。此句意为，既能察知事物的细微隐秘之处，又能看到事物的显著现象，（这两种才能）只有圣人才能同时具备。微和彰同样也是阴阳关系。

《周易·乾·文言》说："知进而不知退，知存而不知亡，知得而不知丧，其唯圣人乎？知进退存亡而不失其正者，其圣人乎？"意为必须在进退、存亡、得失两个方面慎重抉择，力求准确进行上述三个步骤，才能恰如其分，达到平衡点，实现长治久安。

第二节
阴阳理论的应用

阴阳理论应用之一：理解投资交易中最常见的困惑——不安

阴和阳就像人的影子和身体，只要有光，影子和身体就分不开。市场（交易实践）

是阳，我们对市场的观察、分析、反应是阴。这是典型的阴阳关系。

当我们观察事物、观察市场的时候，脑子里得到的总是影子。这影子不论与人多么相像，总是免不了变形，它只是对人的轮廓的近似。更有甚者，在绝大多数情况下，影子不像人的成分多，像人的成分少。只有在非常幸运的极少数时候，我们才能够接近其本来面目。

当我们交易时，那是动真格的，不是和影子打交道，而是真实地和人本身打交道。通过交易，我们回归市场现实，让我们有机会检验自己脑子里的影子，强迫影子回到人本身。这就像影子总是在人的脚后跟处与人结合，从不脱离；也像股指期货和现货股票指数强制在到期日回归到同一个数值。

一方面，我们从小习得的所谓"理性"，执着于因果关系，执着于先得"知、懂、能"，再去实际行动。尽管不可能"全知、全懂、全能"，但总是假定、感觉自己已经决定性地"知、懂、能"，至少假定主要应知的都知道了，主要应懂得的都懂了，主要能做的都可以做到了。

另一方面，根据阴阳原理，知和不知、懂和不懂、能和不能本是同根生，两者如影随形，不能分离；两者通过角色分工相互转化、相辅相成。"知、懂、能"也罢，主要的"知、懂、能"也罢，都是错觉，绝对不是交易者的真实处境。

"理性"投资交易者的真实处境是阴阳循环，而其"理性"只求"阳"拒绝"阴"，于是先天地埋下矛盾，它潜藏着，但总会起作用，令人内心难以平静、安定。"理性的"投资交易者一方面从理性出发参与市场，另一方面内心深处时时察觉上述矛盾，潜在地意识到自己阴阳交替的真实处境。这是不是大多数投资交易者焦虑的主要来源呢？

这些话很虚吗？好，说两个例子。

开车在路上，前方会有突然横穿马路的行人、突然并线加塞的汽车。每一桩突发事件背后都有其发生的原因，当事人一定都有连续的剧情。可是我们开车的时候，既不在乎其中的理由，也拿对方违章没有多少办法，唯一的选择是按照安全规则立即化解、立即应对。只按照规则采取行动。

这些年来国内景区流行铺设玻璃栈道，在悬崖绝壁边伸出。栈道本身建得当然十分坚固，而且玻璃钢也是十分牢靠的建筑材料，承受重量和冲击的能力都是十分优秀的。但在玻璃栈道上常常发生各种令人啼笑皆非的行为！理性告诉我们，玻璃栈道很可靠、很结实，绝不会出问题；但是大多数人却因为透过玻璃看到了脚下的深渊而战栗不已。请问我们的行为有可能是纯粹理性的吗？

市场技术分析给出了一套行为规则，这套行为规则完整地容纳了知和不知两方面，投资交易者借助技术分析工具超越了知和不知、懂和不懂、能和不能的矛盾，严格按照规则守纪律地执行，如此也能逐步超越上述矛盾，减少乃至避免焦虑。因此，市场技术分析工具可以用市场现实来检验，却不可以用"因果"来推理。

化学实验室里的物质成分复杂，有些具有易燃、易爆、强腐蚀等特性，带有一定的危险性。在允许学生进入实验室进行化学实验之前，老师不可能把实验室里所有物质的特点、相互之间的作用都讲明白，学生们也不可能都学会记住。培训学生进实验室的重点是，教会学生化学实验室的操作规范，盯住学生，确保其严格遵照规范操作，绝不允许违反操作规范。操作规范相对简单，易学易记易执行。实际上，操作规范便超越了知和不知、懂和不懂、能和不能，转而要求学生严格照章办事。

阴阳理论应用之二：开放创新，生生不息

男女结合才能生孩子，这是传宗接代的大事，所谓薪尽火传。

生理上要生生不息，精神上同样必须生生不息。一般人凡事头几遭觉得新奇，渐渐适应后，慢慢地习惯成自然，不知不觉就在习惯里兜圈子了。可是，这个时代变化如此之快，为了适应它，我们不得不终生学习，开放创新，与时俱进。自我精神的更新并非天然，永远都必须靠自己亲力亲为。更重要的是，精神的生生不息不仅仅指的是"知"，而且包括"行"，行得出来才是真知。

这同样逃不过阴阳结合。

所谓"阴阳"，意味着越是不同的思想，越有相互结合的潜力和价值，近亲结婚反而不利。这决定了中国传统智慧不容许夜郎自大、故步自封，而是要不断吸纳新鲜事物，不断对外部、对自身寻求新探索、新觉悟。

所谓"结合"，如果只是找到不同的东西，简单拼凑在一起，那是不够的，而是一定要让新东西和旧东西相结合，"生育"出下一代。已经有的东西是"阳"，拿过来的东西是"阴"（或者反过来），不是简单地放到一起，而是两者结合起来生育出下一代新思想，才能真正实现精神生生不息。

所谓生生不息，就像走路，走得慢不要紧，甚至中途偶尔休息一下也无妨，但要一直走下去。这是一条永无止境的螺旋式上升之路。

阴阳理论应用之三：投资交易技法与"我"—"无我"

《庄子》里说有一个人用斧子用得很好，他有一个搭档，搭档的鼻头上涂一点白灰，两个人在那儿表演。只见他拿起大斧高举过顶，"咻"的一声用力从搭档鼻子上砍下去，搭档鼻尖上的白灰砍掉了，鼻子完好如初。旁观的人叹为观止，纷纷赞美用斧子的人手艺高强。不幸的是，后来他的搭档去世了，从此以后他再也没有表演过。很多人很怀念他的表演，希望再有机会欣赏欣赏。他回道："我做不到了，因为找不到那样的搭档了。"

故事中的两个人不是两个人，而是一个人做事的两个方面，一方面是工具和方法，另一方面是使用工具和方法的当事人。若借用阴阳模型来理解，那么工具和方法是阳，当事人是阴。这个故事很有意义，大斧如何才能准确地砍下去，属于工具和技术，这是一方面。关键还有那位搭档，很有定力地站在那儿纹丝不动，完全信任砍斧子的人，这个人上哪儿去找？这个搭档就是使用工具和方法的当事人，就是你自己。虽然有一套工具和方法，但是别忘了，工具和方法终究要靠人来使用，当事人应该全心全意按照应有的程序和要领来发挥工具和方法本身的功能，排除心理活动等对实施过程的干扰。

厦门有一个南普陀寺，寺后石壁上面写着大大的两个字——"无我"。这两个字也是从《庄子》中来的。"无我"讲的是什么？就是全神贯注于行动本身，浑然忘了自己的存在。无我的人是谁？就是鼻子上涂白粉的那位搭档。换句话说，神枪手是无我的人，把自己的情绪、呼吸屏蔽掉，把所有不相干的东西都屏蔽掉，不让它们干扰射击技法发挥的过程。所以，从当事人的这一方面来说，神枪手就是鼻头涂白粉的人，也就是佛家讲的"无我"在现实生活中的应用。

"无我"并不全是宗教教义，也是一种适用于俗世的高度智慧。要想取得高的成就，几乎都得进入"无我"之境。俗话说的"忘我"，意思大体相似。市场是竞技场，人人挖空心思力图胜出。如果投资交易者的做法带有长期不变的某种明显特征，那么这些明显特征必将转化为被他人利用的破绽，相当于授人以柄。《孙子兵法》说："故将有五危：必死，可杀也；必生，可虏也；忿速，可侮也；廉洁，可辱也；爱民，可烦也。凡此五者，将之过也，用兵之灾也。覆军杀将，必以五危，不可不察也。"换句话说，只要你有长期不变的特点，都会成为受人反制的"把柄"，不论这个特点在世俗意义上是"好"还是"坏"。从这个意义上说，投资交易者如同高明的将领一样，也不可以带有"我"的特点。

为什么市场技术分析要强调铅笔和直尺走天下？从以上分析就容易明白，是因为我们希望保持工具简单。我们清楚，虽然自己致力于成为鼻头涂白粉的人，但要做到其实很难，所以我们既不希望斧子太锋利，也不希望砍得太快，我们希望工具和方法简单一点，这样反过来更有利于控制操作者自己。

须知，两方面的问题总是纠缠在一起。要想让砍斧子的人表现得更加出色，就必须让涂白粉的人与他合作得好，两者良性循环才能越来越有效。在工具和当事人的问题上，道理是一样的。当事人对工具的理解和运用，以及对自己的控制，两个方面必须是交替上升、相互促进、良性循环的。在这种情况下，最好的办法是让方法和工具尽可能保持简明，简明＋复杂＝希望，如果"复杂＋复杂"的话，那么会永远不知道问题在哪儿。

阴阳理论应用之四：利和害之辨

"人们说，凡事皆有两个方面。然而，股票市场只有一个方面，既不是多头的方面，也不是空头的方面，而是只有正确的方面。我花了很长时间才把这项基本原则牢牢地扎根在我的脑子里，比掌握股票投机生意的其他绝大多数技术性内容花费的时间长多了。"（《股票大作手回忆录》第三章）

设想你是游牧时代的一名猎人，可能遇到的对象只有两种：一种是虎，一种是鹿。打猎的工具是比较初级的弓箭和长矛，因此遇到虎最好避开，否则很容易被虎伤着；另一方面，鹿也不是随处可见的，如果遇到鹿却没有打到手，便错过了重要机会，家里人恐怕要挨饿。从静态角度看，老虎是害，鹿是利。但是，中国传统智慧主要不是静态的观点，而是动态的观点。从这个比喻中我们可以清楚地看到，所谓做对，同时表现在两个方面，既要正确地识别虎，避之则吉；又要正确地识别鹿，不错过机会。做错也同时表现在两个方面，如果莽撞从事，误撞老虎，就可能受伤；如果处处胆小，有鹿不打，那就全家挨饿。可见，不存在机械的对和错、正和误，恰如其分便是做得对，做得过头或不及便是错。

股市行情当然有牛市和熊市的区别，但是投资交易者只有在牛市里做多、在熊市里做空的唯一选择。市场参与者恰如其分的做法在于两个方面。一个方面是，当市场不处在趋势状态时，及时休息。巧媳妇难为无米之炊，强扭的瓜不甜，不可为却勉强为，这是过，不会有好结果。另一个方面是，当市场处在趋势状态时，必须及时投入，不能错过机会。机会总是有限的。须知市场发生趋势行情，尤其是大趋势行情，是在一定历史条件下发生的难得的交易机遇，而人生中的机遇并不太多，容不得荒废，当做不做就是不及，结果也不会理想。

还有一个层面的问题是趋势方向。当市场处在趋势状态时，尤其是在大趋势状态下，当看涨，绝不能看跌；当看跌，绝不能看涨。这个错了，就根本错了，完全南辕北辙。

当然，交易数量或金额、投入步骤等也应当恰如其分。

总之，利之所在即害之所在，害之所在即利之所在。

从上述讨论可知，阴和阳之所以为一个整体，是因为本质上利和害是一体两面的，是一致的。

阴阳理论应用之五：再论开放创新，生生不息

阴阳相伴相生，有阴必有阳，有阳必有阴。如果我们的事业蒸蒸日上是阳，那么这个阳终究有转阴之日，如何未雨绸缪、如何破解阴阳的必然转换？

19世纪末，法国社会学家塔尔德（Gabriel Tarde）观察到，新思想的普及随着时间遵循一种S形曲线的发展模式。他认为，模拟是最基本的社会关系。一切社会过程无非是个人之间的互动，社会事实是由模拟而传播、交流的个人情感与观念。1890年，塔尔德出版《模仿律》一书（*The Laws of Imitation*），这部著作影响了扩散理论和社会学习理论。也有人说，塔尔德实际是提出了经济增长的S形曲线。

当一个物种迁入到一个新生态系统中后，假设该物种的起始数量小于环境的最大容纳量，若该物种在此生态系统中有天敌，食物、空间等资源也非无限，则增长函数满足逻辑斯谛方程，图像形似S形（见图2）。

可以从事业成长的角度来理解S曲线：每一个成长曲线都发挥了当前所有的条件和自身的禀赋，这就是阳的演变过程。阴阳理论指出了S曲线之后必然出现衰退。

如果我们希望保持增长，尽量避免衰退的负面影响，应当怎么办呢？

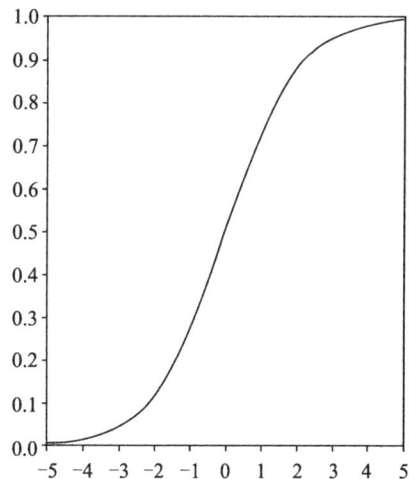

图2　增长的S形曲线（引自《模仿律》）

绝不可能从原有的格局中找到解决方案。只能靠创新，寻找新机会，开发新事业，不断地突破自我，在旧的成长曲线之后，产生了新的成长曲线，一波未平一波又起，只有如此才能不断地演进、发展。

第三节
易有太极，是分两仪——二分法模型

观察一个苹果，对着你的部分看得见，背着你的部分看不见；观察一件事物，既有观察得到的部分，也有观察不到的部分。"知"和"不知""懂"和"不懂""做得到"和"做不到"如阳光下的人和影子，从来就分不开。我们永远不可能完全知道、完全懂得，也就永远不可能在"完全知道""完全懂得"后"完全做到"。"看不见"不等于"不存在"，更不是"不起作用"，因此，未来不可完全预计，行动必有一定风险。

虽然如此，生活依然继续，人们不得不设法生存。换言之，现实生活从来不是以完全知道、完全懂得、完全做到为前提才开始的。那么，我们到底该怎么做呢？

首先，我们需要一套足以反映我们实际处境的判断尺度，其要简明实用；其次，我们需要一套行之有效的行为准则。判断尺度和行为准则是根据大量过往的实践经验总结和提炼得来，同时包括已知和未知因素、可理解和不可理解两个部分、做得到和做不到两个方面。

为了配合现代人的口味，我们不妨将阴阳理论简单地理解为一分为二的二分法模型：研究对象本身为一，一分为二，得到两种情形；二分为四，得到四种情形；四分为八，得到八种情形。每分一次，意味着我们对问题的研究深化了一个层次，三次二分，逐次进入了三个层次。

下面我试以表 3 为例，对二分法模型做一个说明。

假定以一件事 / 物为研究对象。就其整体而言，就像人站立不动，谈不上行走变化。这是未分之前的情形。

第一个层面，将研究对象一分为二，分为"看得见的部分"与"看不见的部分"。就像两条腿开始走路，分阴分阳了，这是最基本的阴阳模型，也是问题的第一个层面。为了便于标记，我们引入《周易》的符号："—"，读作"阳爻"或"阳"，代表阳；"--"，读作"阴爻"或"阴"，代表阴。两种情形统称为"两仪"。看得见的部分标记为"—"，看不见的部分标记为"--"。

表3 对阴阳"二分法模型"的一种理解

序号	1	2	3	4	5	6	7	8
第三层面：八卦	正确应对 ☰	应对有误 ☱	将错就错 ☲	错上加错 ☳	恰当猜测地应对 ☴	胡乱猜测地应对 ☵	随机性应对 ☶	刚愎自用地应对 ☷
第二层面：四象	理解的部分 ⚌		不理解/理解错的部分 ⚍		合常理的部分 ⚎		不合常理的部分 ⚏	
第一层面：两仪	看得见的部分 —				看不见的部分 --			
未分之前：太极	一件事/物							

第二个层面，为了进一步深入，我们将二分法继续应用下去。看得见的部分"—"再分为两种情形：理解的部分"⚌"，读作"老阳"；不理解或理解错的部分"⚍"，读作"少阴"。同样，看不见的部分"--"也分为两种情形：合常理的部分"⚎"，读作"少阳"，不合常理的部分"⚏"，读作"老阴"。这是第二个层面，共四种情形，统称为"四象"。

第三个层面，理解的部分"⚌"一分为二，正确应对的部分"☰"，读作"乾"；应对有误的部分"☱"，读作"兑"。不理解或理解错的部分"⚍"一分为二，将错就错的部分"☲"，读作"离"；错上加错的部分"☳"，读作"震"。合常理的部分"⚎"一分为二，恰当猜测地应对"☴"，读作"巽"；胡乱猜测地应对"☵"，读作"坎"；不合常理的部分一分为二，随机性应对"☶"，读作"艮"；刚愎自用地应对"☷"，读作"坤"。这八种情形，描绘了当事人的八种处境，其符号称为卦或卦象，八种卦象统称为"八卦"。

上述八卦又称为八经卦，八个经卦两两相重，组成了由六个爻构成的六十四卦。因此，八经卦是构成六十四卦的单元，具有十分重要的意义。

一分为二都是"—"和"--"的区分，那么，如何区分第一、第二、第三个层面呢？以"☰"（乾）为例，它由上、中、下三个阳爻组成，下方阳爻所处的位置称为初位（或初爻位），表示第一个层面的二分；中间阳爻所处的位置称为中位（或中爻位），表示第二个层面的二分；上方阳爻所处的位置称为上位（或上爻位），表示第三个层面的二分。从下至上的三个爻位依次对应第一、第二、第三层面。

顺便交代，初爻位称"初"，属于时间概念，既然有初始，则必然有中间、有终结。上爻位称"上"，是空间、地位等相对高低的概念，既然有上，则必然有中、有下。这里用的是"互文"修辞手法，上文里含有下文将要出现的词，下文里含有上文已经出现的词。换句话说，初爻既是初爻也是下爻；上爻既是上爻也是终爻，爻位同时包含了相对的先后（始末）、地位高低、位置上下、顺序前后等含义。

借助二分法模型，以上对我们观察和应对事/物的情况进行了三个层次的分析。根据这样的分析方法，我们总共可能面临八种局面或者处境，每种局面代表着当事人境遇的顺逆。当然，上表举例只是为了便于表达二分法模型，简单化地从特定角度来分析说明八卦的由来。这一套分法未必全然合理，更不是《易经》中八卦的本意。

虽然如此，八卦符号起到了条分缕析的作用，对当事人境遇进行了简明清晰的分析。从上表可见，二分法模型既是一种分析方法，也是一套符号系统。这套分析方法既简明，所分析的所有状况又是完整而没有遗漏的。这套符号系统为我们提供了一套实用的尺度，每一卦象相当于尺度上的一个刻度，简明地标明各层次具体状态的组合，可以用来衡量我们在真实世界中的某种境遇。以此为基础，我们就可以较为稳妥地得到以下启发。

首先，即使我们做了认真准备，也绝不能一厢情愿地相信自己完全把握了未来，对其他各种可能性不做准备。反之，即使毫无准备，也没有必要过度悲观，以为绝无机会。正确的做法是，根据自己和外界的互动，尽可能根据实际际遇、实际结果来客观地评估自己所处的局面。

其次，上述八种局面具有相互转化的潜力，我们应当想方设法尽可能引导局面朝向对自己有利的方向发展。

"易有太极，是生两仪，两仪生四象，四象生八卦，八卦定吉凶，吉凶生大业。"（《周易·系辞上传》）太极是相关事/物的整体。在绝大部分情况下，我们所关心的事/物，是我们和世界实际互动的过程，因此在这个事/物中，既包括我们面对的对象，也包括我们自己，《周易》以整体来对待之。太极生两仪，是我们对上述事/物应用两分法进行分析，得到阴阳两仪。以此类推，直至第三个层面的八卦。"生"的直接含义是产生、创生，隐含的意义则是生生不息。《易经》的目的就是要帮助后人生生不息。如前所述，八卦是一套简明完整的实用尺度，我们凭借它来确定自己所处境遇的吉凶。首先，"定"是权衡、估量、判断的意思，严格说来，并不是哪一卦一定吉、哪一卦一定凶，每一时刻的首要任务都是客观地判定当前境遇，这是八卦作为尺度的功能；其次，每一时刻都是新起点，从当前境遇出发，采取恰如其分的应对措施，创造性地引导局面朝向有利的方向转化，这是"生"的意思。先"定"后"生"，成就一番事业，这是八卦作为行为准则的功能。

六十四卦——描摹大千世界变化的尺度

从八卦出发，将二分法继续推演到四、五、六三个层次，总共六个层次，最终得到六十四卦。八卦两两相重，也得到六十四卦。相对于复杂多变的大千世界而言，八卦显得过于简略，六十四卦的分析更深入，尺度更细致，是一套更具有实用意义的判断尺度和行为准则。

《周易》主要不是知识，而是历久弥新的生存智慧。《周易》的英文翻译是"Book of Change"，即"变化之书"。按照一般理解，"易"有三层意思："变易""简易""不易"。变易：《周易》以六十四卦作为一套完整严谨的尺度来衡量和指导应对大千世界的变化。简易：这套尺度是简明易用的。不易：《周易》所揭示的规律不随时间而改变。现在我们就借这套尺度来量一量投资交易者的处境吧。

为了便于理解六十四卦，我们需要引入解读卦象的一些基本规则。以乾卦☰为例，从下到上，总共六个阳爻。与八卦一样，最下方的爻位称为初、初位或初爻，最上方的爻位称为上、上位或上爻。其余爻位从下至上依次称为二位、三位、四位、五位。每个爻位上具体的爻象既可能是阳爻，也可能是阴爻，其名称如表4所示。

表4　六十四卦爻位的名称和理解

从下至上的位置	爻位名称	爻位属性	三才属性	阳爻名称	阴爻名称	爻象与爻位关系	内外卦属性
第六爻	上	阴位	天位	上九	上六	阴爻当位	外卦上
第五爻	五	阳位	天位	九五	六五	阳爻当位	外卦中
第四爻	四	阴位	人位	九四	六四	阴爻当位	外卦初
第三爻	三	阳位	人位	九三	六三	阳爻当位	内卦上
第二爻	二	阴位	地位	九二	六二	阴爻当位	内卦中
第一爻	初	阳位	地位	初九	初六	阳爻当位	内卦初

在初和上的名称中，位名在前，爻象在后，强调爻位，意味着"位于初始或上位的是阳"，或者"位于初始或上位的是阴"；二、三、四、五的名称中，爻象在前，位名在后，强调爻象，意味着"阳处位于三位"，或者"阴处位于三位"。实质上，这也是互文，卦象中每一爻同时具备两方面意义：爻位和爻象，在具体分析时或许应当具体运用，但总的来说两方面不可偏废，才能体现《易经》尺度完备的基本原则。

为了便于理解六十四卦，下面概括了主要的几项解读规则。

第一，内、外卦关系。六十四卦居于下方的经卦称为内卦（或下卦），上方的经卦称为外卦（或上卦）。内、外，可代表结构或边界上的内外、相互关系上的内外（我方、对方或主方、客方）、性格上的内向外向、时间顺序上的先后、空间方位上的后前和下上等。内外卦各有基本的卦象和卦义，我们可结合内外卦的相对关系来理解整体卦象。

第二，三才。六十四卦的初、二位象征地，称为地位；三、四位象征人，称为人位；五、上位象征天，称为天位。这是爻位天、地、人三才的属性（见图3）。

第三，爻位。奇数位为阳位，如果此处为阳爻，则该爻当位，也称"得正"，如此处为阴爻则不当位；偶数位为阴位，如果此处为阴爻，则该爻当位，也称"得正"，如此处为阳爻则不当位。相对而言，当位为常态，爻和位的搭配更适当。

第四，卦名也是卦象。卦名力求用一或两个字概括整体卦象，是理解卦象的重要依据。其实卦名的字形也是象，字义又有提纲挈领的重要含义。

《易经》包含卦象64个，卦名75字，爻题384个，共768字，卦爻辞字数4000挂零，合计近5000字。卦象最重要，其意涵丰富，卦名其次。理解卦象应以卦象为本源，卦名为纲领，《周易》的其余文字（包括十翼）为补充。

第五，错卦。每卦六爻，六爻的阴阳属性同时反转，即阳爻反转为阴爻，阴爻反转为阳爻，所得的卦就是错卦。显然，本卦与错卦是相互的，只要本卦和错卦的相互关系成立，则错卦也可以为本卦，此时本卦便是其错卦。典型的例子是，乾卦☰和坤卦☷互为错卦。

本卦和错卦形成一对卦象，就像走路时双腿分工，两腿相互配合，不同阶段的重

图3　理解卦象的基本线索

一卦有六个爻位，最上方两爻位为天位，最下方两爻位为地位，中间两爻位为人位。一卦又由内卦和外卦组成，内卦、外卦都由三爻组成，它们都是八经卦里的一卦。

点不同。我们可以借助错卦来理解本卦，也可以借助本卦来理解错卦。

第六，综卦。同一个卦象，从上下两个方向来看，相当于把卦象一颠一倒。这是博弈双方处于对立的位置，在同一个格局下分别得到的不同的观感。本卦上下颠倒后得到的就是其综卦。显然，本卦和综卦也是相互的，只要本卦和综卦的相互关系成立，则综卦也可以为本卦，此时本卦便是其综卦。典型的例子是，复卦▦和剥卦▦互为综卦。

在上下对称的卦象中，综卦与本卦一致，典型的卦有乾卦▦、坤卦▦、大过▦、颐卦▦、坎卦▦、离卦▦、中孚▦、小过▦。

有些卦的错卦便是其综卦，综卦也是其错卦，如既济卦▦和未济卦▦。

当然，其他还有很多解读方法，为了简明起见，不一一赘述。

从上述解读规则出发，设想我们需要描述具体的某个人，用什么办法呢？很简单，阳爻为显，阴爻为隐，既然只谈人，那么把天位、地位都用阴爻隐去，只把人位用阳爻显出来。三、四位都是人位，一个在上、在外，一个在下、在内，于是我们得到了两个人或两种人，一个是谦卦▦，这是"内人""（人）下人"；另一个是豫卦▦，这是"外人""（人）上人"。实际上，从投资交易者的角度看，这是两种交易态度和方法。

豫卦▦——我的象，积极进取的人

下面先看豫卦▦。

豫卦▦第四爻为阳爻，其余都是阴爻，显然本卦的重点是四爻。这是人位，是个"（人）上人"；这个人又在外卦，是个向外求的人（见图4）。

豫卦▦的"豫"由"予"和"象"组合而成，直观地说，豫卦所表述的乃是常人眼中"我的象"，即通常的自我认知、基本行为取向或特点等。《说文解字》："豫，象

上	████████	████████	天位	
五	████████	████████	天位	
四	████████████████		人位	豫＝予＋象
三	████████	████████	人位	
二	████████	████████	地位	
初	████████	████████	地位	

图4　豫卦卦象

卦象本身是主要线索，这是个"高"人、"外"人，不被"地"约束。卦名也是重要线索，豫卦可以理解为常人对自己往往看高一线，而看高一线有利于具备进取精神。

之大者。从象，予声。通'预'。"

豫卦 ䷏ 的下卦为坤 ☷，通常表示顺从、被动，内心没有多少负担。外卦为震 ☳，表示动，主动、行动，也代表外部趋势已经形成，汹涌澎湃地推进。以顺应大势的基本态度，在外部或向外主动采取行动、大力行动，以适应外部趋势。外部趋势形成了，顺应趋势才能心安；处在适宜进取的局面，必须及时采取行动，获得一定收获。

豫卦的卦辞干脆利索地断语"利建侯行师"[1]，是鼓励进取闯荡、做大事的意思。其《彖传》两番强调"顺以动"的重要性，即以天地为师，顺应趋势，把握时机、果断行动。"豫之时义大矣哉"，成败的关键在于顺应外部大势，捕捉时机。

首先，这个"人"是外向的、主动的，自觉比较高明，是"人上人"，看高自己一线，感觉别人普遍不如自己，自己出手还是比较有把握的，因此愿意冒风险。

其次，这个"人"是进取的，宁愿主动采取行动，而不是被动等待。

再次，这个"人"既倾向于预期自己的美好前程，也倾向于预测、预期外部趋势变化，采取预防措施或应对措施。

最后，这个"人"倾向于乐观、大胆，倾向于享受行动的过程、享受生活。

这个"人"岂不正是投资交易者活生生的写照吗？特别是那些刚刚入市的新手，一开始进入市场的时候，大多会想，你们这些人有什么了不起，我来挣你们的钱，于是积极交易。没有这点不甘人后的劲头，怎么可能有动力入市一搏呢？广义而言，人们在滚滚红尘中摸爬滚打从不言弃，靠的就是这点心气始终在支撑自己，这不正是证明了常人通常倾向于这么做下去，因此往往也就是这么看自己的吗？可见，豫卦 ䷏ 正是"我的象"啊。

然而，四位为阴位，阳爻处在阴位，不得正，不当位，因此并不全然适宜，也不该是常态。常人总是倾向于"豫"，烦恼便由此产生了。

投资交易者修炼的三个阶段

宋代的吉州（江西）青山惟政禅师曾说："老僧三十年前，未参禅时，见山是山，

---

[1] ䷏ 雷地豫

豫：利建侯行师。

《彖传》曰：豫，刚应而志行，顺以动，豫。豫顺以动，故天地如之，而况建侯行师乎？天地以顺动，故日月不过，而四时不忒；圣人以顺动，则刑罚清而民服。豫之时义大矣哉！

《大象》曰：雷出地奋，豫，先王以作乐崇德，殷荐之上帝，以配祖考。

见水是水。后来，亲见知识（佛家称明师为善知识），有个入处，见山不是山，见水不是水。而今得个休歇处，见山只是山，见水只是水。"

无独有偶，投资交易者的交易生涯往往也需要经历三个阶段。

第一个阶段是凭直观直觉，见到风就是雨，看见行情涨就买入，看到行情下跌就卖出，做起来简明，结果往往是赚赔参半。

自己挺聪明的，怎么能半盈半亏呢？当然应该赚多赔少，不做无用功。于是痛下功夫，参考书一本接一本地读，研究报告一篇接一篇地钻，新手法一样接一样地试，越学越多，想法纷至沓来，越来越多，"为学日益"。然而，想法可以同时有各种各样的，也可以变来变去，行动在任何时刻却只能选择一个。两方面矛盾，想法越多，做起来反而越困难。当市场上涨时，觉得这是诱多，或者只是一时反弹，后来可能要下跌；当市场下跌时，觉得这是诱空，或者只是一时回落，后来可能要上涨。就这样，越做越难做，越做越困惑，赔得也越来越多，以至于最后几乎不敢下手了。这是第二阶段。

在痛苦中反复求索，慢慢有一天终于迎来第三个阶段。原来认为只需看清市场，所以下功夫学习各种技能和方法；终于悟出不但需要看清市场，更需要看清自己。看不清自己实际上也就看不清市场。于是，从研究市场转而自我反省，再从自我反省转回研究市场。在每天这么多的"多"之中，终于能够透过现象看到本质，慢慢地回到市场本身，回到趋势本身，"多"重新变成"少"，"为道日损"。上涨就是上涨，下跌就是下跌，这是最重要的第一手资料，是投资交易者作决策的根本依据。如此一来，想法重新由多变少，选择由多变少，行动和想法矛盾随之减少，渐渐能够较为稳定地实现盈利了。

谦卦☷☶——兼听则明，追求高明的人

另一个"人"是谦卦☷☶。[1]

谦卦☷☶三爻为阳爻，其余都是阴爻，显然本卦的重点是三爻。这是人位，是个"（人）下人"；这个人又在内卦，是个向内求的人（见图5）。

---

[1] ☷☶地山谦

谦，亨，君子有终。

《彖传》曰：谦亨。天道下济而光明，地道卑而上行。天道亏盈而益谦，地道变盈而流谦，鬼神害盈而福谦，人道恶盈而好谦。谦尊而光，卑而不可踰，君子之终也。

《大象》曰：地中有山，谦，君子以裒多益寡，称物平施。

图5　谦卦卦象

卦象是主要线索，这是个"低"人、"内"人，下面就是"地"，能够脚踏实地。卦名是重
要线索，谦者能够听得见不同意见，相对低调、公允。

据说每个人实际上同时具备三种"我"的形象，一个是自认为或相信的"我"，一个是别人眼中看到的或理解的"我"，还有一个是真实的"我"。"了解你自己"，何其难哉！

谦字由"言"和"兼"组成，表示既听得进正面的"言"，也听得进反面的"言"；既明白自己的"言"，也明白他人的"言"。"知人者智，自知者明"（《老子》）；"知己知彼，百战不殆"（《孙子兵法》）。言+兼的做法和目的不是机械调和，而是为了恰如其分，即恰如其分地了解事实并恰如其分地行动，其检验标准是客观事实。《说文解字》："谦，敬也。从言，兼声。"恭在外表，敬存内心，常常自我告诫、自我反省。

谦卦《大象》说"君子以裒多益寡，称物平施"，讲的就是要恰如其分地衡量形势，恰如其分地采取行动。

谦卦☷内卦是艮☶，表示内心静、止，行为不动如山；上卦是坤☷，表示外部平坦、顺利。内卦为艮☶，对自己看得清、要求严、控制得住，自然在外面就比较顺利。

首先，谦卦☷讲的是对自己看低一线，觉得自己是平常人，比较内向、自省。

其次，山通常是人活动的界限，内卦为山，象征这个人对自己要求高、约束严格、不盲动，有情况时通常不抱怨市场，而是从自己身上找原因。投资交易者的很多动作其实没有必要，往往徒增困扰、徒增挫折。管住自己，静止下来，这是成功的前提条件。

再次，人在山上站得高看得远，在山下以山为地标不会迷失方向。实质上，谦卦讲的是自我修养，即先养成良好的行为规范，再追求高明的内心境界。谦卦也讲对外的行动，但首先要求自己高明，把自己和外部事物都看得恰如其分、行为举止恰如其分，如此便能回归根本，知行合一，无往不顺。

最后，要追求恰如其分，追求不动则已，动如雷霆，一击必中。因此，谦卦六五

（图 5 中从下往上数第 5 个爻位）说："不富以其邻，利用侵伐，无不利。"上六（图 5 中从下往上数第六个爻位）说："鸣谦，利用行师，征邑国。"

总之，这个人是谨慎的、内省的，冷静观察，力求弄清事实，以事实为基础，以事实为准绳，以事实为目的，绝不轻举妄动。静为主，动为辅。不说则已，言必有中；不动则已，一击必中。宁可少动，也不乱动，就像钓鱼、打猎。

正如投资交易三阶段所述，做交易从豫 ䷏ 开始，吃亏之后不得不反思自己，回到谦 ䷎ 上，悟有所得，想碰碰运气，又回到豫 ䷏ 的状态。这是一个循环，从豫 ䷏ 到谦 ䷎，再从谦 ䷎ 到豫 ䷏，交替前行。

两相比较，豫主外，谦主内；豫主动，谦主静；豫主行动，谦主内省。谦三位为阳，阳爻得位，表明在谦和豫的循环之中，谦更应居于常态。

实际上，多数交易者对自己有乐观估计，偏豫，谦豫不平衡。

谦三爻阳位为阳，得正，应是常道和常态；豫四爻阴位为阳，不得正，不应当为常道和常态。投资交易与打猎、钓鱼相通，都需要讲究"静如处子、动如脱兔"的功夫，"台下十年功，台上十分钟"也是同样的道理。

总之，谦豫循环，谦豫平衡，螺旋式上升，豫与谦相辅相成，动静结合，往复交替，就像两条腿走路一样。

还有一点值得注意，在六十四卦的卦序中，谦在前、豫在后，这和前文的豫在前、谦在后不同。人的习性多为干了再说。《周易》教导我们，要改造自己的习性，不是不管三七二十一干了再说，而是要注重先培养自身境界、自身能力，不打无准备之战。谦、豫之后，是随卦[1]，意为紧抓时机，顺势、随时而动。经过谦豫循环，方能顺势而为。

既然投资交易者通常在豫卦 ䷏ 和谦卦 ䷎ 之间循环，那么把豫卦 ䷏ 和谦卦 ䷎ 结合起来是什么卦呢？

---

[1]　䷐泽雷随

随：元亨，利贞，无咎。

《彖传》曰：随。刚来而下柔，动而说，随。大亨贞，无咎，而天下随时。随时之义大矣哉。

《大象》曰：泽中有雷，随。君子以向晦入宴息。

小过卦 ䷽——人生如小鸟练飞

这是小过卦 ䷽[1]（见图 6）。

两个人位都是阳爻，这是现实中的人。

小，《老子》中说，"天下难事必作于易，天下大事必作于细。"《说文解字》："过，度也。从辵，咼声。"咼是漩涡、迂回之意。加上辵，表示迂回前进、绕行的意思，引申为过分、过头。综合起来便是，从小处开始，积小成大，迂回前进，螺旋式上升——小过不断，大过不犯。

小过卦 ䷽上卦（外卦）为震 ☳，为动；下卦（内卦）为艮 ☶，为止。内部不动外部动、下面不动上面动，就像打铁、推磨、碾场，这是锤炼、磨炼的象（见图 6）。三爻和四爻都是阳爻，像小鸟的身体，其余各爻都是阴爻，就像小鸟身体两侧的翅膀。看看神枪手、看看《庄子》中斧劈削鼻尖白粉的故事，就会明白，人生的过程如小鸟练飞一样，锤炼不已。妈妈经常训我们说"你别以为翅膀硬了"。从《周易》的角度来说，我们整个人生的循环便是一个"小过"的状态，如小鸟练飞的样子，翅膀练硬了是很不容易的。因此，这里有很重要的推论：谨慎为上。一部《周易》讲的是"敬慎不败"。如果我们真的害怕忧心，通常就会多做些准备，判断的时候会想得更多一些，这总是没有坏处。

小过卦 ䷽的外卦为震，外部趋势已经形成；内卦为艮，"我"不动如山，有利于看清形势，在行动时更有把握。因此，小过卦并不是简单重复徘徊不前，而是大有希望。小心操作，耐心积累，量变导致质变，迟早能迎来真正的突破。

小过卦 ䷽的人位占全了，但天位、地位都是虚的。小过卦 ䷽的天位、地位皆虚，表示天地之间空阔无边，任小鸟自由翱翔、自由栖息，小鸟练飞真正做好了就是了不起的事业。从六十四卦的卦序来看，小过卦 ䷽之后便是既济卦 ䷾[2]。小过这一关过了，

---

[1] ䷽ 雷山小过

小过：亨。利贞，可小事，不可大事。飞鸟遗之音，不宜上，宜下，大吉。

《彖传》曰：小过，小者过而亨也。过以利贞，与时行也。柔得中，是以小事吉也。刚失位而不中，是以不可大事也。有飞鸟之象焉，飞鸟遗之音，不宜上宜下，大吉；上逆而下顺也。

《大象》曰：山上有雷，小过。君子以行过乎恭，丧过乎哀，用过乎俭。

[2] 既济卦 ䷾。

既济：亨。小利贞。初吉终乱。

《彖传》曰：既济，亨，小者亨也。利贞，刚柔正位而位当也。初吉，柔得中也。终止则乱，其道穷也。

《大象》曰：水在火上，既济。君子以思患而预防之。

图6 小过卦的卦象

就大功告成。

小过卦教育我们一定要耐心、耐心再耐心，给自己保留成长空间，绝不可耐不得烦地孤注一掷；一定要冒小险积累经验，但绝不可犯颠覆性错误，在黎明前倒下，以免功亏一篑。

即便是既济卦☲，内卦为离☲，为明，就是说自己先要洞明事实，以事实为准绳；外卦为坎☵，为险，富贵险中求。永远必须以事实为基础追求成功，还不能忘记，机会和风险永远是同一块硬币的两面。

噬嗑卦☲ 和井卦☵——直接讲交易的卦

《周易》中直接讲交易的卦是噬嗑卦☲[1]。上卦为离☲，为日、为明、为龟（货物）；下卦为震☳，为积极行动、为大路。其大意就是："日中为市，致天下之民，聚天下之货，交易而退，各得其所，盖取诸噬嗑。"（《周易·系词下传》）

噬嗑卦象辞说："颐中有物，曰噬嗑，噬嗑而亨。刚柔分，动而明，雷电合而章。"嘴里有东西当然要咀嚼，这是"吃饭"的功夫。吃饭靠交易，吃得好不好，要看交易做得好不好。"动而明"，市场价格只有通过交易才能形成，会计必须以市场为准来定价。

噬嗑卦☲里的三个阳爻分别位于初、上和四位，上九意为卖方漫天要价，初九意为买方就地还价，九四意为最终双方各做让步价格达成一致方能成交。买的没有卖的精，所以成交价格在四位不在三位，买方通常要多付出一点，承担交易成本、运输成本等。

买卖双方信息不对称，为了交易的长久可持续，公平是市场的生命线，这需要有权威机构来防范质次价高甚至是欺诈行为，也需要防范欺行霸市、强买强卖等行为。

---

[1] 噬嗑卦☲。

噬嗑，亨。利用狱。

《彖传》曰：颐中有物曰噬嗑。噬嗑而亨，刚柔分，动而明。雷电合而章。柔得中而上行。虽不当位，利用狱也。

《大象》曰：雷电噬嗑。先王以明罚敕法。

因此，成交信息的公开、纠纷处理的公正就成为公平的保证。噬嗑卦䷔的上卦（外卦）离☲必须是"日中"，既要光明正大，又要中正公平，表示三公原则是交易的基本保障。对违反三公原则的行为必须明罚敕法，坚决惩治。投资交易者应当严守市场法规，方可远离牢狱之灾。

为了达成交易，买卖双方都需要积极寻找对手，积极推广信息，下卦震☳表示买卖双方都应当积极行动起来，主动掌握市场信息，努力提供适销对路的货品。上卦离☲表示外部行情是买卖双方共同的指引。

噬嗑卦䷔整体可以分解，看作是由颐卦䷚和豫卦䷏组合而成。颐为嘴巴，九四就像是嘴里上下牙中间咬住了一根骨头。噬嗑是合、是吃，但这口饭得来不易，弄得不好就会崩了牙，或者卡了喉咙。下卦震☳为雷，上卦离为火☲，噬嗑卦䷔真是吃得火星直冒啊。显然，交易达成是经过艰苦努力方能取得的成果，买卖双方持久较量，交易在本质上是双方斗智斗勇的过程，因此对市场和交易必须心存敬畏、戒慎恐惧。

那么这口饭要怎么吃呢？可以借助噬嗑卦䷔的错卦井卦䷯[1]来理解，井卦䷯的每一个爻都和噬嗑卦䷔相反，因此两个卦互为错卦，就像走路的两条腿相互分工、相辅相成。

井卦䷯上卦为坎☵、为水，下卦为巽☴、为深入，意思是打井的时候一定要深挖到地下水线之下，打井才能成功，为人们提供水源。在专业修养上，我们必须以外部要求的水平为标准，深入钻研。噬嗑卦说的是交易，井卦说的是为了交易必须具备的专业准备和基本态度。井卦象辞说："井养而不穷。"井水养人没有尽头。井卦说的是有能力养人才能养人、养己，先养人才能养己。

首先，为了做好交易，先得深入下去，达到一定水准，也就是说交易者一定要有专业素养，没有专业的能力便无法有效地参与交易。专业素养的形成绝不可能一蹴而就，甚至可能需要一个相当长的积累过程，方能达到外部要求的水准。因此要对自己的学习过程有耐心，不能取巧，在投资交易过程中绝对不允许孤注一掷，以至于再无机会翻身。

---

[1] 井卦。

井，改邑不改井，无丧无得。往来井井。汔至亦未繘井，羸其瓶，凶。

《彖传》曰：巽乎水而上水，井。井养而不穷也。改邑不改井，乃以刚中也。汔至亦未繘井，未有功也。羸其瓶，是以凶也。

《大象》曰：木上有水，井。君子以劳民劝相。

其次，改邑不改井，井边的人家可以搬来搬去，井却不能移动。客户来来往往，自己的专业能力却不可能朝夕改变。"男怕入错行"，选准专业后就得踏踏实实地持续努力，既不容易改行，也不应该轻易改行。交易者必须扪心自问，这一行到底是不是自己的真心选择？

再次，井边的人畜往来不停，井总是敞开胸怀热诚欢迎，井边越是忙碌，井水越新鲜、甘甜。反倒是门可罗雀的时候井水成了死水一潭，不能保持洁净。专业人员秉持井的精神便是始终保持开放，不烦、不躁，不拒绝也不能拒绝。对市场耐心是专业素质的重要组成部分。

复次，井水不论怎么取用，总能恢复原有的水平。专业人员只有谦虚谨慎、戒骄戒躁，主动放低姿态，才能让市场信息、新技术、新知识源源不断流进来，让自己始终维持新鲜度。

最后，也是最重要的一点，交易者一定要善始善终、控制风险。瓦罐不离井边破。汲水便是获得资源，甘甜的井水喝到嘴里方为成功。可是在打水的瓦罐快要出井口的时候，可能因为往上拎到最后有点累，可能觉得快到手了心情放松，反而往往可能会功亏一篑，在最后关头把瓦罐碰破，白忙一场。戒慎恐惧、善始善终，特别是追求善终是打井水、用井水的基本态度。

不以规矩，不成方圆

我们需要一把尺子、一杆秤，量一量自己的差距、称一称自己的斤两，看看自己究竟到了什么程度，还有多大差距，这样才能心中有数。这还不够，还需要量一量自己的处境，看看需要朝哪个方向努力，外部条件是否具备等。

不以规矩，不成方圆。六十四卦是衡量我们行为的尺度，就像秤上的秤星，或者尺上的刻度（见图 7）。量一量，称一称，才能心中有数。

图 7　杆秤

六十四卦就像杆秤上的秤星，是衡量行为的尺度。

我们追求的是"中",不是中间的中,而是打中的中,即恰如其分。在应世的三步骤中都以"中"为追求目标。如果把阴阳(模型)理解为两端,那么六十四卦便是这两端之间的秤星或尺度,所谓最合适,便是根据事实称量或度量出来的能够最适合事实的那一个秤星或刻度。这一点可以是中点,更多的时候是其他点,甚至可能是偏向这一端或那一端的点,要实事求是、随行就市。之所以要得到这一点,是因为我们追求的是在做法上恰如其分、恰到好处;在时机上及时行动,无过、无不及。"执其两端,用其中于民,其斯以为舜乎!"《礼记·中庸》

子曰:"天下国家,可均也;爵禄,可辞也;白刃,可蹈也;中庸不可能也。"为什么不可能?因为"中",尤其是一贯的"中",不是一时的血气之勇,而是对智慧的最高挑战,而智慧从来都是最稀缺、最宝贵的活的财富。

顺便说一句,智慧与方法也是一对阴阳关系,智慧通过方法来体现,方法须灌注智慧才有生命力。市场技术分析是方法,本书力图为之灌注《周易》的智慧。

"夫以铜为鉴,可以正衣冠;以古为鉴,可以知兴替;以人为鉴,可以明得失"。其实,市场就是一面不走形的好镜子,它可以照出我们的行为。投资交易者时常照一照"市场之镜",对看清自己的真实面目大有裨益。初时懂不懂不是最重要的,最重要的是养成行为规范,通过规范的行为保护自己,让自己活得足够久,有机会真正领悟并进入高明的境界。

第 一 章

趋势原理及理想的 趋势演变模式

Investment
by Trend

第一节
形成价格趋势的微观机制

由价格竞争循环机制驱动的趋势

市场的主要功能是促进成交、发现价格。每一笔交易的成交价格、成交量是最重要的市场信息。问题是，每一笔成交总是一买一卖，并且买卖双方的价格相同、数量相等，双方旗鼓相当，不包含买方或卖方哪一边强、哪一边弱的含义。那么，成交价格到底提供了什么信息呢？

这其中的关键便是成交价格的动态变化。

市场成交是通过买卖双方向的连续公开拍卖来进行的。正如噬嗑卦所说，买卖双方的确一刻不停地斗智斗勇，请注意，不只是买卖的两个人作为对手，各个买方与买方、各个卖方与卖方也是竞争对手。

还是以某一笔成交为例。以买方来说，一方面每一个买方都希望买价越低越好，因此他必须和卖方斗智斗勇，争取低价成交；另一方面，每一个买方都不是孤立个体，而是同时有许多潜在的买方在相互竞争，在公开拍卖中哪一位的出价高，哪一位就拥有成交权。成交的买方之所以能够成交，正是因为那个时刻他的报买价高于其他所有买方，因此他需要和其他潜在的买方斗智斗勇，必须压过他们。虽然每一笔成交的交易都有一对一的买方和卖方，但是"买方"的背后还有那些没有成交的潜在买方，成交的买方在那个时刻其实是所有潜在买方的代表，在那个时刻以最高出价竞争

"成功"。简单说来，斗智斗勇的过程就是一个动态平衡的过程，买方既要尽可能追求较低的买入价格，又要让自己的报价高到能够压倒其他买方（这不正是又一个阴阳模型吗）。

卖方的道理相同，只是方向相反。每一个卖方天生希望卖价越高越好，因此他必须和买方斗智斗勇，争取高价成交；另一方面，每一个卖方的背后同时存在许多潜在的卖方相互竞争，哪一位的出价低，哪一位才有成交权。成交的卖方之所以能够成交，正因为那个时刻他的报卖价低于其他所有的潜在卖方，因此他也必须同时和其他所有的卖方斗智斗勇。

从上述讨论可见，本质上并不存在一对一的成交双方，而是买卖双方群体的成交，成交的双方不过是那个时刻买卖双方群体的代表。

例如，下一笔成交价格来了——假定原来的成交价为 10.00 元，现在变成 10.03 元，上涨了。

从买方群体来看，既然所有买方都希望以低价买入，现在的价格上涨唯一合理的解释就是买方群体相互之间的竞争更激烈了，单个买方不得不付出更高的报买价才能抢得优先成交的机会。

从卖方群体来看，既然所有卖方都希望卖得更高价，那么现在的价格相当有利，唯一合理的解释便是卖方群体相互之间的竞争缓和了，单个卖方可以好整以暇，报出更高的卖出价也能抢得优先成交的机会。

这就是成交价格最直接的含义。

随着新的成交价的出现，下一轮报价竞争也就随之开始。从买方群体来看，既然价格上涨的合理解释是相互竞争更激烈了，那么下一轮报价便不得不进一步调整，单个买家只有报出更高的买入价才有机会成交。从卖方群体来看，既然价格上涨的合理解释是相互竞争更宽松了，那么下一轮报价不妨进一步缓和，单个卖家报出更高的卖出价也很有机会成交。

于是，前一个上涨的成交价引发了下一个更高的成交价，10.03、10.04、10.06、10.07……买方阵营内部的竞争压力越来越强烈，卖方阵营内部的竞争压力越来越缓和，前一轮上涨驱使下一轮上涨，价格上升趋势就此形成。

假定原来的成交价为 10.00 元，现在不是变成了 10.03 元，而是变成了 9.97 元，下跌了。上述过程变成了反方向的循环过程。

下跌的价格表示买方阵营内部竞争压力减缓，卖方阵营的内部竞争压力增强。在下一轮报价中，买方更从容，可以报得更低一点；卖方更慌张，不得不报得更低一点，两方撮合，都指向了更低的成交价。于是，前一个下跌的成交价引发了下一个更低的成交价，9.97、9.96、9.93、9.91……，买方阵营内部的竞争压力越来越缓和，卖方阵营内部的竞争压力越来越强烈，前一轮下跌驱使下一轮下跌，价格下降趋势就此形成。

综上所述，成交价格是买方和卖方竞争压力的压力计，而市场的"双向公开拍卖机制"实质上构成了市场内部的竞争循环机制，趋势便是由竞争循环机制驱动的。

追逐报价的体验

市场参与者大多采用限价指令来交易。限价指令既写明数量也写明价格，仅当市场上出现了与指令写明的价格相同或更优的对方指令才能成交，拿买入限价指令来说，成交价只能等于或低于写明的价格。

假定王先生认为股市处在上升趋势中，经过数日冷静思考后终于下决心买入某股票。前一日该股收盘价 30.00 元，开市后 10 分钟，股价都在 29.95 ~ 30.05 元的狭窄空间里横向波动，交易量相比前一日没有放大也没有缩小。

王先生认为，唔，还可以先看看嘛，不着急。

一直延续到开市后 30 来分钟。突然，出现了新情况，30.07！ 30.08！

王先生想："我本来就要买，看来是对的，赶紧买，不能再等了。"为保险起见，他输入的限价是 30.10 元。

敲好数字，核对无误后敲下回车键——抬头再看，嗯，行情怎么成了 30.11、30.12？

30.10 元的限价买入指令当然不可能成交了。快！撤单，重新输入限价 30.15 的买单。

按下回车，成交价数字跳动，又成了 30.14、30.16。撤单，重新输入，这次狠一点，限价 30.20。

敲下回车键，再看，30.18、30.20、30.22……

就这样一路限价下单，一路撤、一路追，直到 30.31、30.33，还是没能成交。

恐怕每一位有实际交易经验的读者都有类似体验吧，怎么追都追不上，感到十分挫败，那种体验真是难以忘怀啊。

在行情发动后，市场演变速度之快令人瞠目结舌，这体现了双向公开拍卖系统的惊人效率，从中可以直观地体验到所谓竞争循环机制的作用。每个投资交易者原本独立自主地参与市场，但是大家在总体上汇聚成一个巨大的漩涡，让所有的投资交易者被裹挟在其中高速旋转，反而丧失了自主。

一口气——连贯性在，则趋势在

可能马上会有人指出，市场除了上述惊心动魄的快速变化之外，更多的时候是比较沉闷的横向盘整，有时横向波动的幅度如此之小，以至于连最有耐心的人都会怀疑人生，感到市场永远不会有什么变化了（见图1.1）。

的确，市场横向波动的时间明显多于快速变化的时间，有一种说法是横向波动时间约占3/4，而快速变化时间只占1/4。

实际上，不论快速变化还是横向波动都具有连贯性，都是市场趋势性演变的表现形式。研究市场的快速变化和横向波动产生的原因，以及两者之间的相互转化关系，正是本章的重点所在。只不过投资交易者着力追求的是快速变化，盈亏也是行情快速

图1.1　美元指数月线图（2002年9月—2014年10月）

从图中可以看到，从2005年11月92.63的高点算起，到2014年9月向上突破为止，三角形底部形态持续时间近9年，在这个过程中波动波幅越来越窄、交易越来越清淡，特别是最终临近向上突破前夕，从2013年10月到2014年7月的10个月，高点为81.48、低点为78.90，波动范围不足3点，简直如同坚冰。在上述过程中，交易几乎无法开展，趋势性信号如突破信号也失去意义。在这样的市场环境下，任你有天大本事也是"巧妇难为无米之炊"。

变化所导致的，所以投资交易者的注意力往往放在快速变化方面，甚至认为横向波动是快速变化的前期准备阶段。

我们回到上述市场快速变化上来，其最大特点是连贯性，只要连贯性不被打破，则行情持续演变的过程就不会终止。连贯性本身就表现在驱动行情变化的能力上，连贯性导致了行情坚不可摧、无法撼动的趋势性，具有摧枯拉朽的巨大力量。连贯性又同时具有不断加速的自我加强特征，价格趋势常常势如破竹，快速改变市场格局，简直是"眼睛一眨，公鸡变母鸭"。

连贯性就像人们常说的"一口气"。据说侠客在施展轻功的时候，先要"提一口气"，只要这口气不失，轻功就能行云流水地施展开来。

连贯性在，则趋势在；连贯性被打破，则形成反转点，趋势进入存疑状态。此时，原来的趋势并不一定逆转，而是进入了休整状态，市场往往形成一段横向波动行情，经过横向波动行情的充分酝酿后，市场多半会重新恢复原来的趋势。当然，的确在极少数情况下，市场走势也会演变为真正的逆转。

第二节
正反馈循环与负反馈循环

单方向自我加强或自我削弱的正反馈循环

股市行情上涨，投资者财富增长，驱动消费需求上升；消费需求上升，则企业产品和服务的销售增长，企业利润上升；企业利润上升，在同样的定价水平下，导致股票价格进一步上涨。牛市行情有时就是这样形成的（见图 1.2a）。

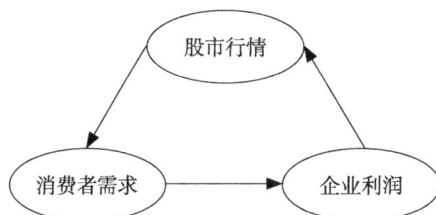

图 1.2a　股市行情、消费者需求、企业利润三者之间的正反馈循环关系

股市行情产生财富效应，股市行情的好坏刺激消费者需求的增减，这是相生关系，图中用带箭头的实线表示。同样道理，消费者需求对企业利润也是相生关系，企业利润对股市行情也是相生关系，图中均用带箭头的实线来表示。三个相生关系将三者连接成一个首尾相接的总体正反馈循环关系，三者要么一荣俱荣，要么一损俱损。

　　然而，同样的循环过程也可能导致熊市行情：股市行情下跌，投资者财富缩水，消费需求萎缩；消费需求萎缩，则企业产品和服务的销售下降，企业利润减少；企业利润减少，在同样的定价水平下，会驱动股票价格进一步下跌。

　　在上述过程中，股市行情、消费者需求、企业利润三者之间相互作用，形成了一个首尾相连的循环过程，整个循环属于正反馈性质，并导致了两种极端的状态：要么自我加强，股市行情越来越牛；要么自我削弱，股市行情越来越熊。三者一荣俱荣，一损俱损。显然，这种循环倾向于极端化，股市行情要么进入牛市，要么进入熊市，就是不可能处在稳定状态。

　　图 1.2a 中，股市行情好则消费者需求高，反之亦然，股市行情对消费者需求的作用为相生关系或正向关系，图中用带箭头的实线连接。同样道理，消费者需求对企业利润也具有正向作用或相生关系，企业利润对股市行情也具有正向作用或相生关系。三根带箭头的实线首尾相连，表示了总体的相生关系，组成了一个首尾相连的正反馈循环。

回归稳定状态的负反馈循环

　　在图 1.2a 所示的系统中添加两项新要素："投资支出"和"利率"，即得到图 1.2b。

　　企业在利润上升后，一般都会增加投资、扩大生产；反过来，利润下降则企业一般都会收缩投资，即企业利润对投资支出的作用是正向的，属于相生关系。进一步地，投资支出对市场利率的作用也是正向的，即投资支出越多，则借贷活动越多，市场利率越高，反之则利率越低，二者属于相生关系。

　　但是，如果市场利率上升，则通常股市行情倾向于下跌；反过来，如果市场利率下跌，则股市行情倾向于上涨。市场利率对股市行情的作用是反向的，二者属于相克关系。在图 1.2b 中，我们用带箭头的虚线表示。

　　我们得到了图 1.2b 所示的首尾相接的总体循环关系，其中包含四个相生关系、一个相克关系。沿着本图走完一个完整循环，我们会发现，假定股市行情开始时五个要素都处在上升过程中，那么最后收尾时，利率的上升不利于股市行情继续上升，而是有利于股市行情掉头下降；假定股市行情开始时五个要素都处在下降过程中，那么最后收尾时，利率的下降不利于股市行情的继续下降，而是有利于股市行情掉头上升。换言之，图 1.2b 的总体循环关系实际上就是由最后这个关系所决定的，总体为负反馈循环，对股市行情发挥着稳定作用，通常形成横向趋势，而不是牛市或熊市的趋势状态。

趋势投资——金融市场技术分析指南

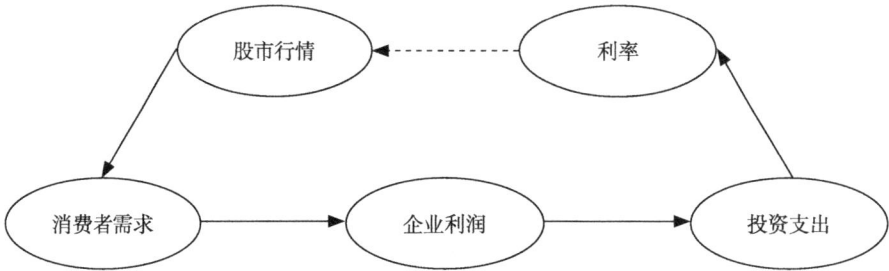

图 1.2b　回归稳定状态的负反馈循环

股市行情产生财富效应，股市行情的好坏影响着消费者需求的增减，这是相生关系，用带箭头的实线表示。同样道理，消费者需求对企业利润也是相生关系，企业利润对其投资支出也是相生关系，进一步地，普遍的投资扩大必然导致资金利率上升，图中均用带箭头的实线来表示。然而，利率上升，提高了资金的机会成本，降低了股市的吸引力，因此，利率相对于股市行情是相克关系，图中用虚线表示。在整个循环中，单数的相克关系决定了整个循环为负反馈循环，其带来稳定性。

现在就可以看出画线的用处了。为了分辨图 1.2b 总体循环关系到底属于正反馈还是负反馈，简单地数一数其中虚线的数目即可。假定其中没有虚线，则总体循环关系属于正反馈；假定既有虚线也有实线，则实线可以忽略，只要数虚线，如果虚线数目为偶数，则总体循环为正反馈；如果虚线数目为奇数，则总体循环为负反馈。

从上述讨论可见，市场行情的上升趋势和下降趋势即趋势状态，来自正反馈循环；市场行情的横向趋势即非趋势状态，来自负反馈循环。市场行情既不是总处在趋势状态也不是总处在非趋势状态，而是由趋势状态和非趋势状态组合起来，并且通常两者交替，共同形成曲折的演变路径。

从时间长度来说，市场行情曲折的演变路径可以分为不同的规模级别，不说明时间框架，单单说市场处在趋势状态还是非趋势状态是没有意义的。一般认为非趋势状态是两次趋势状态之间的过渡或准备阶段；并且，投资交易者应着力于分辨不同规模级别的趋势，因为只有趋势状态才能造成盈亏，才是真正的交易目的之所在。

真实世界的因果循环

图 1.2a 和图 1.2b 显然是对现实世界的过度简化，相当于在实验室环境下对正反馈循环和负反馈循环做了一番理想化的分析。虽然如此，它们还是提供了一套简便易行的分析工具，可以帮助我们对影响股市行情的众多要素和复杂作用过程有比较深入的洞察。

首先是要素。图 1.3 尽可能多地列举了影响股市行情的多种要素，这些要素真是

034

股票市场因果循环关系

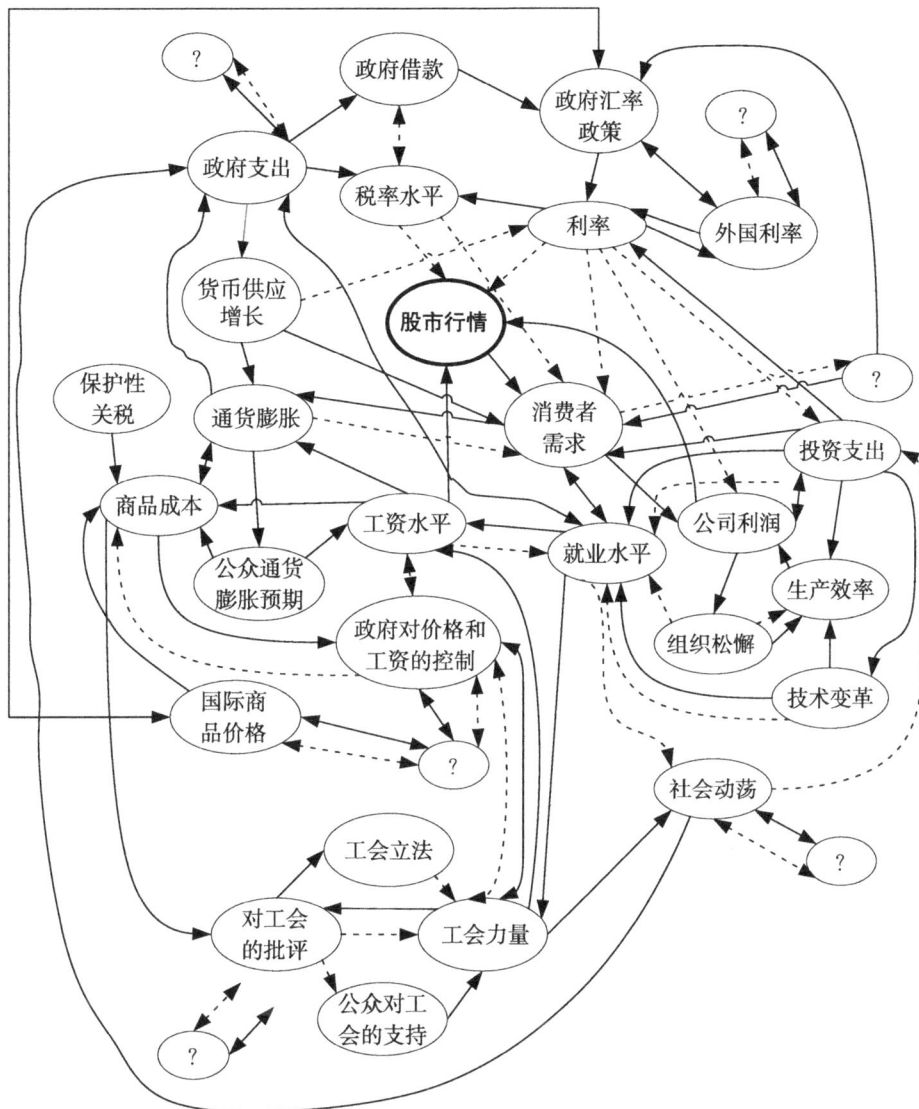

◀───── 代表正反馈关系，即多导致更多，少导致更少
◀----- 代表负反馈关系，即多导致更少，少导致更多

资料来源：根据清华大学出版社2005年出版的加雷思·摩根所著的《组织》一书第234页的图改编。

图1.3　真实世界里影响股市行情的要素及其作用关系

令人眼花缭乱啊。本图右上角罗列了国外利率走势、政府汇率政策、国内利率走势等基本的货币政策的要素；左上角主要是税率、政府支出、政府借款等财政政策的要素；左侧中部主要是通货膨胀、商品成本、工资水平、通货膨胀预期等与物价水平相关的要素；最下方则是工会等要素；右侧下方主要列举了微观经济层面的要素。拿国内股市行情来说，政策、上市节奏、监管尺度等要素也具有十分重要的作用，可惜限于空间，图上没有体现。

在图 1.3 中，除了图 1.2a 和图 1.2b 中的单向箭头实线或虚线外，还有双向箭头的实线或虚线。双向箭头可以理解为同时存在方向相反的两条线，画在一起只是为了简便而已。

运用上述分析工具，我们能够对各要素的相互作用进行相当便利的分析：从某个要素出发，沿着箭头方向到达下一个要素，再沿着箭头方向到下下个要素，一路推演开去，只要最终有箭头再指回第一个要素，上述要素和作用关系就形成了一个首尾相接的循环。如果整个路径上虚线条数为奇数，则总体循环为负反馈循环，总体循环趋向于稳定状态；如果为偶数（包括 0），则总体循环为正反馈循环，总体循环趋向于持续上涨或持续下跌的趋势状态。

在图 1.3 中，围绕股市行情同时存在的循环关系几乎数不胜数，图 1.2a 和图 1.2b 就是从图 1.3 中拿出来做例子的两个局部性的循环关系。按照上述方法，我们还可以找到更多的循环关系。

例一，股市行情→消费者需求→就业水平→工资水平→通货膨胀→政府支出→货币供应增长┅→利率┅→股市行情。在这个首尾相接的循环中，带箭头虚线有 2 根，为偶数，因此总体循环为正反馈循环，要么表现为股市行情持续上涨的牛市，要么表现为股市行情持续下降的熊市。这两个带箭头虚线分别是从货币供应增长到利率，从利率到股市行情（见图 1.4a）。

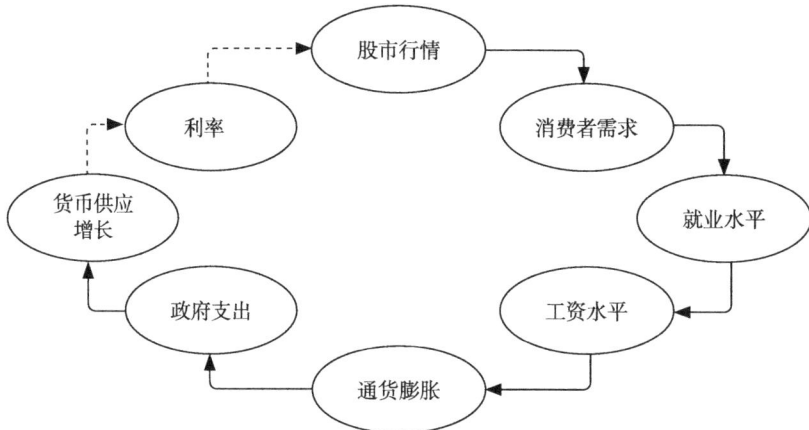

图 1.4a　主题为官方大水漫灌的循环过程

整个循环包含 6 条实线，2 条虚线，虚线为偶数条，总体循环为正向反馈，市场要么越来越强，要么越来越弱，导致趋势性变化。

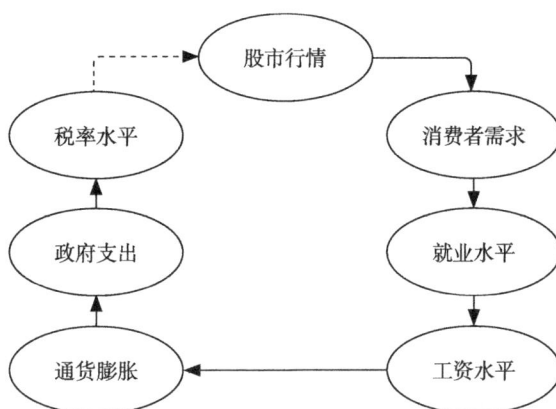

图 1.4b　主题为官方量入为出的循环过程

整个循环过程包含 6 条实线，1 条虚线，虚线为奇数条，总体循环为负向反馈，市场越来越稳定，导致横向延伸趋势。

例二，股市行情→消费者需求→就业水平→工资水平→通货膨胀→政府支出→税率水平┄股市行情。在这个首尾相接的循环中，带箭头虚线为 1 根，为奇数，因此总体循环为负反馈循环，股市行情趋于横向整理的稳定状态。这个带箭头的虚线是从税率水平到股市行情（见图 1.4b）。

例一和例二的主要区别是政府支出增加后政府选择的解决方式不同。例一要看政府是不是打开印钞机猛印钞票，如果是，则为牛市行情；如果否，则为熊市行情。例二要看政府是不是量入为出，采取收支平衡的保守政策。

现实是复杂的，分析是艰难的

不要以为图 1.3 为我们提供了真实世界股市行情的藏宝图，凭着这张奇妙图表的指引我们就能对纷繁复杂的现实世界了如指掌。现实远不是那么回事。

第一个问题是，影响股市行情的因素实在太多，图 1.3 不能囊括所有要素。虽然图 1.3 将大多数因素一网打尽，然而有时候看起来不那么起眼的要素也可能对股市行情发挥重要作用。

第二个问题是，可能发挥作用的循环关系太多了。怎样才能及时发现当时正在发挥主导作用的循环呢？难处还不止于此，当主要循环关系发生变迁时，我们必须及时察觉，改弦更张。

第三个问题是，当我们分析某个循环过程时，通常假定其他条件维持不变，只考虑过程中各项因素在本循环中受到的作用和影响。然而，真实世界牵一发而动全身，其他条件不可能维持不变，每个要素同时受到多个循环的影响和作用。举例来说，在图 1.2a 中股市行情作用于消费者需求，且消费者需求仅受股市行情的作用和影响，可是在图 1.3 所示的现实世界里，消费者需求还受到税率水平、利率、就业水平、通货膨胀等要素的作用和影响。倘若这些要素的影响压倒了股市行情的影响，那么图 1.2a 的循环恐怕难以为继；倘若这些要素的影响与股市行情旗鼓相当，至少不能忽视，那么图 1.2a 的循环就增加了复杂度，循环作用过程不可能一帆风顺。

第四个问题是，所谓作用和循环，都是过度简化的概念。现实世界的任何作用都需要一定的传导机制，并由此产生了滞后时间，滞后时间长短不一，整个循环过程也变得复杂多样。不仅如此，传导过程中受影响的行业、公司、个人分布不同，受影响的程度不同，产生的效应也就花样百出，进一步增加了循环作用的复杂性。

第五个问题是，图 1.3 中的要素有不少是难以度量的，所获得的度量也带有长短不一的时滞。举例来说，股市行情当时可以看到，消费者需求则费时费力地只能采样统计。有些信息根本得不到，而得到的信息也可能是不准确的，甚至是有人故意散布的烟幕弹。

要解决上述问题，几乎得有上帝的能力。在上述现实困难之下，基本分析之路荆棘遍地，能够走通这条路的人必定少之又少。

投资交易者应基于什么样的事实来做判断

什么是事实？投资交易者的事实需要通过三方面的标准来检验。

首先，必须是客观的。

人为的分析和观点当然不能保证客观性，不属于我们投资交易者可以接受的事实。我们自己的感觉和愿望更不具有客观性，不属于事实。

其次，必须与投资交易的主题相关。

当我们驾车行驶在道路上时，突然有行人横穿马路。我们不知道他们的故事，也不感兴趣，关键是及时踩刹车、打方向盘，目的是躲开行人、安全通过，然后继续我们的旅程。整个过程几乎完全是机械反应。

路人当然有许多故事，而且都是事实，但这些事实不属于司机的事实。在投资交易市场上，走势是不是与某个主题相关，有时并不容易判断。有时候，有人甚至故意用不相关的事实来迷惑投资交易者。

最后，必须是现场的、及时的。

投资交易者不是事后破案的侦探，而是身处现场、阻止罪行的侠客。必须是现场的、及时的、可参与的事实，才能成为投资交易者的事实。

统计指标具有滞后性，通常可以视为事后破案的线索，却不是现场和及时的事实。

我们发现，只有市场行情能够通过上述检验，行情事实是投资交易者行为的可靠基础。

第三节
自然地两分——表示趋势组合的符号系统

如前所述，无论发生了什么样的循环关系，市场都会表现为趋势状态或横向整理状态。市场变化由趋势状态所决定，一般认为，横向整理状态是趋势状态之间的过渡阶段，因此我们重点关注趋势状态。按照不同的时间规模、市场所处不同级别的趋势状态，我们可以划分出不同的趋势层次。（本节和第四节内容需要读者有一些周易和数学方面的背景知识，读者也完全可以跳过本节，从本章第五节开始继续阅读，这不会影响对后文的理解。）

《易传·系辞上传》："是故，易有太极，是生两仪，两仪生四象，四象生八卦，八卦定吉凶，吉凶生大业。"我们还是回到引言中的表3介绍的阴阳两分法，那是《周易》最基本的原理和模型。

这里的太极是我们面对的问题——市场行情。

"是生两仪"。为了分析市场行情，我们先采取第一个层次的两分法，将一个囫囵的整体分为两仪，阳 – 和阴 --。第一个层次是模型中最根本规模的层次，我们称之为大趋势、大周期，阳 – 表示上升趋势，阴 -- 表示下降趋势（如图1.5所示）。

我们用现代人熟悉的三角函数波形来表示，图1.6中水平轴代表波的周期（时间），竖直轴代表波的振幅（价格）。假定波幅从 -1 到 1，周期为 T（数值为6.28，在水平轴上从 -1.57 到 4.71），则在三角函数图形中，阳（上升趋势）为振幅从 -1 到 1、周期从 -1.57 到 1.57 的前半个波；阴（下降趋势）为振幅从 1 到 -1、周期从 1.57 到 4.71 的后半个波。

在图1.6中，阳（上升趋势）是从 -1 到 1 的半个波，阴（下降趋势）是从 1 到 -1 的半个波，卦象表示的是市场演变的趋势性过程或阶段，而不是时点。

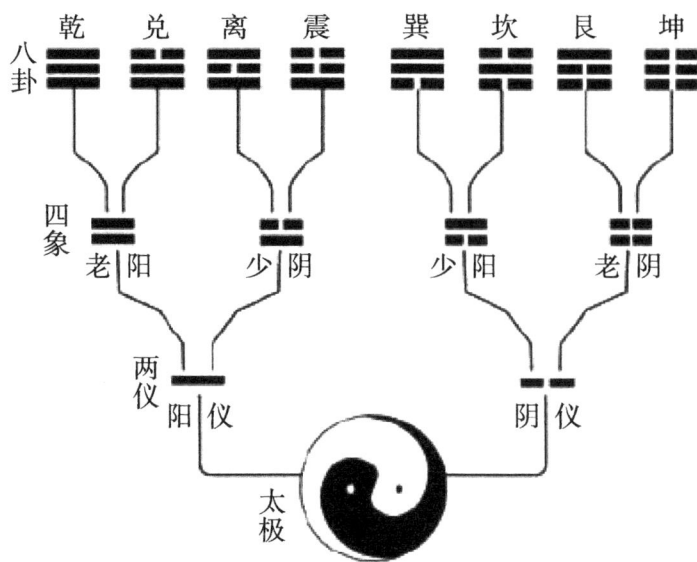

图 1.5 通过两分法得到的八种趋势组合状态

按照先阳后阴的顺序逐层次两分，三个层次之后，形成了八卦，它们是八种趋势状态组
合。还有更重要的一点是，本图揭示了自然的卦序，即趋势组合的自然顺序。

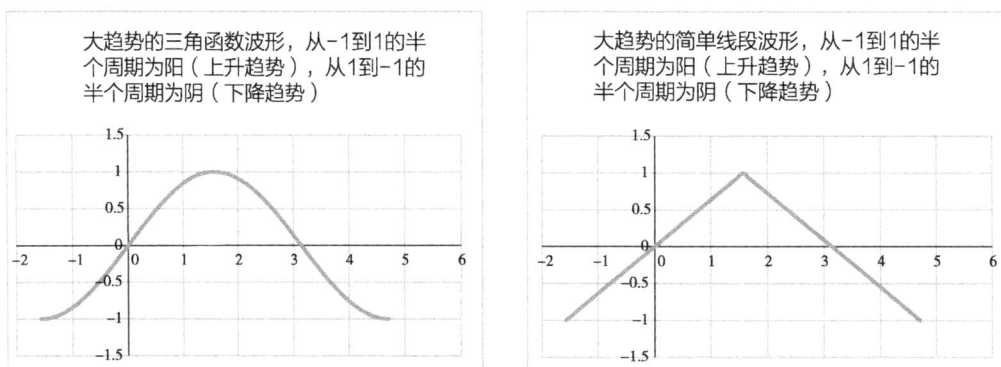

图 1.6 借助三角函数波形来理解上升趋势和下降趋势

横轴表示波的周期（时间），纵轴表示振幅（价格）。横轴从 -1.57 到 1.57、纵轴从 -1 到 1
是前半个周期，表示上升趋势，用阳 − 表示；横轴从 1.57 到 4.71、纵轴从 1 到 -1 是后半
个周期，用阴 -- 表示。右图简单地采用线段来模拟波形。

"两仪生四象"。在两仪阳 − 和阴 -- 的基础上，每一仪（大趋势）再两分，得到
四象：☰（老阳）、☱（少阴）、☲（少阳）、☷（老阴），即原来的大趋势阳 − 一分为二，
变成了 ☰（老阳）、☱（少阴）；原来的大趋势阴 -- 一分为二，变成了 ☲（少阳）、☷
（老阴）。

换句话说，在原本大趋势的基础上叠加了中等规模级别的趋势，称之为中趋势。

四象的符号有两个爻位，初爻（下爻）代表大趋势，上爻（终爻）代表中趋势。那么，⚌（老阳）表示大趋势为阳，中趋势为阳；⚍（少阴）表示大趋势为阳，中趋势为阴；⚎（少阳）表示大趋势为阴，中趋势为阳；⚏（老阴）表示大趋势为阴，中趋势为阴。

　　用周期来表示，则中趋势振幅的数值是从 -1 到 1，大趋势和中趋势的区别在于时间规模的不同，中趋势的周期为 T/2，只有大趋势的一半。同样，在中趋势的周期里，阳（上升趋势）为从 -1 到 1 的半个波，阴（下降趋势）为从 1 到 -1 的半个波。由于中趋势的周期仅有大趋势一半，大趋势的周期分为阳 – 和阴 -- 两个半波，其中并列了四个中趋势的半波，组合成了四象 ⚌（老阳）、⚍（少阴）、⚎（少阳）、⚏（老阴）。换句话说，四种卦象代表了大趋势和中趋势的四种趋势组合状态。

　　"四象生八卦"。在四象的基础上，每一象再两分，得到八卦：☰（乾）、☱（兑）、☲（离）、☳（震）、☴（巽）、☵（坎）、☶（艮）、☷（坤），即原来的大趋势和中趋势组合而成的四象 ⚌（老阳）一分为二，分为八卦的 ☰（乾）、☱（兑）二卦象；四象 ⚍（少阴）分为 ☲（离）、☳（震）二卦象；四象的 ⚎（少阳）分为 ☴（巽）、☵（坎）二卦象；四象 ⚏（老阴）分为 ☶（艮）、☷（坤）二卦象。

　　换句话说，在原本大趋势和中趋势组合的基础上叠加了小规模级别的趋势，称之为小趋势。八卦的符号有三个爻位：初爻（下爻）代表大趋势，中爻（二爻）代表中趋势，上爻（终爻）代表小趋势。相应地，☰（乾）表示大趋势为阳，中趋势为阳，小趋势为阳；☱（兑）表示大趋势为阳，中趋势为阳，小趋势为阴；☲（离）表示大趋势为阳，中趋势为阴，小趋势为阳；☳（震）表示大趋势为阳，中趋势为阴，小趋势为阴；☴（巽）表示大趋势为阴，中趋势为阳，小趋势为阳；☵（坎）表示大趋势为阴，中趋势为阳，小趋势为阴；☶（艮）表示大趋势为阴，中趋势为阴，小趋势为阳；☷（坤）表示大趋势为阴，中趋势为阴，小趋势为阴。

　　用周期来表示，则小趋势振幅的数值也是从 -1 到 1，但小趋势的时间规模小于中趋势，其周期为 T/4，只有中趋势的一半、大趋势的 1/4。同样，在小趋势的周期里，阳（上升趋势）为从 -1 到 1 的半个波，阴（下降趋势）为从 1 到 -1 的半个波。由于小趋势的周期仅有中趋势一半，大趋势的周期分为阳 – 和阴 -- 两个半波，阳的半波之上先并列了两个中趋势的半波，再并列了四个小趋势的半波，三个层面组合成了八卦中的四卦：☰（乾）、☱（兑）、☲（离）、☳（震）；阴的半波之上先并列了两个中趋势的半波，再并列了四个小趋势的半波，三个层面组合成了八卦中的另四卦：☴（巽）、☵（坎）、☶（艮）、☷（坤）。可见，八卦表示了大、中、小趋势的八种趋势组合状态。

"八卦而小成，引而伸之，触类而长之，天下之能事毕矣。"图 1.5 和引言中的表 3 可以相互对照来看。在表 3 中，我们通过简单自然的两分法列举了我们认知事物的八种状态。而在此处分析里，图 1.5 通过简单自然的两分法，区分了大、中、小三个层次趋势的八种趋势组合状态。于是，八卦就成为很有力量的一套表征趋势组合变化的符号系统。

大家都知道，离开具体的时间规模来谈论趋势是没有意义的。可是，在正统的市场技术分析教科书中除了一般性讨论趋势规模、趋势组合外，很少用简明符号来准确清晰地表述趋势规模和趋势方向，更不用说趋势组合状态。八卦符号里的爻象分为阴爻和阳爻，它们分别代表下降趋势和上升趋势的两种趋势方向；爻位为初、中、上三个位置，分别代表大、中、小三种趋势时间规模。爻象和爻位两方面结合，简明而清晰地表述了大、中、小趋势组合的八种阶段、八种状态。

上述符号系统中时间规模是相对而言的，但大、中、小趋势之间的时间规模比较关系是明确的，这样一来，这套符号便具备了广泛的适用性。

第四节
顺序（卦序）及波形模拟

卦序与趋势

图 1.7 为先天太极图，由一对首尾相接的阴阳鱼构成，其中阳鱼的部分从小到大，分别对应着八卦中的 ☳（震）、☲（离）、☱（兑）、☰（乾）四卦；阴鱼的部分从小到

图 1.7　先天太极图的八卦卦序

本图把图 1.5 的两分法结果用图像展示出来，形如两条相互追逐的鱼儿。顾名思义，白色的为阳鱼，黑色的为阴鱼。阳鱼和阴鱼旁分别按照自然卦序各绘制了四个卦象。

大，分别对应着八卦中的 ☴（巽）、☵（坎）、☶（艮）、☷（坤）四卦。

为了简明起见，这里只讲阳鱼部分（阴鱼部分道理相同，方向相反）。首先，阳鱼的四卦初爻都是阳爻，即这四个趋势组合符号都代表了其大趋势为阳。可见，阳鱼实质上是由大趋势为阳所决定的。其次，这四卦的顺序和图 1.5 最上层左半部分的顺序完全一致（但方向相反）。可见，八卦除了分别代表各种大中小趋势组合之外，还有另外一项重要价值——卦序，即八卦的顺序。

先天太极图阳鱼和阴鱼旁标注的卦序并无神秘之处，完全是通过图 1.5 所示的简单明了的两分法获得的自然顺序。正因为得来自然，其中才包含了重要信息。

小趋势周期最短，是中趋势的 1/2、大趋势的 1/4。在阳鱼所对应的四个卦象 ☳（震）、☲（离）、☱（兑）、☰（乾）中，每一个卦象的上爻都表示了小趋势的一个半波。因此，前两个卦象组成小趋势的一个完整周期，后两个卦象组成小趋势的另一个完整周期，四卦共有两个完整小周期。

阳鱼前两个卦象 ☳（震）、☲（离）的中爻皆为阴爻，表示中趋势为下降趋势；后两个八卦卦象 ☱（兑）、☰（乾）的中爻皆为阳爻，表示中趋势为上升趋势。中趋势的周期是小趋势的 2 倍，显然，前两个八卦卦象 ☳（震）、☲（离）组合在一起才能表示中趋势从 1 到 -1 的半波，后两个八卦卦象 ☱（兑）、☰（乾）组合在一起才能表示中趋势从 -1 到 1 的半波。因此，阳鱼的四卦组成了中趋势的一个完整周期。

阳鱼的四个八卦卦象 ☳（震）、☲（离）、☱（兑）、☰（乾）的初爻皆为阳爻，都表示上升趋势，但从上述分析来看，四个卦象组合在一起才足以展示大趋势从 -1 到 1 的半个波。这是大趋势的半个周期。

换个角度来理解，八卦中一个卦象可以装下一个小趋势的半波，两个卦象可以装下中趋势的半波，四个卦象可以装下大趋势的半波。卦序之所以重要，是因为装下中趋势的二个卦象不是随意得来的，装下大趋势的四个卦象不是随意得来的，按照卦序才能组合成功。

阳鱼卦象大、中、小趋势波形模拟

图 1.8 以先天太极图阳鱼部分 ☳（震）、☲（离）、☱（兑）、☰（乾）四卦为例，依照其顺序分解为大、中、小三种趋势的波形。

图 1.8 可分为左右两部分，左侧三图采用三角函数波形来模拟趋势演变，右侧三图采用简单线段来模拟趋势演变，从而更为简明。

图 1.8 还可以从下到上分为三层。最下层显示的是大趋势，对应着八卦卦象的初爻。阳鱼的四个卦象初爻都是阳爻，共同组成了从 -1 到 1 的大周期的半波，其周期最长。换言之，大趋势的半波需要四个卦象才能共同组成。

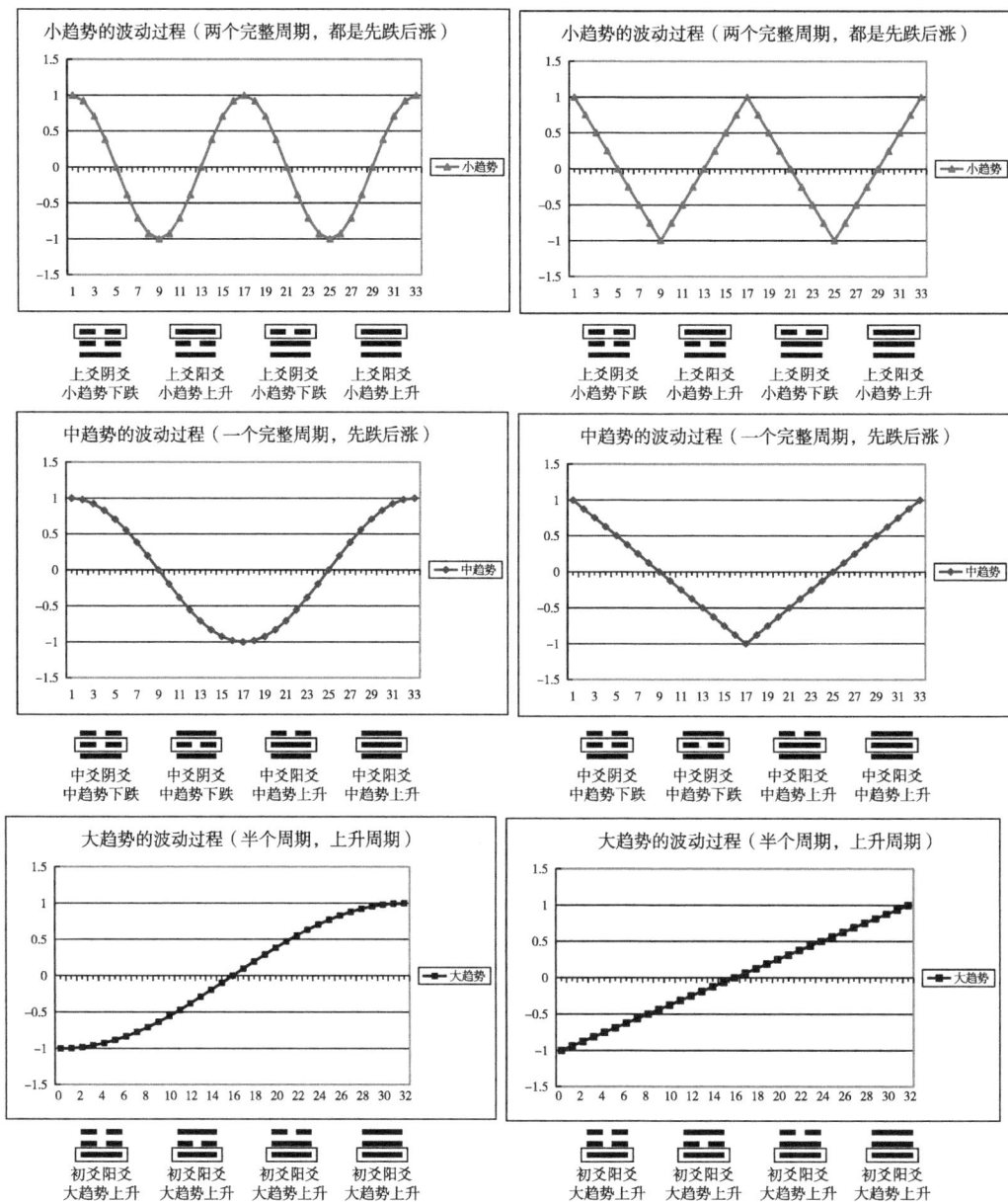

图 1.8　对阳鱼的四个卦象进行的波形模拟

上爻代表小趋势，中爻代表中趋势，初爻代表大趋势。大趋势的周期最长，中趋势的周期是大趋势的一半，小趋势的周期又是中趋势的一半。因此，阳鱼的四个卦象只能容纳大趋势的半个周期、中趋势的一个周期、小趋势的两个周期。

中层显示的是中趋势，对应着八卦卦象的中爻。阳鱼的四个卦象前两个——☳（震）、☲（离）中爻为阴 ⚋，共同组成了中周期波从 1 到 -1 的半波，为下降趋势；后两个卦象——☱（兑）、☰（乾）中爻为阳 ⚊，共同组成了中周期波从 -1 到 1 的半波，为上升趋势。两个半波组成一个完整的中周期波形。

上层显示的是小趋势，对应着八卦卦象的上爻。阳鱼四个卦象的第一个☳（震），上爻为阴 ⚋，代表小周期从 1 到 -1 的半波，为下降趋势；第二个☲（离），上爻为阳 ⚊，代表小周期从 -1 到 1 的半波，为上升趋势；第三个☱（兑），上爻为阴 ⚋，代表小周期从 1 到 -1 的半波，为下降趋势；第四个☰（乾），上爻为阳 ⚊，代表小周期从 -1 到 1 的半波，为上升趋势。四个半波组成了两个完整的小周期波形。

通过图 1.8 可以直观地比较大、中、小三层次趋势的关系，既包括趋势方向，也包括趋势周期的长短。大趋势为上升趋势，在四个卦象中始终向上，四个卦象共同组成了从 -1 到 1 的半波，即大周期的半个周期。中趋势在前两个卦象中为下降趋势，两者共同组成从 1 到 -1 的半波，即中周期的半个周期；在后两个卦象中为上升趋势，两者共同组成了从 -1 到 1 的半波，即中周期的半个周期。四个卦象共同组成了中周期的一个完整周期——先下降后上升。小趋势在每个卦象中均由半波构成，四个卦象组成了两个完整的小周期波形——下降、上升、下降、上升。

大趋势的半个周期对应中趋势的一个周期；中趋势的一个周期对应小趋势的两个周期，大趋势的半个周期。

阳鱼卦象大、中、小趋势波形叠加——理想的趋势演变模式

图 1.9 延续了图 1.8 的思路，分为左右两部分，左侧采用三角函数波形，右侧采用了简单线段。

从上到下，图 1.9 的上图把图 1.8 中大、中、小三个层次的波形画在一起，这样一来，三种趋势对比更为鲜明。在整个图形里，大趋势是从 -1 到 1 的半波；中趋势是一个完整周期；小趋势是两个完整周期。

大趋势一路向上，没有波折。中趋势先下降再上升，中趋势前半部分和大趋势方向相反，后半部分增强了大趋势，叠加中趋势之后，两者组成的总体趋势波动幅度加剧，变化过程波折增多。小趋势下降、上升、下降、上升，叠加小趋势后，进一步加剧了三者组成的总体趋势的波动幅度，增多了变化过程的波折。

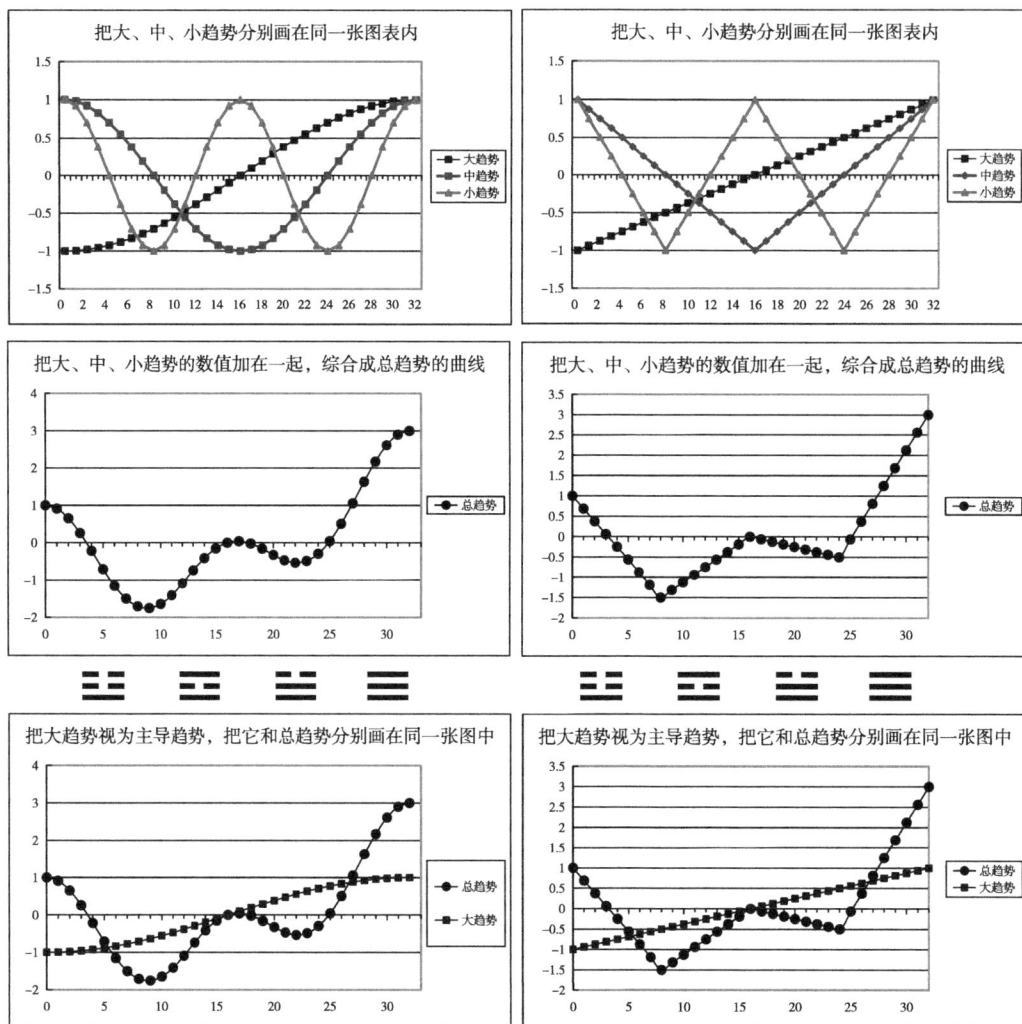

图 1.9　阳鱼卦象大、中、小趋势波形叠加情形

上层图将先天太极图阳鱼部分的大、中、小趋势绘制在同一个坐标系内，便于比较；中层
图为三层次趋势数值之和的总趋势波形，这是与阳鱼对应的理想趋势演变模式；下层图将
综合结果的总趋势和大趋势的波形进行了对比。

　　请注意，从图 1.8 到图 1.9 每一条曲线都由 33 个数据点联结而成。如前所说，上述图中的水平轴表示周期（时间），竖直轴表示波形的振幅（价格）。我们把水平轴分成 32 等份，共有 33 个水平轴采样点，每个采样点都对应大、中、小趋势的一个振幅数值（竖直轴读数），两者结合构成图形上的 33 个数据点。

　　在图 1.9 上层图中，把水平轴上同一个采样点对应的大、中、小趋势的三个振幅数值简单相加，三者之和是一个综合了三层次波形的新的振幅数值。33 个采样点、33 个新的振幅数值，构成了 33 个数据点。将这 33 个新的数据点绘制在坐标系里，得到了图 1.9 中层图的图形，该图形便是大、中、小三层次趋势组合而成的总体趋势演变图形，是大、中、小周期波形相叠加后得到的综合波形。

讨论到这里便清楚了，大、中、小趋势或者大、中、小周期是描述市场行情的三种基本成分，而我们所看到的市场行情则是三者综合后所表现出来的外观。换句话说，大、中、小趋势或者大、中、小周期并非直观可见的行情演变过程，而是根据《周易》原理获得的行情演变的内部机制，而行情演变其实是上述内部机制综合作用的外在结果。当然，从《周易》原理抽象出的行情演变内在机理属于典型的或理想情形，其所得结果（如图 1.9 中层图），便可以被称为理想趋势演变模式——我们可以直接观察的典型的趋势演变过程。

大趋势的特殊性

图 1.9 下层图把大、中、小趋势综合而成的理想趋势演变模式与大趋势的波形画在同一张图内，进行了直观的比较。以阳鱼为例，大趋势表现为相对均匀、一致的上升，但是，大、中、小趋势综合而成的理想趋势演变模式却很不均匀。在其最初阶段，它竟然背道而驰，与大趋势方向相反；在其中间阶段，大趋势一如既往地向上，它却原地踏步、徘徊不前；到了最后阶段，大趋势不疾不徐，它却急速剧烈拉升，把大趋势远远甩在下面。显然，大趋势定基调，中趋势和小趋势的加入，虽未改变总体方向，却改变了总体趋势的节奏，增加了波动，导致了前后阶段趋势进程十分不均匀。

虽然如此，大、中、小趋势并不是等量齐观的，大趋势具有决定性的意义，图 1.7 先天太极图中阳鱼之所以为阳，正因为其大趋势为阳；阴鱼之所以为阴，正因为其大趋势为阴。不仅如此，阳鱼四个卦象的卦序是由大趋势决定的，阳鱼不仅决定了总体趋势方向，还决定了大、中、小趋势相互作用的基本特征，最终决定了总体趋势进程。

为了帮助大家理解大趋势的特殊意义，我们以四季为例来说明。黄河流域四季变化分明，在漫长的农耕时代靠天吃饭，实际上就是靠四季吃饭。在那个时代，历法，尤其是二十四节气，对农时具有最重要的指导意义。地球上四季的形成毫无疑问是由太阳照射角度变化主导的，二十四节气是根据太阳照射角度来确定的。冬至，太阳照射角度最低，阳光下阴影最长；夏至，太阳照射角度最高，阳光下阴影最短。从冬至到夏至，相当于阴阳鱼的阳鱼，太阳照射角度越来越高，日影越来越短，这是与阳鱼的大趋势对应的主导因素；从夏至到冬至，太阳照射角度越来越低，日影越来越长，这是与阴鱼的大趋势对应的主导因素（见图 1.10）。把图 1.10 中的纵轴坐标系倒置，

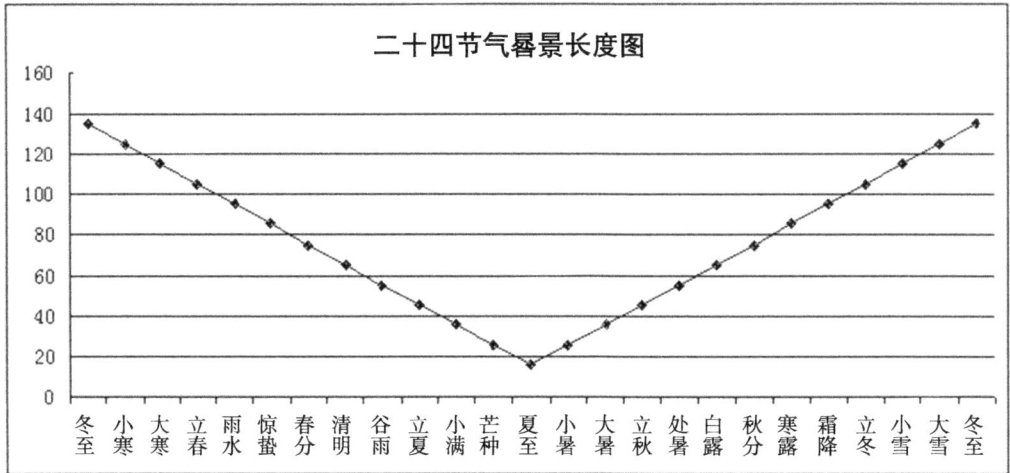

图 1.10　二十四节气晷景长度图

从冬至到夏至，相当于阴阳鱼的阳鱼，太阳照射角度越来越高，日影越来越短，这是与阳
鱼的大趋势对应的主导因素；从夏至到冬至，太阳照射角度越来越低，日影越来越长，这
是与阴鱼的大趋势对应的主导因素。

从冬至到夏至的晷景从低到高，与图 1.8 的右侧下图完全一致。

一般说来，气温变化可以简明地表征四季变化。太阳照射角度是驱动四季变化的主导因素，地理环境大体对应着中趋势，植被等要素对应着小趋势。气温变化是上述大、中、小趋势综合而成的结果。相对而言，人们对气温的感受是直观的、外在的、一目了然的，而主导因素则通常潜藏在幕后发挥作用。大趋势是决定性力量，但中趋势、小趋势改变了气温变化节奏，使得气温变化的进程前后不均匀。

众所周知，冬至的时候气温不是最低点，1 个月之后的大寒往往才是最低点；夏至也不是气温的最高点，而大暑前后往往才是最高点。

冬至之后，寒气越来越重，从此日开始数九，被称为"数九寒冬"，其重要原因就在于，从冬至开始大趋势已经从向下转为向上，但中趋势和小趋势却向下，导致气温总趋势在最初阶段是明显下降的，与大趋势向左。在外观上，这段趋势延续了之前的下降趋势，但原来的下降趋势都处在平衡状态下，新趋势在最初阶段继续下跌，向下继续推动，结果造成了"将欲取之，必固与之"（《老子·三十六章》）的反效果，继续推动的这一步使得原来的趋势失去了平衡，倒向自己的反面。

夏至之后，暑气和湿气越来越重，令人感觉特别难受，被称为苦夏，其重要原因就在于，从此时开始大趋势已经从上升转为下降，但中趋势和小趋势却向上，结果总趋势的最初阶段继续表现为上升，与大趋势向反。同样道理，这段趋势延续了之前的上升趋势，但原来的上升趋势都处在平衡状态下，新趋势在最初阶段继续上升，向上继续推进，结果造成了"将欲取之，必固与之"的反效果，继续推动的这一步使得原来的趋势失去了平衡，倒向自己的反面。人被置于这样的矛盾之中自然十分难受。

大趋势相对于中、小趋势发挥着引领作用，决定了卦序，也就是中、小趋势相对于大趋势的排列组合序列。请看图1.9下层图。大趋势对中、小趋势的引领作用不是硬性的，而是十分生动、弹性的，简直就像溜鱼一样——鱼强则让，鱼松则收，直至鱼没有了力气，大趋势的力量最终得以完全地发挥（关于理想趋势模式下文将详细讨论）。

上述关于大趋势特殊性的讨论启发我们，研究行情一定要从大趋势出发。由于大趋势潜藏在行情内部，不能直接观察，但是我们总是可以借助行情的最长期趋势来近似地替代。由于大趋势具有决定全局的重要意义，我们当然应当尽可能观察最长期的趋势，以其为根据，作为趋势研究的基础和出发点。

理想的趋势演变模式——阴鱼和阳鱼连续演变

图1.9所示的"理想趋势演变模式"只是图1.7先天太极图中的阳鱼那一半。为了简明，我们不打算详细介绍阴鱼的那一半，但是将其与图1.9对应的示例图放在图1.11中，以便比较。

"一阴一阳，文武之道"。图1.7中的先天太极图清晰地昭示了阳鱼演变过程孕育阴鱼，阳鱼达到顶峰后，总体趋势必然转化为阴鱼；阴鱼演变过程孕育阳鱼，阴鱼达到顶峰后，总体趋势必然转化为阳鱼。阴阳鱼的连续演变才代表了实际趋势演变的完整过程。如此说来，图1.9和图1.11中的总趋势其实还不够理想，真正理想的趋势演变模式必然是两者相连、连续演变的。

观察图1.9的总趋势可以看到，起点振幅的数值为1，终点振幅数值为3；图1.11的总趋势，起点振幅的数值为-1，终点振幅数值为-3。如果把两者简单地绘制在同一个坐标系里，两条曲线不能相连，而是有数值为4单位的差距。

回到图1.5，在采用两分法来得到阳鱼和阴鱼八卦卦序的时候，阳鱼的卦序从右向左，与两分法的顺序相反；阴鱼的卦序从左向右，与两分法的顺序相同。由此可见，阳鱼与阴鱼的衔接并不是机械的。

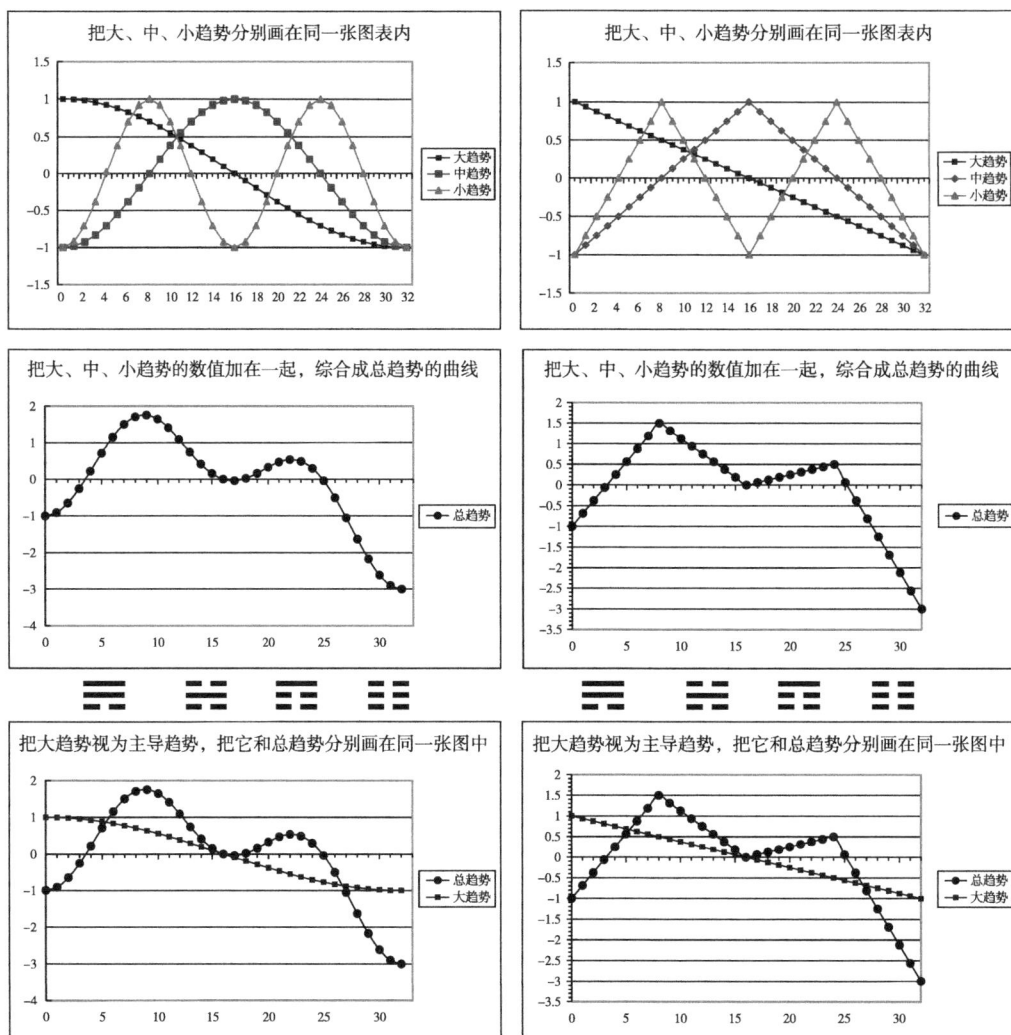

图 1.11　阴鱼卦象大、中、小趋势波形叠加情形

上层图将先天太极图阴鱼部分的大、中、小趋势绘制在同一个坐标系内，以便于比较；中层图为三层次趋势数值之和的总趋势波形，这是与阴鱼对应的理想趋势演变模式；下层图将综合结果的总趋势和大趋势的波形进行了对比。

　　我们的解决方法是，保留阳鱼的数值不变、图形位置不变，将阴鱼的起点数值从 -1 修改为 3、终点数值从 -3 修改为 1，相当于将图 1.11 中层图总趋势的曲线在竖直方向上向上平移 4 个单位，如此一来，阴鱼曲线的形状保持不变，其开头能够与阳鱼终点的数值一致，这样阴鱼的曲线便能与阳鱼的曲线不间断地相连。不仅如此，阴鱼的终点数值变成了 1，之后阴鱼转化为新一轮阳鱼，新一轮阳鱼又从 1 开始，两条曲线的终点和起点也是连续的。如此，阳鱼、阴鱼、阳鱼、阴鱼……循环往复，可以一直不间断地延续下去。

之所以这么做，是因为图 1.9 和图 1.11 总趋势曲线的振幅数值并无绝对意义，而是只有相对意义。换言之，我们要的是曲线图形，而不是绝对数值。

现在得到了图 1.12 中的连续的理想趋势演变模式，它代表了真实环境下的理想趋势演变模式。

第五节
理想趋势演变模式的三个阶段

图 1.13 放大了图 1.12 中三角函数波形的部分，将连续演变的总趋势大体上分为三个阶段，也就是图中的阶段一到阶段六。阶段一、二、三是阳鱼的三个阶段，阶段四、五、六是阴鱼的三个阶段。请注意，阶段一并没有包括图 1.9 中总趋势的开头部分，因为在外观上它已经与前一个阴鱼的第三阶段连接在一起了，而阶段三中则包括了接下来的阴鱼的开头部分。同样道理，阶段四（阴鱼阶段一）并没有包括图 1.11 中

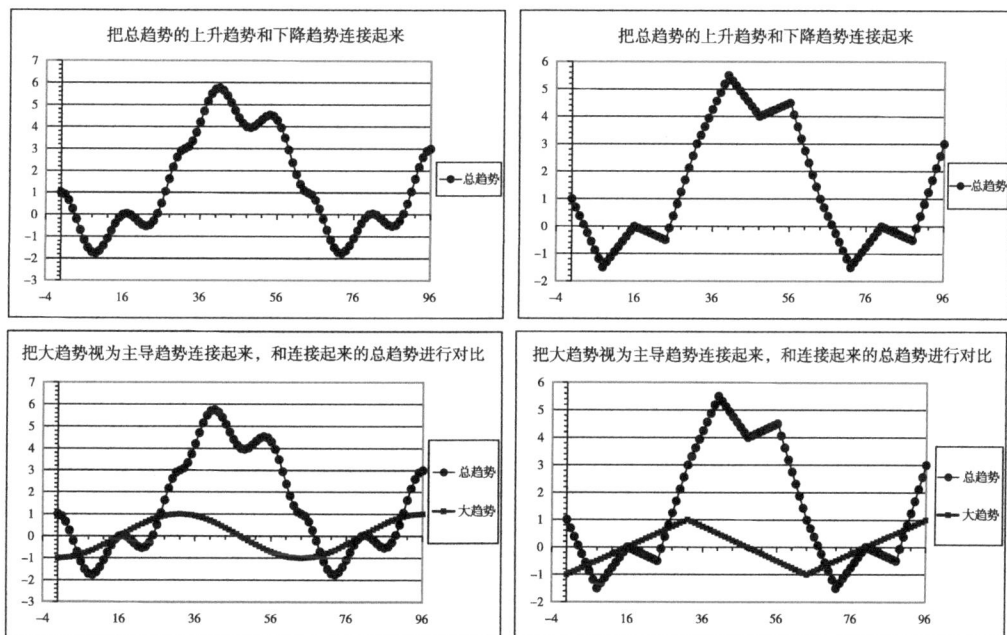

图 1.12　连续的理想趋势演变模式

将阴鱼的曲线在竖直方向上向上平移 4 个单位，如此一来，阴鱼曲线的形状保持不变，其开头能够与阳鱼终点的数值一致，这样阴鱼的曲线便能与阳鱼的曲线不间断地相连。不仅如此，阴鱼的终点数值变成了 1，之后阴鱼转化为新一轮阳鱼，新一轮阳鱼又从 1 开始，两条曲线的终点和起点也是连续的。如此，阳鱼、阴鱼、阳鱼、阴鱼……循环往复，可以一直不间断地延续下去。

总趋势的开头部分，因为在外观上它已经与前一个阳鱼的第三阶段连接在一起了，而阶段六（阴鱼阶段三）中则包括了接下来的阳鱼的开头部分。阶段一又可称为底部形态，阶段四又可称为顶部形态。下面以阳鱼为例逐段分析。开头部分比较特别，先说开头部分，再说阶段一、二、三。

总趋势的开头部分——将欲取之，必固与之

图 1.9 阳鱼的总趋势是从显著下跌开始的，从图 1.13 来看，阳鱼的开头部分延续了前一轮阴鱼的总趋势下降轨迹。第一，它显著延长、加剧了阴鱼趋势最后阶段下跌的过程，使之显得更为极端；第二，正是这一步使得市场下跌的过程从平衡走向不平衡，走向了自己的反面，阴鱼趋势不再能延续；第三，当阳鱼开始时，实际上从外观上很难区分原下降趋势与新趋势的第一阶段，难以及时察觉阳鱼的到来（因此，左侧交易几乎是不可能的）。

图 1.11 阴鱼的总趋势是从明显上升开始的，从图 1.13 来看，阴鱼的开头部分延续了前一轮阳鱼的总趋势上升的轨迹。第一，它显著延长、加剧了阳鱼趋势最后阶段上涨的过程，使之显得更为剧烈；第二，正是这一步使得市场上升的过程从平衡走向不平衡，走向了自己的反面，阳鱼趋势不再能延续；第三，当阴鱼开始时，实际上我们从外观上很难区分原上升趋势与新趋势的第一阶段，难以及时察觉阴鱼的到来（因此，左侧交易几乎是不可能的）。

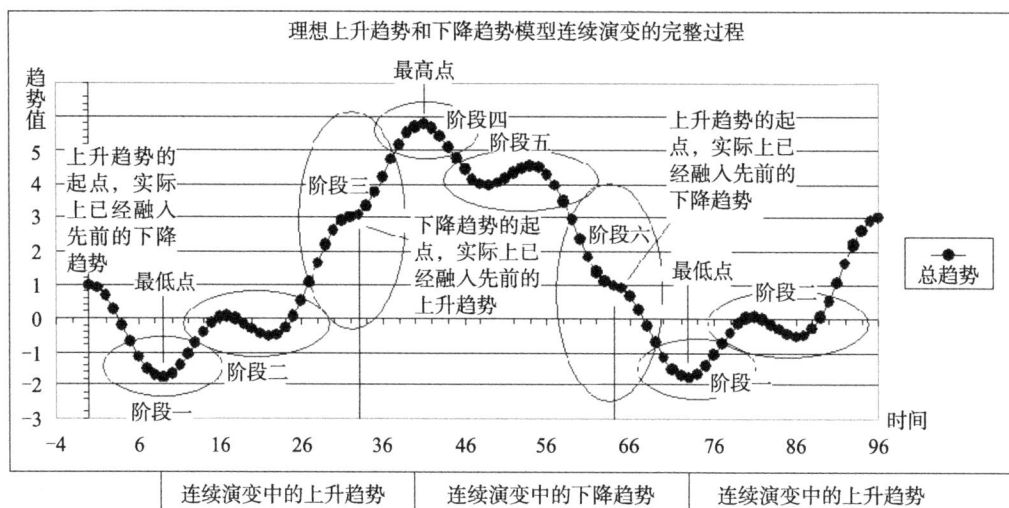

图 1.13　理想趋势演变模式的连续演变过程

换言之，孤立地看待图 1.9 和图 1.11 中的总趋势，尽管趋势进程不均匀，但都属于平衡状态，可以持续。但是当我们在图 1.13 中将两者连接起来观察行情连续演变时，发现图 1.9 所示总趋势最初向下的"反动作"正是为了将之前的下降趋势延伸到极端状态，让它成为自己的敌人，反过来帮助上升趋势孕育出世；图 1.11 所示总趋势最初向上的"反动作"正是为了将之前的上升趋势延伸到极端状态，让它成为自己的敌人，反过来帮助上升趋势孕育出世。

阶段一（底部或顶部）——"挣扎反转"

如前所说，我们事前不知道底部过程的到来。

第一，之前已经出现了漫长、幅度大、速度快的显著下跌过程了。

第二，就在不知不觉之间，市场不再按照过去的下跌步调持续下跌了，而是在最低位附近摆动，但弄不清楚下降趋势只是休整一下还是正在酝酿底部过程。不过，在快速下跌阶段，波折较少，很少有大幅摆动发生，但是现在竟然发生较大幅度的向上反弹，最终又跌回低位。

第三，随着时间的推移，虽然还会发生向上反弹，但是摆动幅度越来越窄，交易量越来越清淡。

第四，底部的完成通常不会在朝夕之间，而是时间偏长，整个过程如绵绵阴雨没有绝期，似乎看不到尽头。

第五，总有一天时机成熟，同样在不知不觉之间，市场有力地向上崛起，同时交易量步步放大，价格越升高交易量越大，最终发出决定性的向上突破信号——典型的情况是向上突破底部形态的颈线，产生道氏信号，于是底部形态大功告成。

整个过程就像人伤重倒地，一开始挣扎着想站起来，但就是起不来，并且越挣扎越没有力气，最终躺倒在地上只剩下喘息的份儿，只有经过漫长休养，方能积攒足够的力量，重新摇晃着站起来。

我们事前不知道顶部过程的到来。

第一，之前已经出现了漫长、幅度大、速度快的明显上升过程了。

第二，在快速上升阶段行情本来波折少、波折幅度小，现在突然发生大幅下挫。

第三，大幅下挫后市场立即拉回，但是拉回过程中交易量减少，拉回后不一定能继续创新高，或者虽然创新高但不能守住新高。

第四，继续大幅下挫，下挫时交易量放大。

第五，市场决定性地发出向下突破信号——典型的情况是向下突破顶部形态的颈线，产生道氏信号，突破时交易量通常较大，但这一点无关紧要。

第六，向下突破后常常发生回抽现象，即再次向上试探顶部形态的颈线，但交易量较小。

典型的顶部震荡幅度大、持续时间短，向下突破无需交易量配合。

阶段二（中途）——"反复调养"

向上突破的道氏信号标志着底部完成，阳鱼趋势进入第二阶段。在底部反转过程中，人们很难分辨到底是之前阴鱼趋势的临时调整还是趋势逆转。但是，现在机敏的或者比较有经验的投资交易者就能够有相当把握判断阳鱼趋势已经到来。一是之前阴鱼趋势导致价格比较低，早有人见猎心喜、跃跃欲试；二是底部反转形态的确提供了较为可靠的证据，表明趋势逆转已既成事实，这部分投资交易者积极做多，推动市场继续上涨一定的幅度。

可惜，阳鱼第二阶段以"往来不穷"为基本特征。由于阳鱼趋势还不是一目了然、尽人皆知的，加上机敏的市场参与者对之前阴鱼趋势记忆犹新，宁愿见好就收，落袋为安。因此，虽然市场已经进入上升趋势，但是就是不能累积较大的涨幅，反而来回拉锯，有时甚至回落到道氏信号突破的价格水平之下。对于那些坚信阳鱼趋势已经到来的投资交易者来说，这个阶段充满挫折。他们知道做多是唯一正确的选择，却不能如愿产生预期的收益，很多时候往往在盈亏边缘来回摇摆，有时候还会产生一定幅度的浮动亏损。不仅如此，这个阶段持续时间较长，来回次数较多，煎熬似乎没有尽头，投资交易者的耐心受到了极大的挑战。

那么，在阳鱼第二阶段，有时市场下挫了较大幅度之后，如何能够鉴别到底是阳鱼趋势中途夭折，还是第二阶段依然有效呢？根据趋势定义，阳鱼第二阶段的最低点必须明显地高于底部形态的最低点，满足高点越来越高、低点越来越高的上升趋势定义。换句话说，只要第二阶段的低点不接近底部的低点，那么阳鱼趋势第二阶段就成立，反之则有问题。

正由于上述特点，回头来看我们在这个阶段的操作，往往是看对了、做对了，却不能获得有效的回报，反而由于不耐心、不能承受浮动损失等原因，常常浅尝辄止，把好好的头寸轻易地断送。

在股市里，人们常常把这个阶段称为洗筹。

阴鱼的第二阶段与阳鱼的第二阶段不像典型的顶部和底部形态差别那么大,基本特征都是往来不穷,只是方向相反而已。

阶段三(拉升)——"发作施为"

在阳鱼第三阶段,市场突然一改做派,不再来回摇摆,而是坚定地向上突破,稳步上升,进而不断加速,几乎一溜烟地上涨起来。上涨过程显得坚定不移,上涨速度步步增强,不仅波折的次数越来越少,波折幅度也越来越小,上涨轨迹几乎是一条线。

由于第二阶段看得对、做得对但挣不着钱的漫无绝期的煎熬,当第三阶段真正到来之际,我们竟然可能陷入了某种麻痹状态,可能觉得反正市场来回不定,折腾不出大动静,等等也无妨。这一等不要紧,市场已经明显上扬。现在真是看对了,如果做得到的话就能挣得到钱,可惜,要做对却不容易。要么是麻痹了,要么是对第二阶段的低廉买入价难以忘怀,要么是稍一犹豫市价又显著上升,让人下不了手,总之在第三阶段,对于那些在第二阶段早已看多做多的投资交易者反倒是一个重大挑战,难以出手。与之形成对照的是,现在的牛市行情已经成为路人耳熟能详的"常识",大批公众投资者如飞蛾扑火、争抢入市,不计成本地买入,形成了一场盛大的牛市大集。

阳鱼第三阶段和之后的阴鱼第一阶段在外形上是连接在一起的,到了阳鱼第三阶段的最后期,似乎高潮已经来临,然而那些最初在底部悄悄搜集筹码的聪明资金开始悄悄卖出,成为满足大众需求的交易对手方,为大众提供了流动性。可惜,流动性提供好了,阳鱼第三阶段也就完成了,顶部形态正在孕育之中,新的阴鱼趋势即将呱呱坠地。

阴鱼趋势的第三阶段与阳鱼趋势相似而方向相反,从投资交易者的情绪来说,阳鱼趋势的第三阶段简直是像往烧红了的热锅上倒油,轰轰烈烈,而阴鱼的第三阶段则是普遍的压抑和绝望。

与三个阶段特征相适应的操作方法

在第一个阶段,如果投资交易者感到看不清哪个方向才是正确的,不敢做,那么也就不能做。拿阳鱼趋势的第一阶段来说,虽然市场已经从剧烈下降的过程转为大幅震荡,渐而震荡力度越来越小,但是并没有足够的线索来表明这就是底部。一方面,如果仍然持有空头,那么过去的好日子似乎不再,行情不能有效产生利润,更糟糕的是市场流动性大幅下降,对交易不利;另一方面,如果觉得市场跌到头了,那也只是猜测，市场依然有可能恢复下跌（见图 1.14）。

在阴鱼的第一个阶段，市场原本日复一日地上涨，现在突然在高位大幅震荡，但这到底是顶部还是比较剧烈的调整过程，并没有足够证据来让我们分辨。如果依然持有多头头寸，其浮动盈亏的变化往往相当大，令人心惊肉跳。

值得强调的是，在追随趋势的过程中，除非有确凿证据表明趋势逆转已经是既成事实，否则便不应该轻易放弃本有的多头或空头头寸。因此，在第一个阶段，宁可继续持有符合原趋势的头寸，也不能轻易放弃。当然，如果头寸过大，市场流动性过低，则必须减少敞口头寸。

在第二个阶段，首先，当第一阶段已经完成、道氏信号确实已经给出之时，如果仍然持有原来趋势方向的头寸，则必须果断平仓了结。其次，现在较有经验的投资交易者可以看清趋势方向了，却未必是积极做多或做空的时候，而是应当以小资金量尝试、逐步积累，并且在操作过程中一定要耐心等待时机，按照趋势方向，坚持逢低买

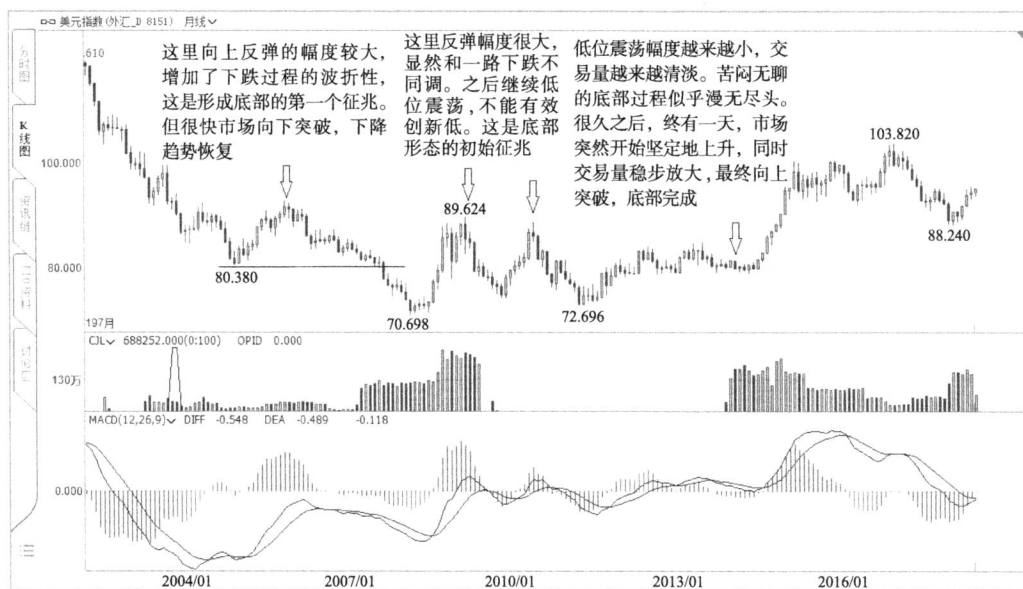

图 1.14　美元指数月线图（2002 年 3 月—2018 年 7 月）

本图左侧是典型的下降趋势第三阶段，下跌过程快速，波折少、波折幅度不大。从 80.38 开始的向上反弹和之前顺风顺水的下降过程不同，似乎波折增大，但市场很快向下突破，恢复下降趋势。从 70.698 开始的向上反弹力度更大，显然和之前一溜小跑式的下跌不同调。在下降趋势第三阶段，低位波动幅度显著扩大是可能形成底部的初始征兆。之后市场在低位震荡，但不能有效创新低。不仅如此，市场震荡幅度越来越小，成交量越来越清淡，苦闷无聊的底部过程似乎漫无尽头。久而久之，终于有一天，市场开始坚定地上升，同时交易量稳步放大，最终向上突破，底部完成。

进或逢高卖出的基本策略。

在第二阶段交易，我们很可能做了却没多大油水，反倒时常陷入泥淖，虽无大亏，但消磨了耐心，丧失了对行情变化的敏感性，不知不觉失去了警醒，渐渐丧失了反应能力。可取的做法是，要么高度耐心地等待时机，步步为营地买进或卖出，要么干脆宁可不做，也不要因为过早介入而丧失敏感性，绝不能因小失大（见图 1.15）。

值得说明的是，第二阶段依然有可能失败，展开下降趋势。失败的标志是其中下跌的低点接近底部阶段的低点。当然，只要第二阶段的低点明显高于底部的低点，就符合上升趋势的定义，第二阶段维持有效，这时仍要做好迎接第三阶段的准备。

第三个阶段恰当的交易策略是追涨杀跌，在阳鱼趋势的第三阶段，一定要坚定地入市做多，果断建立多头头寸，这比精选操作时机来得重要；在阴鱼的第三阶段，一定要坚定地入市做空，果断建立空头头寸，这比精选操作时机来得重要。

资金可以简单地分三次进入：第一笔果断入市；如果市场创新高或新低，再跟进投入第二笔；如果市场继续创新高或新低，再跟进第三笔，满仓持仓。

对那些有经验的人来说，看得清，但成本每日急剧变化，却下不了手，或是被第

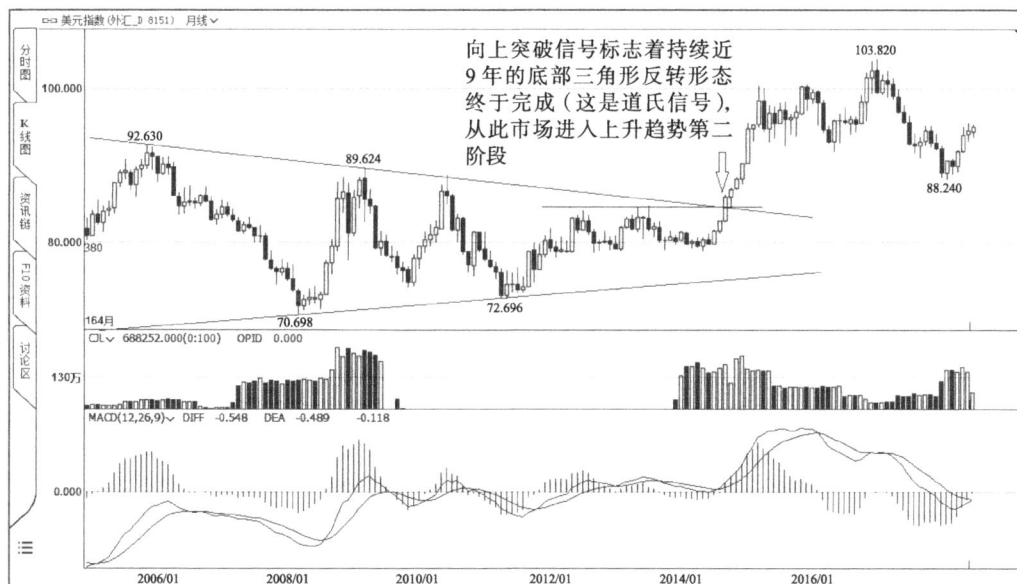

图 1.15　美元指数月线图（2004 年 12 月—2018 年 7 月）

图 1.15 比图 1.14 的时间范围短一些，对比图 1.14 可以看到，它更清楚地显示了向上突破信号和上升趋势第二阶段的特点。在上升趋势第二阶段，市场的确已经比底部高了一些，基本方向也是向上的，但总体上却是以往来反复为特征，有时甚至还有比较大的下跌。在这个阶段往往发生看作错的悲剧，因此必须耐心再耐心，小额逢低买进，步步为营地积累多头头寸。宁可不做，也不能操之过急，且看市场如何发展。

二阶段的多次错误搞烦了，或者被长时间的往来反复弄得麻痹了，觉得可以再等等看，结果眼睁睁看着市场一日千里，最终错失大好时机。为了防止出现这样的遗憾，不论选择怎样美妙的入市方案，作为最后手段，只要市场创新高或新低，则须义无反顾地入市建立第一笔头寸。

建立头寸后，通常应当坚定持有。第三阶段通常波折少、波折幅度小，不允许进行所谓高抛低吸、波段操作。

第六节
趋势演变三阶段的实例与启示

趋势演变三阶段的实例讲解

图1.16～图1.19列举了在趋势连续演变过程中具备典型的三阶段特征的若干实例。

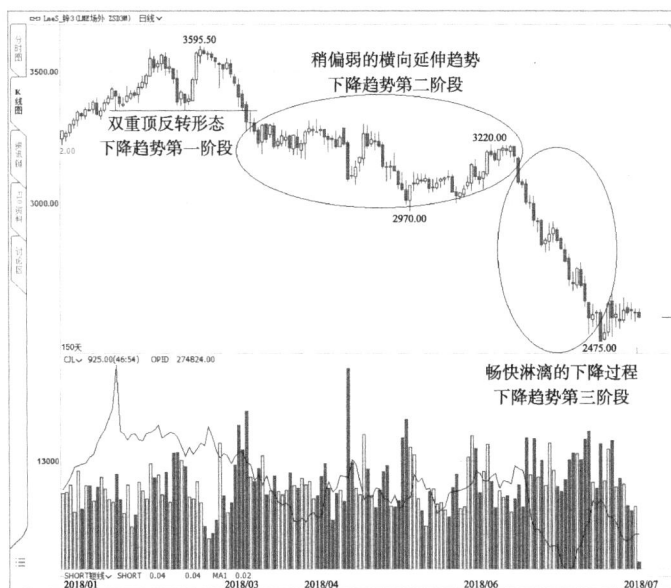

图 1.16　LmeS_ 锌日线图（2017 年 12 月 22 日—2018 年 7 月 30 日）

LmeS_ 锌的下降趋势呈现出较为典型的三个阶段。第一阶段为双重顶反转形态，波动幅度偏大。双重顶前部的拉升行情很有下降趋势先从拉升开始的意味。第二阶段表现为稍倾斜向下的横向延伸趋势，持续时间较长。第三阶段急速下挫，速度快、幅度大，其中的波折少且波折幅度小。

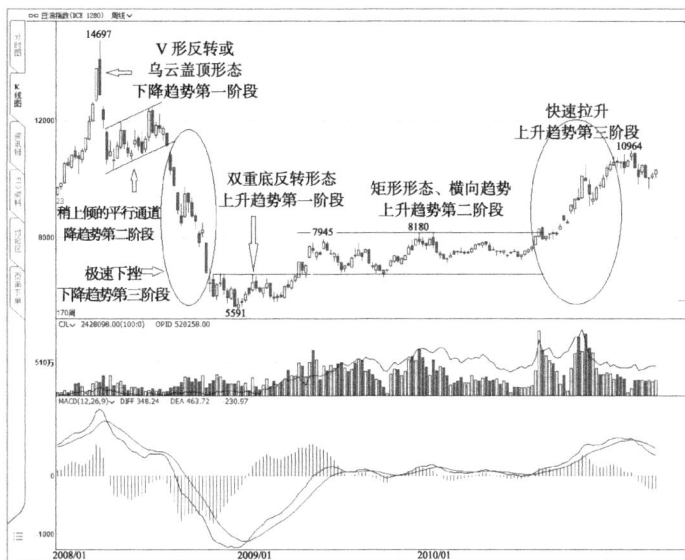

图 1.17　豆油指数周线图（2007 年 12 月 14 日—2011 年 4 月 1 日）

本图左侧有一个较典型的下降趋势三阶段的例子，其顶部为难以分辨的 V 形反转形态，这是下降趋势的第一阶段。之前似乎有迹象表明下降趋势第一阶段有先从拉升开始的特点。第二阶段表现为稍向上倾斜的平行通道，十分典型。第三阶段表现为急速下挫，中途只有短暂的小幅波折。本图还有一轮上升趋势也表现为三个阶段，它占据了本图右半部分三分之二的空间。其第一个阶段是双重底反转形态；第二阶段是持续时间较长的矩形形态，属典型的横向趋势；第三阶段为快速拉升。

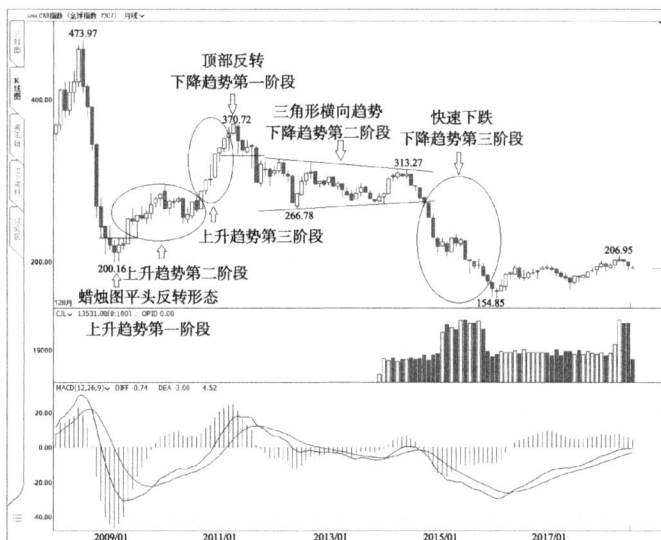

图 1.18　CRB 指数月线图（2008 年 1 月—2018 年 8 月 10 日）

本图左侧的上升趋势从蜡烛图平头反转形态开始，这是第一阶段；之后是一段稍向上倾斜的横向趋势，这是第二阶段；第三阶段快速拉升，几乎没有波折，一溜烟上涨。之后上升趋势逆转为下降趋势，其第一阶段的反转形态类似于 V 形，但较为缓和，有价格水平可供参考。向下跌破该价格水平后，完成顶部反转，进入第二阶段。下降趋势第二阶段为震荡收窄的横向趋势，持续时间较长。下降趋势第三阶段快速下跌，波折少且波折幅度小。

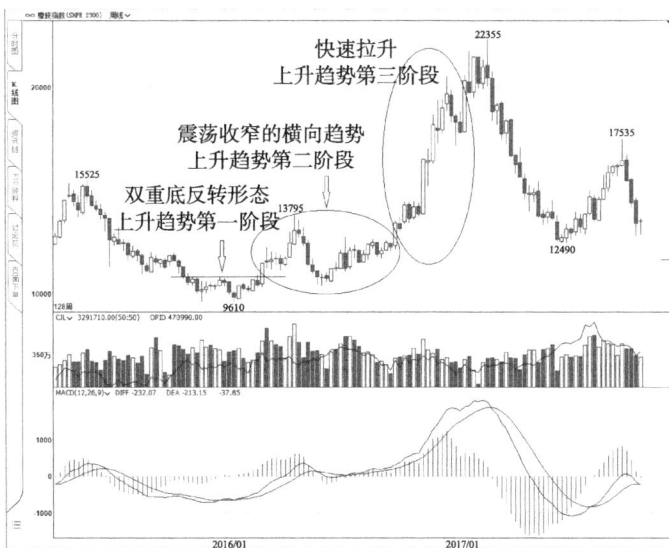

图 1.19　橡胶指数周线图（2015 年 4 月 17 日—2017 年 10 月 13 日）

图中上升趋势呈现出较为明显的三阶段特征。双重底反转形态是第一阶段，当市场决定性
地向上突破双重底颈线时，走势进入第二阶段，这是一段震荡收窄的横向趋势。第三阶段
快速拉升，中途波折少、波折幅度小。

理想趋势演变模式给我们的启示

一切具体事物都具有生命周期的基本特征，从发生、发展、壮大到衰竭消亡，无
不包含三个阶段。理想趋势演变模式正是对趋势生命周期建立的一套基本演变模式，
每个阶段各有其鲜明特征，每个阶段按照既定顺序前后相继，显示了趋势演变的基本
步调和规律性。

首先，按照理想的趋势演变模式来观察行情演变，分析趋势的第一要务是判明趋
势方向，但不再只是按照大方向亦步亦趋，而且应同时识别趋势阶段，评估趋势进程，
从而判断行情趋势性的好坏。

其次，市场技术分析工具在条件适合的前提下才能较好地发挥作用。趋势分析工
具，如突破信号，在趋势表现良好的前提下才能发挥良好作用，因此显然更适合趋势
第三阶段，而在第一阶段和第二阶段则必须采取更谨慎的态度。非趋势性分析工具，
如摆动指数，在趋势表现不好的前提下表现良好，显然更适合趋势第二阶段。至于顶
部和底部则通常属于形态分析的范畴。

再次，在不同的趋势阶段应采取相适应的交易方法，避免看对做错的挫折遭遇，
避免做坏心态。这一点前文已经详细解说。

最后，按照理想趋势演变模式分析趋势，行情演变形成了一个首尾一贯的活生生的整体，变成了一出完整的剧情，而不是一段一段支离破碎的演变轨迹。在理想趋势演变模式的帮助下，我们不再孤立地看待某个价格水平、某条趋势线、某个价格形态，不再孤立地运用技术分析工具，而是认识到它们具备前后相继的基本逻辑、共同完成一个整体行情。这有助于我们深化对市场趋势的理解，减少困惑。

关于本章内容的详细讨论请参见拙著《投资正途——大势、选股、买卖（第二版）》（地震出版社）第一章。

第 二 章

蜡烛图技术基础

Investment
by Trend

蜡烛图首先为我们带来了鲜活的行情图形。其次，分析市场的过程实质上就是简化行情信息、突出核心重点的过程。蜡烛图具有重要的简化功能，行情的核心重点是趋势。

市场分析最根本的一条就是始终以事实为基础，而最可靠的事实是行情，包括价格、交易量等，它们实时传递了交易现场的事实状况。既然如此，展现行情信息的图形技术就成了举足轻重的关键。看行情的人不在交易所场内。实际上现代交易所通过计算机自动撮合，早已经不是当初交易所场内那人头攒动、纷扰喧嚣的场面。人们需要通过图形技术把行情重新塑造成活生生的交易现场，生动、流畅、鲜活，就像最好的高保真音响，最大限度地还原演出现场效果，不增一分，不减一分。

第一节
价格图线

分时图

日常交易最常用的是分时图，它把每个时点的成交价格和成交量按照时间顺序绘制成图线[1]，其中成交价格连成了一条折线，交易量则是每个时点绘制为一条竖直线段，通常显示在价格折线的下方。

---

[1] 严格说来，分时图并不是把每一笔成交价格按照时间顺序接起来的，以上海证券交易所为例，分时图上每一个点都是每3秒一次"打包"的价格和成交量。原因在于3秒之内可能成交很多笔，其价格不一、数量不等，若全部显示将过于琐碎。

分时图展现了行情变化最细节的层面，是日内交易中最常用的图表。虽然大多数市场参与者不做日内交易，但在具体买卖时，免不了借助分时图来锦上添花，细致地寻求更合适的日内交易机会（见图2.1a）。

蜡烛线

既然分时图细节最多，那么把每天的分时图按照时间顺序接起来，多日分时图岂不是既有细节、又有足够长的时间跨度？图2.1b把20个交易日的分时图拼接起来。一方面，这张图的确给我们带来了更大的时间跨度，20个交易日的行情总体上呈现出温和上涨的态势，图2.1a所示3月20日的行情处在次高位置，与3月4日的历史高点大体相当；另一方面，行情曲线却"糊"了——眉毛胡子挤成一团，在图2.1b右侧小框内，诸如高点（低点）怎么形成的、其中市场向上（向下）试了几次等细节显示不出来了。

因此，人们发明了一种方法，把分时图以小时为单位切分时段（见图2.1c），规定每个时段最初的成交价为"开市价"（实际上只有当天最初时段的开市价是真正意义上的开市价），最后的成交价为"收市价"（只有当天最后时段的收市价是真正意义上的收市价），及其最高价、最低价，共四个价格，用一根图线来表示这四个价格，这就形成了我们常说的蜡烛线，另加本时段累计的成交量。

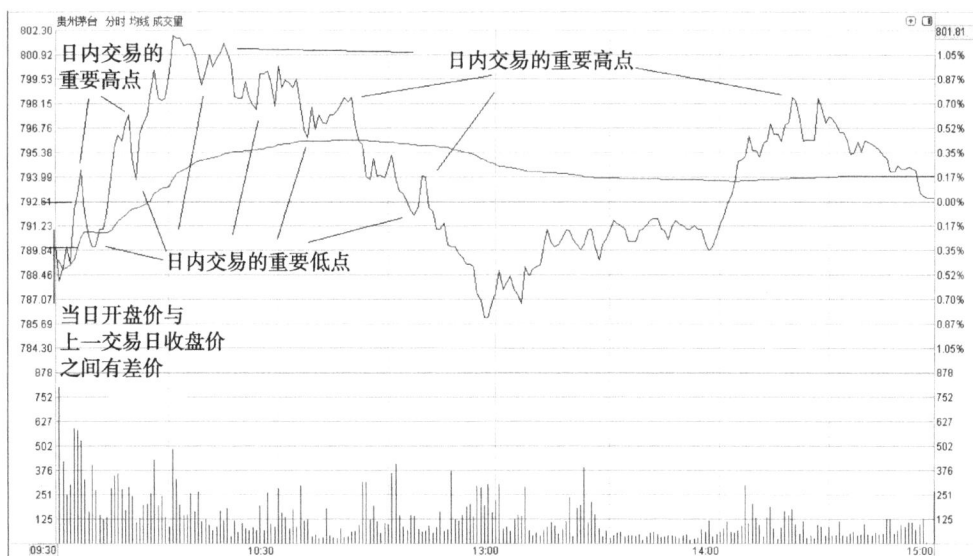

图2.1a　贵州茅台分时图（2019年3月20日）

分时图是包含最多细节的行情图。当日开盘价与上一日收盘价相比出现了差价。每一轮行情变化的重要高点和低点都清晰在目。

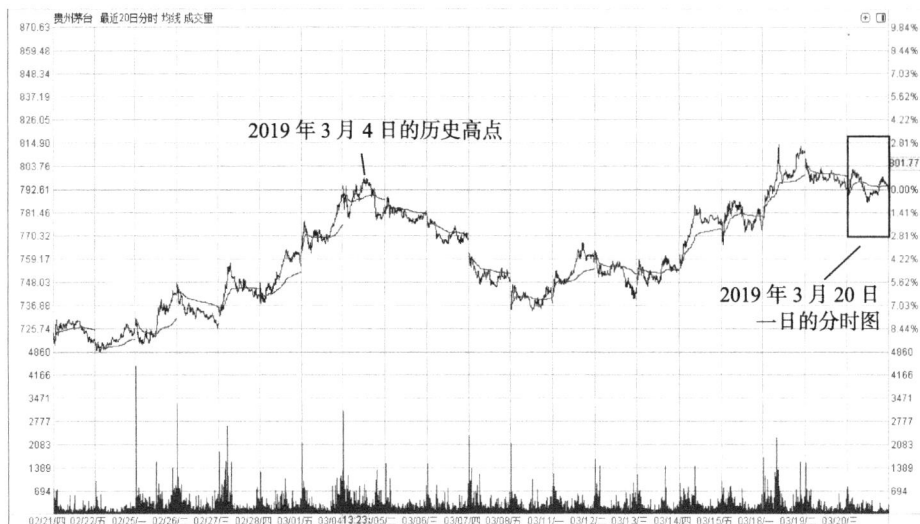

图 2.1b 贵州茅台 20 日分时图（2019 年 2 月 21 日—2019 年 3 月 20 日）

图 2.1a 中的 2019 年 3 月 20 日的分时图在本图上是最右侧方框中的一小段。本图可以揭示当日行情的大致轮廓，但是不可能清晰地看到行情演变过程中各个重要高低点。

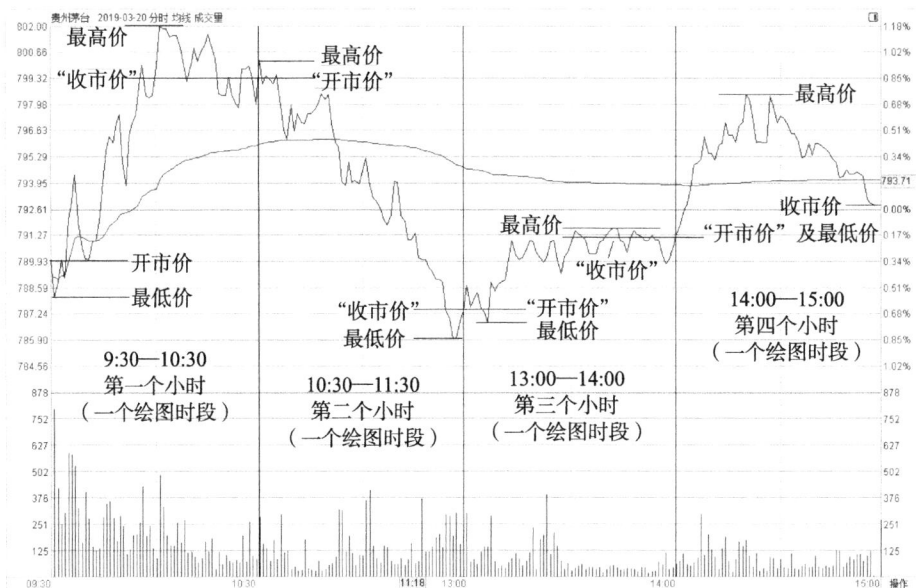

图 2.1c 贵州茅台分时图（2019 年 3 月 20 日）

将分时线图按小时为时段分成 4 段，每段都由五个数据构成一组：开市价（时段最初的成交价）、最高价、最低价、收市价（时段最后的成交价）、该时段累计成交量。

下面用蜡烛线来绘制每个时段的四个价格数据（见图 2.1d）。

开市价和收市价表示每个时段的主要价格运动，因此从开市价到收市价，用竖直的条形表示，这是蜡烛线的实体部分。如果开市价低于收市价，代表上涨，用内部空白的条形来表示，这是阳线的实体；如果开市价高于收市价，代表下跌，用内部填满的条形来表示，这是阴线实体。

最高价和最低价标志着每个时段内的极端价格，在实体上方用一根垂直线段代表最高价到蜡烛线实体之间的距离，这是上影线；在实体下方用一根垂直线段代表最低价到实体之间的距离，这是下影线。

可以按照任意时间单位来切分图 2.1c 的绘图时间段，比如 1 分钟、5 分钟、15 分钟、30 分钟、60 分钟等，相应绘制的蜡烛图就成为 1 分钟线图、5 分钟线图、15 分钟线图、30 分钟线图、小时线图（见图 2.1e）。还可以按照日、周、月、季、年的时间单位来整合行情数据，采取相应时间单位内的开市价、最高价、最低价、收市价四个价格数据来绘制蜡烛线，其蜡烛线图分别称为日线图（见图 2.1f）、周线图（见图 2.1g）、月线图（见图 2.1h）、季线图、年线图。

日线图中每根蜡烛线绘制的是当日的开市价、最高价、最低价、收市价，图线下方的柱状线段表示当日成交量；周线图中每根蜡烛线绘制的是当周第一个交易日的开市价、当周最高价、当周最低价、当周最后一个交易日的收市价，下方的柱状线段表示当周累计的成交量。月线图中每根蜡烛线绘制的是当月第一个交易日的开市价、当月最高价、当月最低价、当月最后一个交易日的收市价，下方的柱状线段表示当月累计的成交量。其他时间单位的蜡烛线依此类推。

周线图和月线图通常按照日历周期来计算，也可以人为规定每周从周二（或其他日子）开始，每月从第二个星期开始等。

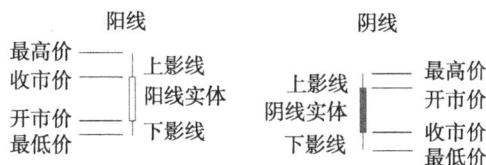

图 2.1d 蜡烛线绘制方法

开市价和收市价用来绘制实体部分，画成小框（蜡烛状），最高价用来绘制上影线（蜡烛芯状），最低价用来绘制下影线（蜡烛芯状）。如果收市价高于开市价，实体内部不填，称为阳线；反之，实体内部填满，称为阴线。

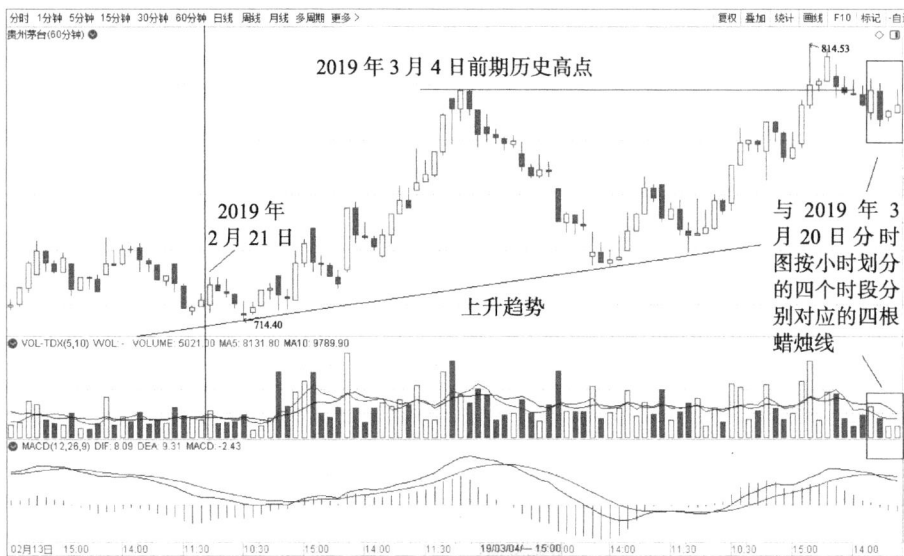

图 2.1e　贵州茅台小时线图（2019 年 2 月 13 日—2019 年 3 月 20 日）

图 2.1c 中 3 月 20 日的分时图行情按小时分段后，根据每个时段的开市价、最高价、最低价、收市价及其累计的成交量绘制成了本图最右侧的四根蜡烛线。图 2.1b 的 20 日分时图在本图上是从 2 月 21 日开始的。与图 2.1b 相比，本图真是"眉清目秀"，每一时段的蜡烛线，包括实体及其上下影线都很清晰。

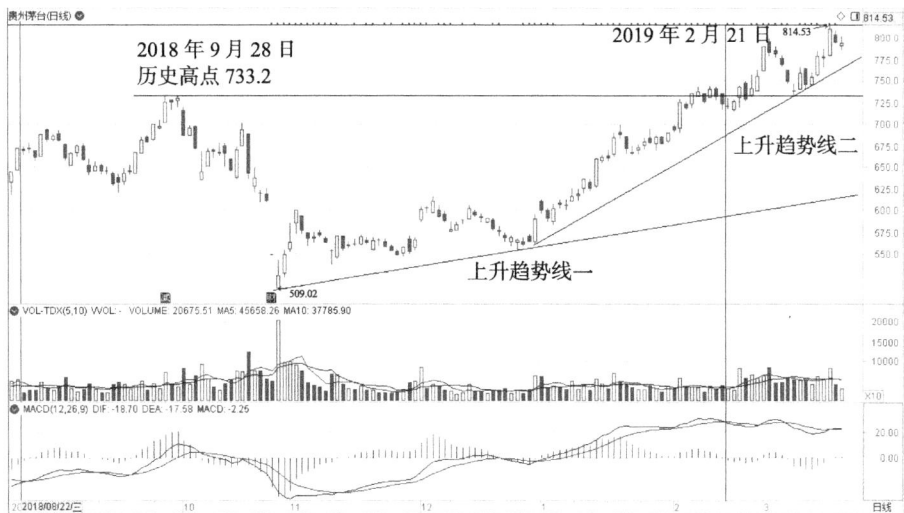

图 2.1f　贵州茅台日线图（2018 年 8 月 20 日—2019 年 3 月 20 日）

本图持续时间共 7 个月，大体相当于图 2.1e 小时线图时间跨度的 4 倍（1 个交易日由 4 个小时组成）。图 2.1b 的 20 日分时图是其最后部分，占整个图表的 1/7（从图示的 2019 年 2 月 21 日起）。图 2.1a 和图 2.1c 的分时图只是本图最后的一根蜡烛线。从分时到小时线图再到日线图，蜡烛图从繁到简。本图两根上升趋势线斜率逐步变陡，显示上升趋势处在加速状态。2018 年 9 月 28 日的最高点是显著历史价格水平，行情已经清晰地向上超越并维持在其上方。

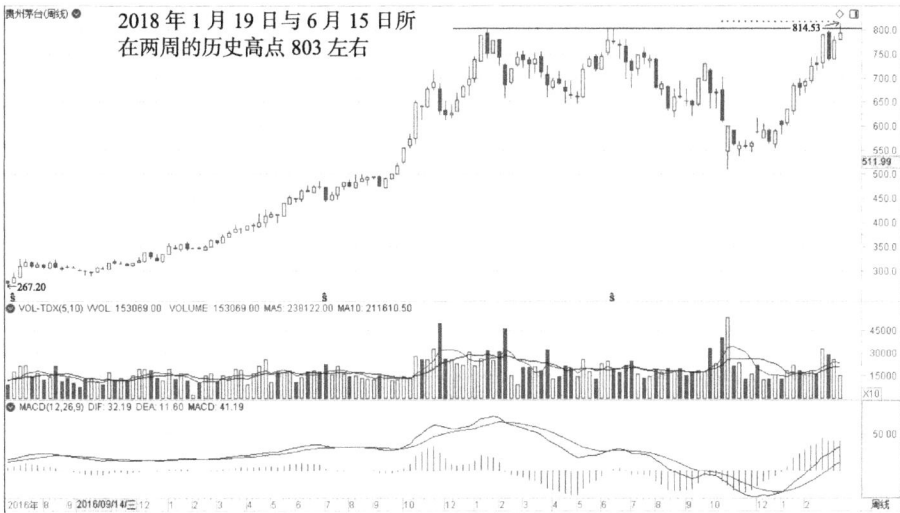

图 2.1g　贵州茅台周线图（2016 年 6 月 24 日—2019 年 3 月 20 日）

本图持续时间为 33 个月，大体上是图 2.1f 日线图时间跨度的 5 倍（5 个交易日组成一周）。在日线图上看起来蓬勃向上的上升趋势在本图中正在遭遇重大考验——1 年多之前形成的重要历史价格水平 803 尚未被清晰地超越，正在发挥阻挡作用。换言之，在没有向上突破之前，这 1 年多来的行情属于高位横盘行情，而不是上升趋势。在进入横盘状态之前，行情曾经有一轮持久的十分强劲的上升走势。因此，本图的行情可分为上涨和横盘前后两个阶段。

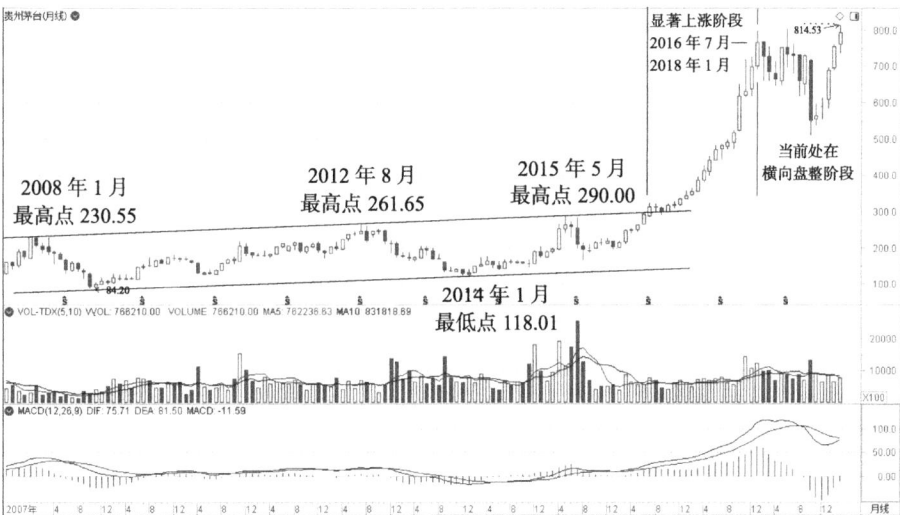

图 2.1h　贵州茅台月线图（2007 年 8 月—2019 年 3 月 20 日）

本图包括了 104 个月的行情，大体上是图 2.1g 周线图的 4 倍，体现了更为宏大的背景。周线图的行情相当于本图最右侧四分之一，前四分之三的行情呈现出缓慢向上的走势，持续时间 8 年多，到 2016 年 7 月。之后市场进入快速拉升阶段，持续到 2018 年初。当前则总体上属于横向延伸行情。

分时图（图 2.1c）、小时线图（图 2.1e）、日线图（图 2.1f）、周线图（图 2.1g）、月线图（图 2.1h）是最常用的几种时间周期。

每日分时图揭示了交易所发布的所有行情数据，是绘制各种图表的基础。按照一定的时间单位分割每日分时图，或者把若干日分时图组合起来，舍弃每个时段内的行情轨迹，突出了时段主要行情进程（实体），即比较开始和结束时的行情，保留了每个时段内的历史高点和低点（影线）。老子说："多则惑，少则得。"蜡烛图抓住了重点，取舍得当。

从趋势定义来看，历史高、低点及其突破信号是趋势分析的基础。蜡烛图完整地保留了每个时段内的历史高、低点，与西方技术分析殊途同归，第三章、第四章讨论的趋势分析基本工具完全适用于蜡烛图。

从分时图、小时线图、日线图、周线图、月线图依次看去，镜头逐步推远，可以从局部细节逐步看到总体全貌；反过来，从月线图、周线图、日线图、小时线图、分时图依次看来，镜头逐步拉近，可以从总体背景逐步看到局部细节。在进行市场技术分析时，需要既见森林又见树木，全角度地观察，只有如此才能获得超长期、长期、中期、近期行情趋势的基本情况。

更主要的做法是，先看月线图，观察超长期趋势和超长期历史高、低点；再看周线图，以超长期趋势为背景，观察长期趋势的现状、所处阶段等；再看日线图，日线图具体展现了长期趋势（6 个月以上）、中期趋势（3 个月以上）和短期趋势（1 个月左右）的交叉发展，是日常使用最普遍的图表工具；真正需要交易时，或者在行情变化较为关键的日子里，再进一步观察小时线图和分时图。

当然，短线交易者应把注意力集中到小时线图、分时图，不过对上述大背景的了解依然不可或缺。

第二节
蜡烛线图与趋势定义

基于蜡烛线的趋势定义

在图 2.2a 中，上方的图线为连续行情。将连续行情划分为两个时段，每个时段分别用一根蜡烛线来绘制，得到下方的两根蜡烛线。前一个时段的最高点和最低点分别构成比较基准，后一个时段的高点和前一个时段的高点相比，后一个时段的低点和前一个时段的低点相比，后一个高点高于前一个高点，同时后一个低点高于前一个低点——简而言之，根据上升趋势的定义，依次上升的两根蜡烛线便构成了上升趋势（第三章将进一步讨论趋势的定义）。

在图 2.2b 中，将连续图线划分为两个时段，两个时段分别用蜡烛线来绘制。前一个时段的最高点和最低点形成比较的基准。后一个高点低于前一个高点，同时后一个低点低于前一个低点，符合下降趋势的定义，因此依次下降的两根蜡烛线便构成了下降趋势。

在图 2.2c 中，与前面两张图的做法相似，将连续图线划分为两个时段，两个时段分别用蜡烛线来绘制。前一个时段的最高点和最低点形成比较的基准。后一个高点低于前一个高点，同时后一个低点高于前一个低点。换句话说，后一根蜡烛线的高低区间收缩在前一根蜡烛线的高低区间范围内，这符合横向延伸趋势的定义，因此这两根

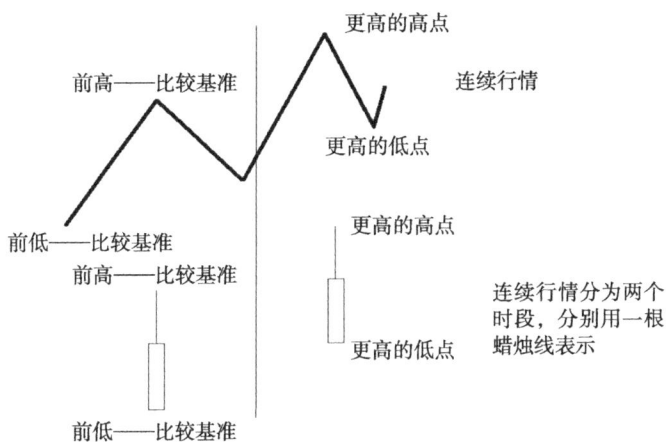

图 2.2a 借助蜡烛线图认识上升趋势的定义

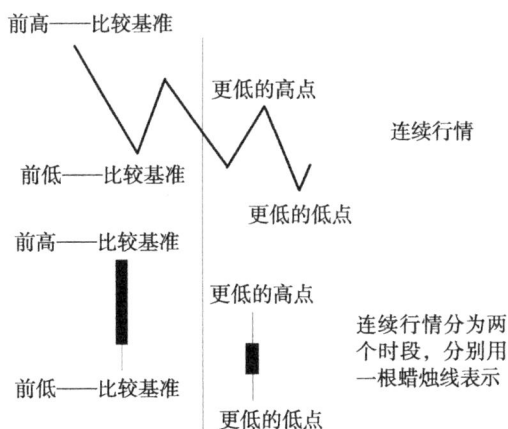

图 2.2b 借助蜡烛线图认识下降趋势的定义

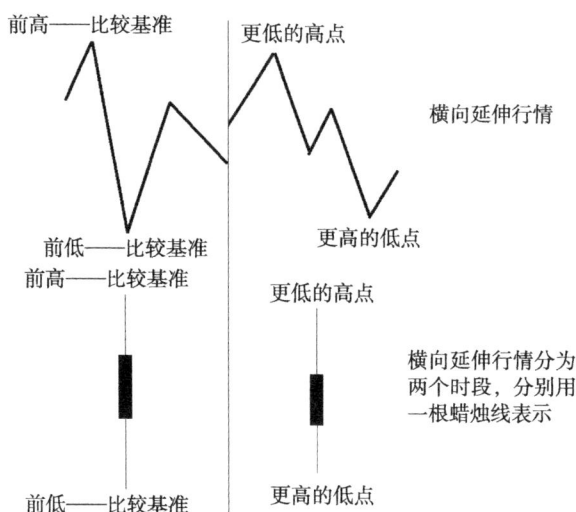

图 2.2c　借助蜡烛线图认识横向延伸趋势的定义

蜡烛线便构成了横向延伸趋势。

理解单根蜡烛线——行情现场

单根蜡烛线主要指当前行情所处的蜡烛线。它发生在当前时间段内，随着当前行情变化不断地改变外形。它所透露的信息就是当前时间单位内的市场状态，是即时行情信息。

临近收市时，当前时段行情变化大局已定，当前蜡烛线形状改变的可能性大大减少，因此收市前的交易往往十分活跃，此时也是应用单根蜡烛线分析技术的关键时段。

蜡烛线的阴线和阳线由实体决定。理解蜡烛线的意义，以实体为主，以上下影线为辅（见表 2.1 和图 2.3a）。单根蜡烛线既是识别当前市场状态的即时信息，也是蜡烛图技术分析的基础。

表 2.1　单根蜡烛线的形态分类和一般理解

蜡烛线类型	名称	市场状态	典型的技术分析意义
长实体 （长度至少为常规实体的 1.5 倍）	长阳线	强力推升	正面信号：突破重要阻挡水平时，摆脱较长时间横向盘整过程恢复上升趋势进程时。 警告信号：在上升趋势第三阶段中，连续出现大阳线时可能即将形成顶部反转
	长阴线	强烈打压	突破重要支撑水平时，摆脱较长时间横向盘整过程恢复下降趋势进程时

（续表）

蜡烛线类型	名称	市场状态	典型的技术分析意义
常规实体	阳线	正常上涨	行情绝大多数时候由常规实体和短实体组合而成。既可以构成有效的趋势进程，也可以组成调整行情
	阴线	正常下跌	
短实体（长度不足常规实体的一半）	短实体（阴、阳不重要）	激烈争夺；犹豫不决或休整	正面信号：买卖双方势均力敌，进入拉锯状态；市场进入犹豫或休整状态，此时阳线或阴线无关宏旨。警告信号：如市场以一连串小阳线的方式缓慢上涨，则很可能是行情下跌的前兆
	十字线	开市价和收市价几乎一致的特殊情形	
长影线（长度不短于常规实体）	长上影线	上攻，被打退	上升趋势进程过快，需要调整节奏
	长下影线	下探，被收复	下降趋势进程过快，需要调整节奏
长影线与短实体结合	长上影线、短实体	上攻，被打退，上升趋势没有多大进展	市场激烈争夺，但双方都不能取得优势——通常即将决出胜负，既有趋势恢复或者趋势逆转进入反向趋势；有时最终胜负不明，市场进入横向调整状态
	长下影线、短实体	下探，被收复，下降趋势没有多大进展	
	双长影线	既有长上影线，也有长下影线，来回激烈拉锯后几乎重回起点	

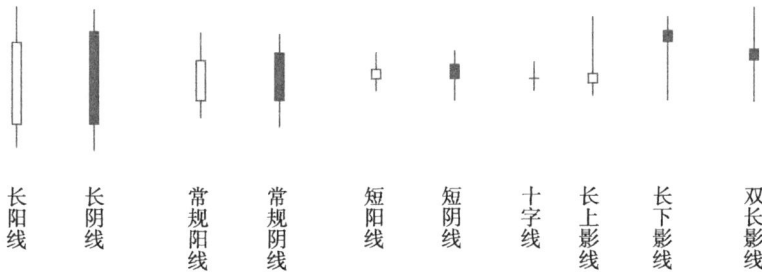

图 2.3a　典型蜡烛线的分类

除了图 2.3a 罗列的典型蜡烛线以外，还有其他说法。例如，没有上影线的蜡烛线称为光头蜡烛线；没有下影线的蜡烛线成为光脚蜡烛线。纺锤线（短实体蜡烛线）如果是十字，即开市价与收市价完全一致，则称为十字纺锤线。

在图 2.3b 中，蜡烛线 1 是一根长阳线，当日行情有力地向上推动，当日交易量也较大，显得生气勃勃。蜡烛线 2 是一根长阴线，当日行情被大幅压低。单独出现的长阳线或长阴线，常常具有一锤定音的重要影响力，往往能够左右今后数根蜡烛线的走势。

蜡烛线 3 是短实体，表明行情停顿。

蜡烛线 4 是常规阳线，蜡烛线 5 为常规阴线，行情主要由它们来推动。常规蜡烛

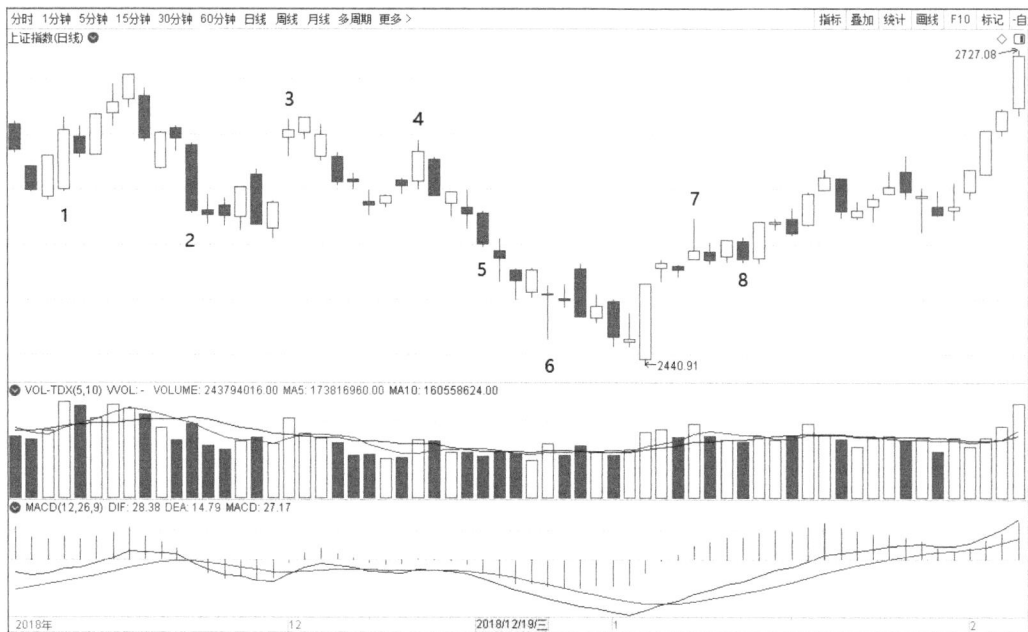

图 2.3b　上证指数日线图（2018 年 11 月 8 日—2019 年 2 月 13 日）
日常盯市需重视单根蜡烛线，就蜡烛线本身来理解它的技术意义。

线通常与短实体蜡烛线交替出现，显示了行情一张一弛的演变节奏。

蜡烛线 6 是带有长下影线的十字线，行情大幅下跌被打回起点。蜡烛线 7 是带有长上影线的小实体，行情停顿。长影线蜡烛线可能是行情转折的前兆。蜡烛线 8 是小实体阴线。小实体的阴阳性质无关宏旨。

常规实体的蜡烛线最多见，行情主要由它们推动发展。下文关于基本蜡烛线组合的研究一般是从常规实体着眼的，长实体和短实体是特例。

第三节
蜡烛线组合——趋势分析

基本趋势方向与趋势持续发展

蜡烛线在按照时间单位简化行情变化过程时，完全保留了其中的历史高、低点，也完全保留了行情对历史高、低点的突破信号。

趋势定义在蜡烛线上最简明的应用是，仅需观察相邻的两根蜡烛线，前一根蜡烛线的高点和低点构成比较基准。

在图 2.4a 所示的蜡烛线组合首次出现时，如果后一根蜡烛线的高点高于前一根蜡烛线的高点，同时，后一根蜡烛线的低点高于前一根蜡烛线的低点，则可以判断行情处在上升趋势；如果后一根蜡烛线的高点低于前一根蜡烛线的高点，同时后一根蜡烛线的低点低于前一根蜡烛线的低点，则可以判断行情处在下降趋势。

在图 2.4a 所示的蜡烛线出现在既有趋势演变过程中时，如果后一根蜡烛线的高点高于前一根蜡烛线的高点，同时，后一根蜡烛线的低点高于前一根蜡烛线的低点，原来的趋势为上升趋势，则可以判断上升趋势仍在持续发展。

图 2.4a 左侧三种蜡烛线组合均符合上升趋势的定义，可以作为判断上升趋势的基本依据。其中，基本的上升形态是比较两根相邻的蜡烛线，后者的高点和低点分别高于前者的高点和低点。带开市差价的上升形态首先满足基本上升形态的要求，同时第二根蜡烛线的实体高于第一根蜡烛线的实体，即第二根的开市价相比前一根的收市价有一个向上的缺口。不过，第二根蜡烛线的下影线与前一根的上影线有重叠之处，不符合西方技术分析中的"价格跳空"的定义。带跳空的上升形态首先满足基本上升形态的要求，同时，第二根蜡烛线的下影线与第一根的上影线不重叠，符合西方技术分析中的"向上价格跳空"的定义。三者比较，上涨的力度越来越强。

图 2.4a 右侧三种蜡烛线组合与上升形态道理相同，方向相反，表征下降趋势。如果后一根蜡烛线的高点低于前一根蜡烛线的高点，同时后一根蜡烛线的低点低于前一根蜡烛线的低点，原来的趋势为下降趋势，则可以判断下降趋势仍在持续发展。

图 2.4a 中上升形态由两根阳线组成，这是指大部分情况下应该如此。实际上，根据趋势定义，两根蜡烛线的实体也可以是阴阳线组合，甚至偶尔都是阴线也无不可。

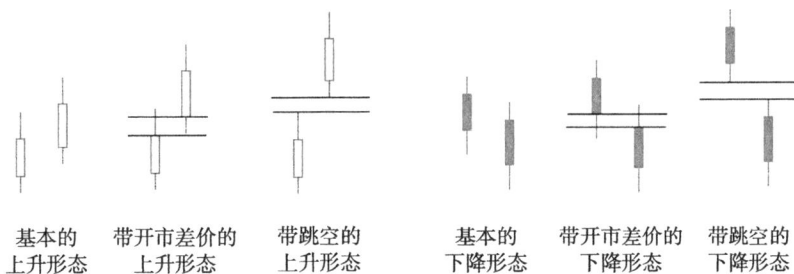

| 基本的
上升形态 | 带开市差价的
上升形态 | 带跳空的
上升形态 | 基本的
下降形态 | 带开市差价的
下降形态 | 带跳空的
下降形态 |

图 2.4a　基本的蜡烛线组合

图中左侧三者为表征上升趋势的基本蜡烛线组合，右侧三者为表征下降趋势的基本蜡烛线组合。如果这样的蜡烛线组合首次出现，则可以用来判断趋势的形成；如果这样的蜡烛线组合在趋势演变过程中出现，则可以用来判断原有趋势的持续。

下降形态由两根阴线组成，同样指大部分情况是这样的。同样根据趋势定义，两根蜡烛线的实体可以是阴阳线组合，甚至偶尔都是阳线也无不可。

图 2.4b 中蜡烛线 1 为常规阴线，蜡烛线 2 为小实体，两者依次下降，符合图 2.2b 中的基本下降形态。蜡烛线 5 和蜡烛线 6 均为常规阴线，蜡烛线 6 的上影线与蜡烛线 5 有重叠之处，但两者的实体之间存在缺口，形成了开市差价。两根蜡烛线依次下降，符合图 2.3b 中的带开市差价的下降形态。蜡烛线 3 为常规阴线，蜡烛线 4 则是长阴线，两根蜡烛线几乎都没有影线，相互不重叠，形成了"向下跳空"。两根蜡烛线依次下降，向下跳空强有力地加强了下降形态的技术意义。

比较而言，蜡烛线 1 和蜡烛线 2 的组合为常规组合，看跌的意义最弱；蜡烛线 5 和蜡烛线 6 带开市差价，意义强一些；蜡烛线 3 和蜡烛线 4 带跳空，看跌意义最强。蜡烛线 4 是一根长阴线，似乎也验证了这一点。

图 2.4b　创业板 50 日线图（2018 年 4 月 26 日—2018 年 9 月 26 日）

蜡烛线 1 为 2018 年 5 月 25 日行情，蜡烛线 2 为 5 月 28 日行情，两日依次下降，下降趋势延续。蜡烛线 3 为 6 月 15 日行情，蜡烛线 4 为 6 月 19 日行情，两日实体和影线都没有重叠之处，为带向下跳空的持续形态。蜡烛线 5 为 8 月 1 日行情，蜡烛线 6 为 8 月 2 日行情，两日的实体没有重叠之处，但影线有重叠，这是带开市差价的持续形态。

不同时间单位蜡烛线的组合应用

如前所述，一般人投资交易的时间周期大约为数月或更长。根据上述蜡烛线基本组合要领，能否借助图 2.4b 的日线图来进行数月的投资交易呢？

在日线图上，基本的上升形态或下降形态是比较连续两日的蜡烛线来观察分析的。两根蜡烛线依次下降，可判断第二日行情处于下降趋势。第三日呢？要看第三日和第二日的比较。如果第三日相对于第二日继续下降，则下降趋势有了连续性，第四日继续下降的概率增大。由此可见，基本的上升形态或下降形态只能覆盖第二根蜡烛线；仅在行情持续的前提下，可以向前预期接下来的一根或二根蜡烛线继续按照当前趋势发展。

一旦行情变化复杂起来，凭借上述要领来跟踪日到日的行情变化很快就可能迷失方向。在图 2.4b 上，蜡烛线 1、蜡烛线 2 与蜡烛线 3、蜡烛线 4 之间存在一段横盘行情，大体上可以借助下文的停顿形态来解决。可是，蜡烛线 3、蜡烛线 4 与蜡烛线 5、蜡烛线 6 之间的稍向上倾斜的调整过程就会带来严重困扰。

根据趋势的定义，两根蜡烛线表征了基本趋势，因此，判断趋势，两根蜡烛线就够用。但是，在日线图上容易迷失日到日的行情变化，怎么处理这样的矛盾呢？

首先，组合运用不同时间单位的蜡烛线图，向上越二级采用更长期的蜡烛线图来判断基本趋势，然后，采用适合交易时间框架的当前时间单位蜡烛线图来具体跟踪市况。

如果我们跟踪的是常规日到日的行情，可以根据两根月蜡烛线的组合来判断基本趋势，再在日蜡烛线图上寻找更细节、更准确的行情变化线索，寻找具体出入市点。（5 日组成一周，四周组成 1 月，大体上 1 根月线压缩了 20 根日线。这种方法值得向大多数市场参与者推荐。）

同样道理，如果我们跟踪的是日内行情，如 15 分钟到 15 分钟的行情变化，那么可以根据两根日蜡烛线的组合来判断基本趋势，再在 15 分钟线图上寻找更细节、更准确的行情变化线索，寻找具体出入市点。（4 个 15 分钟时段组成一个小时，国内股市 4 小时组成一个交易日行情，大体上 1 根日线压缩了 16 根 15 分钟线。在外汇市场，每日交易时间为 24 小时，可以从日线来判断基本趋势，以小时线来具体跟踪市况。）

请看图 2.4c。这是月线图，表示了与图 2.3b 同样的一段行情，其中蜡烛线 1 和蜡烛线 2 在 5 月内；蜡烛线 3 和蜡烛线 4 在 6 月内；蜡烛线 5 和蜡烛线 6 在 8 月内。在月线图上，5 月蜡烛线相对于 4 月显著下降，符合基本的下降形态；6 月相对于 5 月，下降形态持续；7 月相对于 6 月，龟缩在 6 月范围内，可以忽略（这是下文要介绍的横向趋势）；8 月相对于 6 月，下降形态持续。不仅如此，甚至 9 月、10 月都是简单持续的下降形态。

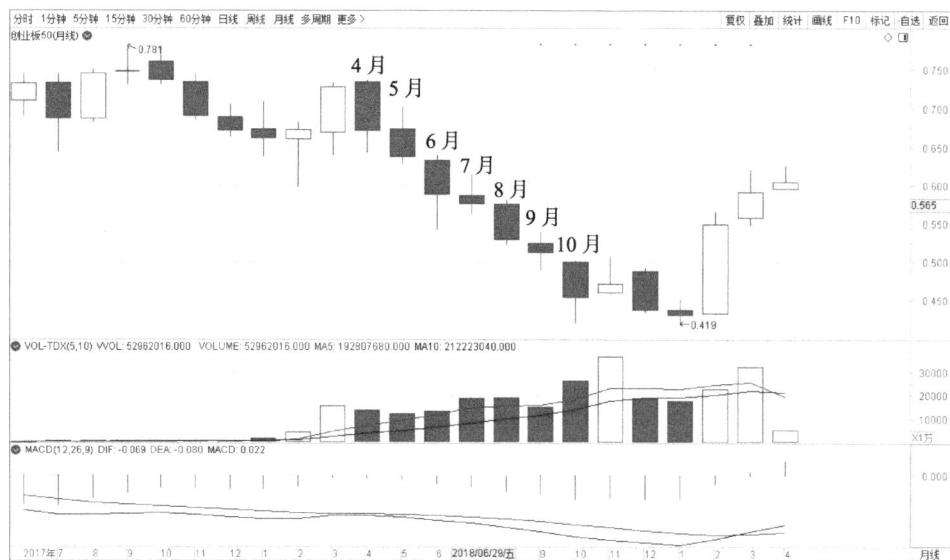

图 2.4c 创业板 50 月线图（2017 年 6 月—2019 年 4 月 8 日）

2018 年 4 月到 10 月形成了持续不断的蜡烛线下降形态。从 6 月初开始，蜡烛线下降形态
的持续性有助于清晰、简明地判断时间周期为数月的行情趋势。

　　月线图的下降形态干净利索，一气呵成。其中每一根蜡烛线都相对清晰，几乎没
有什么时候含糊不清。5 月和 4 月比，5 月处在下降形态；6 月开市后马上创新低，于
是 6 月和 5 月相比很快形成持续下降形态。接下来可以合理地预期 7 月、8 月的市况。
重点是，月线图的时间单位是月，第二个时间单位是下一个月，再往下的一两个时间
单位是之后第二个月和第三个月。通过这几根月蜡烛线，便可以得到数月下降形态的
合理预期。月线图简洁、明快，对日线图上的行情分析起到了提纲挈领、化繁为简的
良好作用，为日线图分析拨开了迷雾、简化了问题、突出了重点——下月、下下月下
降趋势持续。在纷繁复杂的日常行情变化中，这种简明功能何其可贵！

　　如前所述，行情在大约四分之三的时间里没有明确方向，图 2.4c 中从 4 月到 10
月蜡烛线的连续演变一气呵成，这是少见的趋势良好的市场状态，正是蜡烛线组合分
析沙里淘金的宝贵目标。市场趋势具有一定的连贯性，捕捉趋势连贯的蜡烛线组合，
是蜡烛线组合分析的重要目的。反过来，趋势连贯性被打破时，便会出现蜡烛线的反
转形态，这是后文要讨论的内容。

　　顺便说一句，技术分析不是预测市场，而是识别市场状态。借助基本的蜡烛线组
合识别市场进入了何种趋势状态，由于趋势本身具有连贯性，其延续的时间往往超越
了数个时间单位，从而给我们带来了按照趋势交易的机会。

"少则得，多则惑"

对一般投资交易时间周期来说，日、周、月线是最常用的三个时间单位，其中最值得推荐的是月线图。一方面，月线图可以获得第三视角的长期趋势信息。另一方面，连续两三根月线上涨，便可能是持续数月的上升趋势；连续两三根月线下跌，便可能是持续数月的下降趋势。这解决了我们最关心的时间周期的趋势判断问题。比较而言，日线图相对繁杂，包含了过多的曲折，它们有可能掩盖或者干扰了主要趋势信号；月线图大大简化了行情，却并不缺少其中的高低点信息，简繁得当，值得推荐。

趋势停顿（横向趋势持续形态）

对于前面一根蜡烛线，紧接着一根或数根蜡烛线，其中一种情况是，后面这些蜡烛线的高点统统低于第一根蜡烛线的高点，低点统统高于第一根蜡烛线的低点，按照趋势定义，后面一根或数根蜡烛线与第一根蜡烛线共同构成了横向趋势。另一种情况是，后面这些蜡烛线实体的高点均不高于第一根蜡烛线实体的高点，它们的实体的低点均不低于第一根蜡烛线的低点，这充分体现了加强版的横向趋势（见图 2.5a）。

由于横向趋势具有持续性，所以接在第一根蜡烛线之后的往往不只一根蜡烛线，而是数根，会形成相对较大规模的蜡烛线形态。不过，第一根之后的蜡烛线不包含趋势信息，实际上可以忽略。

第一根蜡烛线通常是常规的或者长实体蜡烛线，后面跟随的蜡烛线通常是短实体蜡烛线。

横向趋势代表行情进入了停顿状态。

只需要前后相继的两根蜡烛线，第一根蜡烛线的高点、低点构成比较基准，而后

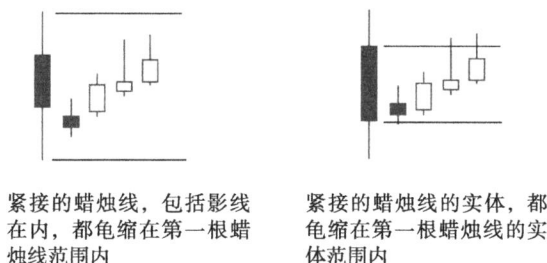

紧接的蜡烛线，包括影线　紧接的蜡烛线的实体，都
在内，都龟缩在第一根蜡　龟缩在第一根蜡烛线的实
烛线范围内　　　　　　　体范围内

图 2.5a　加强版的横向趋势

第一根蜡烛线确定范围，之后一根或多根蜡烛线龟缩在第一根蜡烛线的范围内，形成横向趋势。第一根之后的蜡烛线不包含趋势信息，可以忽略。

一根蜡烛线的高点和低点都不超出前一根蜡烛线的范围，就可判断行情进入了停顿状态。以日线图为例，只需要两个交易日就可以做出这样的判断，显然这是十分敏感的技术信号。

图 2.5b 的内容与图 2.4c 一样，这里的重点是观察 2018 年 10 月、11 月、12 月、2019 年 1 月三根蜡烛线的行情演变。第一根蜡烛线是 2018 年 10 月，其高低点界定了紧随其后的三根蜡烛线的范围，从第二根蜡烛线开始，市场便进入了横向趋势状态。2018 年 11 月、12 月和次年 1 月，横向趋势延续。由于后面的三根蜡烛线龟缩在 10 月蜡烛线之内，没有新高新低，也就没有新的趋势信息。2019 年 2 月市场向上突破第一根蜡烛线的高点，2019 年 2 月蜡烛线与 2018 年 10 月蜡烛线相比，基本符合上升形态。

在横向趋势情形下，依然以 2018 年 10 月蜡烛线的高低点为比较基准，横向形态内部的 2018 年 11 月、12 月、2019 年 1 月可以忽略，或者"并入" 2018 年 10 月蜡烛线。

图 2.5c 为日线图。2019 年 2 月 25 日是一根长阳线，其高低点竟然基本遮蔽了之后 1 个多月内所有的蜡烛线。3 月 4 日有一根长上影线，它一度向上突破了 2 月 25 日的高点，但收市价重新回落到 2 月 25 日蜡烛线的范围内。一般说来，蜡烛线组合分析

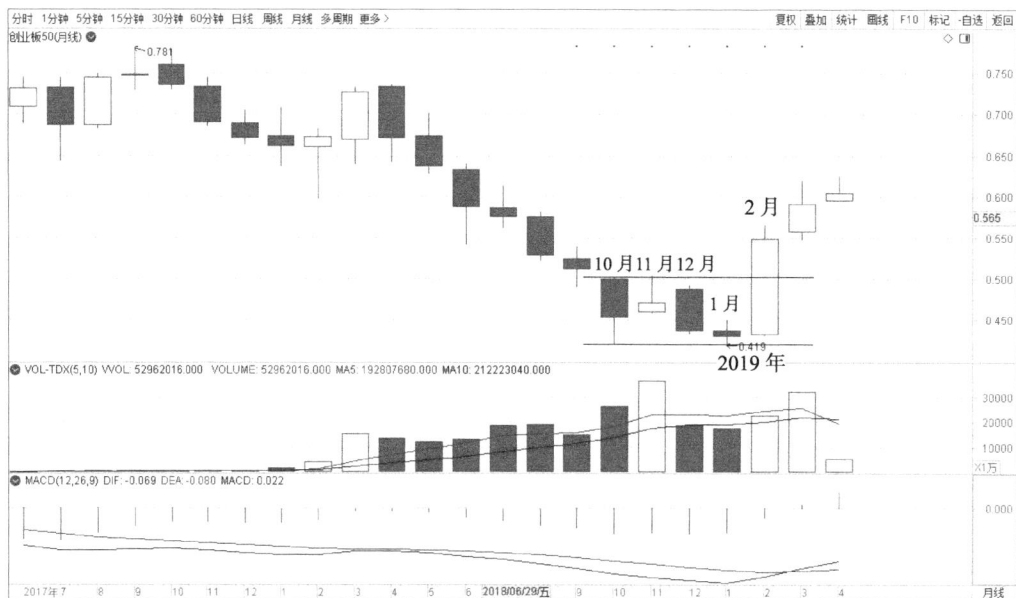

图 2.5b　创业板 50 月线图（2017 年 6 月—2019 年 4 月 8 日）

2018 年 10 月蜡烛线的高低点确定了随后三个月的波动边界，2018 年 11 月、12 月、2019 年 1 月的蜡烛线都龟缩在 2018 年 10 月蜡烛线的范围内，它们与 2018 年 10 月蜡烛线共同组成了一段横向趋势。直到 2019 年 2 月，一根大阳线拔地而起，向上突破了 2018 年 10 月的高点，之后形成上升形态。

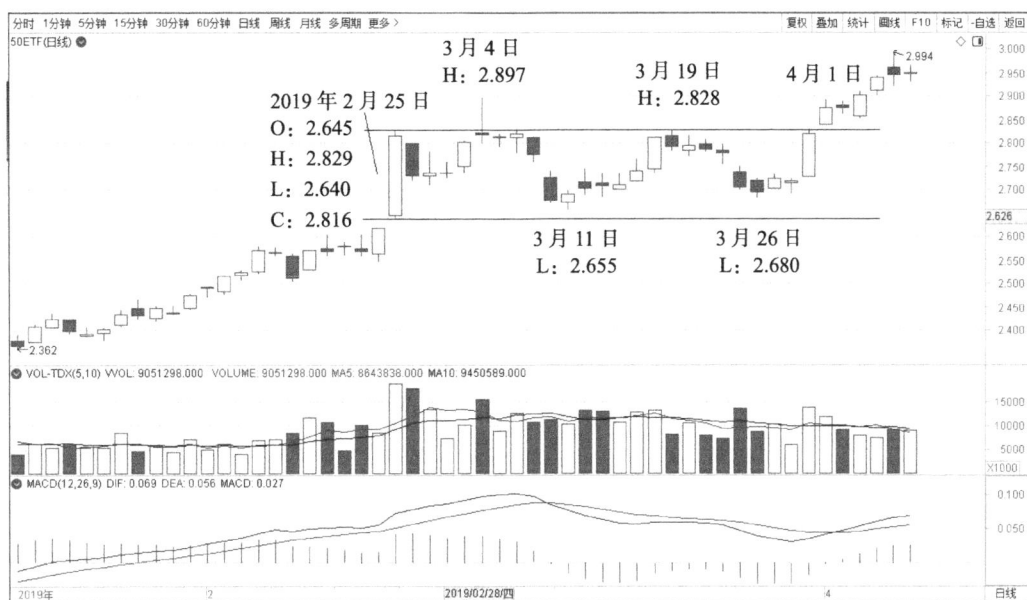

图2.5c 上证50ETF日线图（2019年1月17日—2019年4月9日）
停顿形态持续时间超过1个月，已经进入更高层次的视野了。

只涉及相邻的数根。图2.5c中从2月25日到4月1日的蜡烛线形成了较长的行情轨迹，不过，其中所包含的技术分析原则是一致的，即以历史高、低点为比较基准，这段时间的行情没有实质性地创新高和新低，因此形成了横向趋势。

扩展趋势停顿信号——稍稍向上倾斜或向下倾斜的横向趋势

市场技术分析试图描述的是统计现象，它的语言不是精细的工笔画，而是经验的、轮廓的素描画。当我们讨论上升趋势或下降趋势的时候，指的是大多数市场参与者仅凭肉眼就可以直观地看出的较为明显的行情变化，而不是影影绰绰的借助放大镜才能发现的行情变化。有时，"精确"地说，市场似乎在上升或下降，但是其幅度、程度不明显，其所创的新高或新低没有说服力，我们宁可将它们视为稍稍向上倾斜的横向趋势或稍稍向下倾斜的横向趋势，而不是将它们归结为上升趋势或下降趋势。

有趣的是，向上倾斜的横向趋势最终往往向下突破；向下倾斜的横向趋势最终常常向上突破（见图2.6）。

这种现象我们在持续形态部分将进一步讨论。

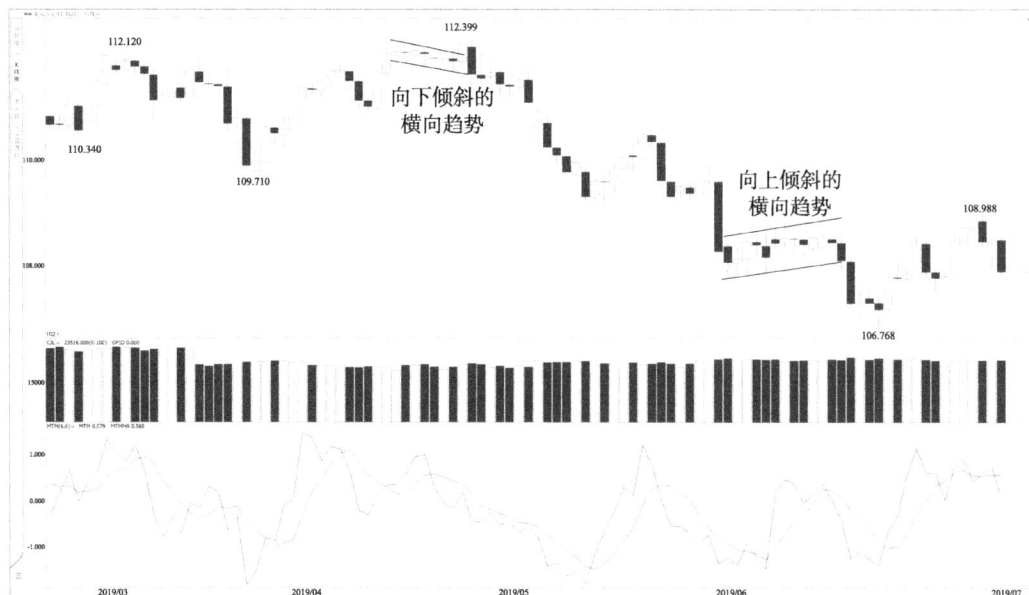

图 2.6 美元兑日元日线图（2019 年 2 月 21 日—2019 年 7 月 12 日）

上升趋势或下降趋势是明显的上升行情或下降行情，其创新高或新低的过程具有一定的说服力。"向下倾斜的横向趋势"从精确意义上似乎是下降的，但不明显，不具有说服力，因此我们将其归结为向下倾斜的横向趋势。同样道理，我们可得出向上倾斜的横向趋势。向下倾斜的横向趋势往往以向上突破告终，向上倾斜的横向趋势最终常常会向下突破。

趋势逆转（反转形态）

两根蜡烛线，后一根的高点高于前一根的高点、后一根的低点高于前一根的低点，这是上升趋势。两根蜡烛线，后一根的高点低于前一根的高点、后一根的低点低于前一根的低点，这是下降趋势。因此，从上升趋势转为下降趋势，仅需要三根蜡烛线，其中第 1、第 2 根构成上升趋势，第 2、第 3 根构成下降趋势（见图 2.7a）。

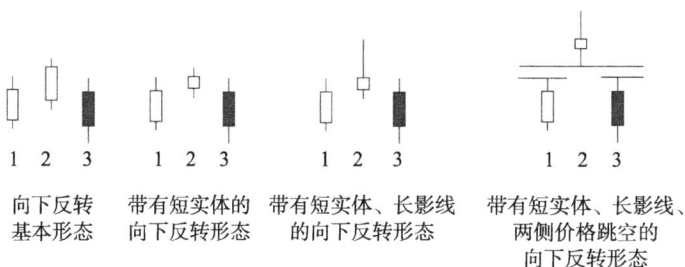

1 2 3	1 2 3	1 2 3	1 2 3
向下反转基本形态	带有短实体的向下反转形态	带有短实体、长影线的向下反转形态	带有短实体、长影线、两侧价格跳空的向下反转形态

图 2.7a 向下反转的基本蜡烛线组合

蜡烛线 1 和蜡烛线 2 构成上升趋势，蜡烛线 2 和蜡烛线 3 构成下降趋势，三者构成基本的向下反转组合。

以上属于向下反转的基本形态。在反转过程中，如果蜡烛线 2 为短实体，则进一步加强了反转信号。短实体表示市场犹豫不决。蜡烛线 1、蜡烛线 2 构成上升趋势，蜡烛线 2 为短实体，这意味着在上升趋势已经形成之后，市场犹豫不决，当然是负面因素了。

如果蜡烛线 2 不仅是短实体，还有长的上影线，则表明市场本已按照正常预期上涨了，却不幸被打退到起点附近，这是更强的负面因素。

如果蜡烛线 2 相对于蜡烛线 1 以向上跳空的方式来展开，那么这本是上升趋势强劲的正面信号，谁知蜡烛线 2 是短实体，前后矛盾；更重要的是，蜡烛线 3 竟然马上向下跳空，使得蜡烛线 2 孤悬在外，这就构成了最强的负面因素。

同样道理，两根蜡烛线，后一根的高点低于前一根的高点、后一根的低点低于前一根的低点，这是下降趋势。两根蜡烛线，后一根的高点高于前一根的高点、后一根的低点高于前一根的低点，这是上升趋势。基本上，从下降趋势转为上升趋势，仅需要三根蜡烛线，其中第 1、第 2 两根构成下降趋势，第 2、第 3 两根构成上升趋势（见图 2.7b）。

上述只是向上反转的基本形态，图 2.7b 中还有其他加强的版本。

图 2.8 中蜡烛线 2 的高点和低点分别低于蜡烛线 1 的高点和低点，符合下降趋势的定义；蜡烛线 3 的高点和低点分别高于蜡烛线 2 的高点和低点，符合上升趋势的定义，三根蜡烛线组合，形成了蜡烛线组合分析的向上反转形态。

从蜡烛线组合分析的向上反转形态来看，图 2.5b 是一种特殊情形，其中 2018 年 10 月之后进入横向趋势，2018 年 11 月、2018 年 12 月、2019 年 1 月的三根蜡烛线龟缩在 2018 年 10 月蜡烛线的范围内，不带来趋势信息，可以忽略，或者把它们"并入"10 月蜡烛线来看。如此一来，2018 年 9 月蜡烛线、2018 年 10 月蜡烛线、2019 年 2 月蜡烛线三者便构成了向上反转形态。

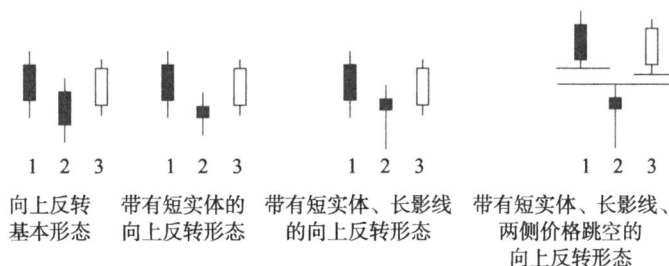

1 2 3	1 2 3	1 2 3	1 2 3
向上反转 基本形态	带有短实体的 向上反转形态	带有短实体、长影线 的向上反转形态	带有短实体、长影线、 两侧价格跳空的 向上反转形态

图 2.7b 蜡烛线向上反转形态

蜡烛线 1 和蜡烛线 2 构成下降趋势，蜡烛线 2 和蜡烛线 3 构成上升趋势，三者构成了基本的向上反转组合。

图 2.8 中蜡烛线 4、蜡烛线 5、蜡烛线 6 构成了向下反转形态，蜡烛线 5 的高点和低点分别高于蜡烛线 4 的高点和低点，符合上升趋势的定义；蜡烛线 6 的高点和低点分别低于蜡烛线 5 的高点和低点，符合下降趋势的定义。三根蜡烛线组合，形成了向下反转形态。

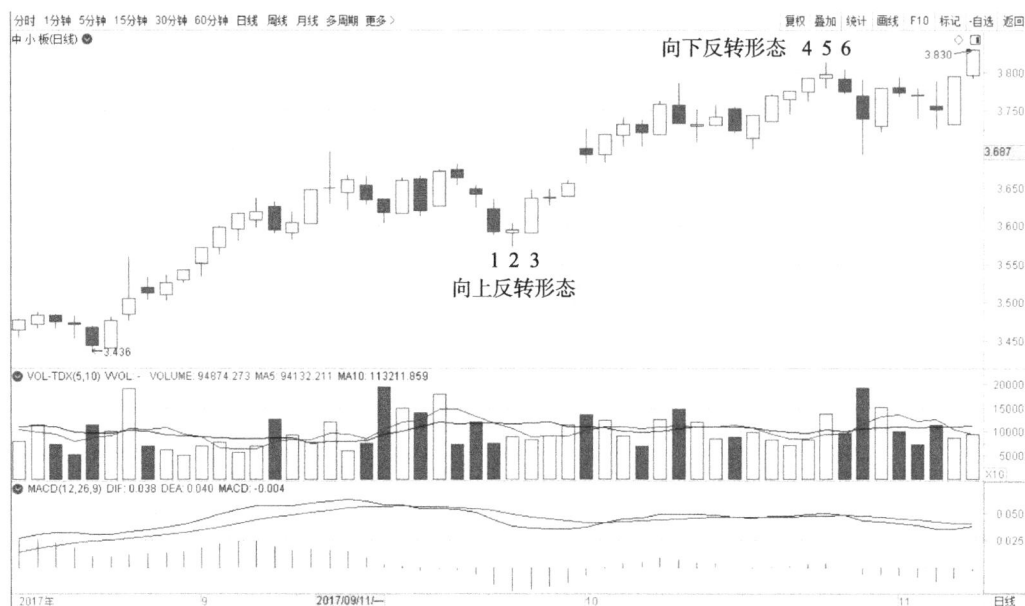

图 2.8　中小板 ETF 日线图（2017 年 8 月 18 日—2017 年 11 月 7 日）

蜡烛线 1、蜡烛线 2 和蜡烛线 3 构成了基本的向上反转形态；蜡烛线 4、蜡烛线 5、蜡烛线 6 构成了基本的向下反转形态。在本图的向上反转形态之后，行情持续上涨；在向下反转形态之后，行情并未持续下跌。

蜡烛线本身透露的信息

在以上讨论过程中，对每根蜡烛线的具体特点并没有过多着墨，这里需要做一点补充。

在趋势反转之前，蜡烛线 1 表示了原有趋势的力度，如果是一根长阳线，表示原有的上升趋势力度强劲；如果是一根长阴线，表示原有的下降趋势力度强劲。在这样的情况下，如果蜡烛线 2 是小实体、流星线、上吊线，甚至是一根十字线，虽然从趋势定义上来说，蜡烛线 1 和蜡烛线 2 依然构成了基本的上升趋势或下降趋势，但是蜡烛线 2 表现出的犹豫和迟疑与蜡烛线 1 的气势汹汹形成了鲜明的对比，这进一步反衬了蜡烛线 2 的重要性。

在趋势反转之后，蜡烛线 3 的实体长短代表了新趋势发展的力度。蜡烛线 3 的实体越长，则新趋势的力度越强劲，趋势反转的概率越大。

综上所述，除了图 2.7a 和图 2.8 中所列的形态之外，还有其他各种变形的情形，如蜡烛线 1 或蜡烛线 3 是长实体的；蜡烛线 1 或蜡烛线 3 由几根常规的蜡烛线依次上升或下降合并成上升趋势或下降趋势；一根长蜡烛线也可以分拆为两根；蜡烛线之间存在跳空或缺口；蜡烛线具备长影线，等等。详细情形参见《日本蜡烛图技术》（[美]史蒂夫·尼森著，丁圣元译）。

第四节
基础买入信号

大致按照时间顺序，在上升形态下典型的买入信号有初始买入信号、验证买入信号、跟进买入信号、横盘逢低买入信号。

初始买入信号

与图 2.4a 中的上升形态相应，当其首次形成时，为初始买入信号。

或者与图 2.7b 中向上反转形态对应，初始买入信号发生在 3 根蜡烛线的情形下。第 1 根和第 2 根蜡烛线依次下降，形成下降趋势；第 3 根蜡烛线的低点高于第 2 根蜡烛线的低点，当它向上突破第二根蜡烛线的高点时，为向上反转的初始买入信号。

两种情况本质上是一致的，第二种情况是第一种情况的扩展（见图 2.9a）。本质上，所谓初始买入信号，指的是当第二根蜡烛线向上突破时我们才初次意识到上升趋势可能已经形成，而在这之前则不存在明显的上升趋势。这种情况要么是市场从较长

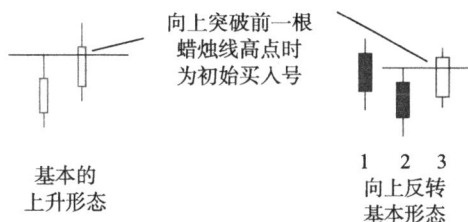

图 2.9a 上升形态下的初始买入信号

当左侧的图形首次出现时，或者当右侧图形出现时，构成上升形态下的初始买入信号。初始买入信号属于警示信号，一般不可用来做交易决策。

时间的横向延伸过程中向上突破，要么是市场原本处在下降趋势中，现在发生了向上的趋势反转。

初始买入信号主要属于警示信号，一般不可能用来交易。如果投资交易者对市场确有信心，也必须等到收市时，在突破信号依然有效的前提下方可买入。

首先，从严格意义上说，通常必须等待发出信号的蜡烛线收市后，这根蜡线才能最终定局。图 2.9a 所示的初始突破信号大多发生在盘中，而盘中发生的突破信号往往言之过早，蜡烛线还有发生各种变化的可能性。如果等到收市时方才买入，相当于以收市价来验证初始买入信号，而不是依据初始买入信号交易。

其次，蜡烛图信号较为敏感，为保守起见，通常需要在初始买入信号之外还能得到其他验证信号，比如西方技术分析中的价格水平、百分比回撤水平、趋势线等工具的验证，或者符合更大规模的趋势方向，才可实际采纳。这一点在应用初始买入信号方面尤其重要。

图 2.9b 中蜡烛线 1 构成比较基准，蜡烛线 2 明显拉起，发出了初始买入信号。这个初始买入信号不同寻常，得到了两方面的有力验证。首先，它也向上突破了横向波动区间。蜡烛线 1 的高点与横向区间的高点一致。其次，这个横向区间是更大规模的

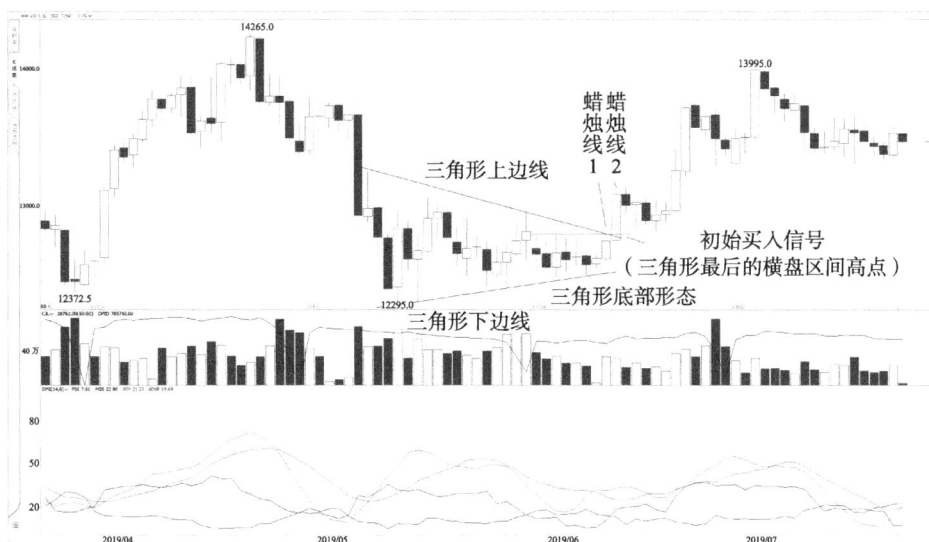

图 2.9b　A50 指数期货主连日线图（2019 年 3 月 21 日—7 月 19 日）

以蜡烛线 1 建立比较基准，蜡烛线 2 的高点更高、低点更高，形成上升形态。蜡烛线 1 处在三角形底部形态内部，原本没有明显趋势，因此蜡烛线 1 和蜡烛线 2 形成的上升形态属于初始买入信号。幸运的是，蜡烛线 1 的高点代表三角形最后的横向波动区间的最高点，突破蜡烛线 1 也标志着对横向波动区间的突破；不仅如此，向上突破蜡烛线 1 也是对三角形底部形态的向上突破。这两方面都是重要的验证信号，因此这个初始买入信号可以采纳。

三角形底部形态的最后阶段，该信号不仅向上突破了横向区间，同时向上突破了三角形底部形态的上边线，标志着三角形底部形态的突破。

为什么选择蜡烛线 1 作为比较基准，而不选择之前的蜡烛线呢？因为之前的蜡烛线龟缩在横向区间中，且实体短、影线短，无足轻重。何况此处还有三角形上边线来验证。

图 2.9c 提供了两个向上反转形态中初始买入信号的案例，第一个例子失败，第二个例子成功。这还是发生在大势向上的背景下的。可见，如果没有其他验证信号的辅佐，初始买入信号的确不容易把握。

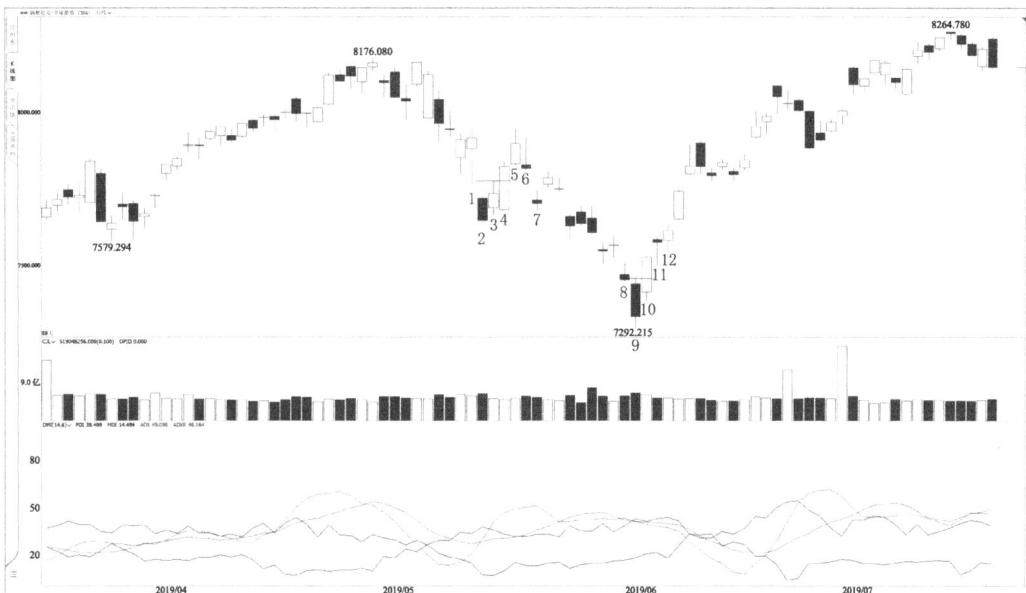

图 2.9c　纳斯达克综合指数日线图（2019 年 3 月 15 日—7 月 19 日）

蜡烛线 1、蜡烛线 2 和蜡烛线 3、蜡烛线 4 形成了一个向上反转形态，在蜡烛线 4 上引出了一个初始买入信号。之所以蜡烛线 2 和蜡烛线 3 可以视为一根蜡烛线，是因为蜡烛线 3 基本上收缩在蜡烛线 2 内部。从蜡烛线 6、蜡烛线 7 来看，这个初始买入信号靠不住。蜡烛线 8、蜡烛线 9、蜡烛线 10 三者形成了另一个向上反转形态，蜡烛线 10 发出了初始买入信号，事后看来，这个信号是可靠的。

验证买入信号（持续买入信号）

所谓验证信号，是在趋势已经形成后进一步表明趋势正在持续发展的技术信号。换句话说，即使验证买入信号还没有发生，也已经可以判断当前行情正处在上升趋势中。

验证买入信号大致可以分为蜡烛图线本身提供的验证买入信号和西方技术分析提供的验证买入信号两方面。

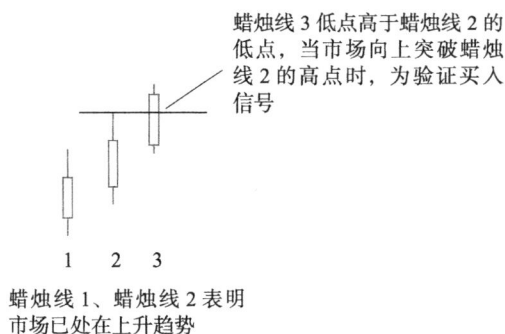

蜡烛线 3 低点高于蜡烛线 2 的
低点，当市场向上突破蜡烛
线 2 的高点时，为验证买入
信号

1 2 3

蜡烛线 1、蜡烛线 2 表明
市场已处在上升趋势

图 2.10a 上升形态下的验证买入信号

蜡烛线 1 和蜡烛线 2 表明上升趋势已经形成并且正在持续发展，蜡烛线 3 向上突破蜡烛线
2 的高点时，成为验证买入信号。验证买入信号不一定非得等到收市时不可，关键在于确
认当前上升趋势有效。

如前所述，在图 2.10a 中，接近本时段收市时，如果蜡烛线形态不变，则收市价
验证了向上突破的初始买入信号。为了稳妥起见，蜡烛图技术一般凭收市价说话，盘
中行情变化是不算数的。

蜡烛线的验证买入信号一般至少由三根蜡烛线组成，蜡烛线 1 和蜡烛线 2 依次上
升，表明上升趋势已经形成，蜡烛线 3 的低点高于蜡烛线 2 的低点，当它向上突破蜡
烛线 2 的高点时，构成上升趋势的验证买入信号。

与初始买入信号相比，验证买入信号出现的前提是上升趋势已经形成并且正在持
续发展，因此其把握更大。正因为此，验证买入信号不一定非得等到收市时不可，关
键是确认当前上升趋势有效。

实际上，验证买入信号是在趋势持续发展过程中买入。如果更大规模的蜡烛线依
次上升，表明更大的趋势方向向上，那么在更小规模蜡烛线上只需要 2 根蜡烛线，以
第一根为基准，后一根向上突破便是验证买入信号。

图 2.10b 中，蜡烛线 1 和蜡烛线 2 表明上升趋势已经形成，其中蜡烛线 2 已经以
收市价向上超越了之前横盘区间的高点，进一步加强了上述判断。蜡烛线 3 的开市价
向上突破了蜡烛线 2 的高点，构成验证买入信号。

蜡烛线 4 和蜡烛线 5 表明上升趋势已经恢复，并且蜡烛线 5 已经以收市价向上突
破了之前横盘区间的高点，从而加强了上述判断。蜡烛线 6 的开市价略低于蜡烛线 5
的高点，但不久便向上突破，形成了验证买入信号。实际上，蜡烛线 4、蜡烛线 5 之
前是上升趋势过程中的横向盘整，蜡烛线 5 或许可以认为是上升趋势恢复，如果从更
长期趋势的背景来看，蜡烛线 5 的收市价便可以构成验证买入信号了。

图 2.10b　CMX 金 E 指日线图（2019 年 4 月 2 日—7 月 19 日）

蜡烛线 1 和蜡烛线 2 表明上升趋势形成，蜡烛线 3 在开市时已经向上超越蜡烛线 2 的高点，构成验证买入信号。蜡烛线 4 和蜡烛线 5 表明上升趋势恢复，蜡烛线 6 开市后不久便向上突破蜡烛线 5 的高点，构成验证买入信号。

（50% 回撤时）跟进买入信号

验证买入信号虽然把握更大一点，但是有追涨的意味。于是，在上升趋势已经形成并且持续发展的前提下，如果市场发生了"正常的"回撤，便可以跟进买入（见图 2.11a）。

跟进买入信号由 3 根蜡烛线组成，蜡烛线 1 和蜡烛线 2 依次上升确立上升趋势；

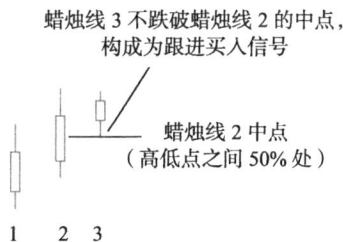

图 2.11a　上升形态下的跟进买入信号

上升形态下的跟进买入信号也称回撤买入信号。由于 50% 回撤水平最常见，我们借以寻找合适的买入点，在上升趋势已经形成的前提下，如果当前行情回到了前一根蜡烛线的 50% 位置（即其最高 - 最低范围的中点），且不能跌破，则构成跟进买入信号。

蜡烛线 3 在开市后不久向下回撤，达到蜡烛线 2 的中点（以蜡烛线 2 的高点 – 低点范围计算）附近，相当于 50% 回撤水平，据判断不能向下突破，便构成了跟进买入信号（第三章将进一步讨论百分比回撤水平）。

50% 回撤现象最常见。蜡烛线 3 先向下回撤，再寻机向上突破蜡烛线 2 的高点，这种情况先抑后扬，节奏感强，趋势的可持续性更明显。

比较验证买入信号和跟进买入信号，如果第三根蜡烛线向下回撤到蜡烛线 2 的中点附近，再向上突破其高点，那么也构成验证买入信号，不过在这种情况下，先发生 50% 回撤再完成向上突破，进一步加强了验证买入信号。可见，验证买入信号和跟进买入信号的先后顺序不一定总是前者先、后者后，也有可能后者先、前者后，后面这种情况对投资交易者更有利。

如果由于种种原因未能在 50% 回撤处买入，那么当市场再次向上突破蜡烛线 2 的高点时则必须买入，以作为必要的补救措施。这是一条基本操作纪律。

图 2.11b 的蜡烛线 3 给出了跟进买入信号的实例。值得注意的是，在本例中，"蜡烛线 1"不是一根蜡烛线，而是七八根小实体蜡烛线组成的一个横向区间。蜡烛线 2

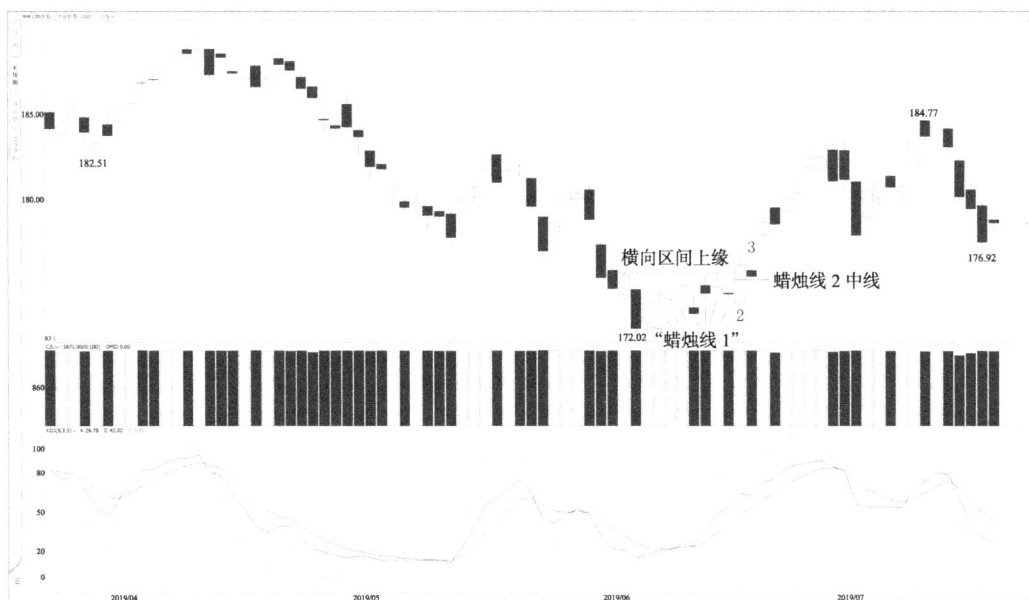

图 2.11b　CRB 指数日线图（2019 年 3 月 22 日—7 月 19 日）

图上标注的"蜡烛线 1"不是一根，而是七八根零零散散的小实体蜡烛线，它们局限在一个横向区间内，汇拢起来构成了比较基准，相当于图 2.11a 中的"蜡烛线 1"。蜡烛线 2 向上突破了"蜡烛线 1"的横向区间上缘，发出上升趋势信号。蜡烛线 3 向下回落，但没有低于蜡烛线 2 的中点，虽然其低点略低于上述横向区间的最高点，但依然构成了跟进买入信号。

向上突破了上述横向区间的上缘，形成上升趋势。之后，蜡烛线 3 向下回落到蜡烛线 2 的中点，没有进一步下挫，这是跟进买入信号。

从本例可见，示意图中所说的蜡烛线 1 和蜡烛线 2 既可以是其本意，即果真是单独的一根蜡烛线；也可以是推广的含意，即几根蜡烛线组合起来相当于一根蜡烛线。是不是一根蜡烛线并不重要，重要的是趋势、比较基准和突破信号等。

（跌破 50% 回撤水平后）横盘逢低买入信号

在跟进买入信号中，由于市场守住了前一根蜡烛线的中点（50% 回撤水平），我们可以马上买进，并预期趋势很快又会恢复上升势头。相应地，买进动作也应当积极、果断，不可拖泥带水。

如果市场不能守住前一根蜡烛线的中点呢？由于 50% 回撤现象属于大多数，向下突破 50% 回撤水平是少数的情况。在这种情况下，很可能表明趋势已经进入横向盘整阶段，需要经过一段时间之后才能向上突破，恢复上升趋势。相应地，买进动作也应当从容不迫慢慢来，不可以立即执行。所谓逢低买进信号，不是指当市场向下突破前一根蜡烛线中点时买进，而是指之后可以放慢脚步，慢慢选择市场回落的合适时机来买进（见图 2.12a）。

逢低买进信号由三根蜡烛线组成，蜡烛线 1 和蜡烛线 2 依次上升，确立了上升趋势。蜡烛线 3 向下突破蜡烛线 2 的中点，显示市场可能已经进入横向盘整状态，此时不必急于买进，可以从容地利用市场回落的机会在蜡烛线 2 的低点附近买进。

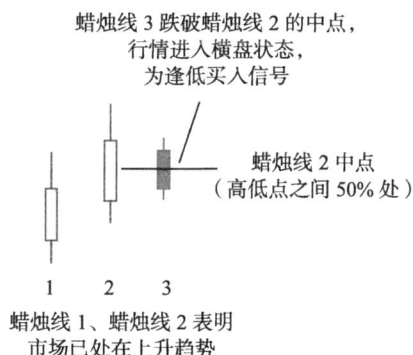

图 2.12a　上升形态下市场横盘时的逢低买入信号

如果当前行情回到了前一根蜡烛线的 50% 位置（即其最高 - 最低范围的中点），但是不能守住这个水平，而是继续下降，很可能说明市场已经进入了横向延伸的过程，市场将在横向区间中波动一段时间，才能向上突破、恢复上升趋势。逢低买进，不是指向下突破时立即买进，而是之后利用市场回落的机会慢慢择机买进。

图 2.12b　富时 100 指数日线图（2019 年 3 月 1 日—7 月 26 日）

蜡烛线 1 为前期显著高点。当蜡烛线 2 向上突破蜡烛线 1 的高点时，标志着上升趋势恢复。
蜡烛线 3 向下回落，没有跌破蜡烛线 2 的中点，蜡烛线 4 也维持在蜡烛线 2 中点之上（蜡
烛线 3 和蜡烛线 4 的高点也都龟缩在蜡烛线 2 的范围内）。遗憾的是，蜡烛线 5 向下跌破
了蜡烛线 2 的中点，标志着市场进入横盘阶段，之后可以在市场回落到蜡烛线 2 的低点附
近时，逢低买进。这是蜡烛线 7 和蜡烛线 9 发生的情况。横盘阶段的总体轮廓呈现出向下
倾斜的特点。倘若市场明显跌破蜡烛线 2 的低点，就应当止损了。

市场进入横盘状态后，通常在蜡烛线 2 的高低点范围内上下波动，往往留下一群
小实体。横盘状态的持续时间不确定，在大多数情况下最终将恢复原有的上升趋势，
形成向上突破。有时候，横盘阶段并不一定是严格的水平状的箱体形态，而是在总体
上稍稍向下倾斜，偶尔也会稍稍向上倾斜（请参见第五章有关箱体形态的讨论）。

横盘阶段的低点不可显著低于蜡烛线 2 的低点。如果显著低于蜡烛线 2 的低点，
则进入初始卖出信号的范畴了。这是下一节将要讨论的。

如前所说，在图 2.12c 中，蜡烛线 1 和蜡烛线 2 依次上升，确立了上升趋势，当
蜡烛线 3 下跌到蜡烛线 2 的中点后，如果我们判断市场就此止跌回升，则构成验证买
入信号；如果市场跌破了蜡烛线 2 的中点，我们判断市场不能实质性地跌破蜡烛线 2
的低点，则当市场继续回落时构成逢低买入信号。上述两个信号成立的前提条件是，
蜡烛线 3 不能实质性地跌破蜡烛线 2 的低点。所谓实质性，一是以收市价的形式跌破，
二是跌破的幅度较明显。

如图 2.12c 所示，蜡烛线 3 果真向下突破了蜡烛线 2 的低点，这一信号有两种用途。

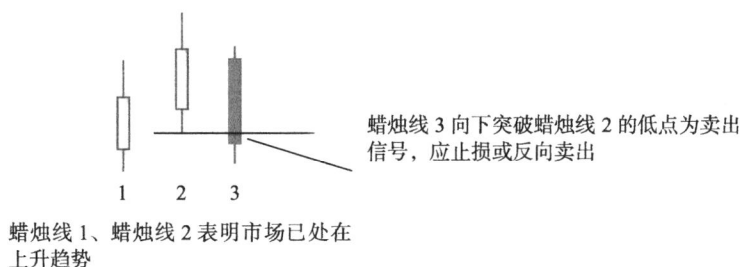

蜡烛线 3 向下突破蜡烛线 2 的低点为卖出
信号，应止损或反向卖出

蜡烛线 1、蜡烛线 2 表明市场已处在
上升趋势

图 2.12c　上升形态下的止损或反向卖出信号

如果蜡烛线 3 明显向下跌破蜡烛线 2 的低点，本时段的收市价验证了向下突破信号，则无论是在行情回落到蜡烛线 2 中点时采取的跟进买入，还是在市场跌破蜡烛线 2 中点之后的逢低买进，都需要卖出止损。事实上，本图 3 根蜡烛线的组合便是趋势从上升转为下降的反向初始卖出信号。

一种用途是作为止损信号。到了这个时候，根据趋势定义，行情已经从上升转为下降，"跟进买入信号""逢低买入信号"都不再成立，如果之前交易了上述两个信号，那么现在就必须采取果断措施卖出止损。

另一种用途是作为初始卖出信号，这是基于趋势定义而来的。下降趋势已经形成，随之而来的将是配合下降趋势的一套卖出信号了。下一节将简要地讨论这方面内容。

再论蜡烛线分析的长短期组合

在图 2.12b 中，蜡烛线 3～蜡烛线 9 一是有 7 根之多，二是总体上表现得较为凌乱，而此处所介绍的蜡烛线示意图往往只由二三根蜡烛线组成，显得十分简明，相比较，二者似乎相差甚远。实际上，这不是示意图的问题，而是应当选择适当的长短时间单位配合使用，这样既可以充分发挥长时段蜡烛图趋势分析的简明性优势，又可以借助短时段蜡烛图细节较丰富的特点，将简明的长线趋势分析结论运用到日常交易现场。

图 2.12b 中蜡烛线 3 的日期是 2019 年 6 月 19 日星期三，蜡烛线 9 的日期是 6 月 27 日星期四。图 2.12d 为富时 100 指数周线图，图中标出了两根周蜡烛线，前一根的日期是从 2019 年 6 月 17 日到 21 日，这是第一周，大体上包含了图 2.12b 中蜡烛线 3、蜡烛线 4、蜡烛线 5 三根日线；后一根的日期是从 2019 年 6 月 24 日到 28 日，这是第二周，包含了蜡烛线 6～蜡烛线 9。

日蜡烛线图提供了更多的细节，但是在蜡烛线 3～蜡烛线 9 的演变过程中，行情显得凌乱，市场参与者容易迷失趋势方向。蜡烛线 3～蜡烛线 9，既数量多，又上下不定，远比上文介绍的蜡烛线基础买入信号复杂。那么，基础买入信号的区区二三根蜡烛线只是纸上谈兵吗？

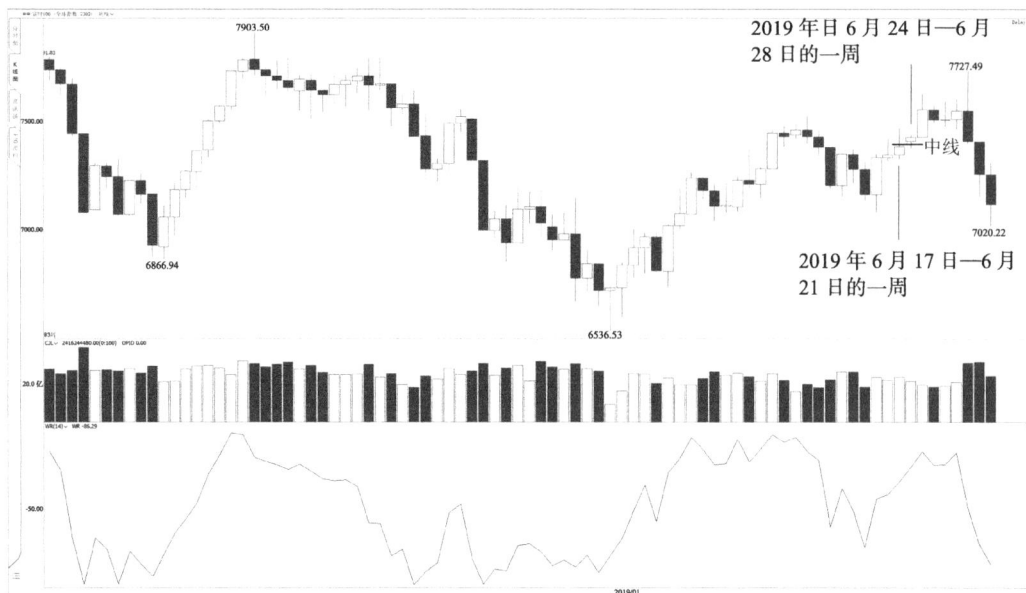

图 2.12d　富时 100 指数周线图（2018 年 1 月 19 日—2019 年 8 月 16 日）

将周线图和日线图配合起来观察，周线图有效地简化了日线图中的凌乱情形。日线图上的蜡烛线 3 ～ 蜡烛线 9，包含在两根周蜡烛线中，其中后一根周蜡烛线大体上维持在前一根周蜡烛线的中点之上，构成跟进买入信号。以周线图来为趋势判断定调，以日线图来寻找更细节的买入点，便是长短期蜡烛图的组合用法。

　　周蜡烛线图给出了答案。日蜡烛线 3 ～ 蜡烛线 9 包含在两根周蜡烛线中，且后一根周蜡烛线基本维持在前一根周蜡烛线中点之上，在周蜡烛线图上，构成了较明显的验证买入信号——上升趋势维持不变。

　　由此可见，长时段蜡烛线图具有较好的简明性，更适用于趋势分析。尤其是在纷繁复杂的行情变化中，看一看长时段蜡烛线，往往能够帮助我们透过迷雾抓住要害，为我们指明方向；而短时段蜡烛图具有较丰富的细节，更适用于日常盯市、捕捉具体的交易机会。长时段蜡烛图指明方向，短时段蜡烛图实施交易，两者结合、各得其宜。

第五节
基础卖出信号

　　基础卖出信号也可分为四种，大致按照时间顺序，包括初始卖出信号、验证卖出信号、跟进卖出信号、横盘逢高卖出信号或反转止损信号。分别与四种基础买入信号相对应，形态类似而方向相反。以下分析仅作简要说明。

当然，由于"市场具有自重"，行情下跌容易上涨难，下跌的过程与上涨的过程并不是等量齐观的。举例来说，正因为下跌容易上涨难，在判断上涨信号的时候，更看重交易量的配合。

初始卖出信号

在图 2.13a 中，左图由两根依次下降的蜡烛线组成，符合下降趋势的基本形态，当其首次出现时，构成初始卖出信号。右图由三根蜡烛线组成，蜡烛线 1 和蜡烛线 2 依次上升，确立了上升趋势。蜡烛线 3 向下显著突破了蜡烛线 2 的低点，形成了向下反转形态。当蜡烛线 3 向下突破蜡烛线 2 的低点时，构成反转止损或初始卖出信号。

图 2.13a　下降形态下的初始卖出信号

请注意，正如前面所述，蜡烛图以收市价为准，虽然在示意图上以突破蜡烛线 1 或蜡烛线 2 的低点作为初始卖出信号，但是我们应当根据收市价来确定上述突破信号，特别是初始卖出信号需要谨慎判断。

验证卖出信号

在图 2.13b 中，前两根蜡烛线依次下降，符合下降趋势，表示下降趋势处在持续过程中。蜡烛线 3 沿着趋势方向向下突破了蜡烛线 2 的低点，构成验证卖出信号。

由于之前市场已经处在明确的下降趋势中，验证突破信号可以采用盘中突破信号。

图 2.13b　下降形态下验证卖出信号

当然，采取收市价更正宗、更稳妥。

（回撤）跟进卖出信号

验证卖出信号相对进取，有时卖出价偏低，另一种选择是利用市场发生常见的50%回撤现象时卖出。如图2.13c所示，蜡烛线1和蜡烛线2依次下降，符合下降趋势的定义，表示下降趋势正在持续。蜡烛线3没有立即向下突破蜡烛线2的低点，而是回升到蜡烛线2的中点附近。如果此时我们判断市场不能继续回升，则可以卖出，这是50%回撤水平跟进卖出信号。

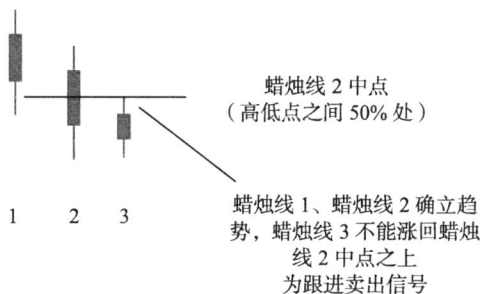

图2.13c　下降形态下跟进卖出信号（回撤卖出信号）

跟进卖出信号大多发生在蜡烛线时间单位之内。当然，出于保守起见，也可以以收市价为准。

逢高卖出信号

50%回撤现象最常见，回撤超过了50%则较为少见。在图2.13d中，行情回升到蜡烛线2中点后，继续上升，如果判断市场不能向上明显突破蜡烛线2的高点，则可以放慢卖出的节奏，从从容容地等待市场回升的高点逢高卖出。这是逢高卖出信号。

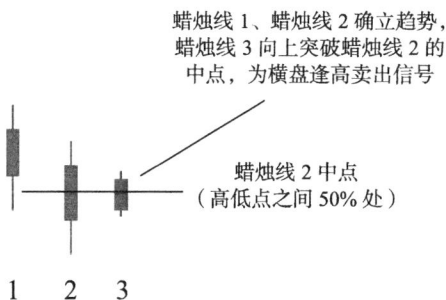

图2.13d　下降形态下横盘逢高卖出信号

反向止损信号

跟进卖出信号和逢高卖出信号成立的前提是，行情不能明显地向上突破蜡烛线 2 的高点。天下没有不散的筵席。如果不幸果真发生了向上突破的情形，则趋势已经从下降转为上升，对原先的空头头寸必须采取止损措施（见图 2.13e）。

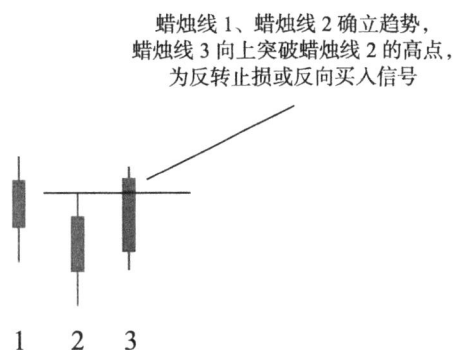

蜡烛线 1、蜡烛线 2 确立趋势，
蜡烛线 3 向上突破蜡烛线 2 的高点，
为反转止损或反向买入信号

1   2   3

图 2.13e　下降形态下反转止损或反向买入信号

开市和收市最重要

就蜡烛图线而言，开市价和收市价具有十分重要的意义，两者的相对高低决定了蜡烛线实体的白与黑（红与绿、阳与阴）。对于小实体，两者差距不大，实体颜色没有太大意义，但对于一般实体和长实体而言，白与黑的区别乃是阴阳之隔，天差地别。

从时间角度来说。在同一张图上，每根蜡烛线对应一个确定长度的时间段，在严格的时间框架下简化连续行情，标准化采样。开市价相当于本时段最初价，收市价相当于本时段最后价，它们简明、清晰地体现了行情涨跌。

此外，对于非 24 小时连续交易的行情来说，每日的开市价都是经过了一段冷静期之后的新鲜价格，包含了休市期间市场参与者相对冷静的推敲酝酿。一日之计在于晨。开市价往往给全天行情定调。收市价是一天交易的收尾和总结，也是日内交易者脱离战场的最后机会。因此，开市和收市的两个时段通常交易量最大，凝聚的市场参与者情绪最多（见图 2.14）。

通过前面关于基本的蜡烛图买卖信号的讨论，我们可以得出关于蜡烛图技术的两个鲜明特征。

特征一：简明性。

蜡烛线的色彩清晰地揭示了行情涨跌，提供了简明的趋势分析工具。

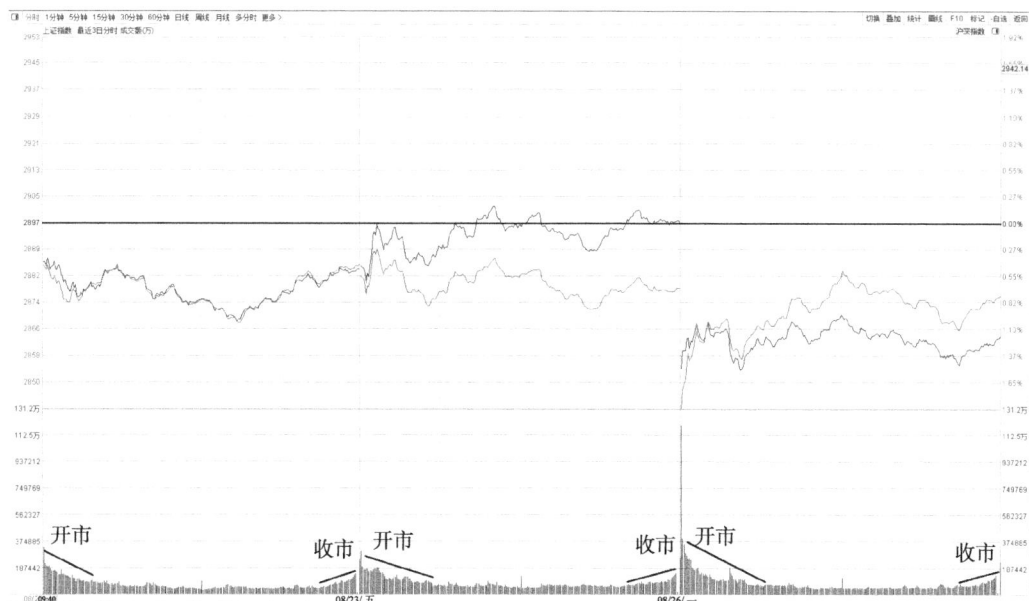

图 2.14　上证指数三日分时图（2019 年 8 月 22 日—8 月 26 日）

上证指数的统计性最强，每日交易量呈 U 形分布，开市、收市时段的交易量明显高于中间时段，清晰地揭示了开市价和收市价的重要性。

市场技术分析特别强调保持简明的重要性，这包括工具的简明、方法的简明和结论的简明。西方人特地拼了一个"KISS"原则（Keep it simple, Stupid！意为"傻瓜，保持简明！"）

工具简明，可以清晰地提供揭示市场本身的信息，尽量少干扰、少污染原始信息。市场高度复杂，简单加复杂，或许有希望理解复杂。如果工具复杂，则复杂加复杂，这便容易两边乱成一团，出了问题也很难理清到底是因为工具的不足还是市场的复杂。

方法简明，可以帮助使用者更深刻地掌握方法，理解方法的优势和劣势，知道什么情况下更适用，什么情况下不太适用。

结论简明，有利于在纷繁复杂、变化莫测的市场环境下得到行动的指引，形成基本的行为模式，遵从基本的交易纪律。

特征二：一针见血，点中穴位。

和简明性一脉相承，蜡烛图技术具有一针见血的"点穴"功夫。蜡烛线分析的目的是力图从图表的最小单元出发来研究趋势，从而达成敏感的技术性能，既注重趋势的连续演变，也注重转折点分析。

比较东西方技术分析可以看到，东方侧重点穴思路，捕捉关键点、转折点；西方侧重趋势总体分析，侧重过程分析。

然而，蜡烛图并不是只抓"点"不管"线"。须知，月线图上的点穴功夫，在日线图上就成了持续数月的行情演变过程。长短结合，蜡烛图技术本身便能既有过程分析也有点穴分析。可见，不能误认为蜡烛图只提供了短线分析工具，忽略了长线分析。所选取的蜡烛线时段越长，便是长线的趋势分析；所选取的蜡烛线时段越短，便是短线的趋势分析。本质上，长短线都是趋势分析。

区区几根蜡烛线带来了趋势分析的简明性，每每为我们提供了拨开迷雾的重要功效。

小结

本章从趋势定义出发，介绍了基本的趋势形态和买卖信号，这些知识是市场技术分析的基础。蜡烛图形态分析提供了具体的分析方法和交易信号，尤其是初始信号和验证信号等重要技巧。《日本蜡烛图技术》（[美] 史蒂夫·尼森著，丁圣元译）一书清晰简明地介绍了蜡烛图技术，又着重介绍了将蜡烛图技术与西方技术分析工具相结合的做法，可以作为进一步的学习资料。

第 三 章

趋势分析基本工具
（上）

Investment
by Trend

第一节
市场技术分析的基本逻辑

图 3.1a 左侧先是急涨，达到最高点 5178（2015 年 5 月）；再急跌，达到最低点 2638（2016 年初）；然后，图中段，从 2638 点缓慢上涨到接近 3600 点（2018 年初）；之后，图右侧，快速下跌（2018 年 2 月—7 月）。

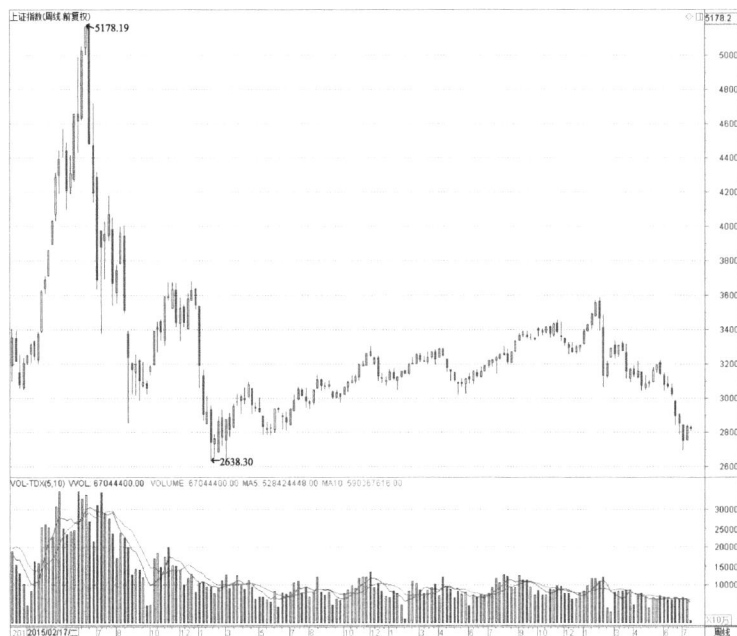

图 3.1a　2018 年 7 月 6 日的上证指数周线图

怎么理解图表最右侧半年中的急速下跌？是熊市再度光临吗？

怎么理解 2018 年的行情变化？最令人担心的是，这意味着熊市再次来临了吗？

图 3.1b 绘制了两条水平直线，它们给自从 2015 年下半年以来的行情演变刻画了上下界限，两年多的行情都在这两条水平直线的范围之内，而图右侧半年来的急速下跌行情从其上缘下降到了下缘。

矩形形态充满不确定性：持续时间长，最终的突破方向不确定，既有向上突破的可能性，也有向下突破的可能性，发生在两条水平线处的突破信号才是真正表明趋势的关键时刻，仅当发生确凿的突破之后，未来走势才有定局。

仅就图 3.1b 看，我们不能判断熊市是否会再次来临。从更长远的图表来看，有其他理由相信下方支撑有力，最终向上突破的概率更高。当然，在上述巨大箱体中，2018 年初的高点没有触及上面的水平直线，上攻力度不足，这轮行情向下的压力偏大一些。

这两条水平直线有什么神奇魔力吗？

它们十分寻常。简单说来，市场处在各种状态下，包括上升趋势、下降趋势、横向延伸趋势。2015 年下半年以后，市场处在横向延伸趋势中，这两条直线辅助我们揭

图 3.1b 2018 年 7 月 6 日的上证指数周线图

这张图与图 3.1a 是同一张图，但是这里借助两条水平直线来进行辅助分析，显示图右侧半年来的急速下跌行情处于一个巨大的横向矩形中。矩形形态充满不确定性，最终既有向上突破的可能性，也有向下突破的可能性，发生在两条水平线处的突破信号才是真正交代趋势的关键时刻。

示了横向延伸趋势的边界，更清晰地展示了这个横向延伸趋势。更重要的是，当市场最终向上突破或向下突破时，市场一超越某根直线，我们就能立即察觉这一动向，立即跟进应对。一旦突破信号成立，我们便可以在第一时间判断市场状态发生改变。如果向上突破，则市场状态转为上升趋势；如果向下突破，则市场状态转为下降趋势。

如前所言，若走势果真向上突破，形成上升趋势，那么我们做多；若果真向下突破，形成下降趋势，那么我们做空。如此一来，市场技术分析是在预测未来行情吗？

非也。市场行情不可预测。我们寄希望于新的市场状态持续时间足够长、价格空间足够大，当我们入市后，新的市场状态为我们留下足够的时间和空间，让我们盈利的机会明显超过 50%。

换句话说，即使发生了突破信号，市场亦有可能发生出乎意料的变化。但我们所做的并不是一次赌博，而是凭借统计规律，多次重复，把个别交易的不确定性转化为多次交易的必然获胜。

一般人进赌场，那是赌博。赌场老板做的是生意，不是赌博，他只需要 51% 的赢率就能保证赌场买卖赢利。

1995 年 8 月，美国联邦储备银行纽约分行发表了一份题为《头肩形：并非噱头》的报告。报告检验了头肩形形态在外汇市场的有效性。报告引言部分开门见山地写道：

技术分析根据过去的价格运动来预测未来行情变化，本报告将要表明，虽然技术分析与绝大多数经济学家的"有效市场"理论不相容，但是根据技术分析交易能够产生统计显著的利润（C.L. 奥斯勒，P.H. 凯文·张. 工作人员报告第四期，美国联邦储备银行纽约分行：1995 年 8 月）。

1997 年秋，美国联邦储备银行圣路易斯分行的报告也研究了技术分析，有一节的标题是"有效市场假定要三思"，其中有如下内容：

前一节显示，技术分析交易规则是成功的，无独有偶，近期很多研究都得出了类似的结论。这些研究普遍认为，有效市场假定在某些重要方面均不能解释外汇市场的实际运行。当然，市场从业人员对上述结论并不感到惊讶。这些研究有助于说服经济学家重新审视市场……发现可能解释技术分析获利能力的市场特性。（摘自《金融市场技术分析》，[美]约翰·墨菲著，丁圣元译）

既然是统计现象，那么我们：第一，不可以用"精确"的眼光来对待突破信号，不能用一两个点甚至小数点后的数字来看待突破，要给它留有余地；第二，必须长期坚持服从市场技术分析的原则，严守纪律，前后一致地重复交易，只有如此才能获得

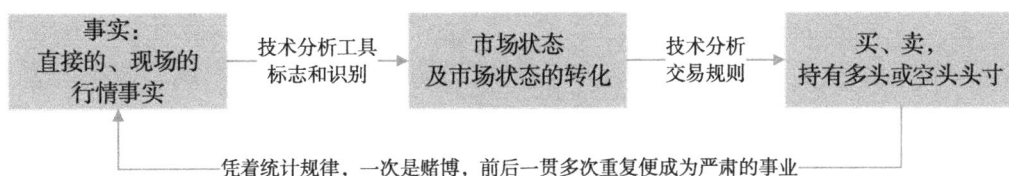

図 3.2　市场技术分析的基本逻辑和应用过程

统计规律带来的回报。如此一来，虽然每一次交易都是不确定的，但是前后一致汇总起来，赢利就有了确定性，投资交易才能成为一行正当可行的事业。

　　这是因为市场技术分析首先完全从行情事实出发；其次，它借助技术分析工具来标识和识别市场状态，并且按照技术分析的行为规则，针对不同的市场状态实施相应的交易策略；最后我们需要遵从市场技术分析，前后一致、多次重复。因此，投资交易不是赌博，而是一桩严肃的事业（见图 3.2）。

第二节
市场状态

市场状态的分类及相应的交易策略

　　按照方向，市场状态可分为三种：上升趋势、下降趋势、横向延伸趋势（或横向趋势）。

　　上升趋势的定义是：市场行情走出了更高的高点、更高的低点（见图 3.3a）。其意义为，市场有能力向上拓展空间，同时，在回落时，能够保留至少一部分上涨的成果。

　　下降趋势的定义是：市场行情走出了更低的低点、更低的高点（见图 3.3b）。其意义为，市场有能力向下拓展空间，同时，在回升时，能够至少保留一部分下跌的成果。

　　横向趋势的定义是：市场行情走势既

前一对高点和低点构成了比较的基准，后来走出了更高的高点和更高的低点，符合上升趋势的定义

图 3.3a　上升趋势定义的示意图

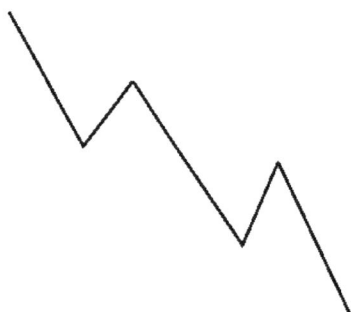

前一对高点和低点构成了比较的基准，后来走出了更低的高点和更低的低点，符合下降趋势的定义

图 3.3b　下降趋势的示意图

前一对高点和低点构成了比较的基准，后来的高点没有更高，低点没有更低，大致都局限在比较基准的范围之内，符合横向延伸趋势的定义

图 3.3c　横向延伸趋势的示意图

无明显的新高，也无明显的新低（见图 3.3c）。其意义为，市场没有能力打破现状，只能在过去已经开拓的价格空间内部反复运行。

所谓更高、更低只是定性的描述。市场是由大多数人参与并为大多数人服务的。为了符合统计学的大数定律，更高、更低所描述的现象应该是众多市场参与者感觉到明显可辨的。首先，相差的数额应达到一定水平，比如相差 0.5% 以内，人们的感觉或许不那么明显；而相差 5% 以上，人们则会感觉十分明显。其次，当市场处在趋势状态时，人们对相对高低的动态变化可能更敏感，而当市场处在非趋势状态时，特别是久久处在非趋势状态后，投资交易者可能变得迟钝、多疑，不大容易实实在在地感觉到行情的高低差异。

市场又可分为趋势状态和非趋势状态。趋势状态指的是上升趋势或下降趋势，根据第一章介绍的趋势原理，两者皆属于正反馈循环状态，即市场行情与其驱动因素形成了正反馈循环，导致市场行情要么越来越强，要么越来越弱。

非趋势状态指的是横向趋势，换句话说，横向趋势实际上就是没有趋势。同样根据趋势原理，横向趋势属于负反馈循环状态，即市场行情与其背后的驱动因素形成了负反馈循环，导致市场行情越来越局限在已有范围内。

从理想趋势演变模式来看，趋势演变并不是均匀向上或均匀向下的，而是具有阶段性。总体趋势要么为上升趋势，要么为下降趋势，同时总体趋势内部各个阶段也有不同的趋势属性。

第一阶段为顶部或底部，这是典型的非趋势状态，即横向延伸趋势状态。

第二阶段要么为横向趋势，要么为稍向上倾斜或稍向下倾斜的整理过程，并且上升趋势的第二阶段多向下倾斜，下降趋势的第二阶段多向上倾。

第三阶段属于快速拉升或快速下跌阶段，其中的波折次数少、波折幅度小，这是典型的趋势状态。

实际上，理想趋势演变模式并不包括横向延伸趋势，而是认为横向趋势只是上升趋势或下降趋势之中的一个阶段或组成部分，或者说是市场从上升趋势向下降趋势转化的过渡阶段。这么做突出了趋势方向的重要性，既有理论价值，也有实用价值。归根结底，决定投资交易盈亏的是上升和下降趋势，而不是横向趋势。

首先，判断市场状态的第一步是确定市场演变方向，即总体趋势的基本方向，形成基本的多空抉择。方向比速度重要，选择比努力重要。

其次，及时察觉市场状态的转化，在趋势不变的情况下，趋势阶段不断变化；在趋势变化的情况下，必须相应地逆转交易方向。

再次，在总体趋势框架下识别趋势阶段，反过来对趋势进程有整体把握。同时，在不同的趋势阶段采取不同的交易对策。

复次，总体趋势形成后，往往具有强大的持久力，不可轻易判断趋势逆转。换言之，顺着趋势方向的信号较可靠，与之相反的信号较不可靠。在非趋势状态下，即横向趋势内部，也较难以形成有效的趋势信号。

最后，市场状态的转化一般通过突破信号来体现，必须确有证据表明突破信号已经发生，才能判断市场状态的转化。

我们把上述讨论的内容归纳在表 3.1 中。

表 3.1　市场状态分类及相应的交易策略一览表

	理论依据	名称	简述	交易策略
市场状态分类	理想趋势演变模式	第一阶段	常常表现为横向延伸趋势	持有原头寸，择机平仓
		第二阶段	有时为横向趋势，有时为与总趋势方向稍相反的横向趋势	根据总体趋势方向耐心地逢高卖出或逢低买进
		第三阶段	快速拉升的上升趋势或急剧下跌的下降趋势	根据总体趋势方向积极做多或做空
	趋势定义	上升趋势	上升趋势第二阶段相对于第一阶段总体上呈现为上升态势；但第二阶段本身可能并不表现为显著的上升趋势	多头，耐心逢低买进、逐步积累
			上升趋势第三阶段，激烈的上升趋势	多头，积极买进
		横向延伸趋势	常见于上升趋势和下降趋势的第一阶段	持有原头寸，择机平仓
			常见于上升趋势和下降趋势的第二阶段	根据总体趋势方向耐心地逢高卖出或逢低买进
		下降趋势	下降趋势第二阶段相对于第一阶段总体上呈现为下降态势；但第二阶段本身可能并不表现为显著的下降趋势	空头，耐心逢高卖出、逐步积累
			下降趋势第三阶段，激烈的下降趋势	空头，积极做空

综上所述，市场演变表现为持久的趋势状态、趋势逆转、反向的持久趋势状态、趋势逆转……

市场的演变模式——倒水实验

拿一瓶水，蹲在地上慢慢倒出。只见水在一个地方集聚，由于表面张力，形成了一个小水团。水团的边缘四处晃动，寻求突破。

突然，突破！唰，水团破裂，水迅速流淌，留下一条线！

到某个新地点，水再次始集聚，形成小水团，同时水团的边缘四处晃动。

突然，再突破……

就这样，一瓶水慢慢倒出，水不停地向前流淌，领头的地方总是水团、突破、一条线地交替进行，最终留下弯弯曲曲的水迹（见图3.4）。

一方面，地面有一定坡度，但不明显，因此在倒水实验之前很难判断水流的具体路径；另一方面，水流过的路线完全是重力定律的表现，水绝不会向上倒流。借用拟人化的说法，水必然服从重力定律，但是水也不知道该往哪儿走，只好一路走一路试。能走吗？能走，那就走。不能走吗？不能走，那就集聚。通过集聚、突破流动的交替，水最终试探出了最合理的路径——重力定律决定的路径。

图3.4 橡胶指数日线图（2017年12月1日—2018年8月3日）

本图是倒水实验的行情演绎版。图中从左向右用线段绘制了四个调整过程，就像集聚的水团；四个调整过程之间是三次快速行情变化，就像水团边界突破后的水流。市场行情就是横盘与快速变化的交替。

市场犹如有一定坡度但坡度不明显的地面。坡度代表着趋势的驱动因素，水流过程相当于市场演变的过程。由此我们得到了关于市场演变的几点启示。

第一，行情演变的基本模式是调整与突破交替进行，或者说密集区（区块）—快速变化（线条）交替出现。

第二，市场并无预设的方向和目标，整个过程完全是试探而得。事后看，水流轨迹符合重力定律，但事前并不能确切知道水将如何流动——难在当时只能从水的突破来把握其动向，通过市场的不断试错来揭晓走向。不可把"事后可以合理解释"与"当时知晓并即刻理解"混为一谈。

第三，坡度越明显，则水流快速流动的部分越多，路线方向越清晰；坡度越不明显，则水流快速流动的部分越少，路线方向越不清晰。因此，相对地，短期变化服从长期变化，长期变化更能代表重力定律的作用。

具体来说，市场尝试的过程可以从正反两方面来理解。行情上涨的试探过程为：

- 试得上去，上；
- 注意，试不下去，也上（见图3.5）。

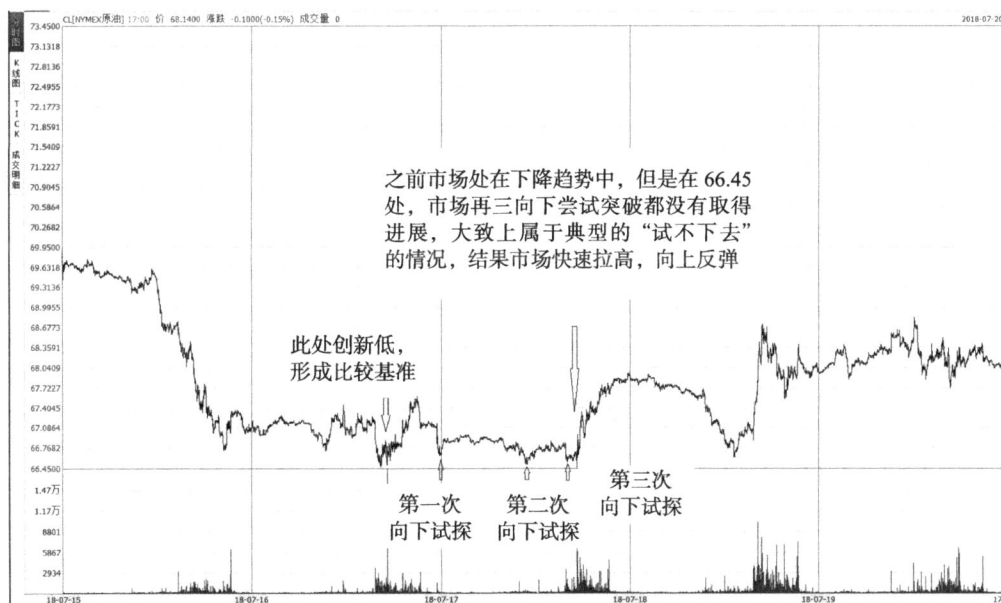

图3.5 美原油指数分时图（2018年7月15日—7月19日，5个交易日）

行情演变的过程就是不断向上或向下试探的过程，如果试得上去，那就上去；如果试不下去，那也得上。本图中，原油指数原本处在下降趋势中，在66.45处，市场再三向下尝试未果，结果最后一次一看下不去，马上掉头向上急拉，是典型的"试不下去，也上"的案例。

行情下跌的试探过程为：

- 试得下去，下；

- 注意，试不上去，也下。

市场最基本的功能是发现价格。市场之所以能够发现价格，正因为市场从不间断地尝试，试探涨、试探跌。"试""不停地试"，正是市场最基本的运作方式，也是市场活力和效率的生动体现。换句话说，朝三暮四、翻云覆雨，不是市场靠不住，而是市场本应有的基本属性和特征，离开了这一点，就不成其为有效市场。

一部灵敏的天平，必须能够自由地摇摆，才能准确称量。市场参与者要适应市场的上述基本特征，培养自己的能力，学会从天平的摇摆中准确称量。要让心态"归零"，时常清空自己的成见，纯粹依据行情事实来判定市场状态。假定自己事先知道，荒谬；假定自己看法正确，迷信。

另外，市场不停地试，只是为了更准确地找到正确的路径，而不是随机游走。不能把天平自由摇摆的工作方式与天平称量的准确性混为一谈，误以为天平的度量结果也是随机的。事实上，趋势是规律作用下的客观必然。

追随趋势只需要认准事实、对照事实判断市场状态，不必有自己的看法。

第三节
价格水平——标志性历史高、低点

价格水平线

趋势定义实际上是动态跟踪行情的最基本方法。以行情轨迹上具有标志性的历史高、低点作为比较基准，考察后来的行情，如果后来的行情比基准更高、更低或者维持在基准之内，便分别构成了上升、下降或横向趋势（见图 3.6a、图 3.6b）。

历史水位记录，如河边堤岸或大坝上长期被水浸泡留下的水位痕迹，是衡量江河水位的标尺。耳熟能详的"多少年一遇的大洪水"或者"多少年一遇的干旱"等说法，表述的就是以当前水位和历史上的标志性水位记录来做比较。

无独有偶，市场行情的历史高、低点，也是衡量后来行情上涨或下跌的标尺。值得特别强调的一点是，行情历史记录所呈现的完全是事实，并非人为加工，因此它们是最重要的市场观察凭据。

正因为具有标志意义的历史高、低点具有重要意义，技术分析特别将它们称为价格水平。为了便于观察，我们在具有标志意义的历史高、低点处引出水平直线，以方便对后来的行情进行观察。这样的水平直线所代表的就是价格水平。这些水平直线集合起来就形成了衡量趋势的自然尺度（见图 3.6a、图 3.6b）。

画价格水平线的方法是，找到一个具有标志意义的高点或低点，画一条水平直线即可。讲究一点的话，从这一点向右侧引出射线，这样左侧干干净净，图表更加整洁。所谓标志性意义，一种情形是快速拉升或剧烈下跌行情的两个端点，另一种情形是价格密集区域（通常为横向延伸趋势）的上、下边界。图 3.7 所示的价格水平从前一种情形的高点引出，变成了后来横向趋势的上边界。

图 3.8 所示的价格水平线不是引自标志性的趋势性行情的极端点，而是相对局部行情的高低点，但是后来的行情表明，这两条价格水平线也很清晰地界定了横向延伸趋势，具有良好的标志作用。

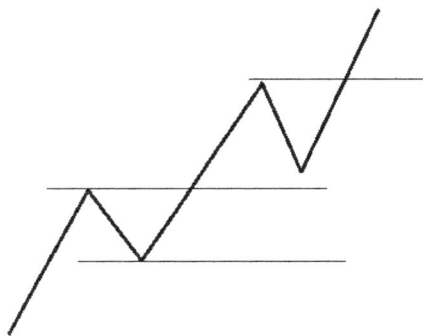

图 3.6a　上升趋势

借用水平直线来标志具有代表性的历史高、低点，并称之为价格水平。趋势定义以标志性的历史高、低点为基准来观察当前行情。

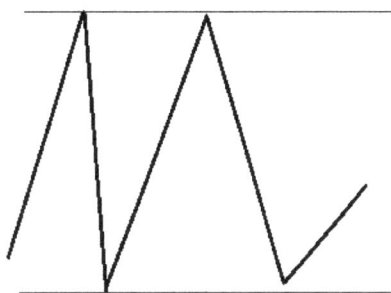

图 3.6b　横向趋势

借用水平直线来标志具有代表性的历史高、低点，并称之为价格水平。趋势定义以标志性的历史高、低点为基准来观察当前行情。

通常，价格水平线应尽可能包括它一侧的全部价格变化（一段时间内的极端点），尽可能包括具有显著趋势意义或横向延伸趋势的价格变化。对于日本蜡烛图，有时需要在实体的端点和影线的端点之间进行取舍，根据上述原则，一般采用影线的端点，而不采用实体的端点，也就是采用高低点而不是开市价、收市价。另外，在遇到类似于图 3.7 那样的行情变化后，上方的价格水平线可能需要适当调整。具体做法是，保留原来的价格水平线，同时引出新的价格水平线，依后来行情演变来决定取舍（见图 3.9）。

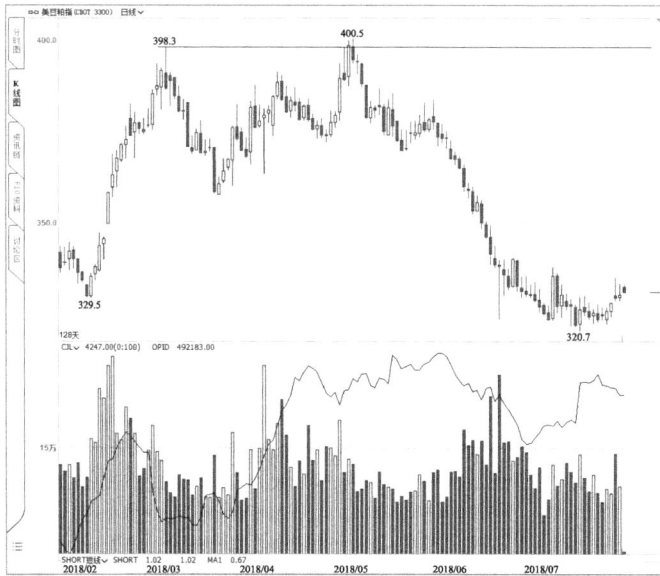

图 3.7 美豆粕指数日线图（2018 年 1 月 9 日—7 月 30 日）

该图显示了价格水平直线的画法。3 月 2 日的高点 398.3 点是一轮急速拉升行情的终点，具有标志意义。从这里向右引出水平直线，这里便是一个价格水平。4 月 30 日，市场第一次触及本价格水平后明显回落，当日冲高回落，留下了一条长长的上影线；5 月 1 日，市场再度向上尝试该价格水平，最高点为 400，当日收市于 398，形成了一条长阳线；5 月 2 日，市场在 398 点开市，又一次向上尝试，但高开低走，留下一条阴线。从此之后，在本图上市场便没有机会再回到此处——该价格水平成功阻挡了市场向上的步伐，形成了一个重要的转折点。

图 3.8 黄金 T+D 日线图（2018 年 1 月 18 日—7 月 30 日）

本图所示的两条价格水平线不是从趋势性行情的极端点引出的，而是局部行情的高低点，但从后来的演变来看，它们构成了比较基准，较清晰地界定了后来的横向延伸趋势。从本图来看，上方和下方的价格水平线均经受了两次测试。

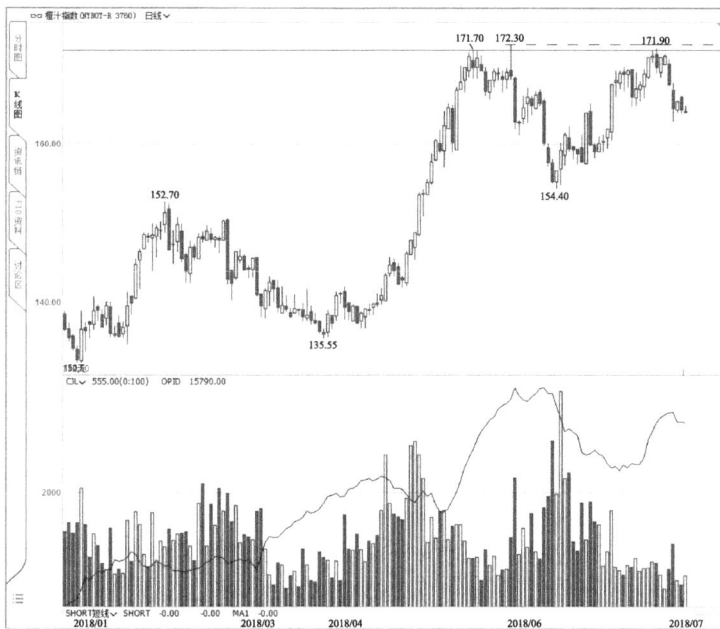

图 3.9　橙汁指数日线图（2017 年 12 月 21 日—2018 年 7 月 30 日）

2018 年 5 月 14 日、15 日、16 日三日最高点是一轮急速拉升行情的最高点 171.70，从这里引出价格水平当然具有较为重要的标志性意义。5 月 29 日市场冲高回落，向上尝试该价格水平未果，但是留下了新的高点 172.30。我们保留原价格水平直线，同时尝试着画出新的价格水平线，用虚线表示，根据后来的行情演变来取舍。当然，本图中两条直线的差距其实不大，可视为同一条价格水平线。

　　实际上，图 3.9 中两个价格水平相差不大，基本上可以视为一个。再加上市场演变本身就是一种统计现象，并不在意有多么精确，因此有时候价格水平不是一根直线，而是一个窄小的区间。

　　对重要的价格水平，我们习惯于在图表上尽量向右延长，因为它们在遥远的未来都能发生神奇的标志作用（见图 3.10、图 3.11）。那么，什么样的价格水平更加重要呢？

　　第一，显然，时间范围越长久的历史高、低点，行情两端越大幅度的历史高、低点越重要。图 3.10 所示的历史高点几十年一遇，是超级行情的端点，这类行情要么持续时间长，要么价格变化大，要么兼而有之，总之标志着天翻地覆的变化，给所有的市场参与者留下了不可磨灭的深刻印记。因此，即使到了未来许多年之后，它也发挥着重要的比较基准作用。

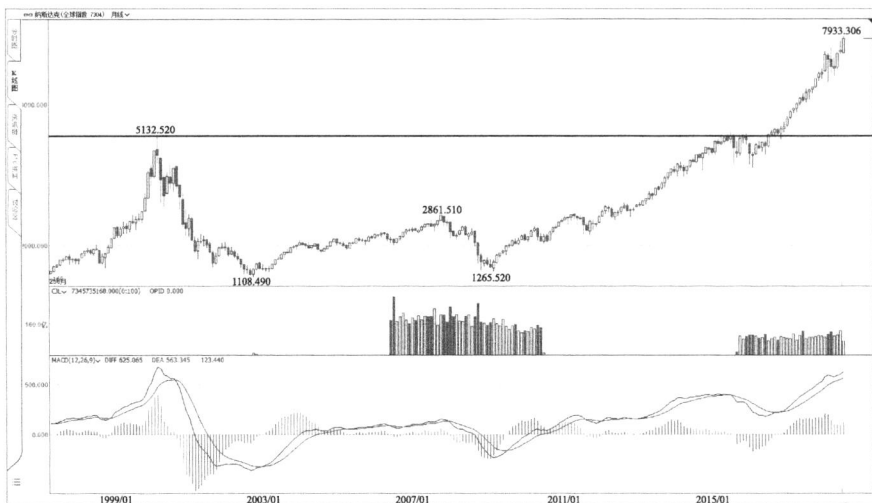

图 3.10　纳斯达克指数月线图（1997 年 4 月—2018 年 7 月）

在世纪之交的所谓"互联网泡沫"中，纳斯达克指数曾经在 2000 年 3 月达到历史最高点
5132，之后一路走熊，于 2002 年 10 月达到最低点 1108。显然，5132 点具有重要的标志
性意义。2015 年 6 月，经过多年疗伤之后，市场才再次触及这个价格水平，并在 2016 年
7 月才真正向上突破这个重要关卡。5132 点雄关之下，市场踯躅不前，犹豫了 1 年多。

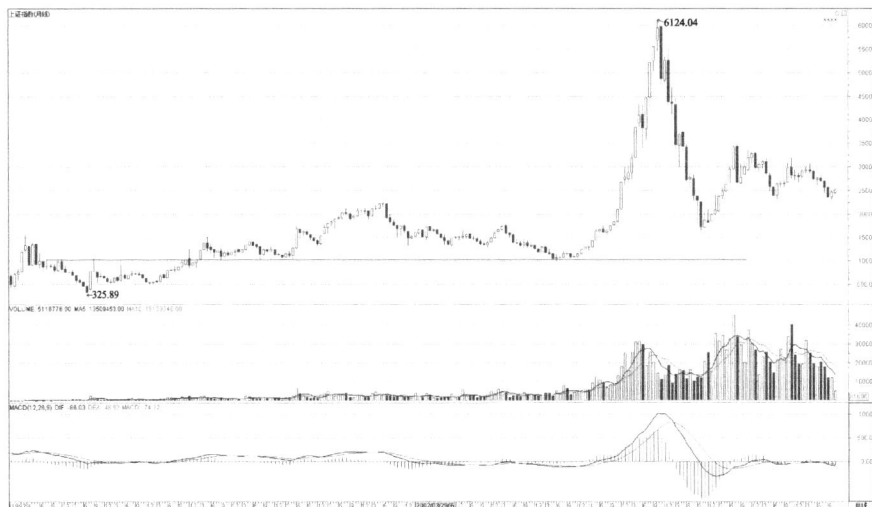

图 3.11　上证指数月线图（1992 年 10 月—2011 年 11 月）

本图上曾经上演著名的千点大关，即图示的价格水平线。最高点最初出现在 1993 年 7 月
的 1009 点、8 月的 1042 点，接下来则是 1993 年 11 月的 1011 点、12 月的 1044 点，比
较醒目的是 1994 年 9 月的 1052 点；比较醒目的最低点有 1997 年 7 月的 1066 点、9 月的
1025 点，1998 年 8 月的 1043 点，以及后来 1999 年 2 月的 1064 点、5 月的 1067 点。最后，
也最精彩的来了，出现了 2005 年 5 月的最低点 1043 点、6 月的最低点 998 点、7 月的最
低点 1004 点——真让人捏一把冷汗啊，幸亏市场终于在这里得到有力支撑，经过屡试不
跌后，终于展开了持续到 2007 年 10 月的超级大牛市。有趣的是，在 2005 年向下试探千
点大关的时候，在这之前的下跌行情中，交易所将新股上市的一、二级市场差价直接计入
指数，使指数产生了巨大的扭曲，然而市场竟然不在意，看重的只是千点的数字。

第二，发生的时间距离当前越近越重要。市场参与者的记忆力或许偏向于短期，越是最近发生的记忆越鲜活，因而市场参与者的关注度越高，价格水平发挥作用的可能性越大。

第三，价格水平就像关口，市场在关口前往往要经过若干次尝试后才能成功地突破它。价格水平被测试的次数越多，给市场参与者留下的印象越深，发挥作用的余地越大（如图 3.11 所示的千点大关）。

第四，市场在价格水平附近的成交量越多，价格水平附近牵动的盈亏头寸就越多，引起的关注也越多，也因此越重要（见图 3.12）。

第五，在后面的章节我们将要介绍价格形态，它们是基本趋势分析工具的组合运用，类似于围棋中的定式。如果价格水平线本身又是某种价格形态完成的标志线，那么这样的价格水平更加引人注目，重要性自然更高。进一步地，如果价格水平附近发生了跳空，或者又重叠了其他趋势线等另外的技术分析信号，在这些技术分析信号加持之下，价格水平的重要性也将上升（见图 3.13）。

图 3.12　VIX 主连日线图（2018 年 1 月 15 日—7 月 30 日）

从 6 月 13 日低点 12.55 引出的水平直线"碰巧"经过 2 月 1 日的最低点，以及 1 月 16 日、17 日、18 日、24 日、25 日、26 日多日的最高点，这给了我们更多的信心。7 月 16 日的低点为 12.70，显示了上述价格水平的支撑作用。

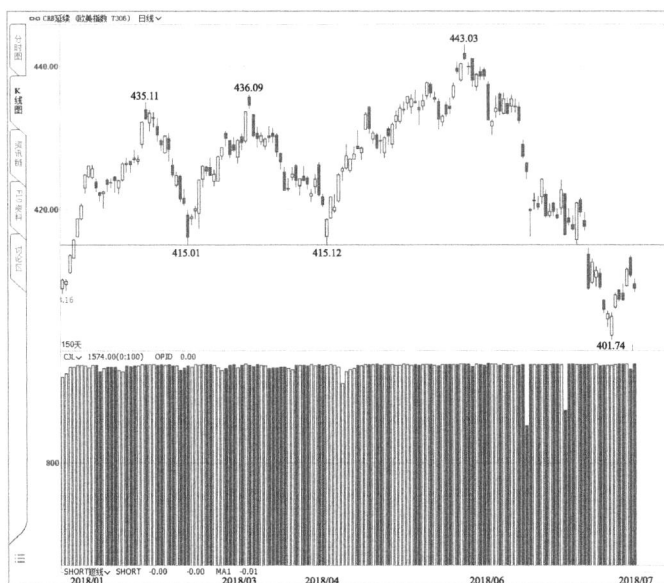

图 3.13　CRB 延续日线图（2017 年 12 月 21 日—2018 年 7 月 27 日）

图中 415 的价格水平十分清晰。该价格水平来自 2 月 9 日的低点。4 月 4 日的低点确认
了该水平的支撑作用。6 月 19 日的蜡烛线形似长针，市场再次向下试探该水平，低点为
416。7 月 6 日的低点 415，又一次在该水平得到支撑。7 月 10 日是一个小阴线，7 月 11
日是一根长阴线，它们分居在该价格水平的上下两侧，两者之间形成了一个大幅向下跳
空，也就是市场以向下跳空的方式毅然决然地向下突破了该价格水平。向下跳空与向下突
破价格水平同时发生，进一步强调了该水平的重要性。7 月 26 日，当市场向上试探该水平
时，最高仅达到 413 便一触即溃。

上述几点实际上是试图对价格水平做一个实用的说明。归根结底，价格水平的
"重要性"和"标志性"，指的是它应当是一条市场状态的分界线：当市场处在价格水
平线之上（或之下）时，行情处在一种市场状态；而当市场向下（或向上）突破价格
水平、进入价格水平之下（或之上）时，行情将处在明显不同的另一种市场状态。这
样，价格水平就成为观察市场状态转变的转折点或关键点，相当于俗话说的"节骨
眼"。这意味着，并不是所有的历史高、低点都是有效的价格水平，我们需要分辨它们
的重要性，区别对待。

价格水平的支撑和阻挡作用及其转化

价格水平的作用首先是成为行情的比较基准，可据之判断市场方向。其次，价格
水平还有所谓支撑作用和阻挡作用。

一旦发现标志性高低点，就能从此向右画出一条价格水平线。之后，如果行情图
线位于价格水平线的下方，则每当市场回升到价格水平线附近时，往往会向下折返，

上升步伐遭遇阻碍，这就是价格水平的阻挡作用（见图3.7、图3.9）；如果行情图线位于价格水平线的上方，则每当市场回落到价格水平附近时，往往会向上折返，下降步伐被阻止，这就是价格水平的支撑作用（见图3.11、图3.12）。

支撑作用和阻挡作用之所以发生，道理很简单：市场倾向于维持现状，打破现状则需要额外的力量来推动。当行情位于价格水平线上侧或下侧时，这一侧便是现状，市场安于现状，没有外力推动就不会打破价格水平，不形成趋势性变化。既然如此，行情从价格水平处折返就成为较常见的现象，这就是所谓支撑作用和阻挡作用的由来。因此，我们将行情上方的价格水平称为阻挡水平，将下方的价格水平称为支撑水平（见图3.14）。

当然，价格水平终究会被突破。

如果市场从价格水平下方涨破它，进入到价格水平上方，那么虽然该价格水平原本发挥的是阻挡作用，现在将要发挥支撑作用了（见图3.10）。既来之，则安之。因为现在的市场处在价格水平上方，上方成了新的现状。

反过来，如果市场从价格水平上方跌破它，进入到价格水平下方，那么虽然该价格水平原本发挥的是支撑作用，现在也将要发挥阻挡作用了（见图3.13）。现在市场处在价格水平下方，下方变成了新的现状。

可见，随着市场对价格水平的突破，导致价格水平的作用发生了180°的转变，支撑变阻挡，阻挡变支撑。

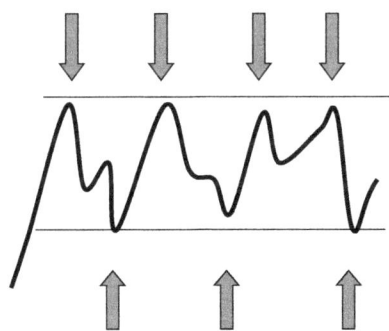

图3.14 价格水平的支撑和阻挡作用

本图与图3.8相似，有两条价格水平线，行情在两条线之间横向波动。从最左侧的高点向右引出水平直线，之后每当市场回升到该直线下方附近时，都会向下折返，显示上面这条直线具有"神奇"的阻挡作用。从左侧的低点向右引出水平直线，之后每当市场回落到这条直线上方附近时，都会向上折返，显示下面这条直线具有"神奇"的支撑作用。实际上，市场倾向于维持现状，打破现状则需要外力的推动。这就是上述神奇作用的基本原因。

支撑作用和阻挡作用的角色互换道理也很简单：市场在突破之前安于之前的现状，在突破之后安于之后的现状，因此价格水平在突破前后发挥了相反的作用（见图 3.15）。

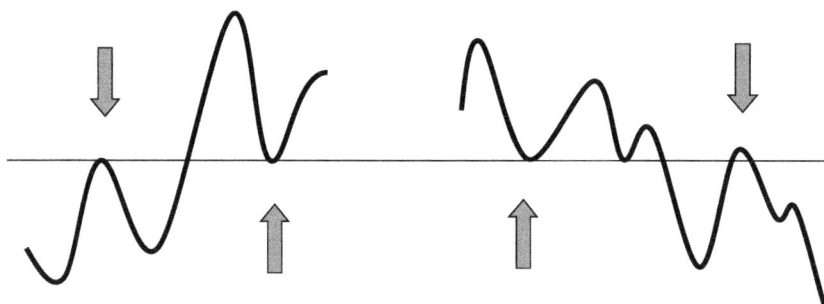

图 3.15　支撑作用和阻挡作用的互换

左侧的价格水平原先发挥的是阻挡作用，被向上突破后转化为支撑作用；右侧的价格水平原先发挥的是支撑作用，被向下突破后转化为阻挡作用。其原因都是市场安于现状，突破前是一种现状，突破后是新的现状。

发生在价格水平附近的四种市场变化

（1）市场忽略价格水平，直接向上或向下穿越。

价格水平经市场测试才能显示其作用，如果市场直接穿越，则无从得知其是否有作用。

这种情况比较少见。这种情况通常表明行情势如破竹，超越了一般的预期，发生在趋势演变的第三阶段的可能性较大。

图 3.11 中上证指数在 2001 年 6 月里曾经创下历史高点 2245，当时这是十分显著的历史高点。在突破千点大关后的 2005—2007 年的大牛市行情里，2006 年 12 月是一根长阳线，对 2245 点的阻挡视而不见，一穿而过。

（2）市场抵达价格水平后掉头折返。

这种情况最常见，属于正常的趋势进程，也是标志性价格水平应有的反应，就是价格水平的支撑作用和阻挡作用。

（3）市场未抵达价格水平便早早掉头折返。

这种情况较为常见，表明趋势的强度偏弱，达不到常规预期，因此发生反向调整的可能性较大。

（4）市场最初从价格水平附近掉头折返，经过一小段时间后再来尝试，突破价格水平。

这种情况较为常见，其折返的幅度较小、经过的时间较短，为典型的有效突破信号。

上述每一种变化都有意义，都能够透露市场信息。

突破信号

第一种和第四种情况都是价格水平被突破。事实上，价格水平作为比较基准，就是通过突破信号来发挥作用的。

什么是突破信号？市场行情明显向上或向下超越了价格水平线，形成了新高或新低，最好已经满足了上升趋势或下降趋势的定义——更高的高点与更高的低点，或者更低的低点与更低的高点，从而表明行情进入新的市场状态。所谓"明显"是指大多数市场参与者都能看得出上述比较关系。

突破对交易者来说简直就是一种拯救啊！苦闷的交易者大多数时间处在迷雾和不确定之中，焦虑不已。突破的一刹那，谜底揭晓，所有焦虑一扫而光。然而，这一刹那就像夜空中划过的闪电，虽然瞬间照亮了天地间万物，可惜好景不长，闪电过去，周围重归暗夜（见图 3.16a ~ 图 3.16d ）。

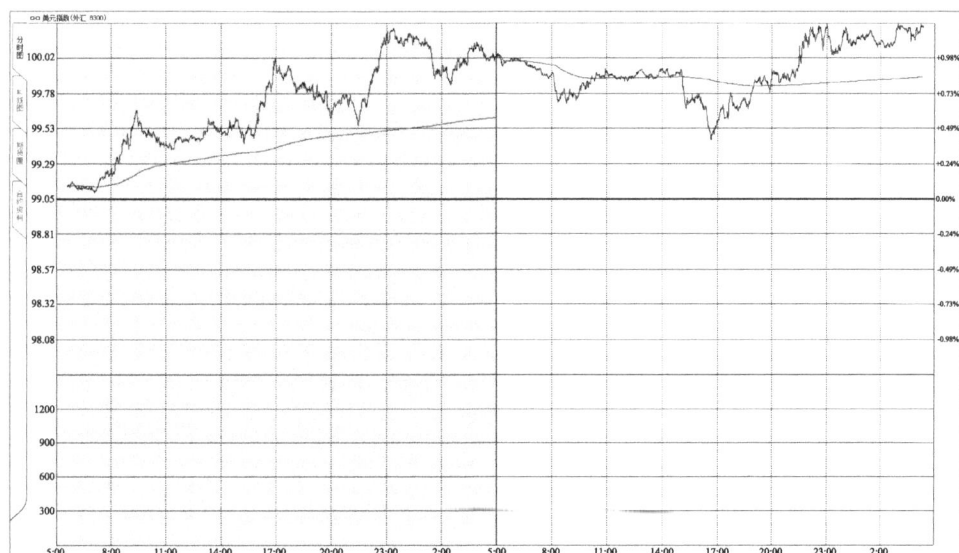

图 3.16a　美元指数分时图【2016 年 11 月 14 日（周一）—15 日（周二）】

周一美元指数从 99.10 左右拉升到了 100.20，当日收盘的指数为 100.00 左右，接近当日的最高点。15 日周二，市场前一半时间向下调整，最低点回落到 99.50 左右，后一半时间从当日最低点拉升至 100.20 左右，并且屡屡向上尝试，终究未能突破，此处将 100.20 的阻挡作用表现得淋漓尽致。

图 3.16b 美元指数分时图［2016 年 11 月 14 日（周一）—16 日（周三）］

既然 15 日后三分之一时间屡屡向上试探而不能突破，16 日前一半时间就形成了所谓"试
不上去，也下"的技术性回落。不过，这时美元指数处在上升趋势中，本次技术性回落
只达到 99.90 左右便浅尝辄止。市场两度试不下去，很快重新向上试探，这一次顺利突破
100.20 的阻挡水平，冲高到 100.50 左右。100.20 转化为支撑水平，在之后的回落行情中发
挥了支撑作用。

图 3.16c 美元指数分时图［2016 年 11 月 15 日（周二）—17 日（周四）］

16 日，市场向上突破 100.20 的阻挡水平后，最高到达 100.50 左右。在 100.20 ~ 100.50 之
间，市场向上尝试了 3 次，向下回落了 2 次。

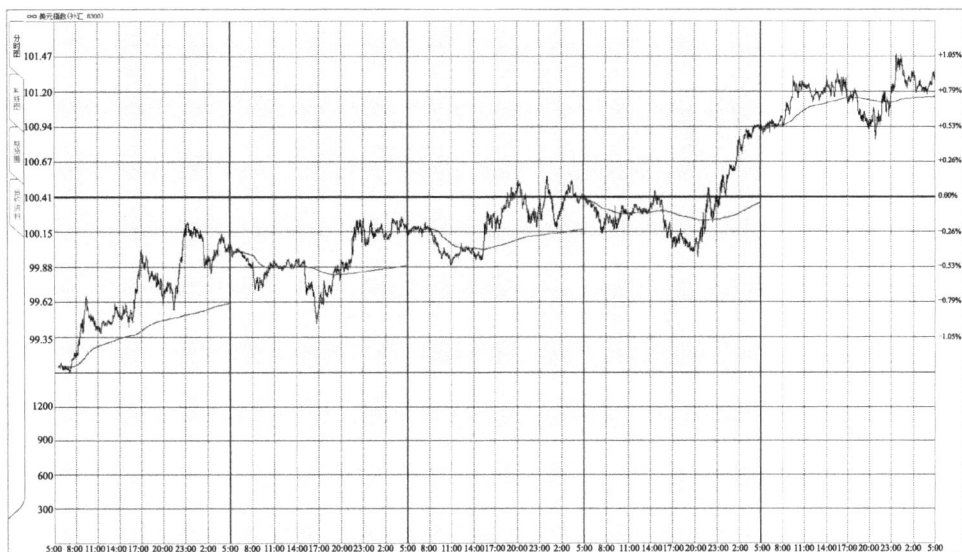

图 3.16d　美元指数分时图［2016 年 11 月 14 日（周一）—18 日（周五）］

1 月 16 日三次向上试探 100.50 的阻挡水平未果，又进入了"试不上去，跌"的技术性回落的套路。11 月 17 日走到一半多时间后，市场再次上涨乏力，随即掉头向下，跌破了 100.20，跌到最低点 99.90 上方。还好，上升趋势再次会发挥作用，市场在低点浅浅地逗留了一会儿之后，转头向上快速拉升，这一次果断地突破了 100.50，冲到 100.90。不仅如此，11 月 18 日（周五），市场开市后接力拉升，虽然当日有震荡，但最低点在 100.80，最高点达到 101.50，收市价在 101.30 的高位。全周差不多从最低点开始，以最高点结束，中途一波高过一波，上升趋势有力展开，形成价格水平、突破价格水平的现象很典型。

在日常生活中，打破纪录的事情总是引人注目。普通一点的如体育成绩打破纪录，轰动一点的如发现重要的新药物，类似于青霉素的发现则简直惊天动地。科学技术的新方法、新理论、新发现往往可以改写历史、扭转历史。价格水平的突破通常意味着市场突破了旧的常态，进入了新的常态，相比起来，二者差不多是两个世界了。

突破信号的真伪

市场变化属于统计现象，突破信号中必然有些是真的，有些是假的。

当市场处于趋势状态时，符合趋势方向的突破信号相对容易确认为真突破（见图 3.17）；不符合趋势方向的突破信号相对容易确认为假突破（见图 3.18）。典型的情况如理想趋势演变模式的第三阶段。

图 3.17 美元指数日线图（2017 年 6 月 20 日—2018 年 1 月 12 日）

如果市场处于趋势状态，且突破方向符合趋势方向，则比较容易识别为真突破信号。本图左侧和右侧各有一次典型的向下突破信号，都处在下降趋势过程中，较易确认为真突破。不仅如此，当市场第一次下降到一个显著低点时形成价格水平。后来市场从这里向上反弹的高度不大，且持续时间不长（左侧的突破信号前大约有 10 个交易日，右侧的突破信号前有 7 个交易日），属于典型的真突破信号。

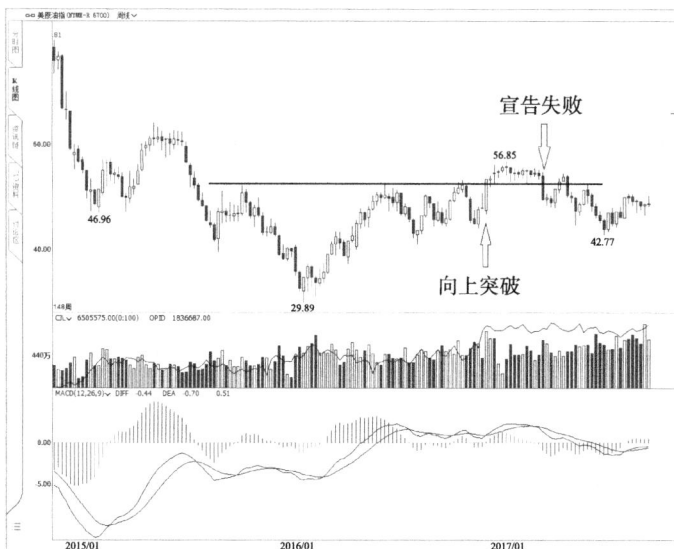

图 3.18 美原油指周线图（2014 年 11 月 14 日—2017 年 9 月 8 日）

从本图左半边来看，市场处在下降趋势中。首先，图示的向上突破信号反趋势方向；其次，发生突破后，市场不能顺利地向上继续拓展，而是软塌塌地趴在价格水平线上方徘徊不前。最终市场明显下跌，重新穿越到价格水平线的下方，宣告向上突破为假突破。这个假突破很有迷惑性，持续时间长达 13 周之久。实际上，这个向上的假突破发生在底部过程中，底部过程属于横向趋势，其中的突破信号往往不易得到确认。

当市场处在横向趋势状态时，在横盘区间内部发生的突破信号往往意义不大；而在横盘区间边界处发生的突破须经慎重确认（见图 3.18）。

从理想趋势演变模式来看，第一阶段和第二阶段在很大程度上都属于横向趋势，对发生在其内部的突破信号一定要加倍警惕，对第一阶段、第二阶段完成时的突破信号也要瞪大眼睛观察。当然，在趋势第二阶段，毕竟趋势方向已经较为明确，如果发生了顺趋势方向的假突破信号，只要投入金额限定在小范围内，不妨静观其变，不必急于止损。

假突破有两种情况较为常见，一种如图 3.18 所示，突破发生后，市场不能顺延突破方向有效地拓展空间，经过一段软塌塌的横向延伸后，重新返回价格水平的原来一侧。

另一种如图 3.19、图 3.20a 和图 3.20b 所示，突破发生后，虽然市场的确能够顺延突破方向有效地拓展空间，但在 1 ~ 2 个交易日内马上又丧失了新阵地，被重新驱赶到价格水平原来的一侧。

图 3.19　美麦主连日线图（2017 年 11 月 15 日—2018 年 8 月 9 日）

在图示假突破信号的左侧，2018 年 5 月 3 日，美麦主连达到新高 538，形成价格水平。5月 24 日，市场冲高回落，第一次挑战 538 折返，当日蜡烛线形成了一条长长的上影线，实体极短，整体呈十字形。次日（25 日）市场卷土重来，这一日是一个较长的阳线，收市价显著高于 538，市场似乎已经向上突破。紧接着下一交易日（29 日），市场高开，最高点 554，似乎确认了前一日的突破信号，可是当日市场冲高回落，最低点 531，收市价恰好为 538，前一日的向上突破到底是真是假？5 月 30 日低开于 534，敲响了警钟，开市价也是当日最高点，当日一路下滑，收市于 522，确认 5 月 25 日的向上突破为假突破。这类假突破只能维持一两个交易日，比较典型，但在该假突破发生前，市场总体上似乎处在上升趋势中，这增加了识别这个假突破信号的难度。5 月 29 日最高点 554 又成为新的价格水平，并在 7 月 26 日发挥阻挡作用，导致市场向下折返。然而，之后市场只在 554 之下逗留了另外 3 个交易日，回落幅度也较小（低点为 525），到第四个交易日（8 月 1 日）市场便决定性地向上突破了，形成了一个典型的真突破过程。

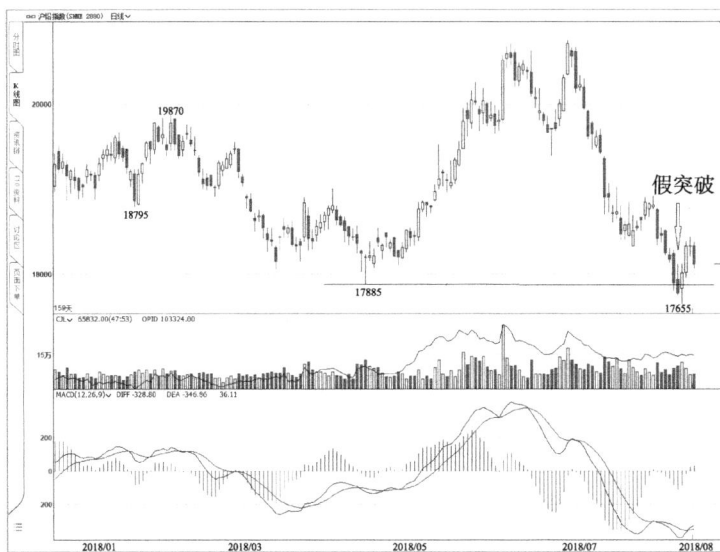

图3.20a　沪铅指数日线图（2017年12月18日—2018年8月10日）

2018年4月16日低点17885是一个标志性的价格水平。在经过了一轮显著的快速下跌行情之后，当年8月3日是一根长阴线，达到该支撑水平，当日低点17805低于它，但收市价为17895，勉强维持在其上方。次一交易日（8月6日），是一根阴线，收市价为17780，似乎已经向下突破。不料下一日（8月7日）是一根阳线，当日一度创新低17655，但收市价为18015，重新拉回到该水平之上。并且8月8日又是一根长阳线，确认了假突破。这个假突破发生在显著下降趋势过程中且与趋势方向相同，仅就本图来看，增加了判断难度，不过再看得更长远一点，在周线图上，本图的显著上涨和显著下跌行情都属于更大横向延伸趋势的组成部分，并且17885差不多就是上述大横盘区间的下边界。

图3.20b　沪铅指数周线图（2016年2月19日—2018年8月10日）

本图右侧为典型的横向延伸趋势（又称为"箱体"或"矩形"形态），并且17885的低点差不多正是其下边界。图3.20a的假突破发生在这里，倒是较好理解。

前一种假突破黏黏糊糊，好比钝刀割肉，没个痛快的；后一种假突破来得快去得快，就像古代的巴人武士，一搏不中，即翻然远逝。

如果说假突破不容易分辨的话，典型的真突破倒是有一定的模式可供参考。首先，当前市场处在趋势状态下，突破信号的方向符合趋势方向；其次，市场第一次从价格水平处折返，但离开价格水平的幅度偏小，持续的时间也偏短；最后，当市场再次顺趋势方向突破价格水平时，往往构成真突破（见图3.21）。图3.16系列、图3.17、图3.19中的真突破案例都具备上述特点。

一般说来，日内价格变化具有较大的冲动性，而在收市时，日内交易者往往必须平仓了结，收市时的交易量往往高于一般时段，很多交易所规定通过集合竞价来产生收市价，这使得收市价具有更好的代表性，因此当我们需要慎重判断突破信号的真伪时，往往以收市价为依据，而不是日内波动。

进一步地，为了甄别假突破信号，还可以采用时间过滤器和价格过滤器。

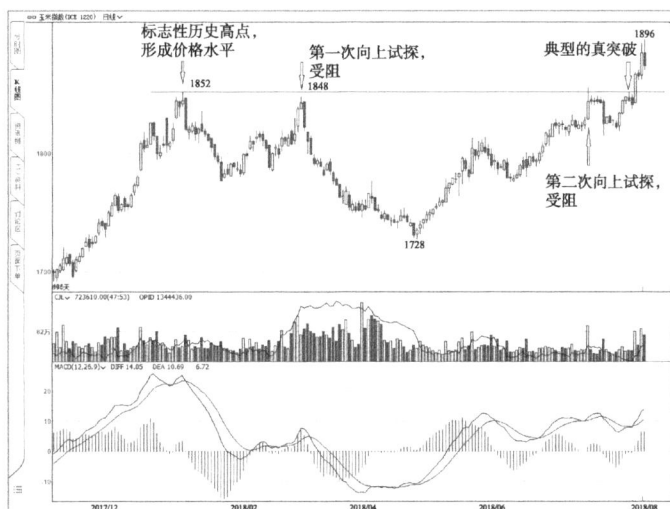

图3.21　玉米指数日线图（2017年11月9日—2018年8月9日）

2018年1月5日，大涨后的高点1850形成了一个重要价格水平。3月6日市场第一次向上挑战这个水平，但受阻回落，引发了较为明显的下跌行情。7月16日，市场第二次向上试探，再次受阻。不过，第一次尝试时，市场处在横向趋势中；第二次时，已经处在上升趋势之中。不久之后，8月2日，市场很快卷土重来，再次向上挑战1850，虽然再次受阻回落，但仅仅回落了2天，且回落幅度很小，8月6日市场一鼓作气向上突破，决定性地恢复上升趋势。从8月2日到6日，属于典型的真突破信号。甚至从7月16日到8月6日，也可以扩展为典型的真突破信号，因为7月16日之后的回落幅度也不大，最低点为1815，持续时间为14个交易日。

时间过滤器指的是，当突破信号发生后，必须接连两日（如果采用日线图的话）的收市价均位于突破后的同一侧，由此确认突破信号为真突破。在日本蜡烛图技术中，在突破信号发生后，要求次一交易日的开市价及收市价均能确认突破信号。从图 3.18 来看，这个办法面对黏糊糊的假突破时有局限性。

价格过滤器指的是，当突破信号发生后，市场应当顺着突破方向继续拓展到一定比例，如超过价格水平 2% 或 5%，方可确认突破信号为真。从图 3.19 和图 3.20 系列来看，巴人武士式的假突破，其穿透的程度有一定偶然性，所以说这个办法也有局限性。

我们认为，价格水平的基本意义是比较基准，借之确认新高、新低，进而根据趋势定义确认趋势的发生、发展、逆转。这意味着，上升趋势必须通过向上突破价格水平来证实，或者说在上升趋势中，市场迟早向上突破价格水平；下降趋势必须通过向下突破价格水平来证实，或者说在下降趋势中，市场迟早向下突破价格水平。这是观察价格水平突破信号真伪的基本目的。

突破信号是趋势发生、发展过程中的标志性市场动作，本属于趋势演变过程的组成部分，因此，应当围绕趋势来分辨突破信号的真伪。表 3.1 列出了各种基本的市场状态。具体说来，如果在趋势第一阶段，则应当按照顶部或底部的要领来分辨真伪，尤其是底部的向上突破，必须有足够的佐证；如果在趋势第二阶段，则基本按照趋势方向来分辨，但突破信号本身的可信度不高；如果在趋势第三阶段（市场处于趋势状态），则顺趋势方向者通常确认为真，逆趋势方向者一般确认为假。

价格水平的支撑作用或阻挡作用是第二位的。由于价格水平附近行情容易形成转折，产生各种价格形态，所以容易成为吸引市场参与者注意力的焦点。至于何时、以何种方式突破价格水平，应以统计的观点来看待，不宜斤斤计较，捡起芝麻丢了西瓜，更重要的是，一定要在既成事后再下定论，要以事实为依归，不能在事前抱有成见。

如何应用价格水平选择入市参考点

价格水平可以用做选择入市点的参考工具，控制入市成本，精选入市时机。

图 3.22a 显示，美元指数正处在上升趋势过程中，在最后向上突破之前，形成了一个上升三角形的横向延伸形态。就 95.6 左右的阻挡水平，可以从下列五种时点中选择入市机会。

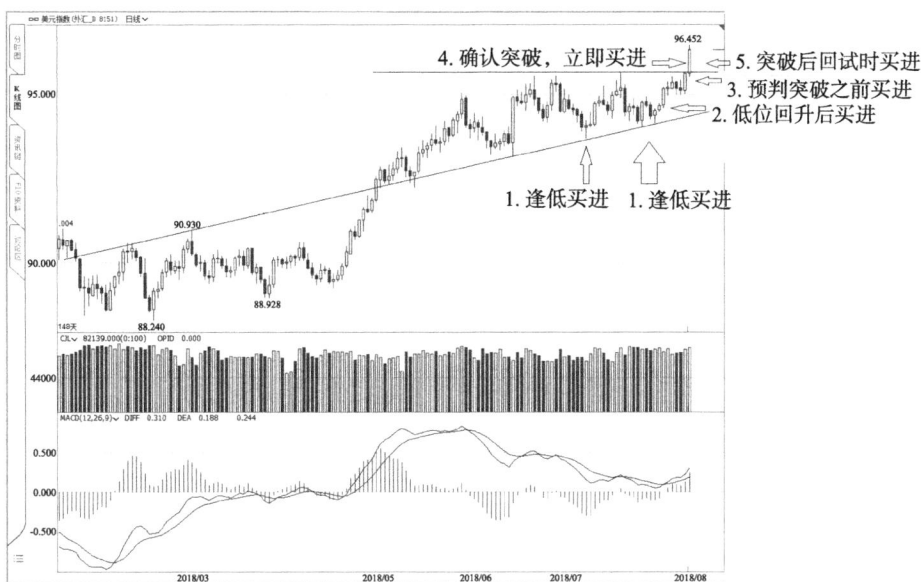

图 3.22a　美元指数日线图（2018 年 1 月 17 日—2018 年 8 月 10 日）

围绕图示的阻挡水平 95.6 大致有五种入市参考点的选择。

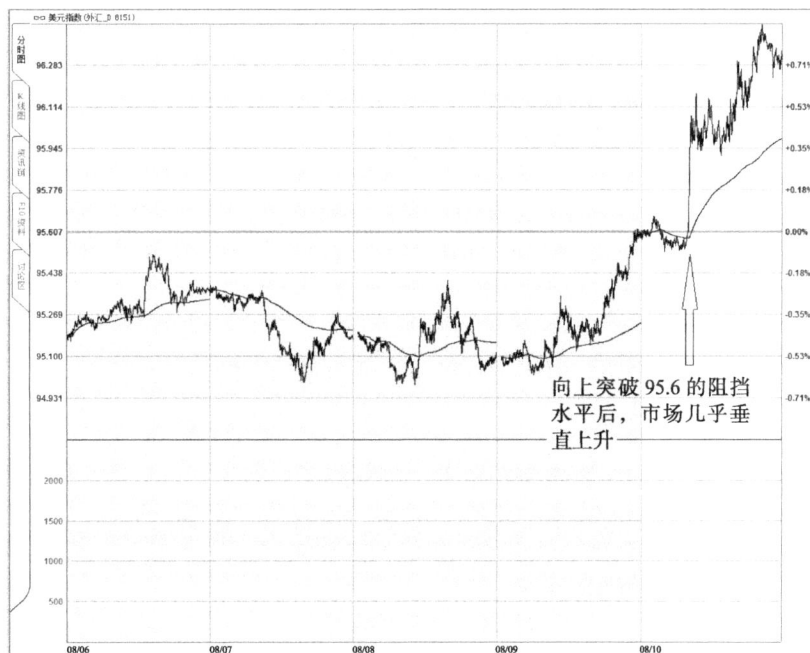

图 3.22b　美元指数分时图（2018 年 8 月 6 日—10 日）

美元指数在 8 月 10 日决定性地向上突破 95.6 左右的价格水平后，形成了几乎垂直向上的剧烈拉升，在一口气拉升到 95.9 之前，投资交易者基本上不可能跟进买入。

1. 逢低买进策略

在确认上升趋势的前提下，预期市场最终将向上突破，可以选择在横向延伸过程中逢低买进。

其优势是，买入成本低。

其劣势是，横向延伸过程中的低点难以准确判断，不一定买到低点，更重要的是买进后市场还有可能出现下跌行情，横向过程到底持续多少时间也很不确定。正如图3.22a所示，在第一个逢低买进的低点买入后，后来市场又有一次下跌，形成了第二次逢低买进的机会。可是对前一次买进的人来说，这便是风险。

2. 市场从低位回升后买进

在确认上升趋势的前提下，预期市场最终将向上突破，但是对低点在哪儿没有把握，于是退而求其次，待市场从低点回升后再买进。

其优势是，市场从低点开始回升，避免了低点的不确定性，同时买入成本比较低。

其劣势是，虽然确认了当前的低点，但是并不能有效排除之后市场再次下跌。横向过程中的波动本来就难以预料。如果在第一次低点之后的回升过程中买进，则同样会面临第二次下跌过程的不确定性。

3. 预期市场即将突破，提前买进

在确认上升趋势的前提下，预期市场最终将向上突破，可提前买入。

其优势是，在市场真正向上突破前，虽然气氛紧张，但市场成交有序，行情变化速度较慢，可以从容买进，而且买入价低于价格水平。

其劣势是，市场何时真正突破并不能准确预判，提前买进有较大不确定性。例如在前一次回升到阻挡水平下方时买进，则将遭遇市场回落的不利局面。

4. 确认突破后立即买进

一旦确认市场已经向上突破阻挡水平，则立即下单买入。这是最常规的买入时点。

其优势是，买入时已经确认市场向上突破，虽然仍然有可能属于假突破，但其概率偏低，总之买入获利的把握较大。

其劣势是，买入价格高于阻挡水平，更重要的是，在市场突破重要价格水平后，市场通常出现剧烈上拉，在这个过程中几乎不可能跟进买入，从而导致买入成本显著上升。

5. 突破后回试时买进

在已经向上突破价格水平后，市场倾向于回落到价格水平附近，重新试探一次。可以利用市场回落的机会买进。实际上，图3.22a刚刚向上突破，还没有形成回试过程。

其优势是，现在市场尘埃落定，可以较为从容地买进，买入成本虽然在价格水平上方，但能得到较好的控制。

其劣势是，回试过程不见得一定会发生，发生后也不一定会回落到价格水平附近，有可能上冲得较高、回落到价格水平上方远处便结束，按照这样的策略可能没有机会买进。

为此，我们可以为第五种策略补充一项补救措施，也可以将此算做第六个选择：在确认上升趋势的前提下，在向上突破价格水平后，如果没有在第一时间买入，那么当市场再次向上创新高时，无论如何必须买入，而不考虑买入成本。

必须说明的是，入市的根本目的是捕捉趋势、追随趋势，绝不可走火入魔，只顾埋头追求"精确地"控制入市成本或入市时机，如果事不凑巧，反而会错过了趋势本身。

错过了"精确"的入市时机怎么办？不要紧，更重要的还是趋势本身。一旦市场处在趋势明朗状态下，或者进入趋势明朗状态之后，比较而言，何时、何处入市并不重要，在上升趋势中持有多头头寸、在下降趋势中持有空头头寸，才是唯一正确的选择。宁可入市不凑巧，绝不错过正确头寸。在统计性的市场上，本无精确可言。

这里再重复一遍，在上升趋势中做多，在下降趋势中做空，远比"做得巧、做得妙"重要。仔细看后文的图 3.25，退后看。在持久的牛市行情下，持有多头才最重要。多头行情向上推进的空间如此之大，以至于当初围绕价格水平如何"精细"地做多变成了鸡毛蒜皮，根本不值一提。

如何选择出市点——不可刻舟求剑

趋势是活生生的演变之中的生命，价格水平则是静态记录的既成事实。这决定了不宜以价格水平为行情价格目标，但可以借助价格水平作为参考工具评估趋势力度。

图 3.23 左上角，跌势从 4771 开始，这是一个标志性的高点，成为重要的价格水平。下方形成了一个三重底反转形态，A、B、C 为其三个显著的波谷（其中 A 点较为极端，未通过它绘制水平线），D、E 为其中两个显著的波峰。点 F 是第一次尝试向上突破颈线，这次是假突破。点 G 处发生了典型的突破信号，这次是真突破，真正完成三重底向上反转过程，形成上升趋势。但是，趋势本身充满变化，上升过程最高触及 4230，远离 4771 的重要价格水平便向下折返。如果我们当初设定 4771 为价格目标，就有可能对上升过程的提前逆转丧失警惕。另外，市场远离 4771 的重要价格水平便向

下折返，也正透露出当前市场内在的疲软特征。

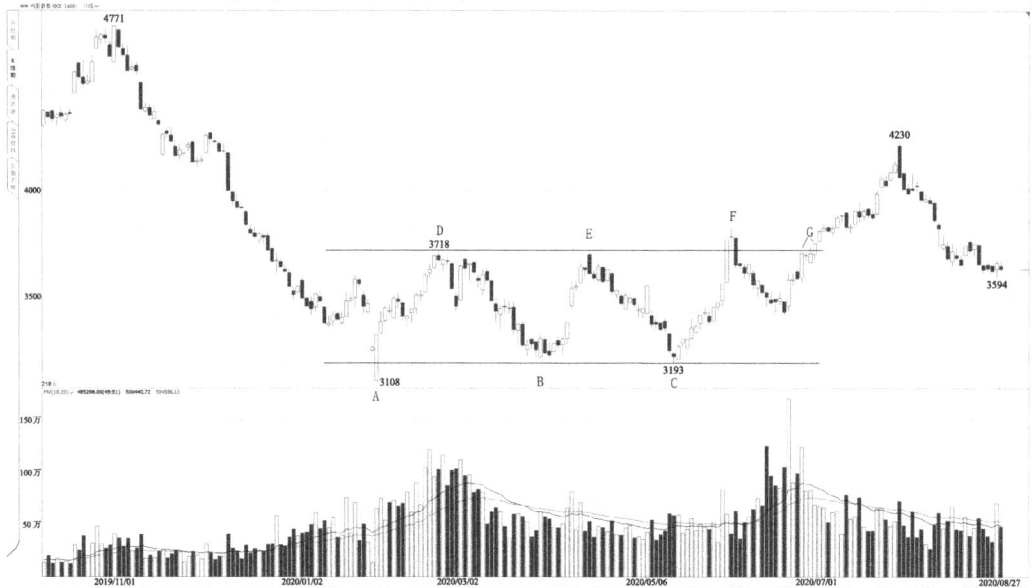

图 3.23　鸡蛋指数日线图（2019 年 10 月 10 日—2020 年 8 月 27 日）

本图下方有一个三重底反转形态，其颈线基本上是一条水平线，位于 3718 左右。当市场
在 G 处向上突破该颈线时，三重底形态完成，市场开始形成上升趋势。三重底之前，市场
一路下跌，其起点位于 4771，这是标志性的历史高点，重要的价格水平。不过，后来市场
仅上升到 4230 便转头向下，远离 4771，表明了市场内在的软弱。

　　2015 年 6 月后发生的大幅下跌，给市场参与者留下了不可磨灭的惨痛教训（见图
3.24）。牛市行情如火如荼，突然，仿佛一夕之间，天地变色。行情 V 形逆转，气势汹
汹的牛市立即转化为自由落体式的熊市。要想在这样的覆巢之下保住完卵，每一天入
市都必须腾空心态，让自己的观察判断从零开始。天平在水平状态下才灵敏、准确。
如果心中惦记着 6124 的重要历史价格水平，恐怕很容易丧失警惕，对行情变化不再
敏感。在这样的行情下，唯有盯牢市场，一旦取得市场转势的确切证据，立即全部退
场——稍有迟疑，都可能遭受灭顶之灾。

　　趋势演变生动活泼、充满变数。在趋势力度不足的条件下，变数往往无法企及重
要阻挡水平，会早早掉头；在趋势足够强劲的条件下，变数往往沿着趋势方向继续发
展。无论正反，皆不宜预设价格目标。如果说图 3.23、图 3.24 是反面教材，那么图
3.25 则是正面教材，图中揭示了两次重要的行情关口。一开始，市场均在关口处遭遇
挫折，如果我们以为这就是行情的价格目标，那么将会与后来气势更恢宏、前途更远
大的牛市行情失之交臂。

图 3.24　上证指数月线图（2006 年 5 月—2018 年 8 月）

2007 年 10 月的最高点 6124 是历史上大牛市的高点，当然具有重要的标志性意义。后来，市场急速下跌到 2008 年 10 月的 1664 点，应该说跌得较为充分了。之后市场快速上升到 2009 年 8 月高点 3478。之后便是漫漫的调整行情，持续到 2014 年 7 月，花费 5 年时光完成上升趋势的第二阶段。按道理，之后的上升趋势第三阶段应当十分强劲才是。可是，如果我们一心想着 6124 的重要价格水平并以它作为价格目标，很可能对 2015 年 6 月前后的趋势逆转丧失敏感性，从而对自己严重不利。

　　一旦趋势形成，切记要"让子弹飞一会儿"。趋势完全可以忽略某个价格水平径直穿越而去，也完全可以望风而逃，远远地折返逆转。核心在于，趋势本身才是投资交易的根本目的，行情事实才是可靠的投资交易依据，而判断某个价格水平有没有可能成为某一轮行情的目标不过是一种人为观点或看法，在其得到市场验证之前，一文不值，反倒容易令当事人先入为主，丧失跟踪行情的客观性和灵活性。

　　既然不宜以价格水平作为价格目标，那么如何选择出市点呢？

　　追随趋势，直至趋势逆转。在确认市场已经发生趋势逆转之后立即完全退出。在上述基础上，进一步考虑按照新的趋势方向入市。入市可以参照价格水平，分步骤逐次进行；出市必须果断，毅然决然，一次解决。

分析工具应以市场行情事实为基础，既不添加，也不减少

　　音响发烧友追求声音的高保真，听音乐要求尽可能重现现场。忠实地以现场声音为基准，录音、回放器材既不应该添加任何东西，也不应该减少任何东西。MP3 音乐

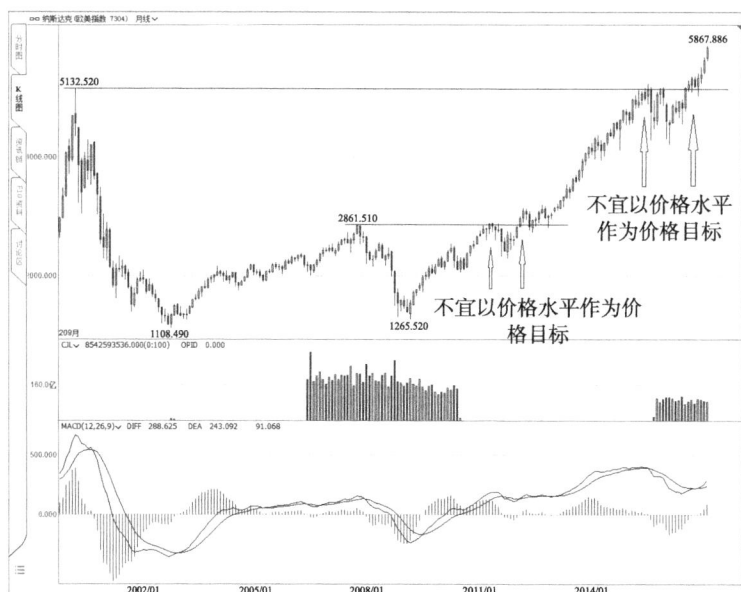

图 3.25 纳斯达克指数月线图（1999 年 10 月—2017 年 2 月）

从 2002 年 10 月的低点 1108 到 2007 年 10 月高点 2861，纳指形成了一轮持续的上升趋势。2861 当然是一个重要的价格水平。果然，在经历了又一场从跌到升的轮回之后，2011 年 2 月、4 月、5 月、6 月、7 月轮番向上尝试 2861 大关，但每次都无功而返。然而，市场只是在 8 月—12 月以及 2008 年 1 月的 6 个月里浅浅地回落，从 2008 年 2 月就坚定地向上突破了该水平，并进入了更大的牛市行情。2000 年 3 月所谓"互联网泡沫"行情的高点 5132 当然是更显要的价格水平。前述强劲牛市从 2015 年 4 月开始叩关，5 月—12 月继续向上试探都没有拿下这个大关。如果以为这个重要价格水平是当前牛市的价格目标，那就错过了 2016 年 8 月及之后展开的好戏，之后牛市继续向上朝气蓬勃地推进。

文档采取有损压缩的算法，减少了细节，不可取；有些器材为了讨好一部分年轻人对"动次打次"低音的偏好，故意加强低音，增加了外来的东西，也不可取。

市场技术分析以行情事实为基础，技术分析工具也力求既不增加也不减少市场行情包含的原有信息。价格水平基于历史事实，水平直线属于最基本的技术分析工具，正因为它既不添加，也不减少，做到了高保真，也成为最常用、最重要的技术分析工具。

音响发烧友反复比较模拟技术的黑胶与数字技术的 CD、SACD 等音乐记录格式，结果似乎大大偏向于模拟技术的黑胶。

钓鱼，有时鱼的力量太大，渔竿被拉折，造成鸡飞蛋打；吹气球，越吹越大，正开心时，"啪"的一声，气球爆裂，吓人一跳。渔竿折断、气球爆裂发生在一瞬间，过程太快，不好控制。这些年来，高速摄影越来越普及，人们看到慢动作下的断裂和爆裂都是从微小但不能恢复的突破开始的，渔竿和气球状态改变最初的有效信号也是如此。微不足道的变化引发了重大的不可逆的变化。

模拟技术保留了突破信号的最初样貌，而数字技术不论如何采样，在采样点之间总需要平滑处理，必然不能保留突破信号的最初样貌。恰恰在这一点上，模拟技术没有减少突破信号，没有降低突破信号的敏感度，而数字信号减少了突破信号，降低了突破信号的敏感度。

对投资交易者来说，越早确认突破信号已经发生，越有利于确认市场状态的重大不可逆转变，越便于采取有利行动。可见，突破信号中包含了重要市场信息。

第四节
百分比回撤水平

几种百分比回撤水平的比较

如果市场连续上涨（或持续下跌），中途没有多少波折，没有留下标志性的历史高、低点，那么一旦市场停止上涨（或下跌）并开始回落（或回升），如何评估行情回落（或回升）的力度呢？或者说，如何预估价格水平的位置呢？

图 3.26a 是布伦特指数 2008 年下半年的行情，几乎垂直下跌，中途很少有波折，找不到标志性的高点、低点。后来市场终于停止下跌并开始回升，假定我们站在 2009 年 5 月向未来展望，如何评估未来回升行情的力度？或者行情回升很可能在哪些地方形成高低点呢？

市场技术分析引入了百分比回撤水平工具，具体做法如图 3.26b 所示。从下跌行情起点开始（2008 年 7 月的高点 149），到其终点为止（2008 年 12 月的低点 41），将这段几乎垂直的距离划分为四等份，每一份占整个下跌行情的 25%，在 25%、50%、75% 的三个位置上，分别用水平直线来标识，并称之为百分比回撤水平。换句话说，25% 指的是行情剧烈下跌之后的回升过程抵达其跌幅 25% 的位置；50% 指的是回升过程抵达其跌幅 50% 的位置，这是回升一半；75% 指的是回升过程抵达跌幅 75% 的位置。

显然，在 25%、50%、75% 之中，数字越小，则市场回升的力度越小；数字越大，则市场越有能力卷土重来，回升力度越大。

回到图 3.26b 中的 2009 年 5 月的长阳线，市场一口气回升到了 25% 回撤水平下方。

6月，市场一跃而过 25% 回撤水平，但之后在 25% 到 50% 回撤水平之间蹉跎了 20 个月，高点接近 50% 回撤水平，低点在 25% 回撤水平上下。2011 年 1 月，市场向上突破了 50% 回撤水平，市场进入新空间，共有 45 个月在 50% 和 75% 回撤水平之间横向波动，高点在 75% 附近，低点在 50% 左右。

百分比回撤水平是对未来行情演变可能形成的价格水平的预估，谈不上事实，只能算做大致的勾勒，不可能准确、清晰。图 3.26b 的情形是多番寻找后得到的"经典"图例。

在绘制百分比回撤水平时，通常的做法是，先把百分比回撤水平画出来，然后随着行情演变，在出现历史高、低点之后，尽可能以接近的历史高、低点来调整回撤水平，并不在意回撤水平是不是"精确"。

正因为此，人们对百分比回撤水平的选择也有好几种。25%、50%、75% 是常用的一组；33.3%、50%、66.7% 也是常用的一组；还有的人偏好黄金分割水平，即 38.2%、50%、61.8%（见图 3.27）。还有人将四分法拓展到八分法，即 12.5%、25%、37.5%、50%、62.5%、75%、87.5%。

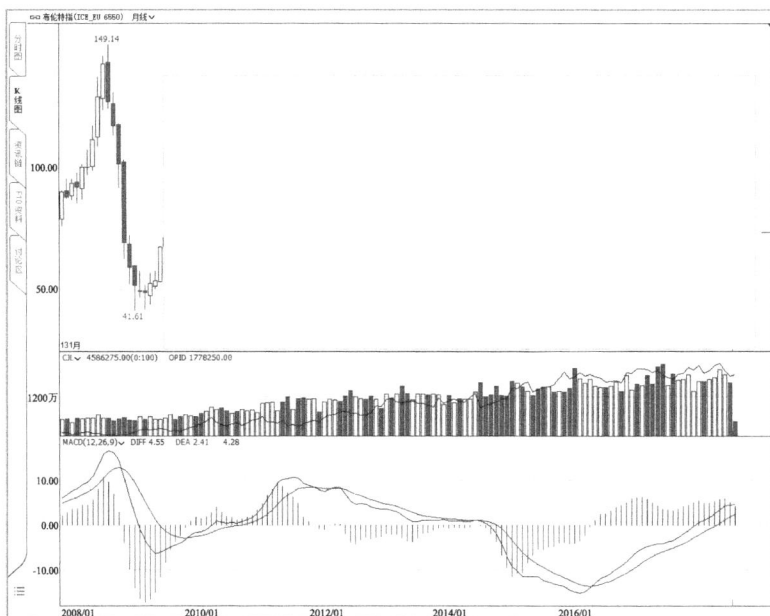

图 3.26a　布伦特指数月线图（2007 年 10 月—2018 年 8 月 10 日）

从 2008 年 7 月高点 149 到当年 12 月的低点 41，市场几乎垂直下跌，中途没有波折，也就没有留下标志性的历史高、低点。现在市场已经从 41 开始回升，如何评估行情回升力度，或者如何预估价格水平的位置呢？我们有意遮掉了后来的行情，图上最后那根长阳线是 2009 年 5 月的。

图 3.26b　布伦特指数月线图（2007 年 10 月—2018 年 8 月 10 日）

为了应对急剧变化的行情，市场技术分析引入了百分比回撤水平工具，从 2008 年 7 月高点 149 到当年 12 月的低点 41，计算其中 25%、50%、75% 的回撤水平，由此预估未来行情回升的力度。

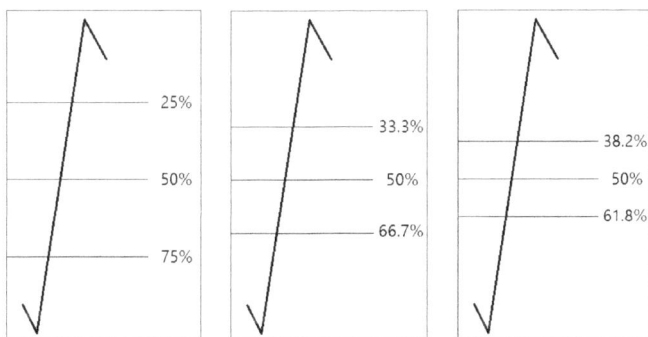

图 3.27　百分比回撤水平示意图

本图以急速上涨行情为例，一旦行情开始回落，市场技术分析便运用百分比回撤水平工具来预估行情回落中可能出现的价格水平。左图为按照四等分法计算的百分比回撤水平；中图为按照三等分法计算的百分比回撤水平，但也把 50% 加上了；右图为按照黄金分割点计算的百分比回撤水平，同样也把 50% 的价格水平加上了。

请注意，在上述三种方法中，只有 50% 在每组中都有。由此可见，50% 回撤水平最常用、最常见。

借百分比回撤水平评估趋势强弱

先看 25% 回撤水平的实例。图 3.28 为道琼斯工业指数月线图，从 2009 年 3 月的

6469 到 2015 年 5 月的 18351，是一段连续上升行情。2015 年 5 月后，市场以震荡横盘的形式进行整理，持续时间 1 年半以上。横盘区间的下缘恰好为 25% 回撤水平，可见这是一段十分强势的整理过程，说明原来的上升趋势很坚挺。之后，当牛市再次恢复时，运行进程十分强劲。

再看 33.3% 的实例。图 3.29 是美元兑印度卢比汇率月线图。以 2007 年 11 月低点 39.06 为起点，以 2013 年 8 月高点 68.92 为终点，其 33.3% 回撤水平为 59.00 左右。市场花了 5 年的时间在 59 到 69 的范围内横向延伸，直到 2018 年 8 月 13 日决定性地向上突破，恢复了原先的上升趋势。33.3% 的回撤水平比较浅，表明原先的上升趋势较为坚挺，预示后来很可能向上突破。此外，在上述横盘区间内，后来的行情低点抬高了，也暗示着向上突破的可能性较大。

从 25% 回撤水平到 33.3% 回撤水平，市场都比较坚挺。不过，相比之下，50% 回撤水平最常见。正如 50% 的数字所暗示的，这个回撤水平不偏不倚，代表了通常情况下趋势调整应有的幅度。

图 3.28　道琼斯工业指数月线图（2008 年 4 月—2016 年 12 月）

以 2009 年 3 月的低点 6469 为起点，以 2015 年 5 月的高点 18351 为终点，绘制 25%、50%、75% 回撤水平。在后来的回落行情中，市场只能在最高的 25% 回撤水平以上调整，这说明当前趋势的力度强劲。这是运用百分比回撤水平评估趋势力度的例子。

　　图 3.30、图 3.31、图 3.32 都是 50% 回撤的实例。图 3.30 是美元兑日元月线图，以 2011 年 11 月低点 75.54 为起点，以 2015 年 6 月高点 125.84 为终点，在后来的回落行情中，市场在 50% 回撤水平处打住。迄今为止，市场还在高点和 50% 回撤水平之间呈现出振荡收窄的横向盘整格局。

　　图 3.31 是欧元兑美元月线图。市场回落的过程可分为两个阶段，第一个阶段大约从 2008 年 7 月高点之后不久持续到 2014 年 12 月向下突破 50% 回撤水平之前，共有 6 年多，行情横向大幅波动，表明市场对下一波走势犹豫不决。第二个阶段从 2015 年 1 月开始，市场终于向下突破了 50% 回撤水平，在 75% 回撤水平得到支撑，行情进入新阶段。当初 50% 回撤水平比较常规，但一旦达到 75% 回撤水平后，便透露了原先上升趋势的衰弱，未来可能难以恢复上升势头。本图例从 50% 回撤水平开始，最终形成了 75% 回撤水平。

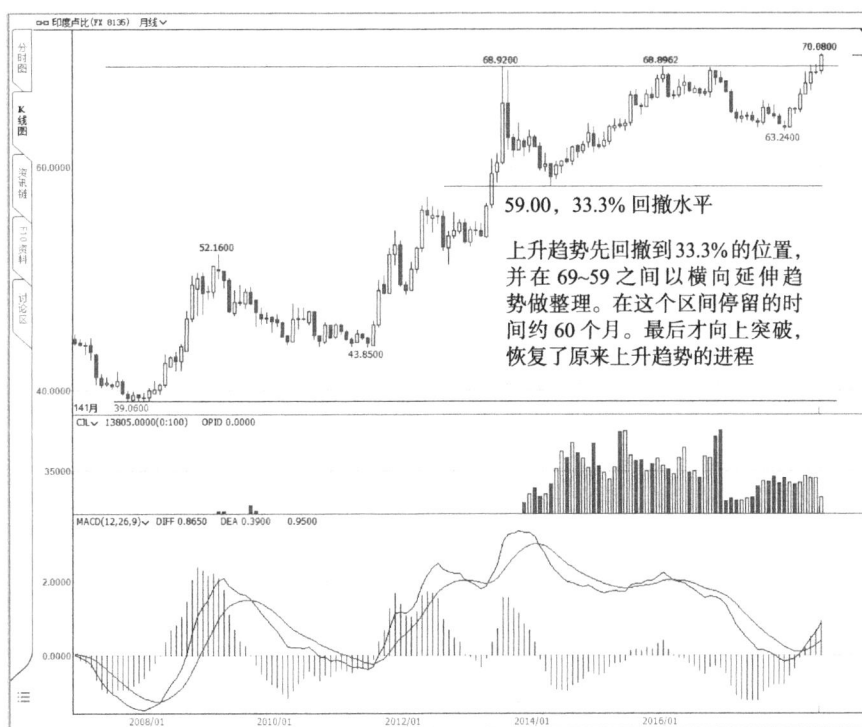

图 3.29　美元兑印度卢比月线图（2006 年 12 月—2018 年 8 月 14 日）

　　2007 年 11 月的低点为 39.06，2013 年 8 月的高点为 68.92。两者之间是一段比较连续的上涨过程。此后一直到 2018 年 8 月，市场都在 59~69 横向整理。59 是上述过程的 33.3% 回撤水平。2018 年 8 月市场终于决定性地向上突破 69 的重要价格水平，原来的上升趋势恢复。可见，33.3% 回撤水平表明原来的趋势力度比较强劲，上升趋势恢复的可能性较大。此外，在横盘过程中市场低点逐步抬高，也透露出未来倾向于向上突破。

图 3.30 美元兑日元月线图（2009 年 12 月—2018 年 8 月 14 日）

以 2011 年 11 月低点 75.54 为起点，以 2015 年 6 月高点 125.84 为终点，25% 回撤水平没有多大意义。50% 回撤水平则代表了行情回落调整的大致幅度，在之后三年多发挥了支撑作用。50% 回撤水平最常见。

图 3.31 欧元兑美元月线图（1998 年 1 月—2018 年 8 月 14 日）

以 2000 年 10 月低点 0.8225 为起点，以 2008 年 7 月高点 1.6037 为终点，之后市场回落的过程可分为两个阶段，第一个阶段大约从高点之后不久持续到 2014 年 12 月向下突破 50% 回撤水平之前，市场在高点和 50% 回撤水平之间大幅波动，且波动幅度逐渐收窄。第二个阶段从 2015 年 1 月开始，市场终于向下突破 50% 回撤水平，在 75% 回撤水平得到支撑。之后大体上在 50% 和 75% 回撤水平之间横向延伸。50% 回撤水平比较常规，但一旦达到 75% 回撤水平而受阻后，便透露了原先上升趋势的衰弱，未来可能难以恢复上升势头。

图 3.32 中的 CRB 指数月线图在长期下降趋势的进程中，先是明显下跌，之后发生了 50% 回撤水平的横向整理，然后恢复下降趋势。以 2011 年 4 月高点 370.72 为起点，以 2012 年 6 月低点 266.78 为终点，50% 回撤水平位于 319。从 2012 年 6 月到 2014 年 10 月，市场一直在 50% 回撤水平和低点 266.78 之间横向延伸，形成了一个较经典的矩形形态。2014 年 11 月市场终于决定性地向下突破 266.78 的价格水平，重新恢复原先的下降趋势，直至 2016 年 1 月创下 154.85 的低点。本图例表明，50% 回撤水平最常见，回撤完成后，一般原有趋势将恢复。

实际上，根据理想趋势演变模式，本图的矩形形态代表了下降趋势第二阶段，而向下突破矩形形态后，下降趋势进入第三阶段。本图可以和图 1.18 相对照来看，图 1.18 是从下降趋势三阶段来分析的。

综上所述，50% 回撤水平最常见，最为中规中矩，符合一般预期。如果市场回撤达不到 50%，很可能意味着原先的趋势较为强劲，即将较快、较有力地恢复；如果市场回撤超越了 50%，很可能意味着原先的趋势较为软弱，未来的调整过程将较长、较复杂，甚至原先的趋势未必能够恢复。

当然，市场的回撤现象不一定一次完成，正如图 3.31 所示，也可能是先回撤 50%，形势继续演变，最终回撤到了更低的水平，原先趋势的发展前景越来越渺茫。

图 3.32 CRB 指数月线图（2008 年 12 月—2018 年 8 月 14 日）

以 2011 年 4 月高点 370.72 为起点，以 2012 年 6 月低点 266.78 为终点，50% 回撤水平位于 319。从 2012 年 6 月到 2014 年 10 月，市场一直在 50% 回撤水平和低点 266.78 之间横向延伸，形成了一个较经典的矩形形态。2014 年 11 月市场终于决定性地向下突破 266.78 的价格水平，重新恢复原先的下降趋势，直至 2016 年 1 月创下 154.85 的低点。

百分比回撤水平的运用技巧

50% 回撤最常见，在趋势明朗的前提下，可以利用 50% 回撤水平来寻找合适的入市机会，在上升趋势中做多、在下降趋势中做空。

图 3.33a 是美原油指日线图（2018 年 2 月 1 日—8 月 17 日）。2018 年 5 月后的走势呈现出对称三角形形态。8 月 15 日，市场决定性地向下突破三角形形态，下降趋势确立。如何寻找入市卖空的机会呢？有两条线索：一是突破后市场向三角形下边反扑，受到下边趋势线的阻挡，这里可以选做卖出机会；二是 8 月 14 日、15 日两日剧烈下跌，其中的 50% 回撤水平可以作为卖出机会（见图 3.33b）。

图 3.34a 表明上证指数正处在强劲的上升趋势中，前一日市场大幅震荡，其高点已经是本轮行情新高，收市价虽然明显回落，但也处在本轮行情的新高位置上。截取本图时还没有到中午收市时间，如何选择入市买进的时机？

大致有三个办法。

第一个办法。以 12 月 3 日（前一日）的中点 2778 为入市参考点，为了保险起见，在其稍上方设置买入指令，在开市前或开市后立即设置。不仅如此，再前一日（12 月

图 3.33a　美原油指日线图（2018 年 2 月 1 日—8 月 17 日）

2018 年 5 月后的走势呈现出较大型的对称三角形形态。8 月 15 日，市场决定性地向下突破三角形形态，下降趋势确立。如何寻找入市卖空的机会呢？有两条线索：一是突破后市场向三角形下边反扑，受到下边趋势线的阻挡，这里可以作为卖出机会；二是 8 月 14 日、15 日两日剧烈下跌，其中的 50% 回撤水平可以作为卖出机会。

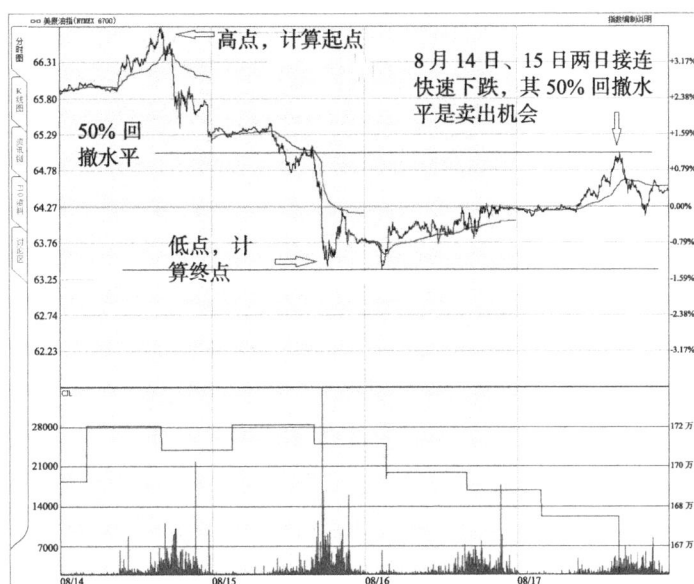

图 3.33b　美原油指多日分时图（2018 年 8 月 14 日—8 月 17 日）

14 日和 15 日接连快速下跌，在高点和低点之间计算 50% 回撤水平，当市场回升调整时，由于 50% 回撤水平是最常见的回撤幅度，可以利用这个水平寻找入市或卖出的机会。

2 日）的高点为 2777，这也是值得参考的价格水平。（采用图线中点的办法与 50% 回撤水平有异曲同工之妙，在谈蜡烛图技术的时候曾经说过采用本技巧。）幸运的是，12 月 4 日低点为 2772，很可能买入成交。

第二个办法。图 3.34b 与图 3.34a 差不多同时截取，从分时图来看，12 月 4 日开市时，市场稍稍下跌后便一路上行，在 10 点 45 分左右到达 2824 的价格水平并受到阻挡。这是前一日（12 月 3 日）高点，之后市场开始回落。此时，以当日低点为起点，以高点为终点，计算的 50% 回撤水平为 2798，为了保险起见，在其稍上方设置买入指令。由于行情回落正好到达 2798 便终止，这里的买入指令能不能成交就看买入指令的价格留了多大的"保险"余地了。

由于在牛市行情中，入市做多本身比精确选择买点重要得多，因此绝不能因小失大——因为讲究"精确"择时而错过大势。对此，必须有第三个办法，作为最后解决方案。

第三个办法。当市场向上突破 2824 点时，即向上突破前一日（12 月 3 日）高点再创新高时，必须以此作为最后的买入机会断然采取措施。12 月 4 日最高价为 2900，开市价为 2783，收市价为 2899，最低价为 2772，是一个强烈上涨的日子，当日形成了一根大阳线。

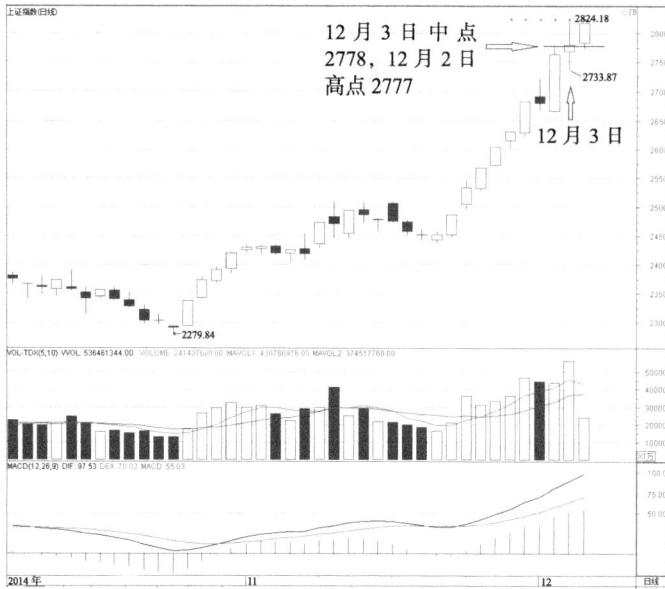

图 3.34a　上证指数日线图（2014 年 10 月 10 日—12 月 4 日上午）

截取本图时尚未到中午收市时间。11 月下旬以后，市场处在持续拉升过程中，12 月 3 日刚刚创新高 2824，但当日收市价为 2779，全天市场宽幅震荡，上下影线较长、实体较短，形成了一根星线。12 月 4 日，市场开盘后便向上拉升，如何选择入市点？第一个办法，前一日日线的中点 2778（高点为 2824，低点为 2733）可供参考。这个水平也是再前一日（12 月 2 日）的高点。为了保险起见，可以在稍高于该价格水平处设置买入指令。因为 12 月 4 日的低点为 2772，所以这一指令很可能能够买入成交。

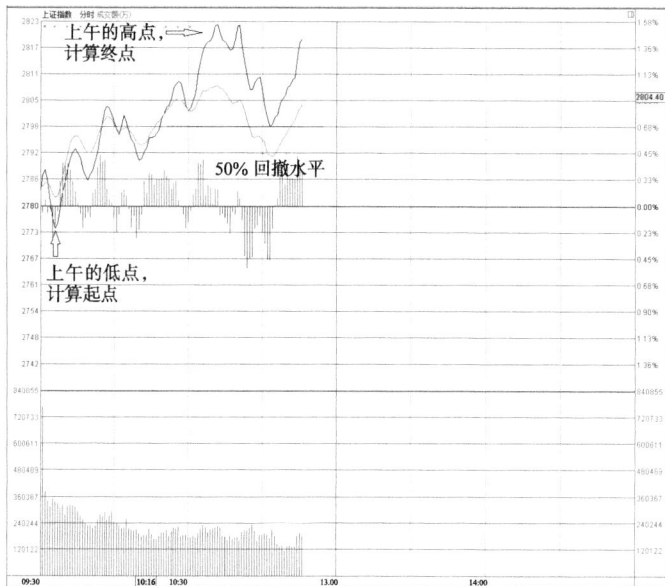

图 3.34b　上证指数分时图（2014 年 12 月 4 日上午）

当日市场开市后立即拉升，本图上可以选择的入市点是上半天行情 50% 回撤水平。这是第二个办法。

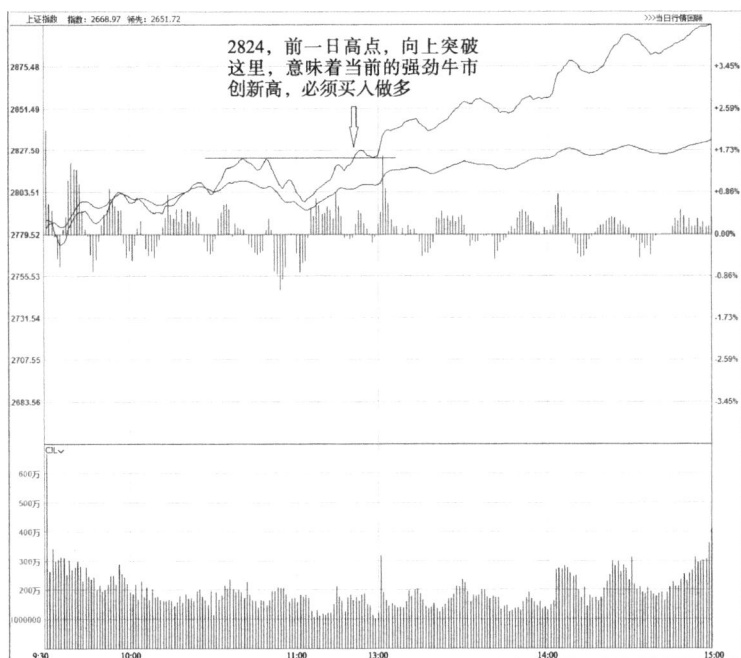

图 3.34c　上证指数分时图（2014 年 12 月 4 日）

12 月 4 日最高价为 2900，收市价为 2899，这是一个强烈上涨的日子。当市场向上突破 2824 点时，即向上突破前一日高点再创新高时，必须以此作为最后买入机会，断然采取措施。道理很简单，在这样强劲的牛市行情下，无论采取哪一种策略，重点都是买入做多，而不是精确选点。这是第三个办法，也是最后的断然措施。

快速上涨或下跌趋势状态下的动态百分比回撤水平分析

百分比回撤水平由计算得来，计算的依据是标志性的历史高低点，因此，它是人为估算的，不能和历史事实相提并论。正如前面两部分所述，我们可以把百分比回撤水平看成一把尺子，用来衡量趋势力度；也可以运用 50% 回撤水平来作为入市参考点。基本上，不论哪种用法，都是事后下定论。

趋势是活生生的现实，充满活力，充满变化。本质上，百分比回撤水平是我们的一种主观看法，在得到市场证实之前，并没有多大价值。当趋势形成后，与其计算百分比回撤水平，不如在市场突破时顺趋势立即行动。用百分比回撤水平来框住活生生的不停演变的市场行情，不但没用，反而可能框住了自己的头脑。

图 3.35a、图 3.35b、图 3.35c 三张图描绘的是一段生气勃勃的牛市行情，在这样强有力的行情中采取百分比回撤水平就像刻舟求剑，船上的刻痕没变，可是船的位置已经变了，不能用静态的百分比回撤水平框住活生生的趋势演变。

在这三张图的发展过程中，我们大体上可以总结出两大教训。只要涨得比较久、比较多，就有"明智"的人警告要反转了、要见顶了，这是对现存趋势的基本事实视而不见，反而用自己的臆测替代了事实。从这三张图来看，随着趋势的发展，市场回撤的百分比越来越小，表明趋势力度越来越强。因此，第一个教训是，一定要以事实为依归，以行动顺应事实，不当鸵鸟，不可用想象替代现实。这是技术分析的第一要义。

在趋势发展过程中，从技术上追求精确的买卖点或买卖技法是一方面，而决定性的另一方面是趋势本身。在这样的大牛市行情中，最重要的是持有多头，而不是以精确的入市点持有多头。把注意力放在如何漂亮地入市、出市，反而忽略了大牛市，这样错过趋势就是因小失大了。因此，第二个教训是，一定要以趋势为依归，抓大放小、行动第一，持有正确的头寸比做得精确更重要。

请反复揣摩这三张图，务必体会这两大教训。

图 3.35a　标准普尔主连月线图（2008 年 5 月—2018 年 8 月 17 日）

行情处在大牛市之中，如果我们采用百分比回撤水平来选择入市点，从 2009 年 3 月 666 点开始，到 2011 年 5 月高点 1373 为止，其 50% 回撤水平在 1019。之后 2011 年 10 月的低点为 1068，比 50% 回撤水平高出近 50 点，显然难以达成买进入市的目的。我们是不是要一直等待市场达到 50% 回撤水平才买进呢？

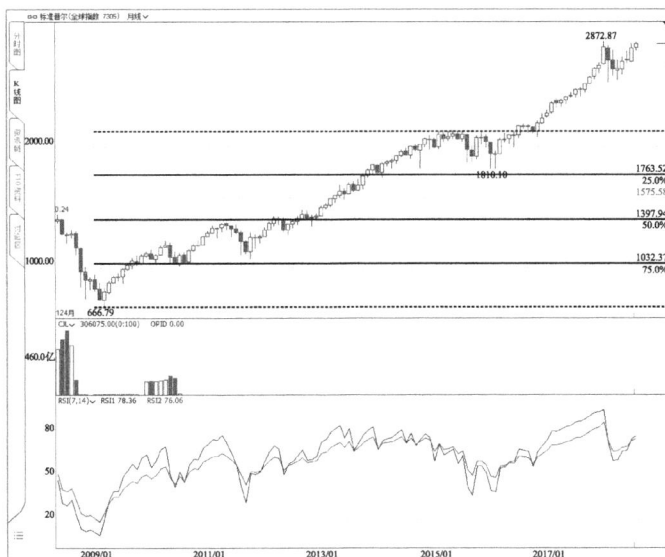

图 3.35b　标准普尔主连月线图（2008 年 5 月—2018 年 8 月 17 日）

从 2009 年 3 月的低点 666 起，到 2015 年 5 月的高点 2134 为止，市场一路上冲。如果在图 3.35a 中一味坚持等到 50% 回撤水平再买进，恐怕总是来不及行动，到这时候也没有机会买进。本图之后，2016 年 2 月的低点 1804，比上述高低点之间的 25% 回撤水平 1763 又高了近 40 点。看来，此时以 25% 回撤水平为买入标准都不是办法了。

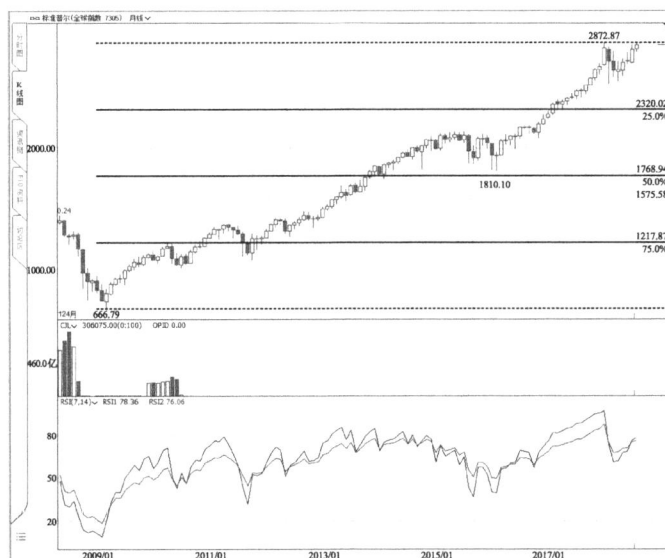

图 3.35c　标准普尔主连月线图（2008 年 5 月—2018 年 8 月 17 日）

从 2009 年 3 月的低点 666 起，到 2018 年 1 月的高点 2872 为止，如果从图 3.35b 开始等待50% 回撤水平甚至 25% 回撤水平入市买进，恐怕会一直失望。在这样的牛市行情里，用百分比回撤水平来判断是否买入是来不及的。在上述高点之后，下一个月的低点是 2529。这是之后 7 个月内横向延伸区间的最低点，明显高出上述高低点之间的 25% 回撤水平 2320。

第 四 章

趋势分析基本工具
（下）

Investment
by Trend

第一节
价格跳空——狗急跳墙

价格跳空的定义

日出而作，日落而息。每个工作日，市场交易有足够时间和足够机会消化各种买卖行为。因此，今天的开市价与昨日的收市价一般不会有多大差距，价格行情的变化较连续。

有时，上日收市后到下日开市之间发生了重要新闻，这会驱使开市价与前一日的收市价出现较大差距。偶尔，这期间并没有发生明显有影响的新闻，但是下日开市价与上日收市价之间也会发生较大差距。换言之，市场的日常变化已经不足以表达市场参与者心意的改变，以至于必须通过价格跳跃才能表达新的共识。不论是有影响的新闻，还是市场参与者心意的飞跃，都会使市场发生不同寻常的显著变化——跳跃性变化，市场好像失态，变得"狗急跳墙"或像"兔子急了咬人"，而这些都是重要的技术分析信号。

图 4.1 显示了价格跳空。严格意义上的价格跳空指两个图线之间没有任何交叉，即两根图线的极端点（高低点）之间有明显差距，两个时间单位内的行情没有任何重叠之处。这种情况的确表明两根图线的价格演变不连续。在日本蜡烛图技术中，价格跳空被称为"窗口"。在交易中，价格跳空也常常被称为"缺口"。

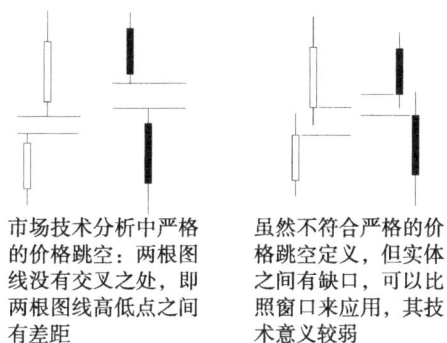

市场技术分析中严格的价格跳空：两根图线没有交叉之处，即两根图线高低点之间有差距

虽然不符合严格的价格跳空定义，但实体之间有缺口，可以比照窗口来应用，其技术意义较弱

图 4.1　价格跳空的情形

价格跳空指两个图线之间没有任何交叉，这意味着两根图线的极端点（高低点）之间有差距，两个时间单位内的行情没有任何重叠之处。价格跳空在日本蜡烛图技术中被称为"窗口"。如果蜡烛图两根图线的实体之间有差距，也可以提供类似于窗口的技术线索，只是其重要性较弱。

如果前后相继的两根蜡烛线的影线有重叠之处，而实体之间有差距，那么这不符合严格意义上的价格跳空定义，但是可以提供类似于窗口的技术线索，只是其技术意义较弱。

价格跳空的三种类型

根据传统的西方技术分析理论，价格跳空大体可以分为三种类型：突破跳空、中继跳空和衰竭跳空（见图 4.2）。

突破跳空发生在趋势演变的第一阶段结束时，即道氏信号。正如我们在讨论价格水平的突破信号时所说，如果道氏信号既是对重要价格水平或重要趋势线的突破，又是以同方向的价格跳空来进行的，那么这个信号当然更有分量。

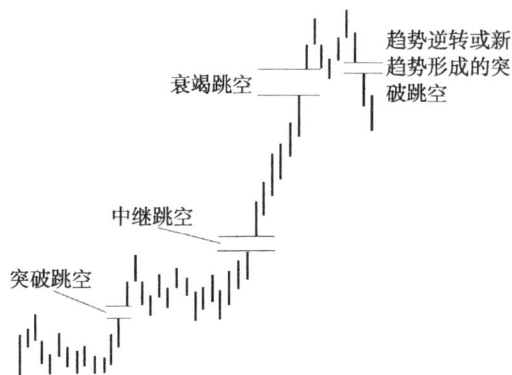

图 4.2　价格跳空大致可分为三种类型：突破跳空、中继跳空、衰竭跳空

中继跳空发生在第二阶段结束时，通常也是以突破信号为标志，如果突破信号同时以价格跳空的形式出现，那么这也是对第二阶段结束、第三阶段开始的有效确认。这类跳空发生的位置一般接近趋势进程的中段。

衰竭跳空发生在理想趋势演变模式的第三阶段之末、新趋势第一阶段之始。此时顺趋势方向的价格延伸已经过长，其中的波折过少、波折幅度过小，最终变本加厉，市场不仅没有调整巩固，反而顺趋势方向进一步跳空。这种情况很可能正是新趋势到来之初"将欲取之，必固与之"的典型伎俩，恰恰预示着当前趋势的终结、新趋势的到来。

图4.3a左侧第一个指向的跳空的前一日，2015年3月16日，是一根光头长阳线（没有上影线），开市价为3391，低点为3377，高点为3449，收市价为3449，这一天正是市场向上突破前期重要高点3406的大日子。从此之后，市场进入强有力的牛市行情，向上跳空随处可见，而向下跳空则难得一见。2015年6月12日，市场达到高点5178。之后出现第一个向下跳空时，发出了重要的警告信号。这个信号之后的阴线又明确向下突破了双重顶形态的颈线，加重了警告意味。第二个向下跳空到来，特别是之后第四天向上回补的努力失败，基本上可以判断牛市终结。第三个向下跳空，验证了牛市行情终结。

逢缺口必补吗

有一种陈词滥调即所谓"逢缺口必补"，这是对缺口的一种严重误解。正如前文所说，既然价格跳空（缺口）是狗急跳墙，那么，市场的心态越急切，越不可能有心情回头填补缺口。因此，市场越是无力回到价格跳空附近，其意义越显著。如果市场回头填补了价格跳空，则意味着价格跳空本没有必要，其意义也就打了折扣。

图4.3a中上升趋势向下逆转后，接连形成了三个向下跳空。在第一个跳空之后，没有发生任何反扑的尝试，显得这个跳空十分急切。在第二个跳空之后，市场花费了四个交易日在其下方挣扎，第四天一度接近跳空的下边缘，但根本无力回填。第三个跳空之后，加倍重复地再现了第一个跳空之后的急速下滑，迅速远离跳空。三者均有力地显示了市场向下跳空的急迫心情，形成了一连串强有力的技术分析信号。

图4.3a中第二个向下跳空形成于2015年6月18日和19日之间。6月18日，周四，其最低价4780是向下跳空的上边缘。6月19日，周五，其最高价4744是向下跳空的下边缘。

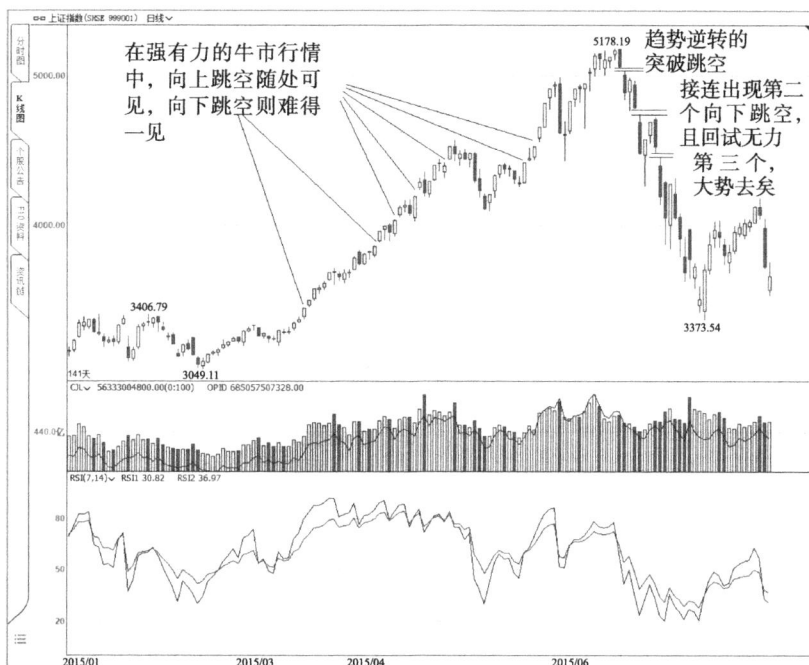

图 4.3a　上证指数日线图（2014 年 12 月 30 日—2015 年 7 月 28 日）

在强有力的牛市行情中，向上跳空随处可见，向下跳空则难得一见。在之后出现第一个向下跳空时，发出了重要的警告信号。这个信号之后的阴线明确向下突破了双重顶形态的颈线，加重了警告意味。第二个向下跳空的到来，特别是之后第四天向上回补的努力失败，基本上可以判断牛市终结。第三个向下跳空，验证了牛市行情终结。

从第二个向下跳空缺口到第三个向下跳空缺口之间共有四个交易日。第一个交易日是 6 月 19 日；第二个交易日是 6 月 23 日，周二，市场日中大幅下挫，后来快速拉高，形成了带有长下影线的阳线；第三个交易日是 6 月 24 日，周三，是一根光头常规阳线，最高价 4691 尚未接触跳空缺口的下边缘；第四个交易日是 6 月 25 日，周四，这一天特别值得注意。

图 4.3b 是 6 月 25 日的分时图。当日开盘后，市场似乎很有希望向上试探跳空下边缘 4744 点。9:35，市场第一次向上试探，最高点为 4707；9:44，第二次向上试探，最高点为 4709；10:41，第三次向上试探，最高点为 4709；11:26，第四次向上试探，最高点为 4720。在上午 2 个小时的交易时段里，市场四度努力回升，似乎耗尽了力气——市场终于明白，这个缺口是回补不了的，向下跳空很有必要、很有意义。这是多么负面的关于缺口的技术分析信息啊。

前文曾经交代，行情是试出来的。试得下去，当然要跌下去；如果屡屡试不上去，那也要跌下去。市场上午向上试了四次，都不能达到 4744 的下边缘，下午恐怕要跌下

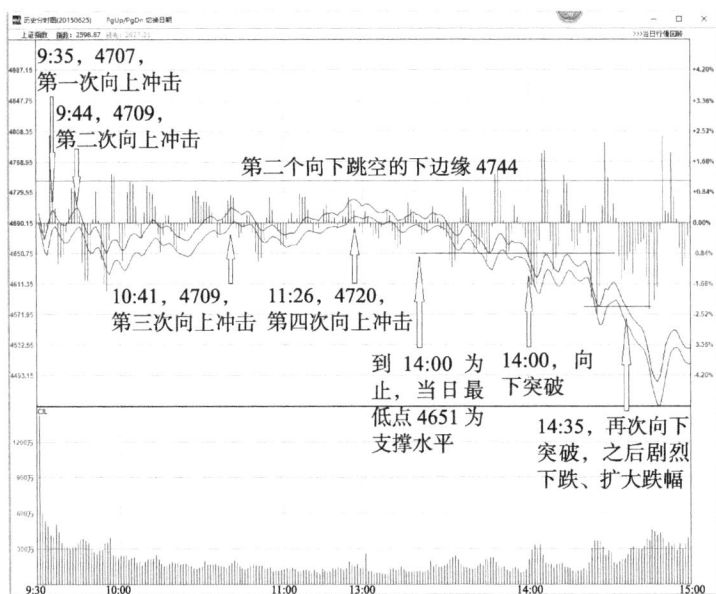

图 4.3b　上证指数分时图（2015 年 6 月 25 日）

在图 4.3a 中，第二个向下跳空缺口到第三个向下跳空缺口之间共有四个交易日。第四个交易日是 6 月 25 日，周四，这一天特别值得注意。第一，上午市场四度向上试探，都不能有效回补向下跳空缺口，不能回补，表明向下跳空的意义很显著，于是市场情绪变得十分负面；第二，市场屡屡试不上去，那就只有下跌了。两方面结合，导致了下午 14 点之后极为惨烈的下跌行情。

去了。14:00，当日至此时为止的最低点 4651 一直发挥着支撑作用，不幸此时终于被向下突破。随后行情虽有反扑，但是 4651 已经转化为阻挡水平，几次挣扎未果，大势便进一步恶化。14:35，市场再次向下突破，之后剧烈下跌，势如破竹。

6 月 25 日的恶劣影响超越了当日行情的范围。在 6 月 25 日和 26 日之间，出现了第三个向下跳空；26 日当日是一根长阴线；26 日之后，再也没有出现任何试图向上回填第三个向下跳空的蛛丝马迹，26 日长阴线的中点已经足以阻挡任何向上反弹的努力。

在 2015 年国内股市的股灾行情中，揭示趋势反转的技术分析信号不多，而向下跳空是最重要的线索。虽然趋势线也能提供有用的技术分析信息，但不如向下跳空来得及时。后文将介绍趋势线在其中的分析作用。

价格跳空提供了三点线索：跳空方向、两条边线（包括跳空幅度）

每次价格跳空几乎都是行情关键点。价格跳空提供了三点线索（见图 4.4）。

跳空方向是向上还是向下。一般地，向上表示强势，向下表示弱势。但在行情第

图 4.4　价格跳空提供的线索：跳空方向、两条边线（包括跳空幅度）

三阶段的末段，价格跳空反而透露出行情演变已经进入极端状态，很可能正在酝酿另一个方向的趋势，具有反向含义。

价格跳空有两条边线，相当于两个价格水平或一个价格水平区域。两个价格水平之间的间距便是价格跳空的幅度。幅度越大，当然其技术意义越强。

据介绍，詹姆斯·西蒙斯的大奖章基金曾经运用过一个模型，统计各种市场的价格跳空，每当跳空发生后，立即反向交易，竟然能够获利。如果属实，这就意味着价格跳空往往失去分寸，跳得过多。当然，西蒙斯并不是等待市场填补缺口，而是在反向交易后见好就收，快进快出。

价格跳空后市场的五种表现

行情平时都是试出来的，而试探过程是连续进行的。价格跳空留下了明显的行情空白，空白处不是试出来的，而是一下子蹦出来的。既然是一下子蹦出来的，那么到底跳得准吗？跳多了，还是跳少了？市场对这个问题的疑虑恐怕不可避免。

要回答这个问题，唯一的办法还是试探。

价格跳空出现后，将发生五种类型的行情变化，其中前四种基本上顺着价格跳空的方向，第五种则与跳空方向完全相反（见图 4.5a）。

（1）跳空后，立即顺着跳空的方向继续延伸（见图 4.5b）。

这种情况少见，因为价格跳空已经足以表达市场的急切心情。跳空之后迫在眉睫的任务是试探当前跳空是不是适度，而不是立即继续顺延。

图 4.5b 开市价相对于上日收市价向下大幅跳空，并且在开市后马上继续下跌，也就是向下跳空继续延伸。这种情况既可能表明行情十分悲观，还将继续下跌，也可能表明市场至少暂时已经进入了较为极端状态，下跌得太快了。

当日行情留下了长长的下影线，形成了一个显著的低点，之后一个多月的横向盘整行情始终远离这个低点。

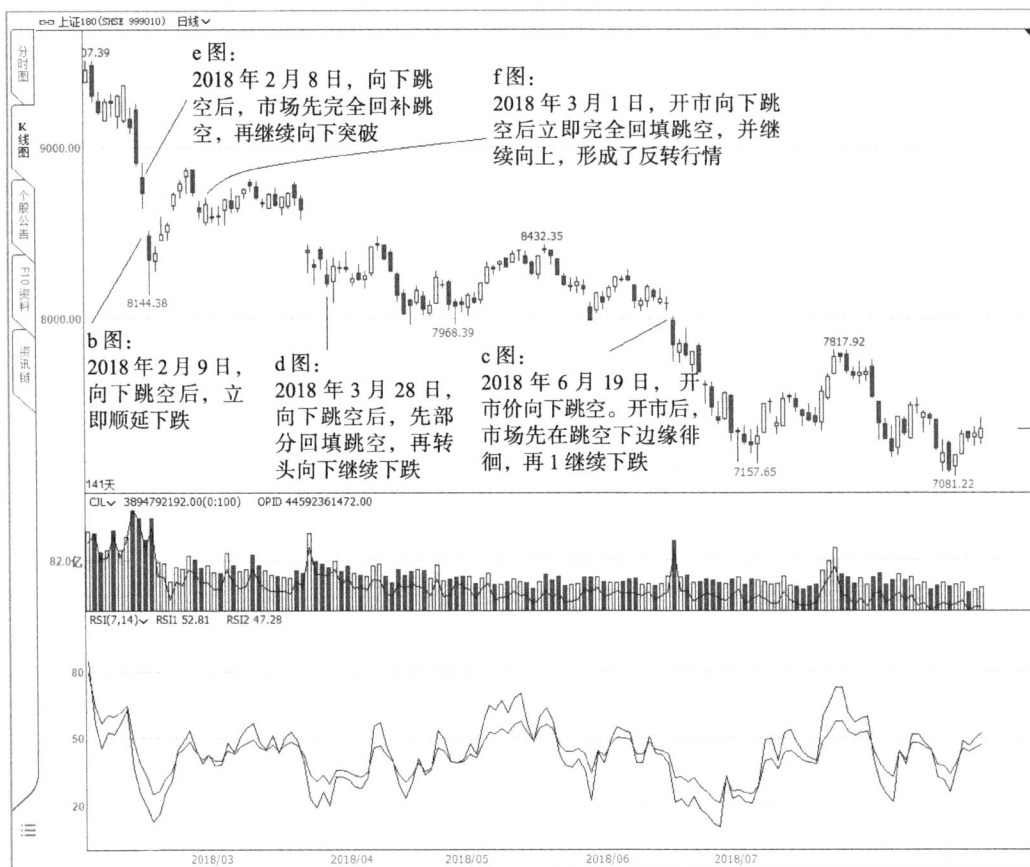

图 4.5a　上证 180 指数日线图（2018 年 12 月 6 日—8 月 24 日）

图上出现了一系列价格跳空，其中主要为向下跳空。我们从本图来尝试给价格跳空之后的行情变化简单分类。

（2）跳空后沿着跳空的下边缘（或上边缘）徘徊，进行强势整理，然后再顺着跳空方向延伸（见图 4.5c）。

这种情况较为多见。价格跳空后，市场不急于顺着跳空的方向顺延而是在跳空的下边缘（或上边缘）徘徊，徘徊的过程便是试探跳空是否合适的过程。经过一段时间的试探，证明跳空合适，于是市场再继续顺延，这就显得比较从容、比较顺理成章了。

图 4.5c 是上证 180 指数 2018 年 6 月 19 日的分时图。开市价向下跳空，然后市场并不急于顺延，而是先在下边缘摸索了一阵，试出跳空似乎比较合理，再继续向下顺延。这样的做法似乎比较稳健，不仅当日，在之后的日子里下降趋势的发展都是继续顺利展开。

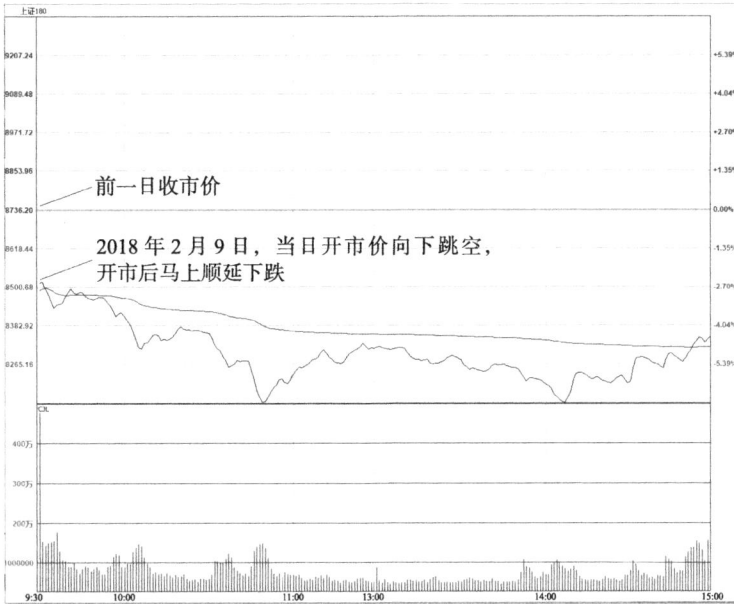

图 4.5b 上证 180 指数分时图（2018 年 2 月 9 日）

当日开市价与上一日的收市价之间出现了显著的向下跳空。不仅如此，当日开市后，市场马上继续下跌，顺着跳空方向延伸。这种情况少见。本图对应着图 4.5a 中的 2 月 9 日的日线。

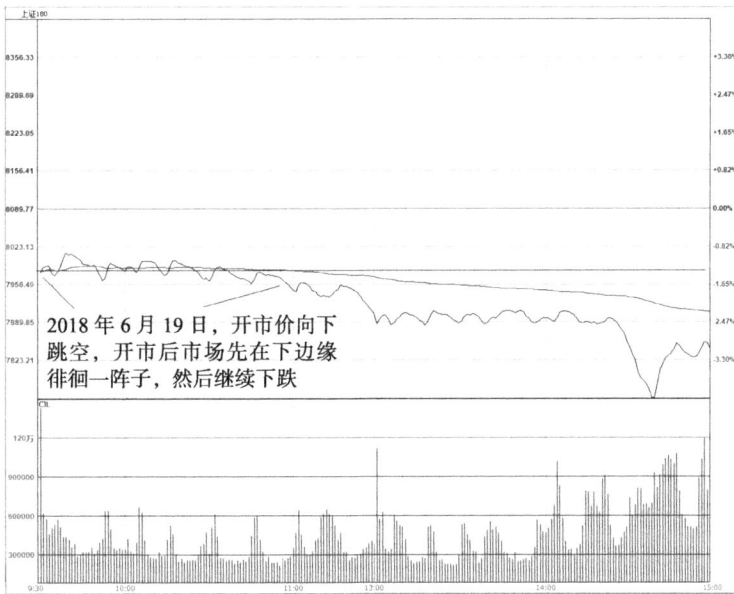

图 4.5c 上证 180 指数分时图（2018 年 6 月 19 日）

开市价向下跳空，然后市场并不急于顺延，而是先在下边缘摸索了一阵，试出跳空似乎比较合理，再继续向下顺延。图 4.5a 中标出了这一天。

（3）跳空后立即返回跳空区间，部分填补了跳空，但不能完全填满，之后转头顺延。

这种情况也较多见。价格跳空后，市场回填部分跳空，通过回填动作来试探跳空的合理性，回填的部分可多可少。

图 4.5d 是上证 180 指数 2018 年 3 月 28 日的分时图，当日开市价向下跳空，开市后立即向上反弹，回填跳空。在本例中，回填的幅度较大，接近向下跳空的上边缘，但没有填满。然后，市场转头向下，跌破下边缘后继续下跌。在这种情况下，市场回头重新试探了跳空的领域，在多多少少做了"补课"，确认跳空合理之后，再继续价格跳空之后的行情。

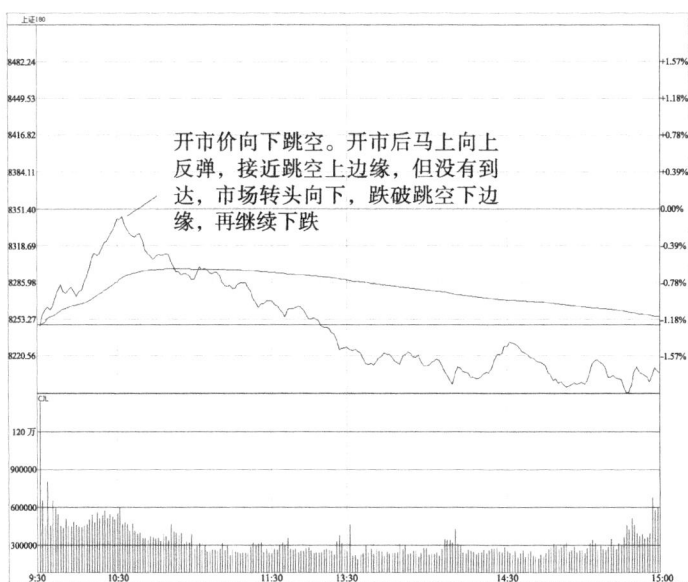

开市价向下跳空。开市后马上向上反弹，接近跳空上边缘，但没有到达，市场转头向下，跌破跳空下边缘，再继续下跌

图 4.5d　上证 180 指数分时图（2018 年 3 月 28 日）

开市价向下跳空，开市后市场向上反弹，回填了大部分跳空区间，但不能到达上边缘（严格说来，应该以前一日的最低价作为跳空上边缘。本图的"跳空"只看实体），然后转头下跌，跌破下边缘，再继续沿着跳空的方向延伸。

（4）跳空后立即（或沿边缘徘徊后）折返，完全填补跳空，但不能有效地突破另一侧边缘，之后转头回到跳空方向顺延。

这种情况比较多见。跳空发生后，市场返回跳空区间，到达另一侧边缘线，有时也可能稍稍超过该边缘线，但是不能有效地突破它。不久后，市场掉头，重新沿着价格跳空的方向演变，直至顺延跳空。大体上，这依然属于"补课"的动作，市场回头重新尝试了跳空区间，确认了它的合理性，之后才继续开展行情。

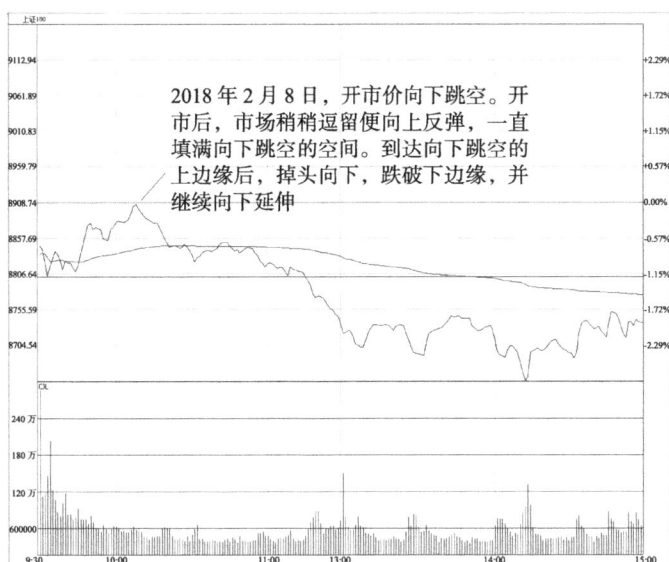

图4.5e　上证180指数分时图（2018年2月8日）

开市价向下跳空，之后市场先回补跳空，到达跳空的上边缘，再掉头向下，跌破跳空下边缘，并继续向下突破。

图4.5e是上证180指数2018年2月8日的分时图。开市价向下跳空，之后市场稍事徘徊后向上反弹，一路到达跳空的上边缘。遭到上边缘的阻挡后，掉头向下，跌破跳空的下边缘，然后继续向下突破。

（5）跳空后立即（或沿边缘徘徊后）返回跳空区间，填补跳空区间后，不是掉头返回，而是沿着跳空的反方向继续前进，形成大反转。

这种情况极少见，属于市场剧烈反转的行情。通常，市场在开市时沿着既定的趋势方向跳空，符合预期。开市后，市场立即（或沿着跳空边缘徘徊后）返回跳空区间，到达另一侧的边缘线。到此为止，属于我们前面介绍的回填"补课"的动作，尚属正常。然而，接下来才是真正的戏码——市场并没有形成预期中的折反，反而冲破了该边缘线，继续沿着与价格跳空相反的方向发展，当天的收市价一般明显高于该边缘线。这么一来，这一天简直是剧情大逆转，早晨开市时需要用价格跳空来表达前几天趋势的急迫发展，谁知当天的行情竟然主要朝反方向发展，与开市时的调子完全相反。

这样的大逆转往往会形成标志性的行情高点或低点，在今后一段时间里都将发挥重要的支撑作用或阻挡作用。

图4.5f是上证180指数2018年3月1日的分时图，开市价明显低开，显得相当悲观。开市后，市场立即快速上涨，完全回填跳空。但是，市场并没有满足于填满跳

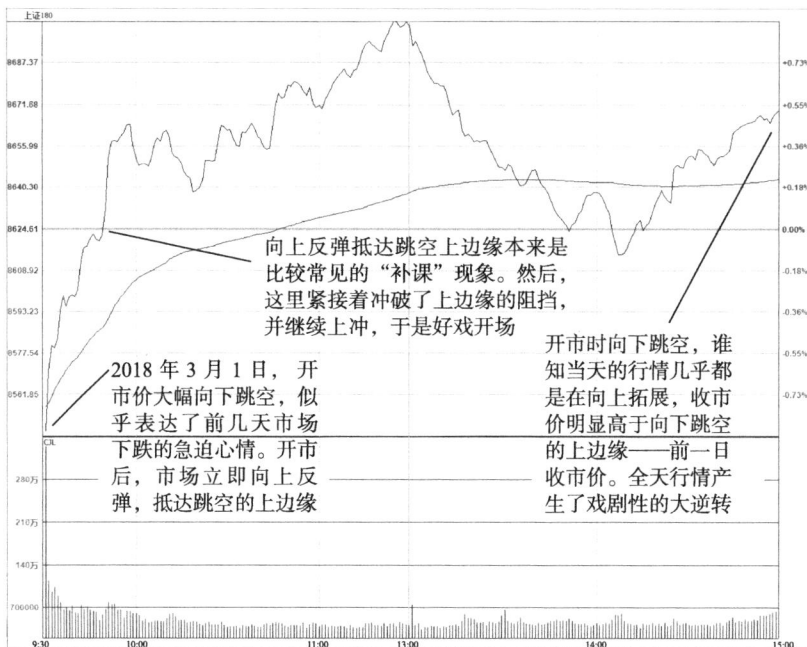

图 4.5f　上证 180 指数分时图（2018 年 3 月 1 日）

这是很少见的当日反转行情。开市价向下跳空。之后，市场立即向上反弹，回填跳空。市场并没有在"补课"后止步，而是向上突破跳空的上边缘，继续上冲。当日收市价明显高于跳空上边缘。当日开市的时候行情如冰，全天行情如火，整体行情来了个大逆转。从图 4.5a 来看，这一天留下了一个标志性低点，在之后三周内都发挥着重要的支撑作用，行情演变一直远离该低点。

空，在向上冲破跳空上边缘后，继续快速上升。后来虽然在当日的高位有震荡，但收市价较高，全日行情似乎都是以上涨为基调，与开市价的向下跳空截然相反。当日行情属于典型的大反转，从图 4.5a 来看，其在之后的 2 周多的时间里一直发挥着重要的支撑作用。

开市跳空的交易策略

正如图 4.5 中的一系列图例所示，价格跳空在开市时已经形成，这是当日交易的最初线索——价格跳空提供了跳空的方向和两条边线，跳空方向通常与既定趋势相同，而两条边线可以按照价格水平来处置。

我们可以把价格跳空看成较为重要的价格水平，并且价格跳空越重要，越难回补（见图 4.6）。

一般地，我们可以选择在市场回补跳空的时候顺着趋势方向逢高卖出或逢低买进。如果市场回填跳空之后继续沿着与跳空相反的方向发展，则止损。

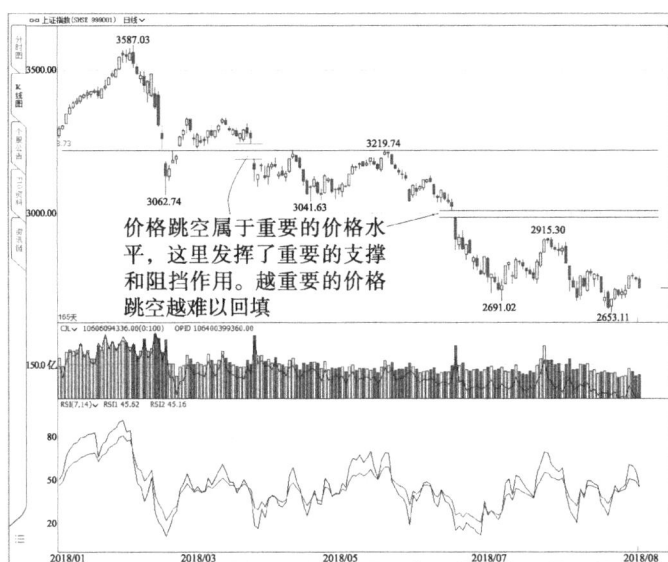

图 4.6　上证指数日线图（2017 年 12 月 28 日—2018 年 8 月 30 日）

本图中有两个价格跳空的实例。在前一个例子中，价格跳空幅度很大，10 个交易日后的行情部分回补了这个跳空。在这个跳空里存在一条长长的价格水平线，它长期发挥支撑和阻挡作用，揭示了价格跳空和价格水平有异曲同工之妙。而且此处既有跳空又有价格水平，分量更重。在后一个例子中，跳空完全没有回补，之后的行情远离该跳空。

相当于中继跳空的大阴线或大阳线

价格跳空主要适用于不连续交易的市场，在前一时段的收市和后一时段开市之间，市场暂停交易，市场参与者可以冷静下来反思前一段的交易，交易和冷静思考交替进行。在这样的情况下，价格跳空是在市场经过冷静思考之后出现的，其意义当然比较重要。

另外，很多市场在全球 24 小时连续交易，没有前一时段收市和后一时段开市之间的冷静期。外汇交易市场每周 5 个工作日基本上全球 24 小时交易，不存在日线之间的空档，但周末有空档。美国股市、日本股市的期货市场全球 24 小时不间断交易，虽然现货市场行情也有开市、收市，并且经常出现跳空，但那是为了弥补闭市期间期货行情连续演变造成的差异所导致的，并没有常规的价格跳空的意义。类似地，国内大宗商品市场有交易时段，而全球大宗商品市场几乎是 24 小时交易，这导致国内大宗商品市场的价格跳空没有太大意义。

国内股市通常在每周 5 个工作日的规定时段内交易，日线之间存在空档，日线、周线、月线等都存在有意义的价格跳空。前面的图例便是根据这种情况选择的。

理论上，由于 24 小时连续交易，市场有充分的机会来演变行情，无须价格跳空。但是，如果在市场本可以从容演变的条件下，偶尔出现大阴线或大阳线，那么这根大阴线或大阳线就比较有意义，值得特别注意（见图 4.7a）。

由于此类大阴线或大阳线类似于中继跳空，因此有两点值得注意。首先，中继跳空处在明显趋势演进的中点附近，其前后的行情倾向于形成一定的相似性；其次，中继跳空往往构成重要价格水平，在之后的行情演变过程中发挥支撑或阻挡作用（见图 4.7b）。

我们可以借助计算机来标出这类大阴线或大阳线。假定这类实体百里挑一，找出蜡烛线历史数据，划分阳线和阴线，分别排序，从 100 根中标出其中的第一名，从 200 根中则标出其中的第一、第二两名，以此类推。结合行情趋势情况，这类大阳线和大阴线可以带来新的技术线索。

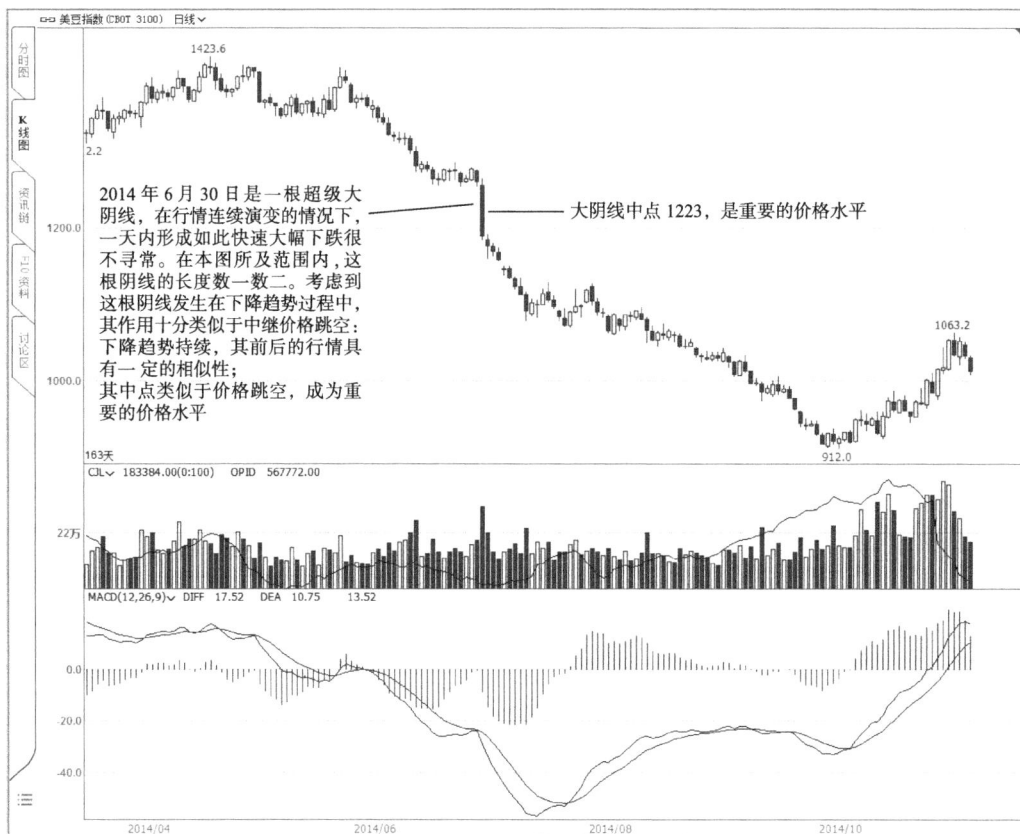

图 4.7a　美豆指数日线图（2014 年 3 月 17 日—2014 年 11 月 4 日）

2014 年 6 月 30 日是一根特别长的阴线，本图中的其他蜡烛线实体大概无出其右了。连续交易市场本可从容演变，出现这样的大阴线当然不同寻常。它发生在下降趋势中途，可以看作中继价格跳空。首先，它之后的行情倾向于与之前的行情对称；其次，大阴线的中点类似于价格跳空，构成重要的价格水平。

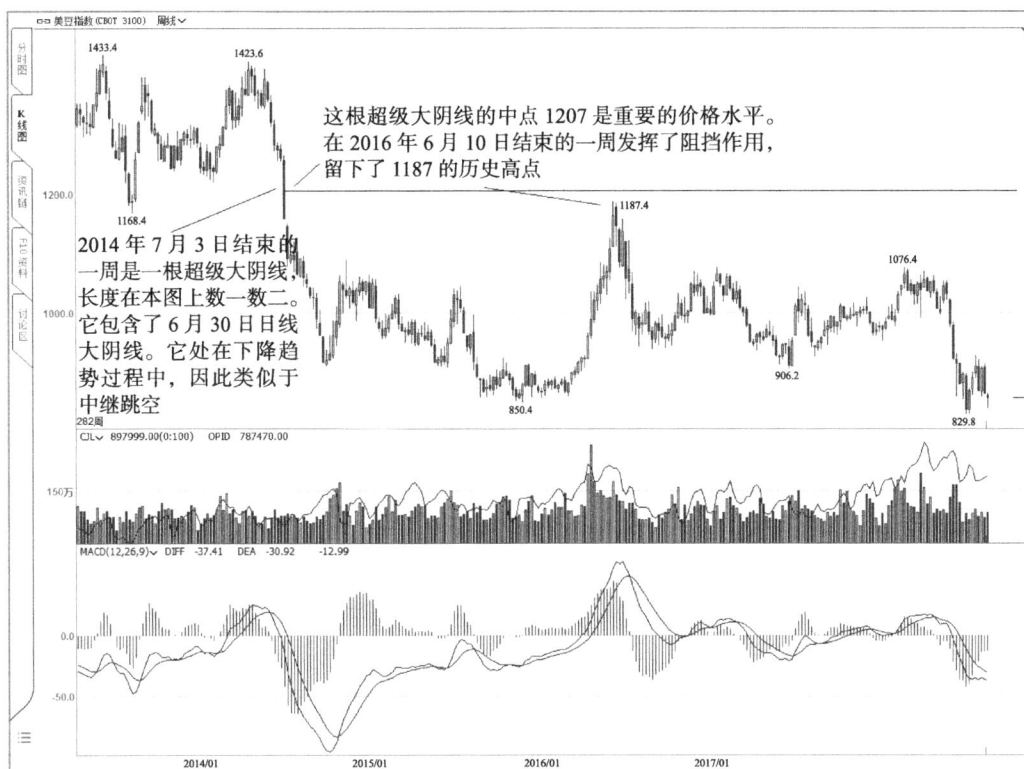

图 4.7b 美豆指数周线图（2014 年 4 月 12 日—2018 年 8 月 31 日）

图 4.7a 中 2014 年 6 月 30 日的长阴线包含在 2014 年 7 月 3 日结束的一周里。日线图上的分析方法同样适用于周线图。这根周线实体的长度在本图中同样数一数二，也处在下降趋势过程中。首先，在其前后，下降趋势的演变过程倾向于相似；其次，其中点 1207 构成重要价格水平。2016 年 6 月 10 日市场曾经到达最高点 1187，但受到上述价格水平的阻挡作用而折返。

第二节
趋势线

趋势线的绘制方法和基本用法

前面介绍的分析工具基本上都是水平直线。如果市场处在趋势状态下，行情轨迹沿着向上倾斜的坡度或向下倾斜的坡度演变，那么水平直线就不能有效地跟随行情变化，此时趋势线便有了用武之地。

在图 4.8a 上，凭眼睛可以观察到有一大段明显的上升过程，即从图上标注的低点

图 4.8a　欧元兑美元周线图（2016 年 8 月 5 日—2018 年 9 月 3 日）

凭眼睛可以观察到本图有一段明显的上升过程，即从 1.0340 延续到 1.2555；也有一段较为
明显的下降过程，即从 1.2555 到 1.1299，但是上升过程和下降过程的边界不清晰。

1.0340 延续到高点 1.2555；最右侧有一段较为明显的下降过程，即从高点 1.2555 延续
到低点 1.1299。单凭图形来看，上升过程和下降过程的边界并不清晰，特别是何时何
地上升过程转化为下降过程，并没有清晰的界定。

在图 4.8b 上，我们为上升过程添加了一条上升趋势线，为下降过程添加了一条下
降趋势线。名副其实，趋势线将市场的趋势性变化交代得更为清晰。更重要的是，在
本图上，上升趋势线是市场上升趋势状态的边界线，当它被向下跌破的时候，标志着
上升趋势结束，行情转为下降趋势。通过上升趋势线，趋势转化的时间和地点得到了
清晰的刻画。

从单独的一个标志性历史高低点出发，我们可以绘制一条水平直线，并称之为价
格水平。我们也可以通过两个标志性历史高低点来绘制一条趋势线。

在图 4.8c 上，我们通过点 1 和点 2 两个标志性低点尝试着绘制了一条基本的上升
趋势线。点 1 实际上并不是一个点，碰巧的是连续两周的低点都"正巧"落在这条上
升趋势线上。更巧的是在点 3，就在通过点 1 和点 2 尝试着绘制了上升趋势线之后的
第 5 周和第 6 周，也是接连两周的低点都落在这条上升趋势线上。通过点 3，证明这
条上升趋势线具有支撑作用。到了点 4，接连三周的低点都落在这条上升趋势线上，

图 4.8b　欧元兑美元周线图（2016 年 8 月 5 日—2018 年 9 月 3 日）

本图内容与图 4.8a 一致，但添加了一条上升趋势线和一条下降趋势线。名副其实，上升趋势线比较清晰地描绘了上升趋势的边界，下降趋势线比较清晰地描绘了下降趋势的边界，两条线使得涨跌过程更清晰，尤其是对行情由涨转跌的转折点交代得更清晰。

都得到了支撑。但是，在点 4 之后的第 3 周，市场明确地向下突破了这条上升趋势线，也向下突破了之前维持了 14 周之久的横向延伸趋势的下边界。两方面因素结合，坐实了正是在这一周、这一处，上升趋势转为下降趋势。

点 5 和点 6 是下降过程中的两个标志性高点，我们通过它们尝试着绘制了一条下降趋势线。这条下降趋势线未来能不能发挥阻挡作用，还需要第三个点来验证。

首先，在上升趋势中，通过两个标志性的低点尝试着绘制上升趋势线。当市场再次接近这条上升趋势线的时候，如果得到了支撑，则该条趋势线得到验证，说明很可能未来继续发挥支撑作用。在下降趋势中，我们通过标志性高点来绘制下降趋势线，当市场再次接近这条下降趋势线的时候，如果受到了阻挡，则该条趋势线得到验证，说明其很可能未来继续发挥阻挡作用。

其次，上升趋势线一般应当包括上升过程的所有价格轨迹，下降趋势线通常应当包括下降过程的所有价格轨迹。正因为趋势线包括了所有价格轨迹，所以可以把它作为行情趋势的边界线。当市场超越这条边界线的时候，我们可以在第一时间得到警告信号，当前趋势可能发生变化了。

图4.8c 欧元兑美元周线图（2016年8月5日—2018年9月3日）

通过点1和点2尝试着绘制上升趋势线，在点3试探成功，表明该上升趋势线具备支撑作用。在点4该趋势线再次发挥支撑作用，但到了之后第三个交易周，市场决定性地向下突破上升趋势线，同时完成了顶部三角形的向下突破，标志着上升趋势转化为下降趋势。通过点5和点6尝试着绘制下降趋势线，该趋势线的作用还有待于验证。

最后，趋势线既是趋势演变轨迹的边界线，也是行情上升或下降速度的标志线。当趋势线被向下或向上突破时，标志着当前趋势的轨迹已经越界，这至少意味着趋势即将改变演变速度。在结合其他有效的技术信号的前提下，我们可以再进一步判断趋势方向的转变。

上升趋势线和下降趋势线在刻画趋势方面具有简明的特点，是简单易用的基本技术分析工具之一。

图4.9~图4.12分别从外汇、大宗商品、股市、债券四大门类的市场选取了实例，来展示趋势线的绘制方法及其基本的支撑或阻挡作用。为了帮助读者留下深刻印象，这些图例有意选择的是超长期图形。长期图形具有简明性，可以突出地显示市场趋势持久而深刻的影响力。

实际上，不论长期、短期，趋势线的绘制方法和基本用法都是一致的。为此我们补充了一张日线图——图4.13。

图 4.9 欧元兑美元月线图（2007 年 1 月—2018 年 9 月 4 日）

通过点 1 和点 2 尝试绘制下降趋势线。点 3 表明该趋势线具备阻挡作用。在点 4，市场明显受到该趋势线的阻挡作用，掉头向下，下降趋势持续有效。请注意，这条下降趋势线维持了 10 年多的时间。图 4.8 只是本图最右侧的局部。

图 4.10 CRB 指数月线图（2006 年 12 月—2018 年 9 月 4 日）

通过点 1 和点 2 尝试着绘制下降趋势线，点 3 验证了下降趋势线的阻挡作用。该趋势线延续的时间超过 10 年。

图 4.11　印 SENSEX 指数月线图（2007 年 1 月—2018 年 9 月 4 日）

图中上升趋势线已经维持了 10 年。在此期间全世界的重要股市中，印度股市的表现十分抢眼。通过点 1 和点 2 尝试着绘制上升趋势线。点 3 验证了上升趋势线的支撑作用。从点 4 开始，行情距离上升趋势线越来越远，显示市场加速上升。

图 4.12　美国长期国债主连月线图（2007 年 1 月—2018 年 9 月 4 日）

2016 年下半年以来，美联储开始逐步加息，市场流传的主流说法是美国长期国债市场大跌。通过点 1 和点 2，尝试绘制上升趋势线。点 3 验证了该趋势线的支撑作用。隔一个月后点 4 受到支撑。近 3 年之后，在点 5 再次得到支撑，令人印象深刻。从点 5 开始，上升趋势开始加速，逐步远离上升趋势线。但是经过了 50 多个月之后，终于在点 6 再度回归到这条重要的上升趋势线上，并在点 6 之后接连 5 个月得到支撑。这条上升趋势线持续时间超过了 10 年，目前依然有效。

图 4.13 纳斯达克指数日线图（2018 年 2 月 12 日—8 月 31 日）

通过点 1、点 2 和点 3 尝试绘制上升趋势线。在点 4、点 5 两处，市场明显受到上升趋势
线的支撑作用。从点 5 开始，上升趋势加速，逐步远离上升趋势线。

趋势线的调整和角色转换

有效趋势线的判断原则

从作图方法来说，两点便可画出一条直线。这么说来，可以画出的直线就太多了。不仅如此，即使画好了一条直线，随着行情发展，出现了新的标志性高、低点，又可能需要画出新直线。那么，什么样的直线才能成为有效的趋势线呢？这有下列两项判断原则。

原则一：有效的趋势线应尽可能包括趋势中的所有价格轨迹。

原则二：通过前两个点尝试着绘制趋势线，由第三个点验证趋势线的作用。如果未得到验证，则需要调整趋势线（见图 4.14a、图 4.14b）。

当然，如果不包括个别极端点，后来又能得到第三点的验证，那么这样的趋势线也可以接受（见图 4.14a）。如果市场不是 24 小时连续交易的，即其开市价和收市价都有意义，那么在日本蜡烛图上，有时忽略蜡烛线的引线而只考虑实体也是一种选择。

图 4.14b 与图 4.9 的内容一致，但这里交代了后者所示的下降趋势线其实不是一蹴而就的，而是经过了三番调整才最终得到了后者所示的结果。

顺便说一句，本书不少图例都有这样的特点，要么是经过挑选，要么是经过尝试和调整后的最终结果。市场技术分析应对的是统计性对象，当然不能以一锤定音的确定性方式来操作。绝大多数技术分析工具和信号都是大致的、差不离的。

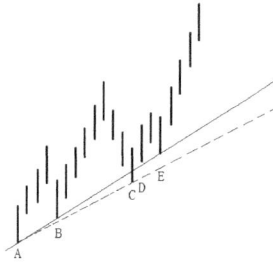

图 4.14a　趋势线的调整

在上升趋势中，通过点 A 和 B 尝试绘制直线 AB。行情发展到点 C，没有验证直线 AB（实线），且直线 AB 不能囊括点 C 的价格轨迹，此时需要通过点 A 和 C 绘制新的直线 AC（虚线）。点 D 验证了直线 AB（实线），因此以直线 AB 作为有效的上升趋势线，同时保留虚线 AC，以待观察。

此外，本章介绍的所有趋势分析基本工具都是围绕趋势展开的，分析工具本身是静态的，而趋势则是活生生的，充满了活力，也充满了变数。技术分析工具服务于分析趋势、判断趋势、追随趋势，不是限定趋势、预测趋势。活生生的趋势与相对静态的技术工具之间在根本上属于主从关系、动静关系，这一点决定了我们使用市场技术分析工具的态度、方法和适用界限。

图 4.14b　欧元兑美元月线图（2007 年 1 月—2018 年 9 月 4 日）

图上有五个较为显著的高点，从高到低、从左到右，依次为 A、B、C、D、E。从点 A 出发，行情首先发展到点 B。我们尝试着绘制直线 AB，在点 C，行情无视直线 AB，未能验证它。点 C 出现后，直线 AB 已经不能囊括点 C 的价格轨迹，需要重新调整趋势线，于是通过点 A 和 C 尝试绘制直线 AC。行情继续发展到点 D，直线 AC 勉强被验证，但点 D 的价格轨迹已经超出了直线 AC 所描绘的范围，需要调整，于是尝试通过点 A 和 D 绘制直线 AD。很多个月之后，行情来到了点 E，这次直线 AD 的阻挡作用得到了验证。通过上述尝试、调整、验证过程，我们才能得到图 4.9 的趋势线实例。

趋势线的支撑和阻挡作用及其角色互换

趋势线的作用类似于价格水平线，当行情处在趋势线上方时，它发挥支撑作用；当行情处在趋势线下方时，它发挥阻挡作用。

其原因也相似，当市场处在趋势线一侧时，市场处在趋势状态下，倾向于维持现状，既然趋势线是市场趋势状态的边界线，那么它当然具有促使市场折返并保持在原来一侧的倾向。

当行情从上方向下穿越趋势线后，趋势线原本发挥支撑作用，现在转为阻挡作用；当行情从下方向上穿越趋势线后，趋势线原本发挥阻挡作用，现在转为支撑作用。

其原因也是市场倾向于维持现状，趋势线被突破，市场状态改变，突破后的市场状态成了新的常态，趋势线的作用也来了一个 180 度转身。

在图 4.15 中，当黄金行情处在上升趋势线上方时，市场处在上升趋势状态，市场倾向于维持现状，每当价格回落到上升趋势线附近时，都受到支撑作用，并引起行情回升。2012 年 5 月，当市场跌破上升趋势线之后，市场转入横向延伸状态，市场倾向于维持这种新状态；2012 年 9 月，当价格从下方回升到趋势线附近时，遭遇到趋势线的阻挡，终止上升，并引发下跌。

图 4.15　伦敦金现月线图（2002 年 8 月—2014 年 4 月）

通过点 1 和点 2 尝试绘制上升趋势线，其随后得到了一系列的验证。当市场维持在上升趋势状态时，上升趋势线发挥的是支撑作用；当它被向下突破后，其作用变成了阻挡。

什么样的趋势线更重要

第一，趋势线是市场趋势状态的边界线。

越长期的趋势线所代表的趋势越长久，自然也越重要。

图 4.16 有两条趋势线，上方的下降趋势线曾经在图 4.9、图 4.14 中分析过。下方是更长期的上升趋势线，其起点比下降趋势线的起点早了四五年之久。从这两条趋势线来看，实际上它们之间所描述的市场状态属于逐步收窄的三角形横向整理，只是其高点逐步下降，且下降的速度较快，而低点逐步抬高，抬高的速度较慢。一般地，更长期的趋势线更重要，斜率更小的趋势线更重要，上升趋势线 ABC 把这两条都占了。其重要性表现在两个方面，一方面，当市场向下跌破该趋势线时，市场明确转入下降趋势状态，而在这之前形势并不明朗；另一方面，点 D 处的回升行情更明显是因遭遇了该趋势线的阻挡而回落，此处距离上方的下降趋势线反而还有一点距离。

第二，趋势线的斜率越小，越接近价格水平线。

趋势线的斜率大体上代表了趋势演变的速度，斜率越大，则趋势上升或下降的

图 4.16 欧元兑美元月线图（2003 年 11 月—2018 年 9 月 13 日）

图中有两条趋势线，上方的下降趋势线曾经在图 4.9、图 4.14 中分析过。下方是更长期的上升趋势线，通过点 A 和点 B 尝试绘制上升趋势线，在点 C 得到验证。一般地，更长期的趋势线更重要，斜率更小的趋势线更重要，趋势线 ABC 两条都占了，当然更为重要。

速度越快；反之，则越慢。当斜率较大的趋势线被突破后，一般只是趋势速度的改变，而不是趋势方向的逆转；当斜率小的趋势线被突破时，往往同时形成了创新高或新低的重要技术信号，符合趋势的定义，也很可能代表着趋势方向的逆转。两相比较，斜率越小，趋势线越重要，被突破的技术信号越强。价格形态的颈线往往都具有这样的特点，因此，当颈线被突破时，构成了价格形态得以成立的最终决定性环节。

在图 4.17 中，趋势线 L1 贴近上升趋势的主要进程，斜率最大，当它被向下突破时，很可能是市场上升速度调整较慢，而不是上升趋势逆转（本图的特别之处在于，L1 被向下突破前，还形成了双重顶反转形态。L1 被向下突破后，行情走势马上也向下突破了双重顶的颈线）。后来我们又做出了上升趋势线 L2，它的斜率小些，不过市场未能维持在 L2 之上，向下突破 L2 后，稍事抵抗，接连向下突破了第三条上升趋势线 L3。L3 的斜率很小，几乎水平，它最重要。当它被向下突破后，行情同时创新低，满足下降趋势定义，这决定性地表明上升趋势逆转为下降趋势。

图 4.17　KOSPI200 日线图（2016 年 10 月 31 日—2018 年 9 月 13 日）
图上有三条趋势线，L1、L2、L3，斜率依次变小，斜率最小的趋势线 L3 最重要。

趋势加速

趋势在演变过程中往往会加速，离开原来的趋势线，而不是一直贴在趋势线上。

有时，新增的速度不能持久，在一波加速之后，行情再次回到趋势线上，在趋势线处受到支撑或阻挡，原趋势维持不变。于是，趋势总体上维持原来的速度不变，但在这个过程中，行情离开、回归，一波一波地形成一定的涨跌节奏。

在图 4.18 中，首先通过点 A 和 B，尝试绘制上升趋势线 L1。点 D 基本验证了L1 的有效性。在点 D、E、F，行情多次受到 L1 的支撑作用，总体上维持着 L1 所示的上涨速度。在上述过程中，行情并不总是贴着 L1 上升，而是离开和回归交替。上升趋势线 L2 通过点 B、G 尝试绘制，在点 H 得到验证；L3 通过点 C、I 尝试画出，在点 J 得到验证；L4 通过点 E、K 尝试画出，在点 L 得到验证。L2、L3、L4 都是短期上升趋势线，速度显著快于 L1，它们正好描述了行情离开、再回归 L1 的情况：每次上涨都比回落慢一点，但持续时间长，上涨的幅度比下跌的幅度大一些；回落的速度快一点，但持续时间短，因此回落幅度小一些。这正是上升趋势的典型特征。

市场倾向于不简单重复，L2、L3、L4 以及随后的变化似乎越来越复杂，力度也有减缓的迹象。

更多的时候，新增的速度得到了市场认可，趋势演变转入快车道，可以绘制斜率更大的趋势线。在趋势持续时间足够长的条件下，其有可能不止一次加速，我们可以绘制一系列斜率逐步增大的趋势线。

正如前文所说，趋势是被有内在的自我加强的循环机制所驱动的，这类机制天生具有自我加强的基本属性，表现在行情上就是趋势加速。

在图 4.19 中，上升趋势线 L1 经过点 A、B、C，这是最初的上升趋势线，斜率最低；上升趋势线 L2 经过点 C、D、E，这是第二根上升趋势线，是在行情加速上升时从点 B 出发绘制的，斜率高于 L1，代表了上升趋势加速；上升趋势线 L3 经过点 E、F、G，斜率高于 L2，代表了上升趋势再次加速。L1、L2、L3 被依次做出，其斜率依次增大，标志着趋势力度的逐步增强。上述过程的时间跨度超过了 15 年，令人印象深刻。

趋势自我加强的特点不仅表现在上升趋势上，也表现在下降趋势上（见图 4.20）。

图 4.18　纳斯达克指数日线图（2018 年 2 月 27 日—2018 年 9 月 14 日）

行情离开趋势线与回归趋势线，交替前行，一波一波地形成了一定的涨跌节奏。

图 4.19　印 SENSEX 指数月线图（2002 年 6 月—2018 年 9 月 14 日）

点 A 为 2003 年 4 月。从本图看来，印度股市已经持续上涨 15 年了。在这样的超级牛市行情下，必然要求趋势加速，才能印证其内在的自我加强循环。上升趋势线 L1、L2、L3 被依次做出，斜率依次上升，表示趋势逐步加强。

图 4.20　深证成指日线图（2018 年 1 月 10 日—2018 年 9 月 7 日）

本图行情处在下降趋势中，下降趋势加速了，目前正维持在更快的下降轨道内。上方的下降趋势线 L1 斜率较小，右侧下方的下降趋势线 L2 斜率较大，从 L1 到 L2，两条下降趋势线清晰地表现了趋势加速的过程。

趋势减速与扇形原理

趋势线所标志的主要是趋势演变的速度，在趋势方向不改变的前提下，总体趋势演变速度倾向于逐步增加。

然而，在趋势演变过程中，也可能出现横向延伸阶段。横向延伸阶段可能经历相当长的时间才能最终突破。从原趋势标志性的高点或低点出发，通过横向延伸区间中的显著高点或低点来绘制趋势线，可以绘制几条趋势线，这些趋势线的斜率将逐步放缓。

横向延伸状态没有方向性，之后，市场既可能上涨，也可能下跌，不过，顺延原趋势的可能性更大。因此，上述一系列趋势线的斜率逐步放缓，基本上只是行情演变速度的变化，不能据此判断趋势方向即将改变。

在图 4.21a 的下降趋势过程中，间杂了几轮明显的横向延伸阶段。起初，我们从原趋势的标志性高点 A 出发，贴近行情绘制了下降趋势线 L1。之后行情进入第一轮横向延伸阶段，差不多是在向右延伸的过程中突破了 L1。当市场向下突破后，还从 A 出发，通过这个阶段的高点绘制了下降趋势线 L2。后来，行情进入第二轮横向延伸阶段，也在向右延伸过程中较为犹豫地突破了 L2。虽然第二轮横向延伸阶段尚未最终突

图4.21a 上证50日线图（2018年1月17日—2018年9月14日）

从原趋势标志性历史高点 A 出发，可以依次绘制三条下降趋势线 L1、L2、L3，它们的斜率逐步降低，表示原趋势减速。但是，由于其主要原因是趋势进入了横向延伸阶段，这样的趋势线斜率变化暂时不足以构成趋势逆转的前兆。

破，但我们尝试着从点 A 出发，通过其中的显著高点绘制了下降趋势线 L3。L1、L2、L3 的斜率依次下降，其主要原因是原趋势演变过程中出现了横向延伸阶段，所以暂时还不能视之为趋势反转前兆，而只能看作是趋势演变速度的调整。

在这种情况下，如何判断趋势变化呢？横向延伸阶段通常会形成一定的价格形态，我们可以以价格形态的边界线（特别是颈线）为标志来进行判断。图 4.21b 最后形成了一个三角形价格形态，三角形上下边界线的斜率小于图 4.21a 中的几条趋势线，因而其重要性明显高于它们。如果市场向上突破，则趋势方向反转向上；如果市场向下突破，则原来的下降趋势延续。

另外，如果造就新趋势线的不是横向延伸阶段，而是反向的趋势性变化，情况就完全不同了。这很可能是趋势逆转，而不是速度调整。

对国内投资者来说，图 4.22a 和图 4.22b 揭示的可能是一段刻骨铭心的记忆。从 2014 年 7 月 22 日的 2050 点到 2015 年 6 月 12 日的 5178 点，上证指数形成了一轮快速拉升的牛市行情。图中点 E 是上升趋势中标志性的历史低点，从点 E 出发可绘制第一条上升趋势线 L1，它紧贴着上升趋势的轨迹。L1 斜率较大，当它被向下突破后，上升趋势很快恢复，不过 L1 从支撑作用转变为阻挡作用。从点 E 出发，通过点 F 可绘制第二条上升趋势线 L2。L2 被向下突破，不是横向延伸行情，而是表现出较为明确的反向（下降）趋势性变化，并且突破是以向下跳空的形式发生的，从而加重了向下突破的技术意义。此后，通过点 D 和点 E 还可以做出第三条上升趋势线 L3。L3 被向下突破，也不是横向延伸行情，而是呈现反向（下降）趋势性行情。在后来的回升过程中，L3 发挥了良好的阻挡作用。

事不过三。接连三次向下突破上升趋势线，并且其中包括了反向趋势性行情，这便构成趋势反转信号。换言之，当第三根上升趋势线 L3 被向下突破时，上升趋势逆转为下降趋势。

这便是扇形原理：接连三根趋势线被突破，并且突破的过程包括了反方向的趋势性变化，则构成趋势反转信号，表明趋势很可能终结，逆转为反向趋势了。

实际上，上升趋势线 L3 并不是仅仅通过点 D 和点 E 绘制的，而是具备更为长期的依据。图 4.22a 是日线图，图 4.22b 是周线图，它包括日线图的全部行情，时间范围更广。在周线图 4.22b 中，我们再次绘制了图 4.22a 中的三条上升趋势线，也标注为 L1、L2、L3，还标注了相关的标志性行情低点。上升趋势线早在点 B 和点 C 就可以尝试性绘制出来，并在点 D 得到验证。L3 的历史可以向前拓展 15 周之久，其时效性更广。与 L1 和 L2 相比，L3 不仅斜率更小，而且时间更长，当然更重要。因此，当它被趋势性行情向下突破时，决定性地标志着原来的上升趋势终结，下降趋势开始了。

图 4.21b　上证 50 日线图（2017 年 12 月 27 日—2018 年 9 月 18 日）

本图最右侧的横向延伸阶段形成了一个对称三角形形态，其上线边界线的斜率远低于图 4.21a 的几条趋势线，其重要性当然明显高于它们。判断未来趋势方向就以三角形的上下边界线为标志，如果向上突破，则趋势反转向上；如果向下突破，则原来的下降趋势延续。

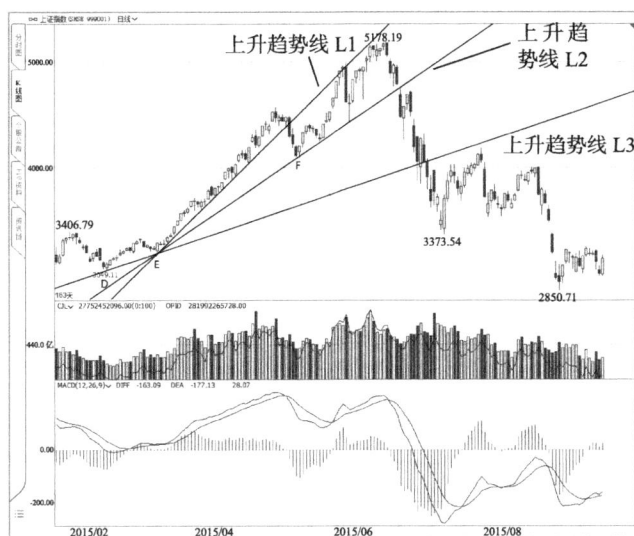

图 4.22a　上证指数日线图（2015 年 1 月 19 日—2015 年 9 月 16 日）

上升趋势线 L1、L2、L3 依次绘制，三者的斜率逐步降低。由于构成后两条上升趋势线的不是横向延伸变化，而是向下（反方向）的趋势性变化，这种情况不是趋势速度调整，而是所谓"扇形原理"，即接连打破原趋势方向的三条趋势线，构成趋势反转。

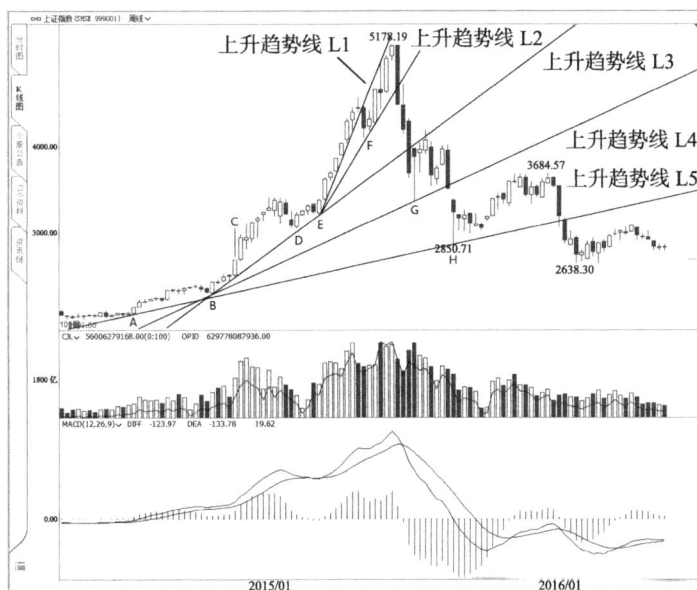

图 4.22b　上证指数周线图（2014 年 4 月 25 日—2016 年 5 月 27 日）

从周线图上来看，4.22a 中的 L3 其实是通过更早的重要低点 B 出发绘制的，它斜率更低、时间更长，因此当它被向下突破时，标志着上升趋势逆转为下降趋势。上升趋势 L3、L4、L5 都通过点 B，构成了更长期的扇形原理。遗憾的是，当 L5 被向下突破时，距离最高点 5178 已经下降了 2000 点。

此时，距离最高点 5178 已经失去 1000 多点了。由此可见，凭借扇形原理来判断趋势逆转，付出的代价是比较大的。

在周线图上，2015 年最高点 5178 点发生的是 V 形反转。不幸的是，V 形反转突如其来，缺乏可靠的技术分析信号——不等到行情下跌深入到相当程度，不可能获得有效信号。图 4.3 在介绍价格跳空时曾经交代高点之后的向下价格跳空，那是有用的技术信号，但仅凭向下的价格跳空来断定趋势逆转，似乎证据单薄。扇形原理虽然代价昂贵，但仍不失为上升趋势逆转的决定性线索，弥足珍贵。学习技术分析的同好如果此时仍不能获得趋势逆转的线索，就需要反思了。

在图 4.22b 中，我们还通过点 B、G 绘制了上升趋势线 L4，它的斜率进一步降低，并且在周线图上，当它被向下突破时，形成一个大幅的向下跳空，这既验证了 L4 的有效性，又突出地体现出了市场向下突破时的强烈反应。通过更早的低点 A、B，我们绘制了上升趋势线 L5。L5 期限更长、斜率更低。它在 H 点得到良好验证，当它被向下突破时，表明一轮急速的趋势性行情。从外观来看，在周线图中，L3、L4、L5 都通过点 B，并组成了更长期的扇形原理。遗憾的是，当 L5 被向下突破时，下降趋势已经完成了 2000 点以上的跌幅，此时为时已晚。

综上所述，如果出现了接连三根趋势线被突破的情形，就需要进一步分辨导致突破的是横向延伸阶段，还是反向的趋势性行情。

如果是横向延伸阶段，则往往形成一定的价格形态，价格形态的边界线（或颈线）斜率更低，当它被突破时，才实质性地标志着价格形态的完成，所以应以价格形态的完成为主要技术分析信号。接连被突破的三条趋势线只标志着原趋势速度的调整，并不代表趋势反转。

如果是反向的趋势性行情，那么第三条趋势线一般都是关键性的重要趋势线，当它被突破时，很可能表明原趋势已经逆转，而不是趋势演变速度的调整。正由于其中包含了反向趋势性行情，所以扇形原理付出的代价较高。

趋势线工具拓展一：管道线

在上升趋势中，在行情下方绘制上升趋势线；在下降趋势中，在行情上方绘制下降趋势线。这是基本的趋势线，也最常用。接下来，我们要拓展趋势线的绘制方法和用法，不局限在趋势行情的一侧，而是从趋势行情轨迹的两侧来着手分析。

我们先看"管道线"。

如图 4.23 所示，在下降趋势中，按照常规方法通过点 A、B 尝试绘制下降趋势线，其在点 C 得到验证。我们通过历史高点 A 和 B 做出下降趋势线后，就可以在行情曲线的下方通过历史低点 D 引出其平行线，这是下降趋势的管道线。下降趋势线和管道线围成一条平行通道，如同一根水管，行情像活水一样从管道中流过。

图 4.24 是上升趋势，我们通过历史低点 A 和 B 绘制常规的上升趋势线后，也可以从趋势的上边历史高点 G 引出上升趋势线的平行线，作为上升趋势的第一根管道线。后来的高点 E 向上突破了第一根管道线，于是我们又从点 E 引出第二根管道线，并且暂且同时保留两根管道线以观后效。结果，第一根在后来的高点 H、I、J、K、L 等处均发挥了良好的阻挡作用，而第二根管道线终于在高点 F 处发挥了阻挡作用。

市场技术分析适用于各种时间级别，本章介绍的各类基本工具都可以应用到分时图。图 4.25 是美元指数的分时图，可以看出，管道线在分时图上的应用相当适宜。

综上所述，管道线所描述的趋势行情具有填满平行通道的倾向，借此，可以在一定程度上做如下分析。

第一，当市场走势从管道一侧弹向另一侧后，我们可以适当预期行情将达到管道的另一侧。

第二，当市场到达趋势管道的某一侧附近时，我们可以合理地预期趋势线或管道线将发挥支撑或阻挡作用。

图 4.23　伦敦银现日线图（2018 年 4 月 23 日—2018 年 9 月 18 日）

在下降趋势中，通过标志性历史高点 A 和点 B 尝试绘制下降趋势线，通过点 D 引出下降趋势线的平行线，它被称为管道线。在点 F，管道线发挥了精彩的支撑作用。

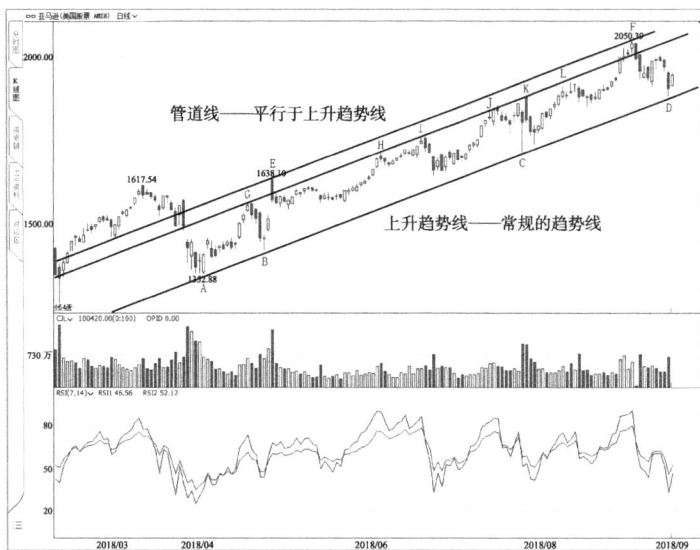

图 4.24　亚马逊日线图（2018 年 2 月 8 日—2018 年 9 月 18 日）

在上升趋势中，通过历史低点 A 和 B 绘制上升趋势线（在点 C 得到验证，在点 D 发挥支撑作用），随后从历史高点 G 引出其平行线，得到一条管道线；历史高点 E 向上突破了前一根管道线，我们马上从点 E 再引出第二根管道线，两者暂且都保留，以观后效。在历史高点 H、I、J、K、L 等处，第一根管道线发挥了良好的阻挡作用。而在历史高点 F 处，第二根管道线也发挥了良好的阻挡作用。

图 4.25　美元指数分时图（2018 年 9 月 5 日—2018 年 9 月 19 日）

在下降趋势中，通过历史高点 A 和 B 绘制下降趋势线，通过历史低点 D 引出其平行线，这是下降趋势的管道线，其在点 E 和点 F 得到了有效的支撑。在箭头所指的地方，行情不能到达管道的下边缘，这往往意味着，行情可能要考验管道的上边缘。同时箭头所指处基本上构成价格水平线。

第三，如果市场从上升趋势线向上折返，却无力到达上方的管道线，可能表示上升趋势的力度有所减弱；如果到达上方的管道线之后突破管道线继续上涨，有可能表明上升趋势的力度正在加强。在下降趋势中，方向相反，道理相同。

需要补充的是，趋势受自我加强或自我削弱的正反馈循环机制驱动，在通常情况下，趋势倾向于逐渐加速，而不是长时间维持匀速，因此表现良好的管道线也不应当维持得过久。不能逐渐加速，至少说明当前趋势需要一场较大幅度的调整。

趋势线工具拓展二：另一侧的趋势线

我们再来看"高点连线"或"低点连线"。

在上升趋势里，基本的上升趋势线位于行情轨迹下方，通过历史低点连接而成；高点连线则是在行情轨迹的上方，通过历史高点连接而成。根据趋势的定义，上升趋势的核心在于市场创新高的能力，把相邻的高点连起来，可以直观地观察市场创新高的速度。

在下降趋势里，基本的下降趋势线位于行情轨迹的上方，通过历史高点连接而成；低点连线则是在行情轨迹的下方，通过历史低点连接而成。根据趋势的定义，下降趋势的核心在于市场创新低的能力，把相邻的低点连起来，可以直观地观察市场创新低的速度。

图 4.26 的行情是上升趋势，从高点 A 出发，通过高点 B，尝试绘制高点连线 AB，其在高点 C 得到验证，并在高点 D 和 E 发挥了重要的阻挡作用。有趣的是，这条高点连线的绘制方法与基本的上升趋势线类似，发挥的作用也相似，只是行情高点的波动性更高而已。

图 4.26 中的高点连线在相当长的时间内都在发挥作用，这种情况并不常见。在上升趋势中，高点是由按照趋势方向向上的一波又一波冲击所形成的，这些时候市场情绪高涨；低点则是反趋势方向的调整行情留下的，往往处在市场相对平静的时期。正因为此，基本的上升趋势线沿着行情调整留下的低点连接而成，其作用相对更持久；而上升趋势中的高点连线，代表了上升趋势的冲击力，可以借之观察上涨速度的加快或放缓。

图 4.27 是更为典型的上升趋势中高点连线的情形，在图中最左侧最初的阶段，从高点连线 AB 开始，其斜率最小；然后到第二阶段，留下了高点连线 BCD，其斜率稍大于 AB；最后是高点连线 DE，其斜率最大。三者代表着上涨速度不断加快，越来越强劲地创新高、改写着历史纪录。大体上，这是上升趋势的常规情形。如果出现相反的情况，即高点连线的斜率越来越小，可能表示市场上涨的速度降低、力度减弱，表明市场即将进入调整阶段，甚至可能形成趋势反转。

图 4.26 美麦主连日线图（2018 年 1 月 8 日—2018 年 9 月 21 日）

在上升趋势中，常规趋势线位于行情轨迹的下方，通过历史低点连接而成。"高点连线"位于行情轨迹上方，从历史高点 A 出发，经过历史高点 B，尝试绘制高点连线 AB，其在高点 C 得到验证，并在高点 D 和 E 处发挥了重要的阻挡作用。

图 4.27 苹果公司日线图（2018 年 1 月 8 日—2018 年 9 月 21 日）

上升趋势在加速，通过高点 A 和 B 绘制高点连线 AB；通过高点 B 和 C 绘制高点连线 BC，其在高点 D 得到验证；通过高点 D 和 E 绘制了高点连线 DE。在高点 D 和 E 之间趋势加速较为明显，但是高点 B、C、D 之间实际上也是加速的，但不明显。连线 BCD 相对于连线 AB，斜率更大，简明地显示了加速的过程。

图 4.28　LmeS_锌日线图（2018 年 2 月 13 日—2018 年 9 月 21 日）

在下降趋势中，通过历史低点 A 和 B 绘制低点连线，其在低点 C 得到验证；通过低点 C 和 D 连线，其在低点 E 得到验证。CDE 的斜率大于 ABC 的斜率，显示下降趋势在加速。

同样道理，在下降趋势中，低点是由按照趋势方向向下的一波又一波冲击所形成的，这些时候市场情绪较为恐惧；高点则是反趋势方向的回升行情形成的，往往处在市场相对平静的时期。正因为此，基本的下降趋势线由沿着行情调整留下的高点连接而成，其作用相对更持久；而下降趋势中的低点连线代表了下降趋势的冲击力，可以借之观察市场下跌速度的加快或放缓。

图 4.28 为下降趋势，通过历史低点依次绘制了两条低点连线，其斜率逐步加大，表明市场下降速度增加。

图 4.29 也是下降趋势，通过历史低点依次绘制了三条低点连线，其斜率逐步减小，表明趋势力度减缓，很可能即将进入调整阶段。

趋势线工具拓展三：交叉趋势线

前文介绍的趋势线要么绘制在行情图线的上方，要么在其下方，不会从行情图线中间穿过，现在要介绍的"交叉趋势线"则是穿过行情图线的"趋势线"。图 4.30 中有两条上升趋势线，下方的那条是正常的上升趋势线，而上方的那条趋势线原本"正常"，只是在点 E 处被向下突破后（行情穿过了趋势线，这就是所谓"交叉"的由来），其支撑作用转化为阻挡作用，当市场再次上升时，在点 F 处遭遇到这条原来的上升趋势线的阻挡作用，留下了高点 F。由此看来，无论趋势线是否被突破，把它适当延长，

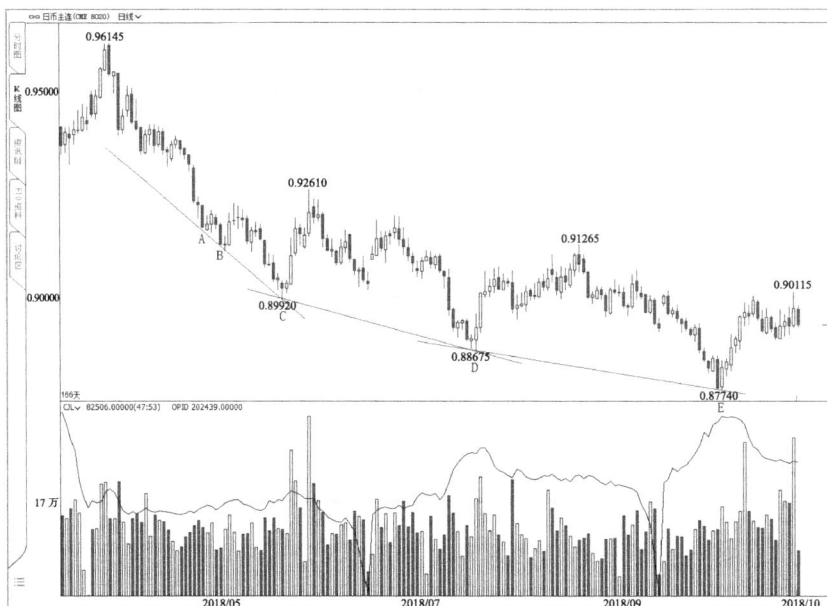

图 4.29　日币主连日线图（2018 年 3 月 9 日—2018 年 10 月 29 日）

在下降趋势中，通过历史低点 A 和 B 绘制低点连线，其在低点 C 得到验证；通过低点 C 和 D 绘制第二条低点连线；通过低点 D 和 E 绘制第三条低点连线。三条线的斜率依次降低，显示趋势下降的力度减弱，市场即将进入调整阶段。

图 4.30　美元兑日元日线图（2018 年 1 月 24 日—2018 年 10 月 12 日）

图上有两条上升趋势线，都是从低点 A 引出的。上方的趋势线在低点 C 和 D 处正常发挥支撑作用，但在点 E 处被向下突破，从此转化为阻挡作用，并在高点 F 处显著发挥作用。下方的趋势线还处在正常作用状态。

都可能会扩展原趋势线的支撑或阻挡作用。

　　既然延长基本的趋势线能够得到上述好处，我们便可以更进一步。原本我们连接两个历史低点尝试绘制上升趋势线，连接两个历史高点尝试绘制下降趋势线，现在不妨扩展趋势线的绘制方法，通过一个历史高点和一个历史低点来尝试绘制"交叉趋势线"。

　　在图 4.31 中，我们主动出击，没有等待哪条基本的上升趋势线或下降趋势线转化角色，而是在历史高点 A 和历史低点 B 出现后马上尝试绘制了不同于基本趋势线的交叉趋势线 AB（在点 A 和 B 点之间行情曲线穿越了趋势线 AB，所以称之为"交叉趋势线"），结果它在历史低点 C 得到了验证，在历史低点 D 发挥了良好的支撑作用，当市场在 E 处向下突破交叉趋势线 AB 后，它在历史高点 F 发挥了阻挡作用。在点 F 的几天之后，市场再次向上返回到它附近，这一次遭到了严厉的阻击，很快形成了高点 G，并引发了一轮剧烈的下跌行情。

　　从图 4.31 可以看到，交叉趋势线穿越了行情曲线，它们发挥作用的时间通常较长，更重要的是，它们的斜率一般都较小，因此其技术分析意义往往比较重要。

　　图 4.32 中趋势线 AB 本是从图线下方绘制的，大体上属于上升趋势线，但经过 D 处的行情向下穿越，再经过 E 处的高点，它就成了较为典型的交叉趋势线。

　　由此看来，交叉趋势线不讲究来历，从相关的历史高点或低点绘制出一条直线，只要后来得到验证，就有应用价值。由于交叉趋势线往往比较重要，借助交叉趋势线，

图 4.31　富时主连日线图（2018 年 1 月 17 日—2018 年 10 月 12 日）

连接历史高点 A 和历史低点 B 尝试绘制交叉趋势线 AB，其在点 C 得到验证，在点 D 发挥了良好的支撑作用。在点 E 处，市场向下跌破了交叉趋势线 AB，后来在历史高点 F 和 G 它发挥了良好的阻挡作用，甚至在点 G 引发了显著的下跌行情。

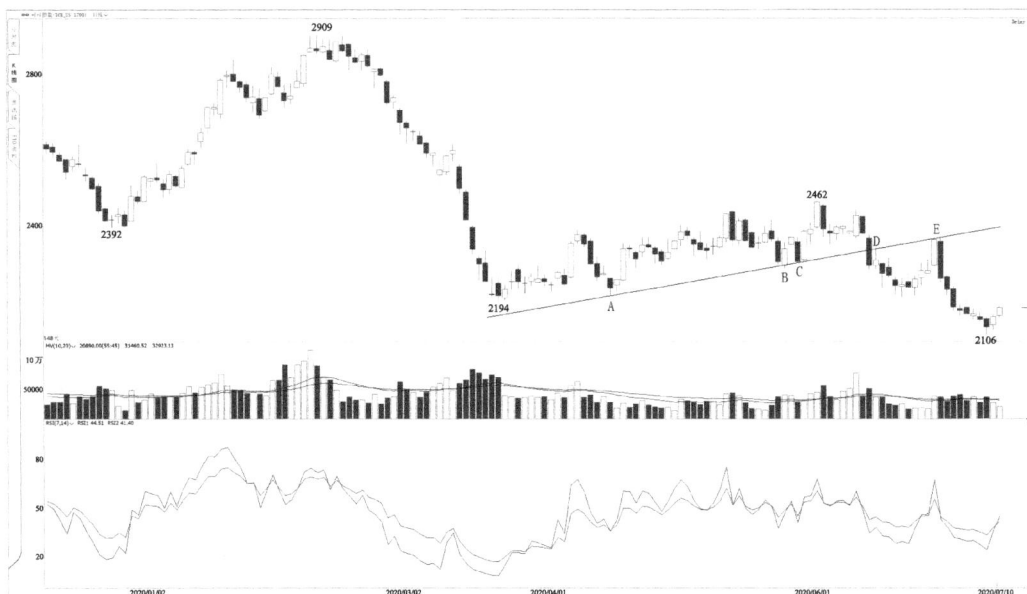

图 4.32　可可指数日线图（2019 年 12 月 9 日—2020 年 7 月 10 日）

通过低点 A 和 B 尝试绘制上升趋势线 AB，在 C 点得到验证（在 B 点趋势线稍有调整，用的是实体低点，不是当日最低点）。D 点是市场向下跌破支撑线 ABC 之后向上反扑的高点。此时，原来的支撑线已经转为阻挡线。高点 E 令人印象深刻，市场再次向上尝试交叉趋势线 ABCD，在接连碰壁之后，开始了快速下跌。

图 4.33　玉米指数月线图（2007 年 9 月—2018 年 10 月 16 日）

通过点 A 和点 B 绘制交叉趋势线 AB，其在低点 C 得到验证。在点 D 处，市场向下穿越交叉趋势线 AB，这引发了重要的下跌行情。BCD 上方的顶部形态延续了三四年之久，交叉趋势线 AB 恰好是顶部形态的颈线，因此其突破信号意义较大。

图 4.34 场内镍 03 月线图（2000 年 12 月—2018 年 10 月 16 日）

连接低点 A 和 B 绘制趋势线 AB，其在点 C 处得到验证。这基本是一条上升趋势线，由于其斜率较小、期限较长，因此具有重要意义。在点 D 处，市场向下突破趋势线 AB，它就变成了交叉趋势线。在点 F，趋势线 AB 发挥了阻挡作用。

我们可以大大扩展趋势线的绘制方法和应用场合，得到较重要的市场技术分析线索。

图 4.33 和图 4.34 都是月线图，其中的行情演变具有长期性，引人注目。

图 4.33 的交叉趋势线由一个高点和一个低点连接而成，其穿越了行情曲线，是典型的交叉趋势线。并非偶然，这条交叉趋势线也是顶部形态的颈线，因此具有较为重要的技术分析价值。当市场向下突破这条交叉趋势线后，发生了一轮剧烈而持久的下跌行情。

图 4.34 的交叉趋势线来自原来的长期上升趋势线，不过这条上升趋势线的斜率很小，一旦被向下突破，便转化为交叉趋势线，并在点 F 发挥了重要的阻挡作用。

以上介绍了不同类型的趋势线。趋势线不仅绘制方法灵活，而且可以广泛应用于价格图线、交易量、持仓量、移动平均线、摆动指数、股市统计指标、各类经济指标等方面。只要指标可以展现为曲线，就可以采用趋势线工具进行分析。

第三节
价格目标的正反两方面含义

设置价格目标的利与弊

价格水平、百分比回撤水平、价格跳空的边界线都是水平线；趋势线是斜线，其作用类似于水平线——起支撑作用或阻挡作用。

如果当前行情正处在上述直线或斜线附近（如图 4.22a 所示），我们可以采取从激进到保守的各种入市策略。

如果当前行情不在上述直线或斜线附近，那么我们往往可以有意无意地把上述直线或斜线所在的位置看成当前行情的价格目标。在图 4.35 中，当前行情正处在剧烈下跌过程中，在其下方，趋势线 AB 和历史低点 B 所处的价格水平都可能被看成下跌行情的价格目标。第六章会讨论反转价格形态，其中有一种观点是，行情从哪里来还会回哪里去，以行情起点作为形成反转形态之后的价格目标。

设置价格目标有利有弊，但弊大于利。

首先，无论水平线还是斜线，都是根据行情历史记录绘制的，都是对静态的历史记录的加工。回顾历史，行情记录是事实，是确定的；展望未来，行情充满活力，到底怎么走，那是不确定的。不能用死框框来描绘活行情。

其次，预设价格目标，导致了一定程度的成见，带着成见观察行情，显然将降低观察者的灵活性，观察者甚至会受到误导。考虑到这样的副作用，我们宁可不考虑、不评估趋势的价格目标。

恰当的观点是，历史形成的静态标志线组成了客观的刻度线，它们是衡量市场状

图 4.35　恒生指数月线图（2007 年 6 月—2018 年 10 月 29 日）

当价格水平、百分比回撤水平、价格跳空、趋势线等处在当前行情的前方时，我们会有意无意地将之看成价格目标。恒生指数正处在激烈的下跌行情中，趋势线 AB 所处的位置有可能被看成价格目标；18278 是其下方的重要价格水平，也有可能被看作价格目标。

态、趋势力度的标尺，而不是限定行情演变的框框。行情的历史和未来通过这套标尺建立联系。

如果在趋势演变的前方或后方存在明显的价格水平、百分比回撤水平、价格跳空、趋势线（尤其是斜率较小的趋势线），我们可以用它作为参照标准（见图 4.36）。

在未来的行情演变过程中，如果市场未能到达参照标准，提早掉头折返，那么：

- 发生在顺趋势方向的，表明趋势力度不如预期，可能发生反向的变化；
- 发生在逆趋势方向的，表明原趋势力度强劲，原趋势可能随时恢复，继续前进。

如果市场基本达到了参照标准，那么：

- 无论发生在顺趋势方向还是发生在逆趋势方向，都表明行情很可能继续按部就班地演变。

如果市场超越了参照标准，那么：

- 发生在顺趋势方向的，表明趋势力度加强，不过，如果市场在超越时成交量形成了巨量，那就或许要小心；
- 发生在逆趋势方向的，表明原趋势可能发生反向的变化。

描述趋势的语言不是精确的，而是模糊的、概率化的，就像量子力学相对于牛顿

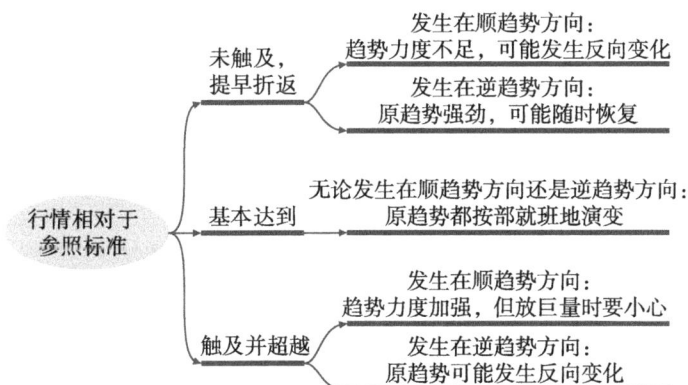

图 4.36　以价格等作为趋势演变标准的情形

以价格水平等作为衡量市场状态和趋势力度的参照标准，可以分为五种情况。无论行情是否触及或是超越参照标准，都可以透露出有价值的技术分析信息。

力学的差别一样。我们日常习惯的观察是，前一个时点物体在这里，根据其速度和所受的外力作用，能精确地预计它在下个时点的位置和速度，因此我们养成了事事求"精确"的习惯。而当面对市场的不确定性时，这种习惯要么让我们白费力气地追求确定性，如同追求长生不老一样；要么让自己处在深深的矛盾之中，如坐针毡。值得推荐的办法是，养成用概率理解行情的良好习惯，对行情演变安之若素。

至此我们完成了对趋势分析基本工具的介绍，所介绍的内容包括了趋势的定义、价格水平、百分比回撤水平、价格跳空、趋势线等。行情是我们的素材，上述工具则是我们加工素材的手段，目的是尽可能按照市场的本来面目准确地描述和界定行情状态，把行情归结到不同的行情状态类别中，根据不同的市场状态采取相适应的行动。这便是分析市场的基本过程。

人算不如天算——谋事在人，成事在天

人算不如天算。

在图 3.22a 中，我们精选了美元指数日线图来示范在 95.50 价格水平前后五种选择买点的方法。当市场向上突破时，买入是常见的策略，这是其中的第四个买点。

图 4.37a 展示了后续的行情演变，即 2018 年 8 月 10 日至 10 月底的行情变化。假定我们在突破时买入，建立多头头寸。不幸的是，2018 年 8 月 10 日之后，市场只有 3

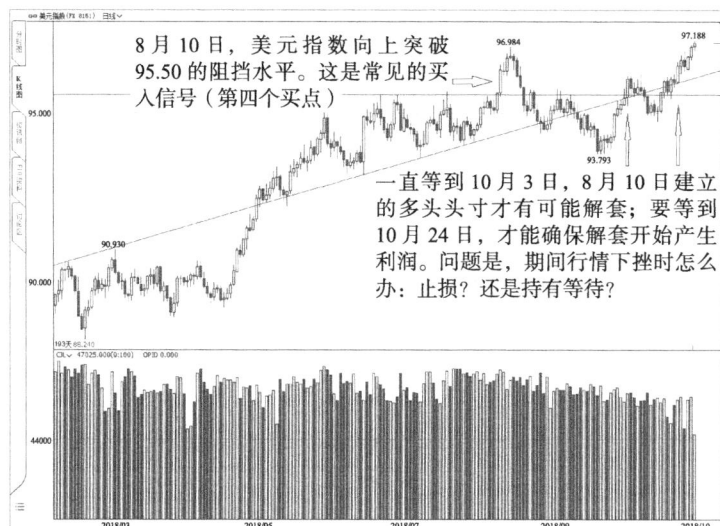

图 4.37a　美元指数日线图（2018 年 2 月 2 日—2018 年 10 月 31 日）

本图是图 3.22a 的后续演变，与图 3.22a 的初衷很不一样，行情的演变路径曲折多变，大大出乎意料。

天的小幅上涨行情，然后一路下跌，一口气跌破了 95.50，之后始终在之下逗留，最低点曾经达到 93.79。一直等到 10 月 3 日，才再次回升到 95.50 之上，这时，8 月 10 日建立的多头头寸才有可能解套。之后市场又有两周上下徘徊，要等到 10 月 24 日，市场终于决定性地上升，这时才能确保 8 月 10 日的多头头寸解套并开始产生利润。

后续行情变化和图 3.22a 的初衷很不一样，虽然不至于方向完全相反，但演变路径复杂多变，充分展现了未来行情的灵活多变——这充分证明，历史是准确的既成事实，未来只是模糊的概率分布。

2018 年 8 月 10 日最低价为 95.51、最高价为 96.45，假定买入价为 96.00。对比图 4.37a 与图 3.22a，可以提出一个重要问题：从 8 月 10 日到 10 月 24 日的约两个半月里，到底是应当止损，还是应当苦苦忍耐，坚定持有？

这段曲折大体上只是演变的路径变得比较复杂，使得原先的上升三角形转变为横向价格区间。因为横向价格区间的本意就是莫衷一是，在徘徊之中等待新的突破机会，既可能向上突破，也可能向下突破。横向区间内的价格变化也没有太大的趋势性意义，在其中选择止损点尤为困难（见图 4.37b）。

如果止损，期间最低点为 93.79，距离买入的点位大约损失 2.3%，损失不算太大，但就此罢手，很可能错过后来的上涨过程，令人很不甘心。

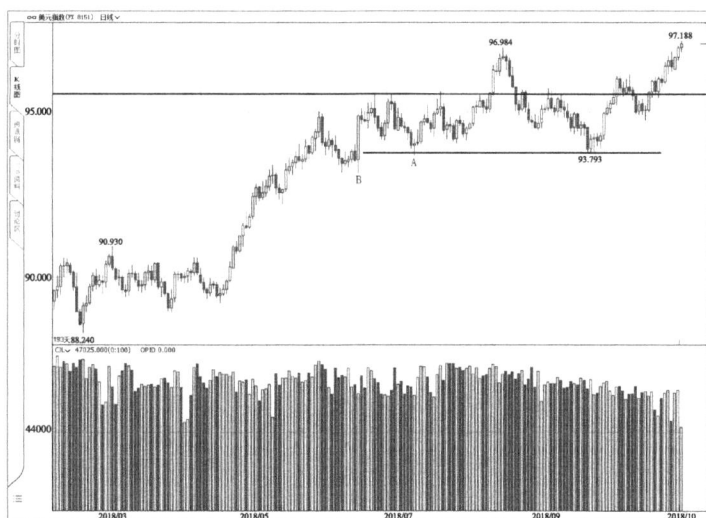

图 4.37b 美元指数日线图（2018 年 2 月 2 日—2018 年 10 月 31 日）

2018 年 8 月 10 日市场向上突破 95.50 的价格水平，7 天后便重新向下突破了该价格水平，否决了向上突破。那么，之后的市场状态是怎样的呢？原拟发生的上升趋势没有出现，但市场也没有形成下降趋势，而是进入了从前期历史低点 A 引出的支撑价格水平和 95.50 之间的区间，形成了横向延伸趋势。

如果不止损，那么图4.37b的横向区间既可能如图所示地向上突破，恢复上升趋势；也可能向下突破，拓展新的下方空间甚至转变为下降趋势。这就带来了巨大的不确定性，这样的不确定性，投资交易者能不能承受、该不该承受？

要回答上述问题，还是必须回到趋势上来。请回顾图1.14、图1.15，以及相应的讨论趋势三阶段的内容，那里我们已经交代美元指数处在超长期上升趋势的第二阶段。本例的曲折实际上验证了我们对趋势演变第二阶段特征的分析：在相对高位上往来不穷、上下不定，却不能形成清晰的上涨过程，有时甚至发生较深的下挫——只是无法挑战上升趋势第一阶段（底部）的低点。在第二阶段，最佳策略是耐心地逢低买进，但不宜追涨，也不应该轻易地给多头头寸止损。因此，在这里，我们倾向于不止损，而是持有、忍耐。

在图4.37a的案例中，多头头寸的损失最多为2.3%，似乎还可以忍受，我们再看下一个案例。请看图4.38a，在市场向下突破对称三角形下边线后，市场回抽到下边线

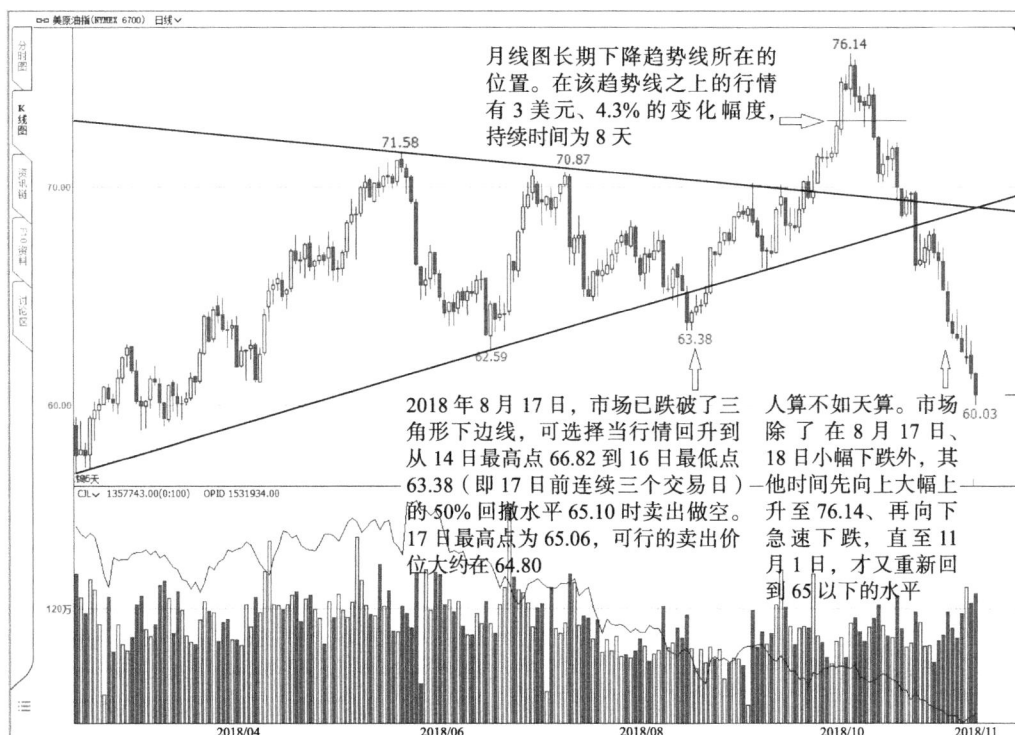

图4.38a　美原油指数日线图（2018年2月9日—2018年11月9日）

2018年8月15日，市场向下突破对称三角形的下边线，构成卖出信号。17日，利用市场向上反弹至14日—16日下跌过程50%回撤水平的机会卖出，是一个不错的选择。孰料人算不如天算，之后除了2018年8月17日、18日市场小幅下跌外，行情先是大幅上涨，再是急速下跌，直至11月1日，才重回到65以下的水平。

的下方时（原来的支撑线现在转变为阻挡线），差不多是前一轮下跌行情的 50% 回撤水平，这看来是不错的卖出做空的机会。对比图 4.38a 和图 4.38b，这一点在 2018 年 8 月 17 日出现，卖出价位大约在 64.80。

　　人算不如天算。之后，除了 2018 年 8 月 17 日、18 日两天小幅下跌之外，市场先是大幅上涨至最高点 76.14，再急速下跌，直至 2018 年 11 月 1 日，市场才重新回到了 65 以下的水平。在本案例中，如果忍耐不止损，则上述头寸的浮动亏损最多可达 17.5%。这个幅度远远超过了前一个案例的 2.3%。

　　为什么要止损？是因为不能承受亏损吗？还是因为判断错了趋势必须纠错？

　　投资交易者仓位越重，甚至运用了资金杠杆，则越难以承受市场不利的变化。在重仓位的情况下，当事人顾不上趋势不趋势，发生一定亏损后就必须止损，因为首要的是保命。问题是，止损之后，有可能趋势并没有改变，当事人应当不受止损的影响，继续判断趋势并跟踪趋势交易。特别在趋势第二阶段，可能当事人对趋势的判断是正确的，只是时机把握不好，因此在遭遇了几次止损后，累积起来的亏损也会较大。更有甚者，当事人反复地建仓、止损，备受折磨，最终失去了继续追踪趋势交易的耐心和勇气，当趋势行情真正展开时，却与行情擦肩而过。

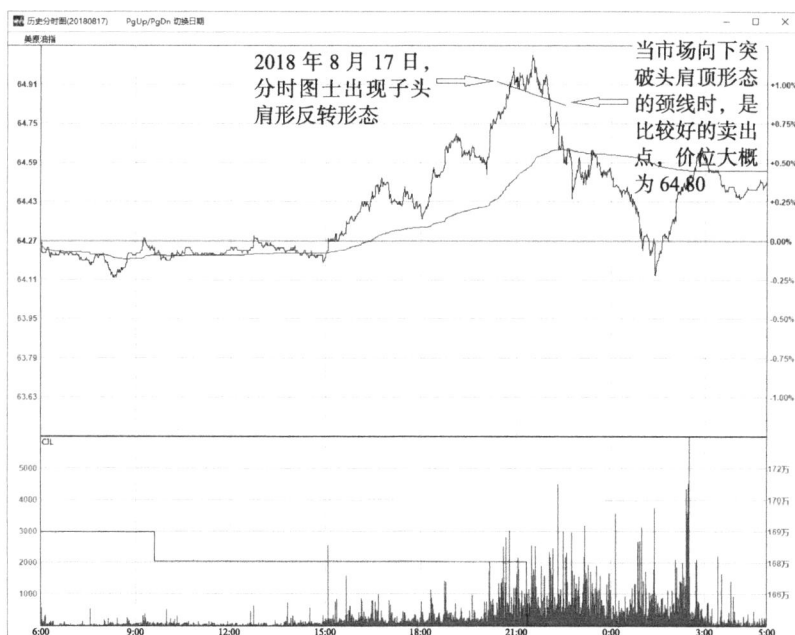

图 4.38b　美原油指数分时图（2018 年 8 月 17 日）

当日大约在 21 时后，在分时图上形成了一个微型的头肩顶形态。当市场向下突破头肩顶颈线时，构成了较好的卖出信号，卖出价位大约在 64.80。

投资交易者仓位越轻，不用资金杠杆，则越相对从容，能够承受较大的不利变化，有余裕判断到底是看错了趋势，还是属于一时的行情波折。如果确实看错了趋势，那就必须止损，重新研究行情，选择市场方向；如果没有看错趋势，只是行情曲折程度增加，那就可以再忍耐一段时间，这样或许可以保留更多的机会。

然而，轻仓交易也有不利之处。首先，不重仓，盈利就不会太大。更可怕的是，在轻仓的情况下，发生亏损时我们倾向于忍耐，当我们最终认识到判断错误而止损的时候，可能市场已经朝着不利的方向走出了较远距离，已导致了较大损失。

图4.38c是图4.38a的月线图，从中我们可以看到图4.38a所处的更宏大的背景。通过历史高点A和B绘制长期下降趋势线。市场在历史高点C处——2018年9月的月线高点向上触及了该趋势线，9月的高点是73.01。10月，市场向上挑战该趋势线，并一度明显超越。当市场向上突破9月的最高点73.01时，这是判断市场向上突破该趋势线的较好参照。如果我们此时断定趋势转而向上，按照上月高点73.01来认错止损，则损失大约为12.65%，就会一次性遭受较大的损失。

在图4.38c中，市场并未真正向上突破该趋势线，很快又回落到趋势线之下，并进入快速下跌状态。在图4.38a的右上方，大约在73.01的价位，我们用一根水平线标出了月线图上长期下降趋势线的位置。从这个位置到最高点76.14，还有2.3%的幅度，

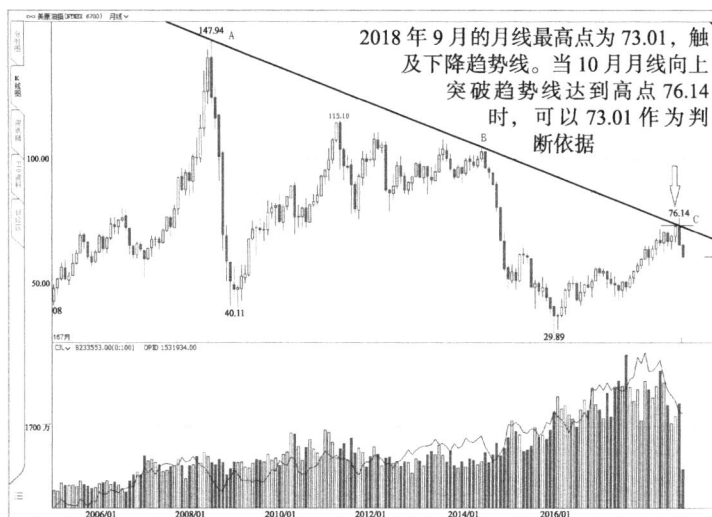

图4.38c　美原油指数月线图（2005年1月—2018年11月9日）

发生在图4.38a中的三角形及其之后的变化都是在长期下降趋势线上点C处附近的变化。
2018年9月的月线最高点73.01已经向上触及下降趋势线。当10月的月线向上突破73.01
达到76.14时，可以判断市场向上突破趋势线。当然，后来当市场再次回到趋势线之下时，
表明上述突破是假突破。

且持续时间有 8 个交易日。这个过程不可忍耐，而且市场的不确定性也不可承受。因此，上述止损是必须的。

无论如何，即使遭遇了上述止损的打击，当事人也不应该气馁，而是应该持续跟踪行情，当市场重新回到趋势线之下后，判断下降趋势恢复，继续做空。

值得指出的是，针对图 4.38b 中的空头头寸，在图 4.38a 中，当市场重新向上突破三角形下边线，回到三角形之内时，标志着之前的向下突破为假突破，但现在属于三角形横向盘整过程，未来既可能向上突破也可能向下突破，此时可以进一步观察，不必急于止损；然而，之后，当市场从三角形中向上突破其上边线后，意味着市场已经做出了新的抉择——上升，此时应当果断止损，甚至考虑做多。既然当初主要根据三角形突破来建立头寸，那么当市场为三角形形态重新选择突破方向时，当然应当相应地重新选择交易方向。

通过上述两个案例的对比，对于到底应该把止损建立在趋势判断上，还是建立在对亏损的承受能力上，相信明智的读者一定有自己的思考和选择。

这里尝试给出我们的选择。

第一，尽量放长眼光，捕捉市场处在长期趋势状态的机会，做长期趋势。可先轻仓做长期趋势，若趋势判断错误，则须果断止损。

第二，尽量判断趋势的阶段特征。如果亏损发生在趋势第二阶段，则宁可忍耐；如果亏损发生在趋势第三阶段，则尽快止损。

第三，不拒绝重仓，但重仓是在正确跟踪趋势的过程中步步为营地逐步积累起来的，而不是孤注一掷。重仓要有足够厚的安全垫。

前面曾经说过，投资交易如同钓鱼、打猎，好策略通常是多看少动，要静如处子、动如脱兔。请注意其前提条件：是否存在长期趋势，是否有足够大的趋势规模，值不值得下功夫、做长线。换句话说，先得看林子里有没有鹿、水里有没有鱼；如果有，再施展打猎和钓鱼的功夫不迟。

从上述两个案例中，我们得到如下启示，并以此作为第三章和本章的小结。

第一，未来行情是模糊的、概率性的。投资交易的世界是"量子世界"，不是"牛顿世界"。行情是活生生的，不容静态的框框来限制、框定。虽然价格水平、趋势线等是基本的趋势分析工具，具有重要的参考价值，但是它们并非铜墙铁壁。面对活生生的市场，面对不确定的未来，在应用这些工具时，对市场在其附近发生的含糊变化要给予一定的容忍度。

　　第二，市场变化存在基本的趋势方向，所谓大概率指的就是符合趋势方向的变化。令人欣慰的是，如果市场进入了长期趋势状态，基本趋势方向是相当可靠、相当确定的。基本的趋势分析工具可以帮助我们判断趋势方向、检验趋势力度。

　　第三，到底是因为承受不了亏损而止损，还是因为判断错了趋势而止损？这是一个两难选择。如果在趋势的第二阶段做错了，要尽量忍耐；如果在趋势的第三阶段做错了，则必须要尽快止损认赔。关键在于，止损之后要清空自己，从零开始。绝不能因为止损而背上思想包袱。

第 五 章

常见的持续价格形态

Investment
by Trend

行情变化是快速变化和密集区交替出现的。市场经过一轮快速变化后，往往会进入密集区进行休整，一边积蓄力量，一边寻找突破方向。通常，快速变化是按照既定方向勇往直前的，而进入密集区后，市场便在犹豫和彷徨之中来回试探，直至摸索出市场阻力最小的方向。换句话说，市场在进入密集区之前的方向和突破密集区之后的方向不一定是一致的，行情变化往往是在密集区里酝酿形成的。人们常说，趋势变化不是一天形成的，往往表现为一个过程。这个过程通常就是密集区。当然，偶尔也会遇上 V 形反转，此时从上涨到下跌或从下跌到上涨是猛然完成的，那不是什么过程，而是一场剧烈转折。

密集区如同水流中的漩涡，充满了不确定性，值得着重研究。

价格形态是对前两章介绍的趋势分析基本工具的组合运用。对价格形态的分析恰如围棋的定式，是把各种基本要领组合起来，形成双方相对均衡、对双方都是最优选择的一个博弈过程。围棋定式是基本功，价格形态分析也是市场技术分析的基本功。

学习围棋定式，首先要将其牢记于心，在博弈中可以不假思索地应用；其次要在反复运用的过程中深入体会围棋基本要领的真意和作用，因此定式是学习围棋的"捷径"。

无独有偶，学习价格形态分析，首先也要牢记分析价格形态的基本要领，做到在交易过程中可以不假思索地应用；其次，形态分析正是趋势分析基本工具的恰当组合运用，通过形态分析可以更便利地体会基本分析工具的深刻内涵和功用。

价格形态分析中最重要的一点是，任何形态分析都不能孤立地"就形态论形态"，而是一定要结合价格形态所处的趋势背景来跟踪、理解、运用它。价格形态本身在后市方向上可能带有一定的倾向性，但充其量只是一点倾向性而已，决定性的力量来自价格形态所处的趋势本身。

第一节
矩形（箱体）价格形态

矩形价格形态的基本特点

矩形可能是最简单的价格形态，它是由上下两条价格水平线共同围成的一段行情，其外观与矩形相似，由此得名。矩形实质上就是两条价格水平线的组合，在矩形形态内部，上方的价格水平线起到阻挡作用，每当行情接近或达到上方的价格水平线时，都会掉头向下；下方的价格水平线起到支撑作用，每当行情接近或达到下方的价格水平线时，都会反身向上。市场往往在两条价格水平线之间来来回回地往返多次。

在图5.1中，从2018年7月到11月，上证50指数在上下两条价格水平线之间徘徊。从上方的价格水平线来看，它原本是从历史低点A引出的支撑线，市场在D点处向下突破后，它转化为阻挡水平线。这是典型的价格水平线的作用。之后市场屡屡在接近这条水平线时遭遇阻挡作用，掉头向下。从下方的价格水平线来看，它是从历史低点H引出的，之后每当市场接近或达到这条价格水平线时，都受到了良好的支撑作用。

矩形又被称为"箱体"。矩形就像黑箱，行情进入黑箱后，箱子里的变化令人困惑，既不知道市场走势何时会从里面出来，更不知道从哪个方向出来。矩形的基本特征就是巨大的不确定性。两条水平线组合成矩形形态，只有所谓支撑和阻挡作用，从而突出了行情的不确定性。

矩形形态内的行情变化是典型的横向延伸趋势，在上下界限确定后，市场画地为牢，既不能有效地向上突破，也不能有效地向下突破，不知道该往哪儿去，基本上局限在两条水平线范围内。按照趋势原理，在通常情况下，趋势倾向于加速，即在总体上，上升趋势往往越来越快地上升，下降趋势往往越来越快地下降；反之，横向延伸趋势则越来越趋于收缩，不但价格摆动的幅度越来越窄，伴随的交易量也越来越小。这是市场最终即将选择方向突破的前兆。

这一点在图5.1中并没有明显地体现出来，矩形后期的交易量甚至有放大的迹象，给人带来了更多的困惑。

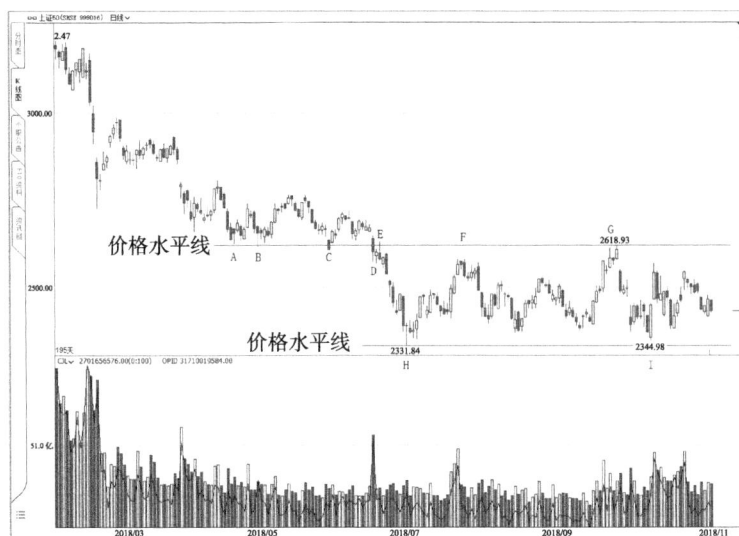

图 5.1　上证 50 指数日线图（2018 年 1 月 24 日—2018 年 11 月 14 日）

从历史低点 A 引出的价格水平线，在点 B、点 C 处它发挥了支撑作用。在点 D，市场向下突破；隔一天之后，市场向上反弹，在点 E 遭到该水平线的阻挡作用。在点 F 处，市场未达到该水平线，显示市场内在的疲软。在点 G 处，市场再次遭遇该水平线的阻挡作用。从历史低点 H 引出的价格水平线，在点 I 处发挥了支撑作用。高低两条价格水平线围成一个矩形价格形态。在 4 个多月的漫长时间里，市场始终在上述矩形内部游荡，无所作为。

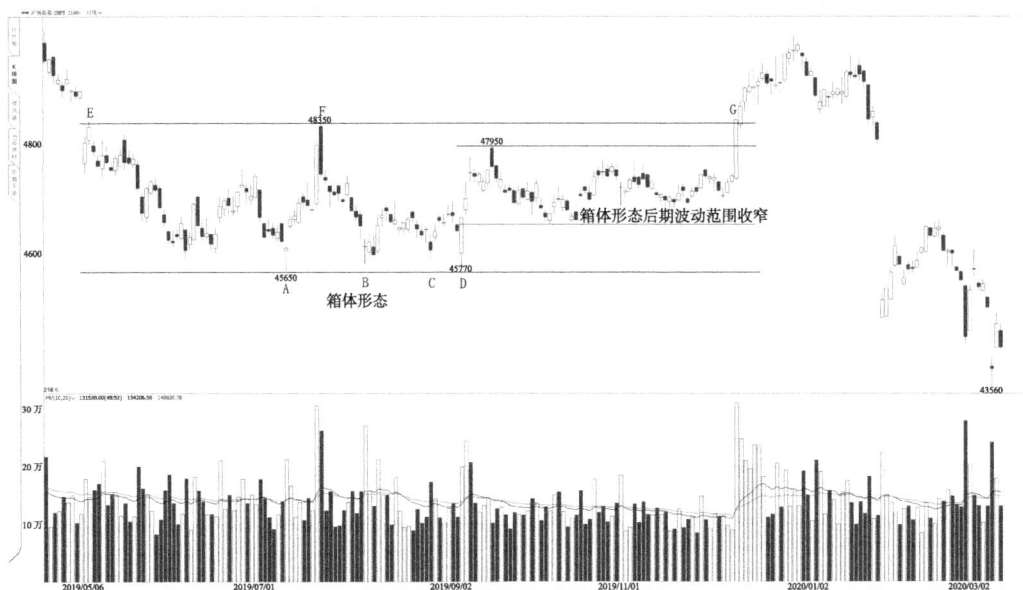

图 5.2　沪铜指数日线图（2019 年 4 月 18 日—2020 年 3 月 11 日）

从低点 A 引出的支撑水平线和从高点 E 引出的阻挡水平线共同围成了矩形形态。在其前半部分，行情基本上能够向上接触阻挡线、向下接触支撑线，但在其后半部分，价格波动的范围显著收窄——这通常意味着即将突破。本图在 G 点向上突破。

图 5.2 沪铜指数日线图给我们提供了典型的矩形形态图例。从历史高点 E 引出矩形上方的阻挡水平线，从历史低点 A 引出矩形下方的支撑水平线。大体上，矩形始于点 E，到点 G，市场有力地向上突破，矩形形态终结。从 2019 年 5 月到 2019 年 12 月，其持续时间约 7 个月。矩形的前一半基本上能够走满上下边界，波动幅度较大；差不多在矩形形态进行到一半之后，价格波动的范围越来越收窄。

矩形价格形态的时间可长可短

由于矩形形态来自于两条价格水平线的共同作用，价格水平线属于最基本的技术分析概念，其作用便是支撑和阻挡，这使得矩形价格形态相当常见。不仅如此，价格水平线引自标志性历史高低点，其标志意义可长可短，这使得矩形价格形态的持续时间可长可短。在短线的分时图、分钟图、五分钟图和中长线的日线图、周线图、月线图中，时常可能遇到矩形形态。

图 5.3 是分时图上的矩形形态，走势已经持续了 5 天，到图例的最右侧还没有突破。

在日线图中，矩形价格形态的持续时间一般为 1~3 个月（见图 5.2），对应通常的趋势分类，大体上属于中趋势的范畴，很可能是大趋势的一个组成部分。

图 5.4 的矩形形态持续了约 5 个月，上方的阻挡水平线在后期需要小幅调高，下方的支撑水平线一直维持得比较好。到本图最右侧为止，市场依然没有走出该形态。

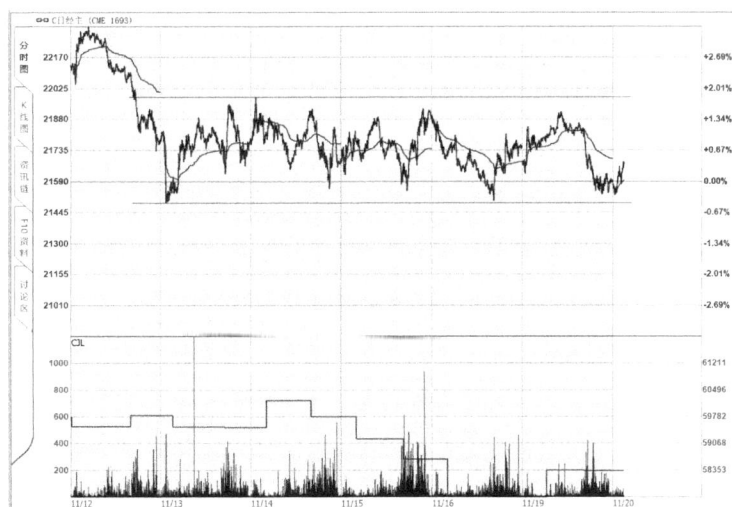

图 5.3 CME 日经指数主力合约分时图（2018 年 11 月 12 日—20 日）

分时图上的矩形形态已经持续了 5 天，到本图最右侧还没有突破。

图 5.4　美元兑韩币日线图（2018 年 6 月 12 日—2018 年 11 月 20 日）

本图的矩形形态持续了约 5 个月，上方的阻挡水平线在后期需要小幅调高，下方的支撑水平线一直维持得比较好。到本图最右侧为止，市场依然没有走出该形态。

　　图 5.5 中的矩形价格形态持续时间达到 48 周，将近一年。矩形下方的支撑水平线很有来头，是由从 2015 年底到 2016 年初的底部形态留下的历史高点延续而来的，持续时间近 3 年。在矩形形态演变过程中，价格波动幅度逐渐收窄、交易量逐渐减少，这种走势比较典型。

　　图 5.6 整图几乎都是矩形价格形态，从 2016 年初持续到现在，时间将近 3 年，并且目前尚无走出矩形的迹象。

　　由极为重要的历史高低点引出的价格水平线当然有可能形成超级矩形价格形态。超级矩形价格形态属于横向延伸趋势，可能持续非常长的时间，这是趋势的持久性质所决定的。

　　图 5.7a 中的标准普尔 500 指数月线图在 1997 年到 2013 年之间形成了一个超级矩形形态。在矩形内部，从 A 到 B，持续时间为 3 年 2 个月，行情上涨幅度为 102%；从 B 到 C，持续时间为 2 年 7 个月，行情下跌幅度达到 50.5%；从 C 到 D，持续时间为 1 年 5 个月，行情下跌幅度为 57.7%；从 E 到 F，持续时间为 4 年，行情上涨幅度为 136.6%。虽然这几轮行情持续时间都很长、幅度都很大，都足以被称为长期趋势，但从整体上看，它们依然只是超级矩形形态中的一个组成部分。请注意，在这之前，存在明显的上升趋势。在这之后，原先的上升趋势恢复，涨势如虹——这个上升趋势代表了美国股市的百年牛市。

图 5.5 天然气指数周线图（2015 年 7 月 3 日—2018 年 11 月 16 日）

矩形的持续时间可长可短。本图矩形价格形态从历史高点 D 后一周（2017 年 12 月 8 日结束的一周）算起，到向上突破的前一周（2018 年 11 月 2 日结束的一周）为止，持续了 48 周，将近一年的时间。本例属于较为典型的矩形价格形态，价格波动幅度逐渐收窄、交易量也逐渐减少。

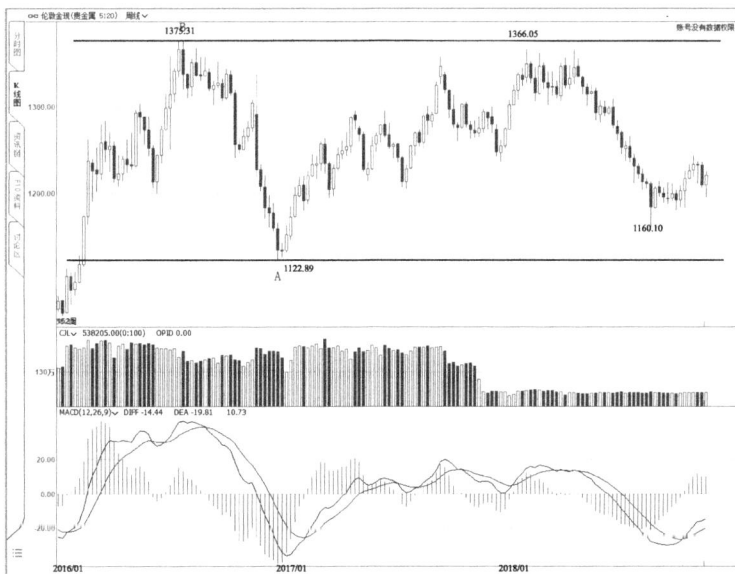

图 5.6 伦敦金现周线图（2015 年 12 月 24 日—2018 年 11 月 16 日）

矩形形态可长可短。矩形形态下方的支撑水平线从历史低点 A 引出，上方的阻挡水平线从历史高点 B 引出。从行情进入矩形的一周（2016 年 2 月 5 日结束的一周）开始，持续了 2 年 9 个月，迄今仍未向外突破。

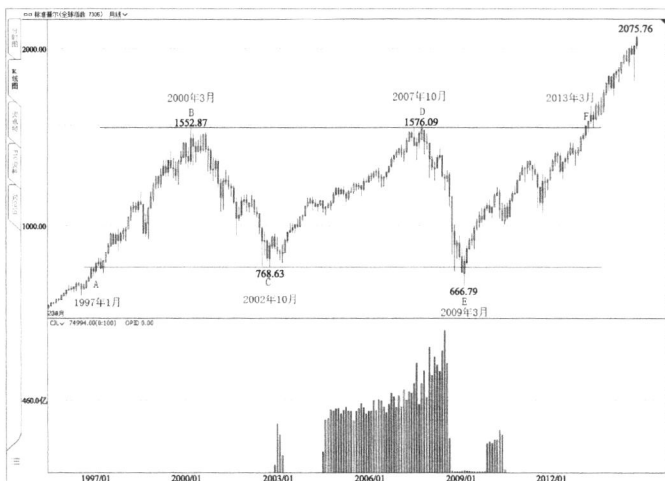

图 5.7a　标准普尔指数月线图（1994 年 1 月—2014 年 6 月）

本图为超级矩形价格形态，如果从进入点 A 计算到突破点 F，那么走势共持续了 16 年 2 个月；如果从点 B 计算到突破点 F，则走势持续了 13 年。在矩形内部，从 A 到 B，持续了 3 年 2 个月，行情上涨幅度为 102%；从 B 到 C，持续了 2 年 7 个月，行情下跌幅度为 50.5%；从 C 到 D，1 年 5 个月，上涨幅度为 105%；从 D 到 E，下跌幅度为 57.7%；从 E 到 F，持续了 4 年，上涨幅度为 136%。虽然这几轮行情持续时间都很长，涨跌幅度都很大，但从整体上看，它们亦只是超级矩形形态的一个组成部分。而在这之前是明显的上升趋势，之后则恢复上升趋势，势如破竹——这个上升趋势代表了美国股市的百年牛市。

矩形价格形态的终结以突破边界线（价格水平线）为标志

矩形价格形态的完成以市场最终向上突破上边的阻挡水平线或下边的支撑水平线为标志。

回顾第三章关于价格水平的讨论可以看到，当我们单独看一根价格水平线时，它所经过的历史高低点越重要，则突破信号越重要；水平线持续有效的时间越长，则突破信号越重要；当突破信号发生时，若伴随着价格跳空、趋势线突破等其他技术信号，则这些其他技术信号会进一步加强突破信号。由于矩形形态的边线本身就是价格水平线，所以矩形形态的突破信号同样具备上述特点。

不仅如此，矩形价格形态属于典型的横向延伸趋势，通常是更大趋势的过渡阶段或中途整理阶段，从这个意义上来说，矩形比单独一根价格水平线意义更重大。矩形阶段持续时间越长，后期波动越窄，则其积累的能量越大，最终出现爆发式突破的可能性越大。

图 5.2 中的突破信号以长阴线的方式到来，和矩形内部后一个半月的一连串短蜡烛线形成了戏剧性的对比，突出了市场对矩形突破信号的强烈反应。

图 5.5 中的突破信号同样令人触目惊心。持续 48 周的矩形形态竟然通过接连两根长阳线来终结。其中第二根长阳线实体极长，还有长长的上影线，整根蜡烛线伴随着巨大的成交量。似乎市场在矩形形态阶段渐渐积累的能量再也容纳不下了，不得不通过这根大阳线喷发而出。

图 5.7a 中的超级矩形价格形态始终保持大幅摆动，多空双方都得到了畅快淋漓的表现机会，矩形中的行情从未变得平静或压抑，最后也就没有戏剧性的暴发。然而，如此巨大规模的超级矩形，奠定了 F 点之后 5 年以上稳步向上的强势行情（见图 5.7b）。从技术分析角度看，考虑到市场经过了超级矩形价格形态的充分准备，后来的上涨行情便顺理成章，尚且谈不上惊人，更没有涨得过久、涨幅过大一说。

矩形价格形态突破方向的倾向性

矩形价格形态上方和下方均是水平直线，形态本身似乎对未来突破方向不带有倾向性。然而，矩形价格形态不是一个孤岛，甚至在图 5.7a 和图 5.7b 那样的超级矩形形态之外，还存在更为宏大的历史趋势背景。正如前面所说，矩形符合横向趋势的定义，横向趋势也有很强的惯性，难以打破僵持格局。虽然如此，矩形终究只是更大趋势背景下的一个休整阶段，其走势一般有以下两个特点。

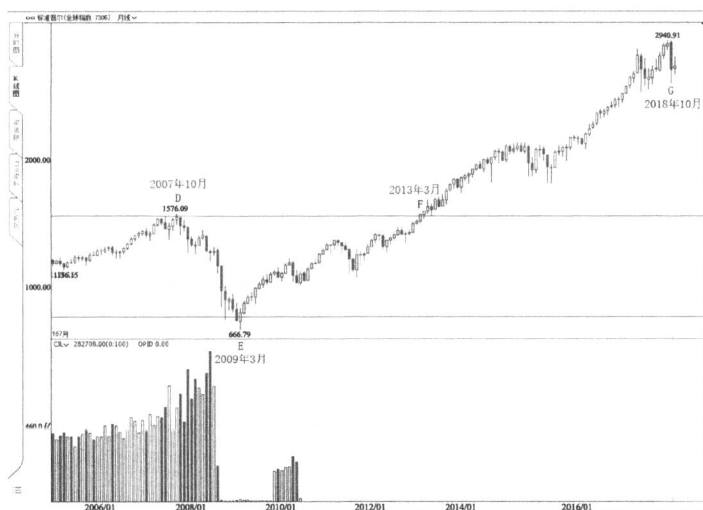

图 5.7b　标准普尔指数月线图（2005 年 1 月—2018 年 11 月 19 日）

市场在 F 点向上突破超级矩形，之后是持久的较稳定向上的牛市行情。有人认为这一轮牛市行情应当从点 E 算起，一直到点 G，持续时间为 9 年 7 个月。而技术分析的观点是，应当从点 F 起算，一直到点 G，持续时间为 5 年 7 个月。考虑到市场经过了超级矩形形态的充分准备，因此后来的上涨行情谈不上惊人，更没有涨得过久、涨幅过大一说。

第一，价格进入矩形后，行情未来方向变得不确定了。但是，如果市场原本有趋势，大概率将沿着原来趋势的方向突破，恢复原来的趋势。

第二，在矩形内部，上涨和下跌也并非等量齐观，如果行情上涨持续的时间更长一些、交易量上升，行情下降持续的时间短一些、交易量萎缩，则暗示着最终很可能向上突破；如果行情下跌持续的时间长一些、交易量上升，行情上升持续的时间短一些、交易量萎缩，则暗示着最终很可能向下突破。

当然，第二点勉强不得，在其征兆明显存在的前提下，可以适度预期，而在大多数情况下，不会有明显的比较，毕竟矩形就是黑箱。

正因为上述特点，矩形价格形态被归类到持续价格形态的范畴。

矩形价格形态的价格目标和时间目标

按照一般的说法，矩形价格形态突破后，价格目标的距离等于矩形高度（见图5.8）。如果矩形被突破后，市场并没有形成趋势性变化，而是重新开始横向盘整，那么或许上述说法还有参考价值。但是，如果矩形被突破后形成了趋势性的价格变化，如此设置价格目标便很有问题了。

首先，矩形形态通常是趋势演变过程中的调整阶段，一旦矩形被突破，往往意味着调整阶段结束，趋势状态恢复。因此发生趋势性变化的概率更高。

其次，趋势价格变化生动活泼、潜力巨大，很少可以用预先设定的价格目标来限定。更糟糕的是，如果我们想着价格目标，那么这多半是成见，很可能让我们的头脑不够灵活，对市场的后续变化准备不足。

总之，设置价格目标，弊大于利，这一点在第四章我们已经强调过。

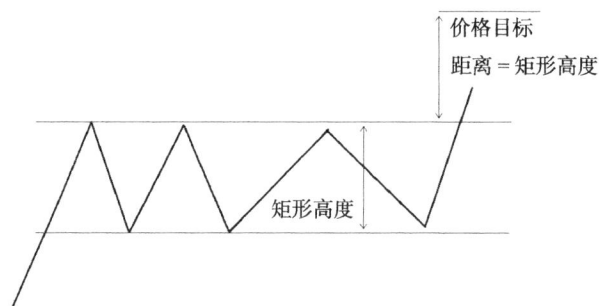

图 5.8　价格目标距离与矩形高度的关系

按照一般的说法，矩形价格形态突破后，价格目标的距离等于矩形高度。不过，如果矩形被突破后形成了趋势性的价格变化，那么设置价格目标的做法将弊大于利。

一般说来，市场在矩形形态中大费周章，往往上上下下反复多次，形成了曲折的行情轨迹，并在其中花费了相当长的时间摸索新方向。既然如此，当矩形被突破后，市场自然不大可能简单地重复矩形高度就罢休了。那么，怎样对后来的价格变化形成某种合理的预期呢？

虽然设定价格目标存在上述弊端，但因为时间目标与行情价位不直接相关，所以不影响我们对价格演变的判断，它提供了一个大致的时间框架，具有一定的参考价值。

根据技术分析的经验法则，如果矩形持续时间为 14 年，那么突破之后的趋势行情的持续时间一般要达到 7 年，也就是说矩形形态突破后的趋势行情持续时间通常是矩形形态持续时间的一半或更长（见图 5.9）。人们常说"时间换空间"，我们这里说的是"时间换时间"。

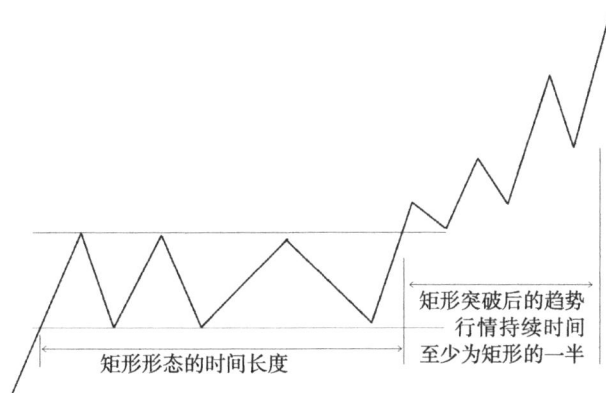

图 5.9 矩形价格形态的时间长度与突破后的持续时间的关系
矩形价格形态突破后一般将形成趋势性行情，且其持续时间大多会达到矩形形态时间的一半。

这与百分比回撤水平有一点相似。具体说来，如果矩形形态突破后的趋势性变化只持续了矩形形态时间的 1/4 或 1/3，则矩形形态的突破比较无力，因为在大多数情况下，应当持续其 1/2 左右的时间；如果持续时间达到矩形形态时间的 2/3 或 3/4，则矩形形态的突破有力，趋势强劲。

在趋势演变的第二阶段容易见到矩形价格形态

趋势演变第二阶段的典型特征是"往来不穷谓之通也"，期间很容易形成矩形形态。

　　图 5.10 在低点 21488 之后的上升趋势顺风顺水，不仅如此，在其最后的 7 周中，市场几乎进入了"疯狂"状态，在原本已经十分快速的上升趋势的基础上进一步加速，这样一来，反倒像是下降趋势到来的开头部分，"将于取之，必固与之"。之后是顶部 V 形反转，2 周之内就完成了趋势逆转。再之后市场进入下降趋势第二阶段，留下了一个相当完备的矩形形态。当市场向下突破矩形形态后，行情进入下降趋势第三阶段。

　　图 5.11 顶部左侧的三根月线实体几乎首尾相接，显示上升趋势进入超快状态，三根长阳线中的最后一根超级长。这不像常规的上升趋势，反倒像下降趋势到来的开头部分——"将欲取之，必固与之"。顶部右侧下一根月线是一根超级长的阴线，形成了 V 形反转，在经过一轮反复后，进入下降趋势第二阶段，这是一个比较典型的矩形形态。当市场向下突破矩形形态后，进入下降趋势第三阶段。

　　图 5.12 低点 112.25 左侧是快速下降趋势。市场在低点前后花费了近 30 周的时间形成了一个上升三角形底部反转形态。当市场向上突破该形态的颈线后，底部形态完成，上升趋势得到确立，并进入第二阶段。颈线原先是阻挡水平线，现在转化为支撑线，它与上方高点 161.40 处的价格水平线共同围成了矩形形态，这是上升趋势第二阶段。

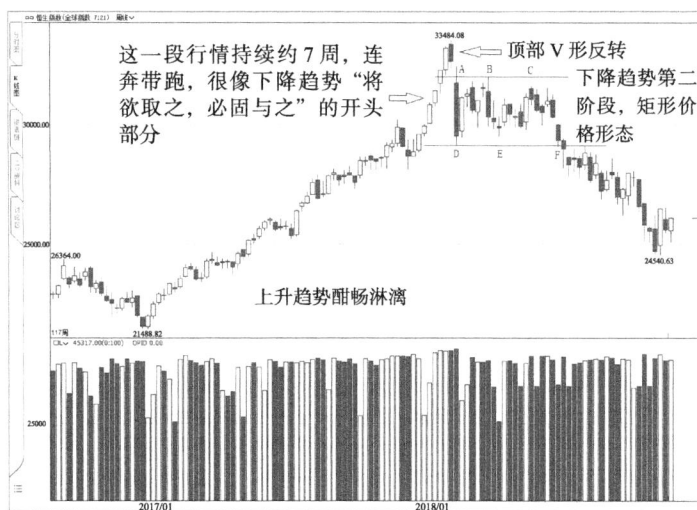

图 5.10　恒生指数周线图（2016 年 8 月 26 日—2018 年 11 月 15 日）

从 2016 年 12 月底的 21488，到 2018 年 2 月初的 33484，恒生指数涨势十分明显。这段涨势的最后约 7 周连奔带跑，实在很像下降趋势"将欲取之，必固与之"的开头部分，因为这 7 周在本来已经十分快速的涨势基础上变本加厉。顶部是 V 形反转，两周内便已经完成，这是下降趋势的第一阶段。下降趋势的第二阶段是上方的价格水平线 ABC 和下方的价格水平线 DE 围成的矩形，持续了 5 个月有余。当市场向下突破矩形时，下降趋势进入第三阶段。

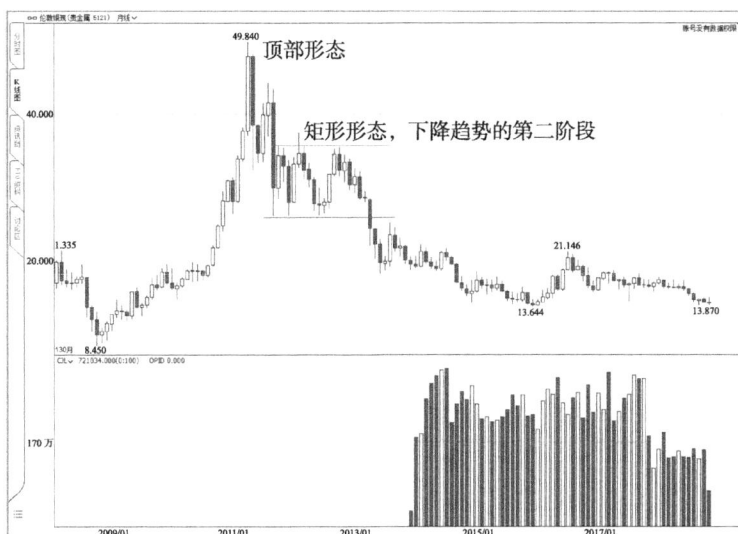

图 5.11 伦敦银现月线图（2008 年 2 月—2018 年 11 月 15 日）

左侧，从 8.45 到 49.84 是一轮不断加速的显著上升趋势，其最后三根月线显得比之前上涨得更快、幅度更大，特别是最后一根月线，是一根超级长阳线，给人印象深刻。在显著上升趋势之后发生这样的超级阳线，令人容易联想到下降趋势的开头部分——"将欲取之，必固与之"。下一根月线向下急速反转，之后再有 4 根月线，共同完成了类似于双重顶的顶部形态。之后市场进入下降趋势第二阶段——一个典型的矩形形态。当市场向下突破矩形形态后，持续下跌，且其中波折较少、波幅较小，进入下降趋势的第三阶段。

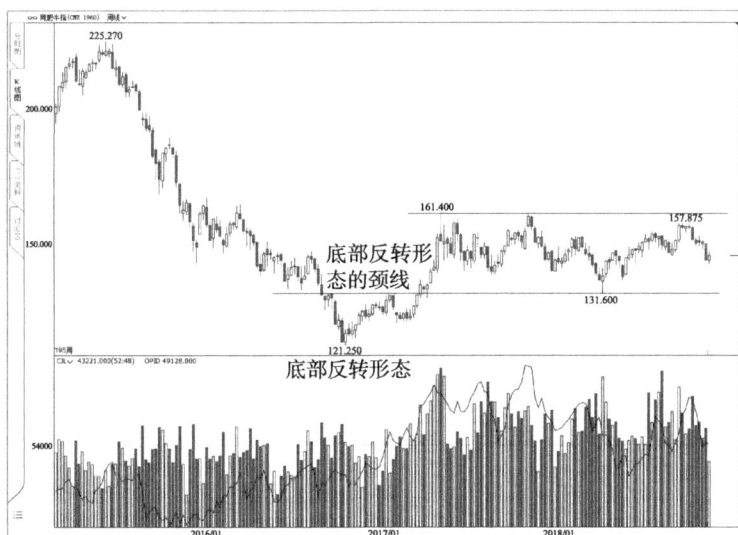

图 5.12 育肥牛指数周线图（2015 年 2 月 27 日—2018 年 11 月 15 日）

底部是一个双重底形态或上升三角形态，当其颈线或上边线被向上突破后，标志着上升趋势已经形成并且进入了第二阶段。之后，前述颈线从阻挡水平线转化为支撑水平线，与上方的价格水平线共同围成了矩形形态，这是上升趋势的第二阶段。在本图上，市场仍未走出第二阶段。

矩形价格形态有时可能会成为反转形态

矩形价格形态倾向于按照原有趋势方向突破，一般属于持续性质。然而，矩形价格形态本身就是黑箱，在两条水平线之间莫衷一是，充满了矛盾和不确定性，有时候可能成为反转形态，完成趋势逆转。

这种现象表明，所谓持续形态和反转形态只代表价格形态的一般特性。几乎所有的价格形态都有例外的情形。

图 5.13 有点像双重顶反转形态，但比双重顶两侧各多出了一次波折，因此更像是一个矩形形态。整个矩形形态持续时间 51 周，这一点尤其不符合顶部反转形态应有的一般特点：波动幅度大、持续时间短。

图 5.13　贵州茅台周线图（2016 年 9 月 2 日—2018 年 11 月 30 日）

矩形形态大多表现为持续形态，但凡事总有例外，矩形形态本身所表达的就是巨大的不确定性，因此有时它也可能构成反转形态。顶部反转形态更不寻常，因为顶部反转形态通常持续时间较短、波幅较大，而矩形价格形态持续时间倾向于偏长。

第二节
三角形价格形态

前面曾介绍，矩形价格形态是由两条价格水平线"自然"形成的。随着演变时间

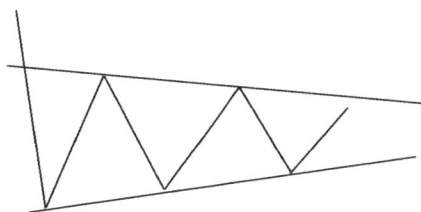

图 5.14a　三角形价格形态

它是由两根趋势线围成的，其中上方的趋势线向下倾斜，下方的趋势线向上倾斜，刻画出行情波动幅度有规律地收窄的情形。上下边线往往具有一定的对称性，所以三角形价格形态又被称为"对称三角形"。

的推移，横向趋势的价格波动幅度倾向于收窄、交易量也倾向于减少。如果收窄的过程比较规律，那就形成了三角形价格形态（见图 5.14a）。可见，无论矩形还是三角形，对应的都是横向延伸趋势。

三角形价格形态是由两根趋势线围成的，其中上方的趋势线向下倾斜，下方的趋势线向上倾斜，刻画出行情波动幅度规律性地收窄的情形。两条边线往往具有对称性，所以三角形价格形态又被称为"对称三角形形态"。

三角形价格形态具备较为明确的持续时间

矩形形态由两条平行的价格水平线围成，其持续时间可长可短。可是，三角形形态的两条边线相互合拢，一定会在未来某处相交，交点被称为三角形的"顶点"。三角形形态开始之处，也就是两条边线相距最宽处，是三角形的"底边"（见图 5.14b）。

在正常情况下，当行情在三角形形态内演变时，走势不会一直持续到顶点，而是早在到达顶点之前便突破了三角形形态，重新进入趋势行情。这就意味着三角形价格形态存在时间上的限制，不像矩形形态那样"自由"。

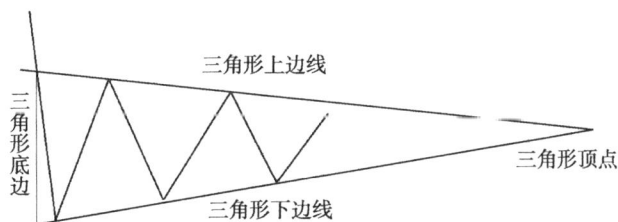

图 5.14b　三角形价格形态的构成

这里有几个术语，上边线、下边线、底边、顶点。上下边线就是上方和下方的两条趋势线，底边是从行情进入三角形形态的时刻算起的两条边线之间的垂直线段，顶点是两条边线的交叉点。

图 5.15　CMX 铜 E 指月线图（2007 年 9 月—2016 年 9 月）

高点 2、4、6 连成三角形价格形态的上边线，低点 1、3、5 连成下边线。在点 7 处市场向
下突破，三角形形态完成。该形态共持续了 19 个月。突破位置在底边到顶点的 3/4 处左右，
偏晚，但尚属常见。

在日线图上，三角形持续时间常见的是 2~3 个月，以每个月 21~22 个交易日来
计算，这大致相当于 40~70 个交易日，对应到其他时间单位的行情图表，大致相当于
40~70 根行情图线。在 5 分钟线图上，相当于 200~350 分钟；在 15 分钟线图上，相当
于 10~18 小时；在小时线图上，相当于 40~70 小时；在周线图上，相当于 40~70 周；
在月线图上，相当于 40~70 个月。

图 5.15、图 5.16 和图 5.17 均为月线图。图 5.15 的三角形形态持续了 18 根图线，
图 5.16 持续了 75 根图线，图 5.17 持续了 18 根图线。

三角形价格形态可能发生突破信号的位置

与矩形价格形态相似，三角形价格形态的完成也是以市场向上突破上边线或向下
突破下边线为标志的。与矩形价格形态不同的是，三角形具备时间框架，因此三角形价
格形态的完成具有时间上的倾向性：从三角形顶点到底边之间，从 1/2 开始到 3/4 之处，
最可能发生突破信号，换句话说，大部分突破信号产生于这个区间中（见图 5.18）。

图 5.15 的突破信号发生在 3/4 位置左右，尚属典型。图 5.16 的突破信号发生在
1/2 位置之后不久，比较典型。图 5.17 比较特别，其突破信号相当接近三角形的顶点，
相对少见。

图 5.16　欧元兑美元月线图（2003 年 8 月 29 日—2018 年 12 月 5 日）

点 1 和 2 初具规模，但没有直接贡献。点 3、4、5、6 勾勒了三角形形态。点 7 处，行情向下突破，三角形形态完成。这个三角形形态持续了近 80 个月，属于超级形态。突破位置在三角形底边到顶点之间的 1/2 到 3/4 之间，比较典型。

图 5.17　白糖指数月线图（2012 年 1 月—2018 年 12 月 5 日）

点 1、3 连成了三角形价格形态的上边，点 2、4 连成了下边。不同寻常的是，这个三角形几乎走到了顶点附近才向上突破。

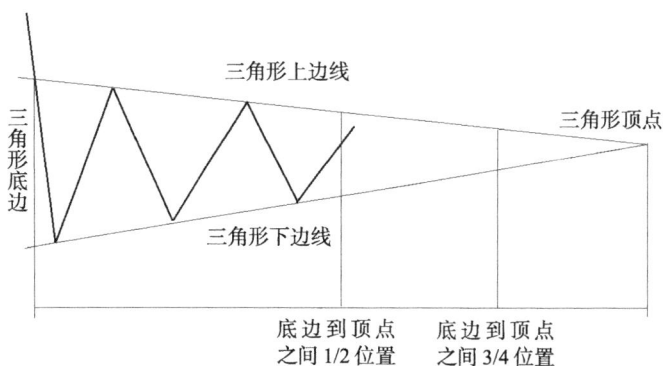

图 5.18　三角形价格形态的突破位置

由于三角形上下边线自然合拢有交点（顶点），而行情通常不会一直延续到三角形的顶点，因此三角形价格形态的持续时间存在天然的限制——三角形价格形态通常的突破位置发生在从底边到顶点的 1/2 位置到 3/4 位置之间，向上或向下突破后，三角形价格形态完结。

三角形价格形态的价格目标

前文曾反复强调设置价格目标弊大于利，因为固定的价格水平可能带来有害的成见，反倒成了思想上的包袱。

三角形的价格目标比较特别，它不是一个固定的价格水平，而是一条趋势线。当三角形向上突破上边后，通过三角形底边上方的点，绘制一条平行于三角形下边线的趋势线，这就是三角形的价格目标；当三角形向下突破下边后，通过三角形底边下方的点，绘制一条平行于三角形上边线的趋势线，这就是三角形的价格目标。

该趋势线与平行的上边线或下边线共同构成一个价格管道。所谓价格目标，意指预期行情突破后将沿着这个价格管道形成趋势性变化（见图 5.19、图 5.20、图 5.21）。

在图 5.19 中，行情在点 7 向下突破三角形下边线，通过三角形底边下方的点 1 绘制平行于三角形上边线的趋势线，这条趋势线位于行情图线的下方，具有潜在的支撑作用。它也与原来的三角形上边线共同构成了一条价格管道。在点 8 处，该趋势线发挥了良好的支撑作用。

在图 5.20 中，市场在点 7 处向下突破三角形下边线，通过三角形底边下方的点 1 绘制三角形上边线的平行线。在点 8 处，该线发挥了良好的支撑作用。该线和三角形上边线构成了一条价格管道。

请注意，在本图中，我们延长了三角形的上边线和下边线，在点 9 处，三角形下边线发挥了良好的阻挡作用。上边线也有作用。上一章曾经介绍，技术分析者习惯于延长价格水平线、趋势线等，这些线未来可能继续发挥作用。

图 5.19　CMX 铜 E 指月线图（2007 年 9 月—2016 年 9 月）

行情在点 7 向下突破三角形下边线，三角形持续形态完成，其价格目标不是某个价格水平，而是从三角形底边的点 1 引出、平行于三角形上边线的趋势线。这条趋势线位于行情图线的下方，具有潜在的支撑作用。它也与原来的三角形上边线共同构成了一条价格管道。在点 8 处，该趋势线发挥了良好的支撑作用。

图 5.20　欧元兑美元月线图（2003 年 8 月—2018 年 12 月 5 日）

当市场在点 7 处向下突破三角形下边线后，通过三角形底边点 1 绘制三角形上边线的平行线，这是三角形形态的价格目标。显然，它并不是一个价格水平，而是一条趋势线，会随着时间推移动态变化。在点 8 处，该线发挥了良好的支撑作用。这线和三角形上边线构成了一条价格管道。请注意，在本图中，我们延长了三角形的上边线和下边线，在点 9 处，三角形下边线发挥了良好的阻挡作用，上边线也有作用。

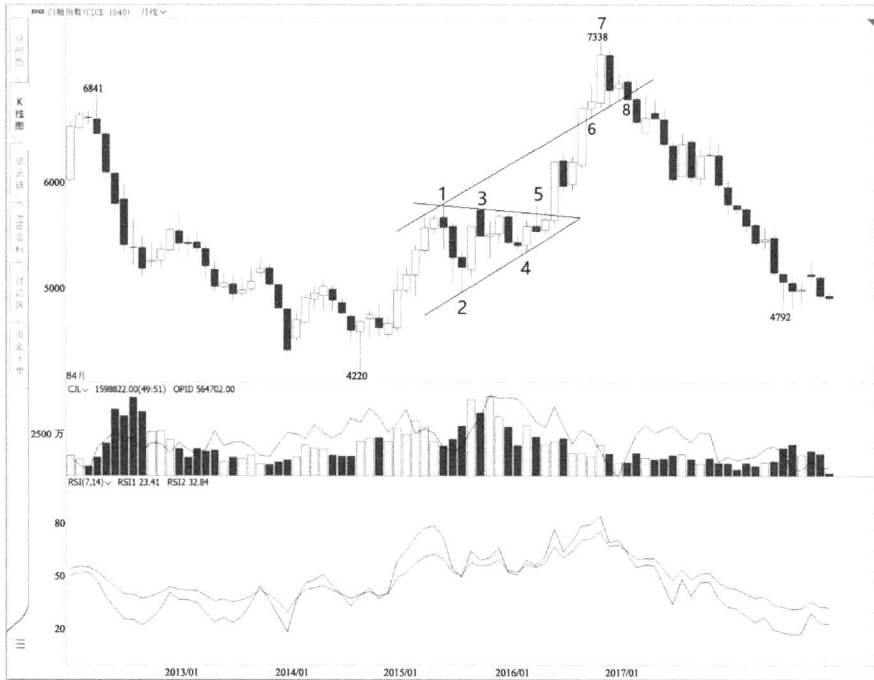

图 5.21　白糖指数月线图（2012 年 1 月—2018 年 12 月 5 日）

当行情在点 5 处向上突破三角形形态的上边线后，通过点 1 绘制三角形下边线的平行线，这是三角形的价格目标。它不是一个固定的价格水平，而是一条趋势线，会随着时间推移而逐步变化。在点 6，行情向上超越了该趋势线，使得价格目标落空。不过，市场在点 7 回落，在点 8 处重新向下穿越，该趋势线支撑和阻挡作用较明显。

在图 5.21 中，行情在点 5 处向上突破三角形价格形态的上边线，通过点 1 绘制三角形下边线的平行线。在点 6 处，行情向上超越了该趋势线，使得价格目标落空。

由本例可见，三角形价格形态以趋势线作为价格目标，并不是一个固定的价格水平，所以只能是一个参考，不能机械应用。

三角形价格形态也可能始终未能发出突破信号

三角形形态的持续时间长短不一，但由于两条边线的斜率都不太大，市场的向上突破或向下突破具有明显的技术意义。事实上，三角形价格形态的完成便以行情向上或向下突破某一条边线为标志。

如果行情延续到了三角形顶点都没有形成突破，则三角形形态就流产了，下一步市场将沿着三角形顶点所在的价格水平，在较窄的价格范围内横向波动，且延续时间不确定（见图 5.22）。

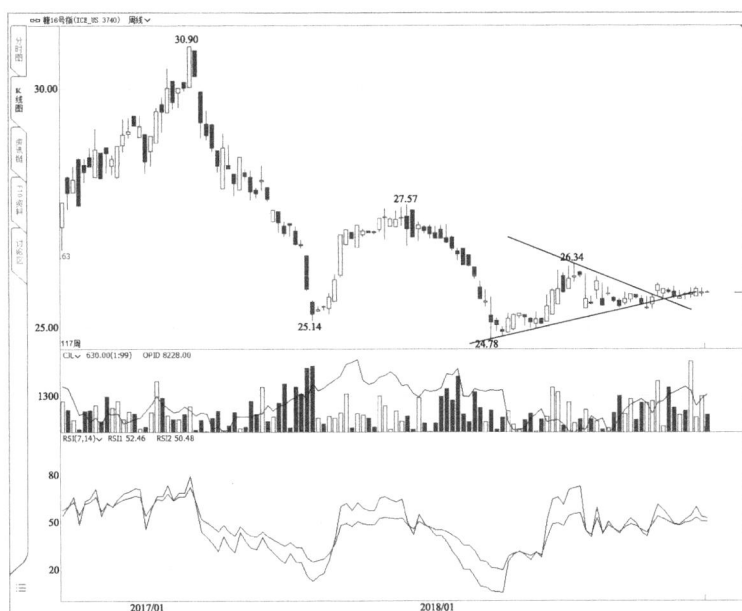

图 5.22　糖 16 号指周线图（2016 年 9 月 16 日—2018 年 12 月 21 日）

三角形的边线始终不能被突破，当行情延续到顶点之外时，市场演变为在三角形顶点所处的价位附近窄幅横盘。

上升三角形与下降三角形

对称三角形的上边线下倾、下边线上倾，两条边线差不多对称，因此三角形价格形态本身不带有方向性倾向，作为持续形态，通常会延续之前的趋势。

上升三角形和下降三角形是三角形形态的特殊形式。

在图 5.23a 中，三角形上边线是水平直线（价格水平线），下边线是上升趋势线，这是三角形的特殊形式——上升三角形（直角三角形）。显然，上升三角形具有倾向性，顾名思义，它们往往向上突破。从趋势定义来看，下边向上，则行情已经具备了越来越高的低点；一旦向上突破上边的水平直线，就是越来越高的高点，满足了上升趋势的定义。

在图 5.23b 中，在上升三角形向上突破后，通过三角形底边的点 1 绘制三角形下边的平行线，作为三角形突破后的价格目标。请注意，这条趋势线没有任何参考价值，市场在点 6 处没有任何反应便继续快速拉升。由此可见，三角形的价格目标仅供参考，不能作为可靠的指引。

图 5.24 提供了一个下降三角形的例子。其下边线是水平直线（价格水平线），上边线是下降趋势线，这是三角形的特殊形式——下降三角形（直角三角形）。顾名思义，下降三角形具有向下突破的倾向性。从趋势定义来看，上边向下，即行情已经具

备了越来越低的高点，一旦向下突破下边的水平直线，就是越来越低的低点，从而满足了下降趋势的定义。

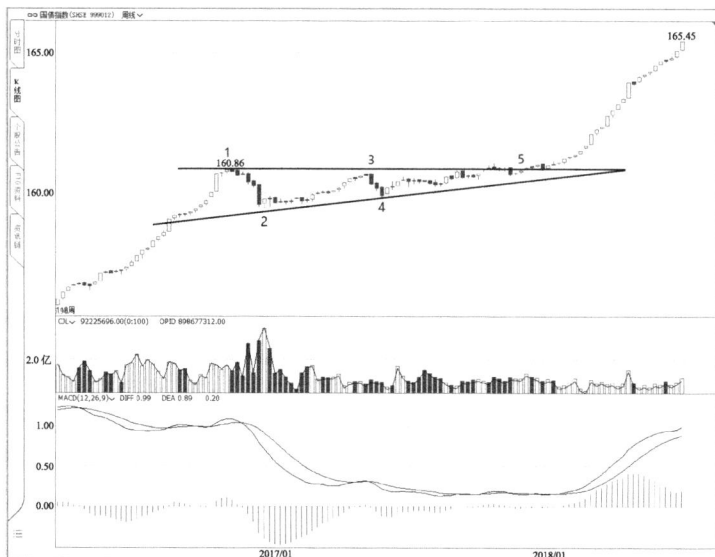

图 5.23a　国债指数周线图（2016 年 3 月 18 日—2018 年 6 月 29 日）

通过历史高点 1 绘制价格水平线，之后市场屡次向上尝试都没有突破这个价格水平；通过历史低点 2 和 4 绘制一条上升趋势线。上方的水平线和下方的上升趋势线围成了一个上升三角形。在点 5 处，行情最终向上突破上升三角形。

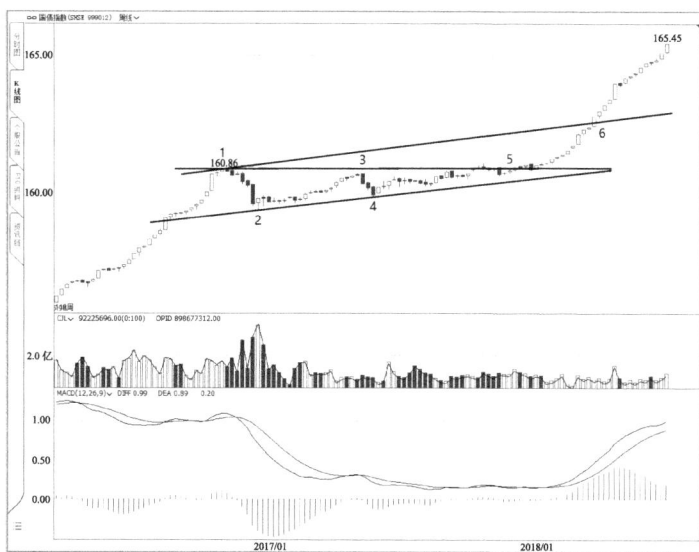

图 5.23b　国债指数周线图（2016 年 3 月 18 日—2018 年 6 月 29 日）

上升三角形突破后，通过点 1 绘制其下边线的平行线，理论上，这是三角形的价格目标趋势线。但市场根本未受到这条目标趋势线的影响，后来的行情远远超出其范围。

图 5.24　LmeS_镍 3 日线图（2018 年 7 月 26 日—2018 年 12 月 21 日）
通过历史低点 1 绘制的价格水平线一直维持其支撑作用。通过历史高点 2 和 4 绘制的下降
趋势线与价格水平线共同围成了一个下降三角形形态。该形态尚未发出突破信号。

扩大形态（喇叭形态）与钻石形态（菱形形态）

常规的三角形价格形态上下两条边线相互收拢，这是横向趋势的典型表现，即随着时间的推移，行情波动幅度降低、交易量缩小。

扩大形态反其道而行之，它也呈现出三角形的轮廓，但上下两条边线不是收拢的，而是相互分离、形态扩大的。因此，扩大形态又被称为喇叭形态。这是就意味着，随着时间的推移，价格波动幅度不但没有缩小，反而不断放大，市场通常是既创新高又创新低，从趋势定义角度来看，这似乎既不是上升趋势，也不是下降趋势，而是不断加强的横向震荡（见图 5.25、图 5.26）。

扩大形态表明多空双方针锋相对、互不相让，双方都充满自信，但都不能取得决定性的胜利，反倒把战线拉得越来越长。这与横向趋势并不矛盾，但是随着扩大形态的发展，未来行情的不确定性也在持续增加，市场的紧张氛围越来越浓厚。

从图 5.25 来看，扩大形态最终也像三角形一样可能发生突破信号，但是由于扩大形态本身的波动幅度不断扩大，比如市场在点 7 处向下突破时，已经距离之前一个高点 6 相当远了，根据这样的信号卖出，似乎在价位上较为吃亏。从本图后来的行情来看，的确此处已经进入较长期的低位横向延伸区间，下跌过程变得曲折、无利可图。

图 5.25　PVC 指数日线图（2018 年 7 月 19 日—2018 年 12 月 21 日）

通过历史低点 1 和 3 绘制下方的趋势线，其在点 5 处得到市场验证；通过历史高点 2 和 4 绘制上方的趋势线，其在点 6 处得到市场验证。上下两条边线围成了一个扩大形态，其波动幅度越来越大。最终市场按照原有趋势方向向下突破，表明扩大形态也可能成为持续形态。

由此可见，扩大形态的麻烦之处是，很难从中获得有效的交易信号。

图 5.25 的扩大形态持续了 21 天左右。

图 5.25 中的扩大形态最终按照原有趋势方向向下突破，表明扩大形态也可能成为持续形态。

图 5.26 的扩大形态持续时间很长，说明市场矛盾心态可以持续很久。看起来，这个扩大形态似乎导致了市场向下的反转。可是，目前该形态尚未形成突破信号，最终鹿死谁手，还没有定论。

扩大形态表示市场多空双方斗争激烈，但难以判断哪一方更占优势，难以获得有效的交易信号。所幸的是，扩大形态较为少见。还有一种更少见的与三角形有渊源的价格形态——钻石形态。双方先是激烈斗争，形成了扩大形态，但之后双方都气力损耗，行情不仅不能继续扩大，而且不能维持当初的激烈程度，重新回到了逐步收拢的常规三角形形态。先是扩大形态，再回到常规三角形形态，两者组合，共同形成所谓的钻石形态（见图 5.27）。在整个演变过程中，始终没有哪一边取得压倒性的胜利，整体形态依然属于横向延伸趋势。

钻石形态的突破信号与常规三角形形态一致，价格目标也一致。

图 5.26 富时 100 周线图（2015 年 8 月 14 日—2018 年 12 月 21 日）

上方的趋势线沿着高点 3 和 5 绘制，在高点 7 得到验证；下方的趋势线沿着低点 2 和 6 绘制，在低点 8 得到验证。两条线围成了长期的扩大形态，迄今市场尚未走出该扩大形态。

图 5.27 德 DAX 周线图（2015 年 8 月 14 日—2018 年 12 月 21 日）

低点 1、3 连成扩大形态下方的趋势线，其在低点 6 得到验证，高点 2、4 连成扩大形态上方的趋势线；低点 6、8 连成三角形下边，高点 5、7 连成三角形上边。在点 10 附近，市场向下突破三角形下边，钻石形态完成，形成了市场的顶部反转。

三角形价格形态有时也可能构成顶部或底部反转形态

一般说来，三角形属于持续性质的价格形态，最后的突破信号往往沿着三角形之前的趋势方向发生。然而，本质上三角形属于横向延伸趋势，市场处于犹豫不决、重新选择未来方向的阶段，所以当然也会存在一定的可能性，即市场最后选择改变方向，逆转原来的趋势，因此三角形形态有时也可能构成顶部或底部反转形态。

从图 5.28 来看，构成三角形底边的几根大阳线十分抢眼，似乎是之前上升趋势最后疯狂的表现，之后行情狂野波动，在横向延伸过程中渐趋平静，形成三角形价格形态。最终市场坚定地向下突破三角形下边，三角形顶部反转形态完成。

图 5.28 顶部反转形态持续时间大约为 20 个交易日，图 5.29 的底部反转形态则持续了 8~9 年之久。这反映了顶部反转和底部反转的典型特征：顶部波动剧烈、持续时间较短；底部波动越来越小、持续时间较长。

不过，凡事皆有例外。图 5.30 的三角形顶部反转形态在刚开始的时候波动稍显激烈，但整个过程似乎较为平静，持续时间为 40 周，时间相当长。不仅如此，如果考虑到顶部形态之前又有近 30 周的时间行情相当平静地横向延伸，市场在高位无所作为的时间总共有 70 周（约一年半的时间），这是相当令人煎熬的。

图 5.28 天然气指日线图（2018 年 8 月 31 日—2018 年 12 月 21 日）

连接低点 2、4，得到三角形的下边线，点 6 验证了下边线的支撑作用；连接高点 1、3，得到三角形的上边线，其在点 7 得到验证。在点 8 附近，市场向下突破三角形的下边，形成了三角形顶部反转形态。

图 5.29　美元指数月线图（2002 年 7 月—2015 年 1 月）

本图的三角形形态持续了 8~9 年，可谓超级形态。通过低点连成三角形的下边线，通过高点 1、3 连成三角形上边线，其在点 5 得到验证。在点 7 附近，市场有力地向上突破上边线，完成底部反转形态。请注意，在三角形最后阶段中临近向上突破的三年里，行情波动幅度显著收窄，渐渐在狭窄空间内横向延伸。

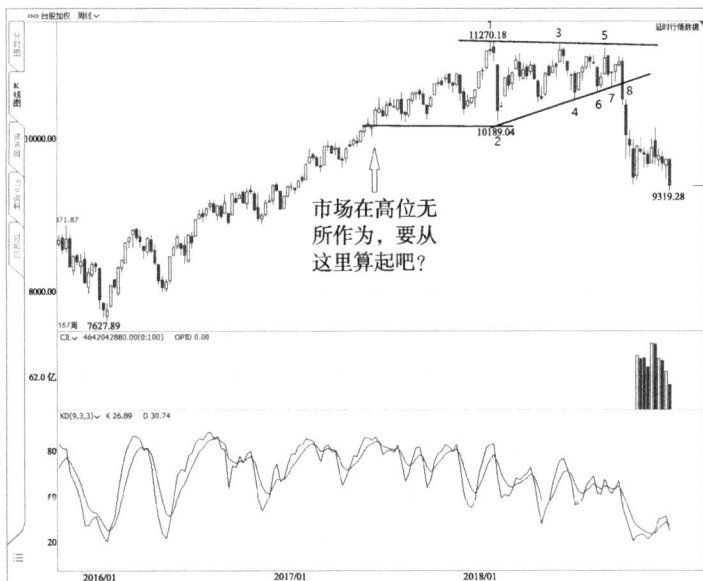

图 5.30　台股加权周线图（2015 年 10 月 23 日—2019 年 1 月 4 日）

顶部反转形态通常波动剧烈、持续时间较短。但是本图的三角形顶部反转形态在刚开始的时候波动稍显激烈，但整个过程似乎较为平静，十分熬人。

喇叭形态反映了多空双方的激烈斗争，作为反转形态可能在市场顶部更多见。图 5.31 以喇叭形态作为顶部反转形态，向下突破时剧烈下跌，表现十分惨烈。要知道，喇叭形态是扩张的，在形态被突破时，无论是向上还是向下都已经拓展了相当幅度，行情突破后，在上述基础上继续大幅下跌，显示行情演变达到了十分剧烈的程度。

因此，当喇叭形态作为中继形态时，一旦被突破，行情继续快速变化的可能性不大（见图 5.25）；作为顶部反转形态，一旦被突破，则行情继续快速变化的可能性较大（见图 5.31）。

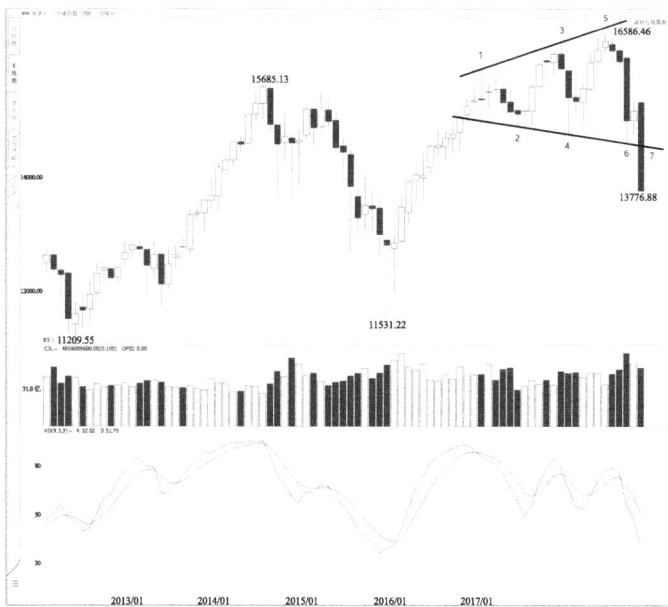

图 5.31　加拿大股票指数月线图（2012 年 2 月—2018 年 12 月 27 日）

连接高点 1、3 得到上升趋势线，其在点 5 得到验证；连接低点 2、4，得到下降趋势线，其在点 6 得到验证。两条趋势线分别为喇叭形态的上边和下边。市场在点 7 附近有力地向下突破了喇叭形态的下边线，完成了顶部反转形态。

第三节
稍向上或稍向下倾斜的平行通道

向上倾斜的平行通道的基本特点

市场技术分析者总结出价格形态，目的是试图把复杂的价格变化归类为相对典型的几种演变模式，以便于投资交易者理解和把握。但是我们一再强调，行情变化是活生生的，很难机械地限定。这么一来，一方面，市场演变的模式可能还有扩充和丰富的余地，典型价格形态也可能存在一定程度的变种；另一方面，采用价格形态时，也需要保留一定的灵活性，重点在于认识价格形态在趋势理论上的实质意义，形态轮廓大致满足即可。

图 5.32a 中从上到下共有三条价格演变曲线。上图表示上升趋势，每一波高点都显著地高于前一波的高点，每一波的低点也显著地高于前一波的低点。所谓"显著"，就是用不着仔细分辨就能一眼看出，或者大多数人都能轻松分辨行情创新高的情形。

中图表示横向延伸趋势，最初的历史高点和历史低点在后来的价格演变过程中发挥了标志性的重要作用，后续价格演变既不能显著地向上突破最初的历史高点，也不能显著地向下突破最初的历史低点。这就是本章开头介绍的箱体形态。

下图表示向上倾斜的平行通道。我们先给出上升趋势和横向趋势的目的就是要与向上倾斜的平行通道相比较。从严格意义上说，向上倾斜的平行通道每一波都创新高，每一波的低点都高于前一波，似乎符合上升趋势的定义。但是，它所创的新高不显著，如果不去仔细比较，不容易确认；它的低点回撤很深，比前一个低点高不了太多。

我们在图 5.32b 中添加了价格水平线，三图的区别更清晰了。

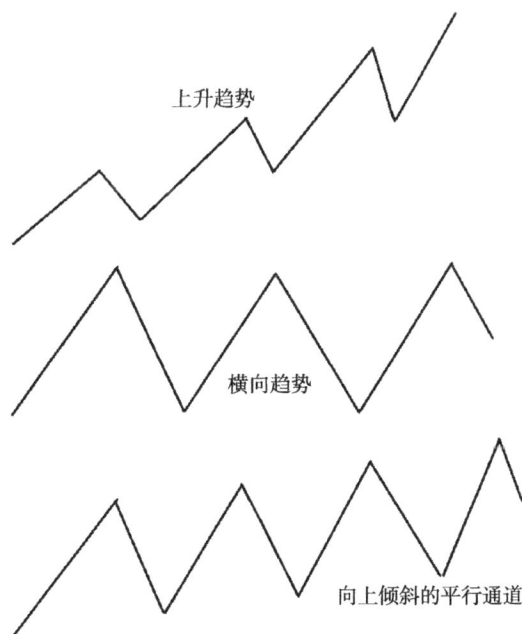

图 5.32a　上升趋势、横向趋势和向上倾斜的平行通道的比较

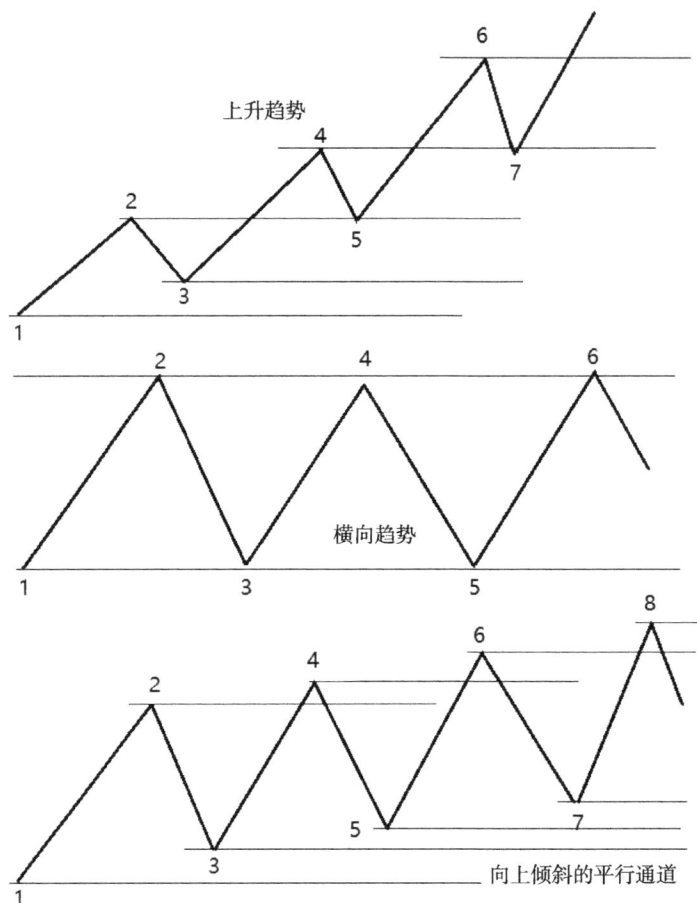

图 5.32b　带有价格水平线的上升趋势、横向趋势和向上倾斜的平行通道的比较
借助价格水平线分析上升趋势、横向趋势、向上倾斜的平行通道三种情形，可以更清晰地
看出三者的不同。

上图，一系列高点 2、4、6 按照时间顺序逐次向上，上升幅度十分明显，且逐渐
拉开距离，呈现出加速状态；一系列低点 1、3、5、7 按照时间顺序逐次向上，上升幅
度十分明显，且逐渐拉开距离，呈现出加速状态。每一次回落都得到有力支撑，典型
的回落幅度为前一波上涨幅度的 50%，之后逐步缩小为 33%、25%。

中图，从最先出现的历史低点 1 和历史高点 2 出发，引出两条价格水平线，之后
的一系列价格波动都局限在上述范围之内，说明这两个历史价格水平具有重要的标志
意义。这是横向趋势或箱体形态。

下图，高点 2、4、6、8 依次升高，通过水平直线的比较，升高的情况不明显，升
高幅度不大，也没有拉大的迹象；低点 1、3、5、7 依次升高，通过水平直线的比较，

升高的情况不明显，升高幅度不大，也没有拉大的迹象。更重要的是，低点 3、5、7 是回落行情所形成的，相对于之前的上涨行情，每次回落的幅度都超过 67%，接近前一个低点。

机械地参照上升趋势的定义看，似乎这是上升趋势，但实际上不是，它更像是箱体形态的变形，可称之为"稍向上倾的平行通道"。

上升趋势应具有以下三个特点。

（1）整个过程具有逐渐向上加速的倾向。

（2）创新高时是显著的新高。

（3）创新高后之后，当行情回落时，价格回撤水平一般不超过前期上涨幅度的 50%，有时甚至不超过 33%。

稍向上倾的平行通道则具备以下三个特点。

（1）整个过程不带有向上加速的倾向。

（2）创新高时拖泥带水，不显著，较为含糊、暧昧。

（3）创新高之后，当行情回落时，价格回撤水平一般超过前期上涨幅度的 50%，有时甚至超过 67%。

图 5.32c 用两条平行的趋势线来描绘向上倾斜的平行通道，其轮廓更为清晰，这也是所谓平行通道的由来。

向下倾斜的平行通道与上述情形方向相反。

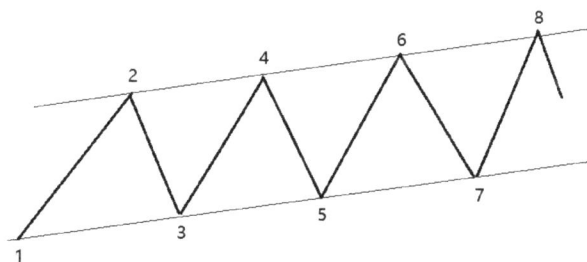

图 5.32c 含有平行趋势线的向上倾斜的平行通道
用两条平行的趋势线来描绘向上倾斜的平行通道，对其轮廓的描述更为准确、传神。

向上倾斜的平行通道一般最终向下突破，反之亦然

图 5.33 的平行通道比较典型。通过历史高点 2 和 4 连接成阻挡趋势线，其在高点 6 得到验证；通过历史低点 1 和 3 连接得到支撑趋势线，其在低点 7 得到验证。两条

趋势线围成向上倾斜的平行通道。从点1到2是上升过程，从点2到点3的回落过程几乎回到低点1附近。从点3到点4是上涨过程，高点4只是比前一个高点2略高而已；从点4到点5，回落幅度超过了从点3到点4涨幅的50%。从点5到点6，上涨，点6略高于点4，但随后回落到点7，并在前一个低点5之下。

图5.33作为典型的平行通道还有第二层含义。平行通道不是上升趋势，其技术分析意义与箱体形态具有较高的相似度，因此通常属于持续形态。向上倾斜的平行通道往往带有向下的意味，最终多向下突破，一般出现在下降趋势的中途。本图的平行通道稍稍向上倾斜，出现在明显的下降趋势的中途，最终向下突破、下降趋势恢复。

图5.34a中为典型的向下倾斜的平行通道，请注意，它出现在上升趋势中途。其中高点1确定了形态开始时上方的比较基准，低点2确定形态开始时下方的比较基准。高点3与点1差不多，高点5低于前两者，但低得有限；低点2、4、6依次下降，但都不算显著。每一次下跌之后的上涨都回到了之前下跌的起点附近。的确，这不是典型的下降趋势。两条边线算不上标准的趋势线，而是用来描述形态轮廓的辅助线。

与箱体形态类似，平行通道的持续时间可长可短（见图5.34b）。

图5.35和图5.36都来自日线图。图5.35平行通道持续时间为5个月左右，通道内的行情大幅震荡；图5.36平行通道持续时间为24个交易日左右，通道内的行情振幅相对较小。

图5.33 糖11号主周线图（2015年9月4日—2019年1月25日）

在下降趋势的中途出现了向上倾斜的平行通道，平行通道中迭创新高，但新高来得暧昧、不显著，且随后的下跌过程都超过了之前上涨幅度的50%。最终市场向下突破，下降趋势恢复。

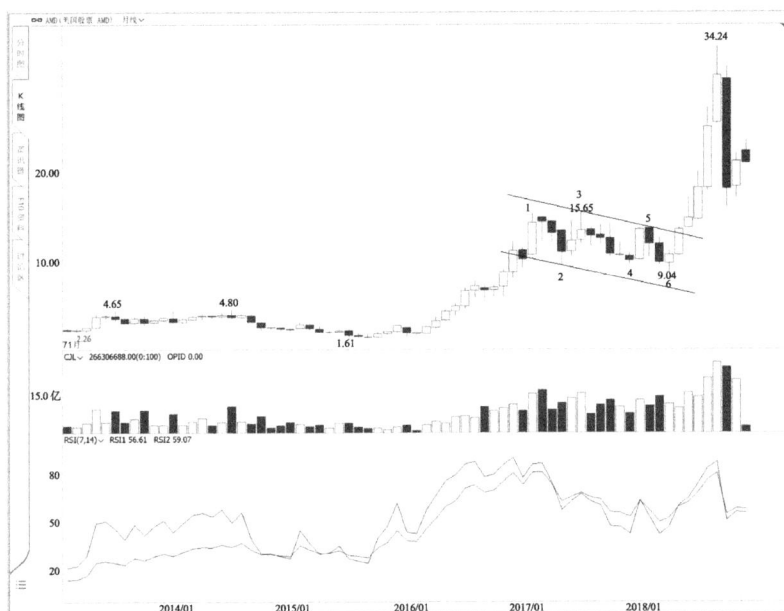

图5.34a AMD月线图（2013年2月—2018年12月4日）

在上升趋势中途出现了微微向下倾斜的平行通道，其中迭创新低，但每次新低都比较暧昧、不显著，且随后的上涨过程超过了之前下跌过程的50%。最终市场向上突破，上升趋势恢复。

图5.34b 纳斯达克指数月线图（2010年2月26日—2019年2月26日）

纳指牛市已持续近10年，中途出现了向下倾斜的平行通道，持续时间超过12个月。向下倾斜的平行通道偏向于向上突破，是牛市中的持续形态。之后牛市恢复。

图 5.35　豆一指数日线图（2018 年 2 月 8 日—2018 年 12 月 21 日）

在下降趋势中途，有微微向上倾斜的平行通道，通道内部行情呈现出宽幅震荡走势，最终市场向下突破，下降趋势恢复。

图 5.36　沪镍指数日线图（2018 年 7 月 20 日—2018 年 12 月 21 日）

在下降趋势中途，出现向上倾斜的平行通道，最终市场向下突破该形态，下降趋势恢复。

图 5.37　CRB 指数周线图（2013 年 11 月 29 日—2018 年 12 月 21 日）

在长期大幅下降趋势之后，出现了微微向上倾斜的平行通道，其持续时间超过两年，最终
市场依然选择了向下突破。

在图 5.37 中，在平行通道出现之前，市场曾经持续快速下跌。平行通道的持续时间超过两年。最终，市场选择了继续向下突破，恢复向下趋势。

为什么向上倾斜的平行通道反而带有向下的意味

箱体形态两条边线是水平的，方向性倾向不强。相比之下，为什么微微向上的平行通道反而更带有向下的味道呢？

箱体通常属于持续形态，出现在趋势演变过程中，最终有效的突破信号通常符合原有趋势方向。因此，在箱体演变过程中，与原有趋势方向相反的突破多不可信，往往沦为假突破信号。

向上倾斜的平行通道发生在下降趋势中途，最初似乎属于箱体形态，但随着时间推移，市场向上突破了箱体的最高点，创新高了。可是，这是假突破，后来的行情未能有效地保留创新高的成果，而是重新回落到箱体内部，且回落的幅度超过了之前上涨幅度的 50%。一而再、再而三，结果就形成了平缓的向上倾斜的平行通道。

向下倾斜的平行通道发生在上升趋势中途，最初似乎属于箱体形态，但随着时间的推移，市场向下突破了箱体的最低点，创新低了。可是，这是假突破，后来的行情不能有效地保留创新低的成果，而是重新回升到箱体内部，且回升的幅度超过了之前下跌幅度的 50%。一而再、再而三，结果就形成了平缓的向下倾斜的平行通道。

而更重要的原因则可能是和趋势演变过程有关。

在下降趋势中，很多人能够看清趋势，发现卖出信号。当市场进入调整过程时，他们已经累积了一定的账面盈利。微微向上的平行通道逐步侵蚀了做空者的账面盈利，他们感受到了威胁，宁愿落袋为安，在平行通道中不断买入平仓。迨到市场最终向下突破时，这些人悔不当初，因为自己本来看对了，可惜没有坚持到底，赶紧一拥而入重新卖空，于是有力地推动市场行情下跌，帮助行情顺利进入下一轮趋势阶段。

反之，如果是微微向下的平行通道，则他们的账面盈利还会稍稍增加，他们便能够坚守头寸，不会落袋为安了。迨到市场最终向下突破时，这群"当初正确"的人只是"一贯正确"地继续持有，不会蜂拥卖出，少了这份力量，行情下跌的过程便不会十分有力。

从上述讨论可见，在上升趋势中途，如果出现了向下倾斜的平行通道（多见），一旦市场向上突破平行通道，那么，接下来上升趋势的新阶段将会顺利展开；反之，如果出现了向上倾斜的平行通道（少见），之后的行情演变将变得更加复杂、漫长。

在下降趋势中途，如果出现了向上倾斜的平行通道（多见），一旦市场向下突破平行通道，那么接下来下降趋势的新阶段将会顺利展开；反之，如果出现了向下倾斜的平行通道（少见），那么之后的行情演变将变得更为复杂、漫长（见图5.38a、图5.38b，图5.39a、图5.39b）。

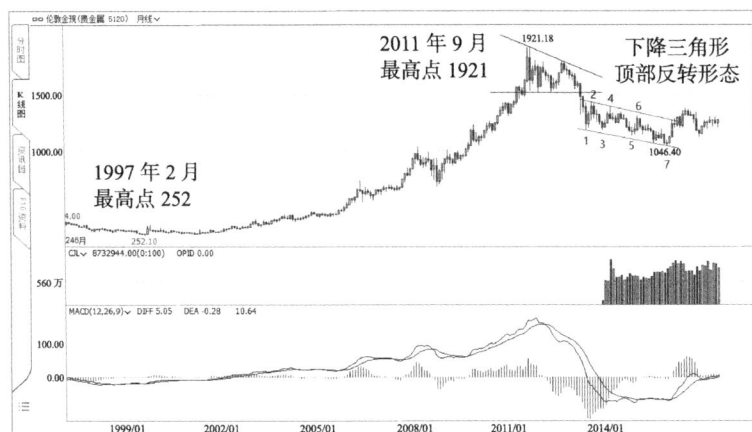

图5.38a　伦敦金现月线图（1997年2月—2016年3月）

黄金在1999年8月到达前一轮最低点252美元/盎司，之后慢慢筑底、抬升，最终演变为持续到2011年9月的大牛市，最高点为1921美元/盎司。在形成下降三角形顶部反转形态后，逆转为下降趋势。接下来，下降趋势进入第二阶段，高点2、4、6形成了上方的趋势线，低点1、3、5、7形成了下方的趋势线，两者围成了向下倾斜的平行通道。在下降趋势中，向下倾斜的平行通道不是好的调整过程，往往预示着之后的演变过程会比较复杂、漫长。

图 5.38b　伦敦金现月线图（2007 年 6 月—2019 年 2 月 1 日）

2016 年 4 月，黄金终于向上突破图 5.38a 中的平行通道，这个突破不符合下降趋势的大方向，结果既不是趋势向上逆转，也不是顺势继续下跌，而是多空双方角力，重新演变成漫长的箱体形态，到 2019 年 1 月底，市场都还没有走出箱体形态的迷魂阵。

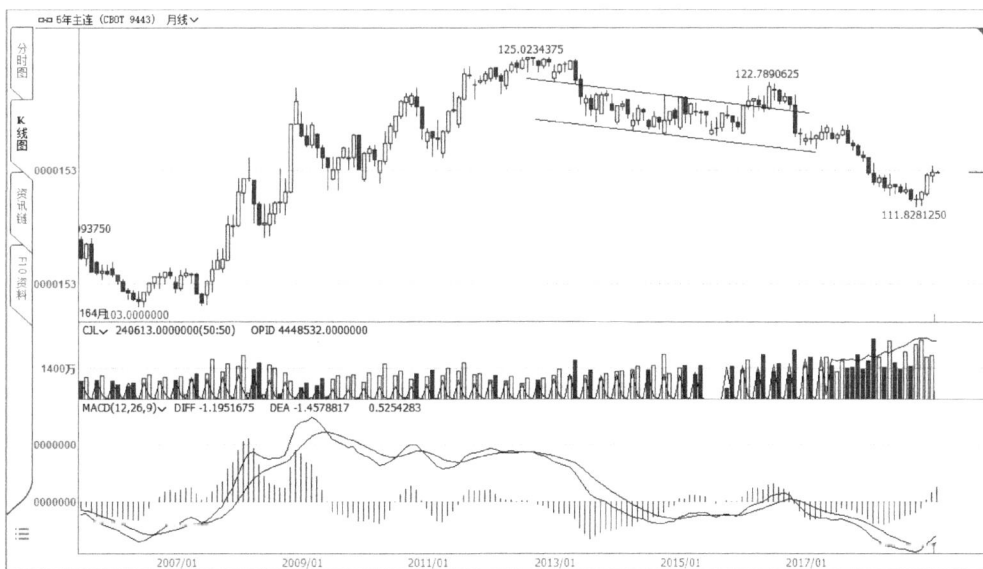

图 5.39a　美国国债 5 年主连月线图（2007 年 5 月—2019 年 1 月 30 日）

美国国债 5 年期货主力合约连接图在 2006 年 6 月达到最低点 103，构造了双重底反转形态，行情趋势逆转向上。之后一直处在上升趋势中，到 2012 年 9 月达到最高点 125，并在该高点前后形成了顶部反转形态。反转后市场进入下降趋势。从 2013 年 6 月进入了向下倾斜的平行通道，直至 2016 年 1 月的大阳线向上冲破该平行通道。该突破当然不符合下降趋势大方向，也没有带来实质性的向上反弹行情。

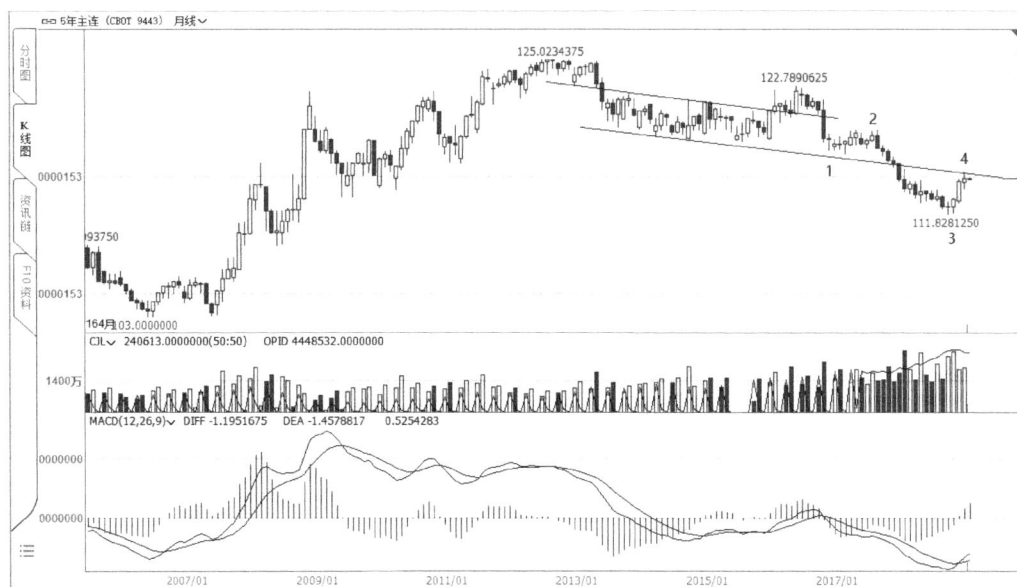

图 5.39b　美国国债 5 年主连月线图（2007 年 5 月—2019 年 1 月 30 日）

接着图 5.39a 说，市场向上突破平行通道约 10 个月后，又重新回到了平行通道内，在低点1 处得到原平行通道下方趋势线的支撑。市场由低点 1 向上反弹到高点 2，之后再次下挫，向下跌破了该趋势线，到达低点 3，再从低点 3 向上反弹到高点 4。总体来看，市场基本上围绕原平行通道下方趋势线波动。这就是下降趋势中遇到向下倾斜的平行通道，之后的行情演变往往复杂、漫长。

第四节

楔形价格形态

平行通道算是箱体形态的变形，楔形形态却不是箱体形态的变形。

图 5.40a 比较了上升趋势（上图）和楔形形态（下图）。在上升趋势中，新的高点能比较有力地向上创新高，后来的低点也比之前的低点明显高出一块，既能不断向上拓展新高，又能守住大部分新开拓的疆土，整体上，上升趋势的行情生气勃勃毫不含糊地持续向上拓展，且呈现出不断加速的特征。在楔形形态中，一般后来的低点倒是能够明显地高于前一个低点，呈现出不断向上的走势，可是它的一系列高点却是真正的问题所在，后来的高点不能明显地高于前一个高点，总体上是守成有余而创新高不足。

这么一来，楔形形态的一连串高点与平行通道的相似，一连串低点则跟上升趋势的相似，两方面各取一半，形成了独特的组合。图 5.40b 借用了上下两条趋势线来描

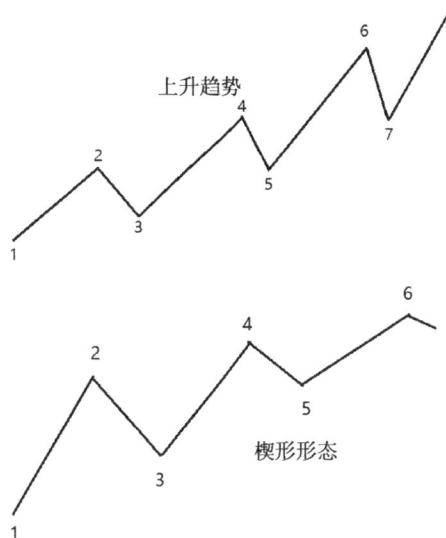

图 5.40a　上升趋势与楔形形态的比较

上图为典型的上升趋势，不论高点还是低点，都能一浪高过一浪，毫不含糊地向上前进。
下图为楔形形态，低点一个比一个明显高，但是高点却高得十分有限，显得较为勉强。

绘楔形的轮廓，上方的趋势线较为平缓，清晰地展示了楔形形态内一系列高点不能向上有力开拓的窘境；下方的趋势线则相对常规，表明楔形形态的一系列低点单方面维持了上升的格局。通俗地说，下方的趋势线涨得快、上方的趋势线涨得慢，两者是相互聚拢的，迟早会相交，这就是"楔形"名称的由来。

楔形形态上方和下方两条趋势线的不同力度表明了多空双方的力量对比。下方趋势线较为正常，代表多头一边较为执着，不断向上冲击；上方的趋势线表明空头一方虽然不放弃打压市场，但是且战且退，双方都不占决定性优势。这种态势注定了楔形形态往往持续时间较长。

楔形形态具有较明确的倾向性，一般都是以向下突破作为形态终结。之所以把它放在持续形态的部分来说，是因为它和平行通道、三角形都有一定的相似性，可以对照来看。

在图 5.41 中通过历史低点 1 和高点 2 连接成交叉趋势线，高点 3 和高点 4 很好地验证了它的阻挡作用。点 1 产生于 2016 年 5 月，这意味着这条交叉趋势线持续时间为三年半。通过历史低点 5 和低点 6 连接上升趋势线。交叉趋势线位于上方，走势平缓；上升趋势线位于下方，并强有力地向上推进，两者围成了楔形形态。从点 2（2017 年10 月）算起，该楔形形态持续时间超过 1 年。

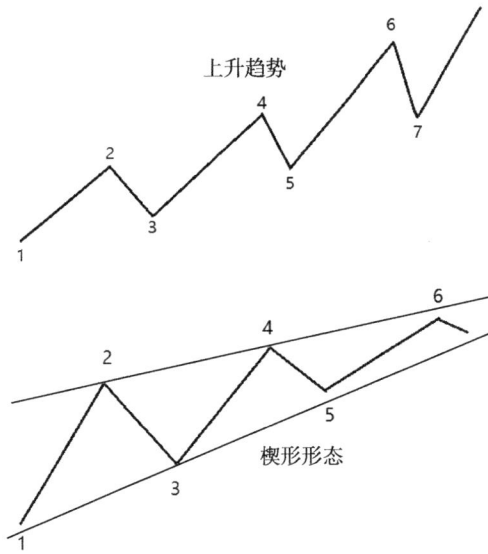

图 5.40b　上升趋势与楔形形态的比较

下图用上下两条趋势线描绘了楔形形态轮廓，下方趋势线显得上涨有力，上方的趋势线则较为平缓，两者不同调，越走越近。

图 5.41　美元指数周线图（2015 年 10 月 30 日—2019 年 1 月 4 日）

上方的趋势线较为平缓，下方的趋势线则有力地向上推进，两者共同围成了一个楔形形态。从最新行情来看，市场似乎正在向下突破。

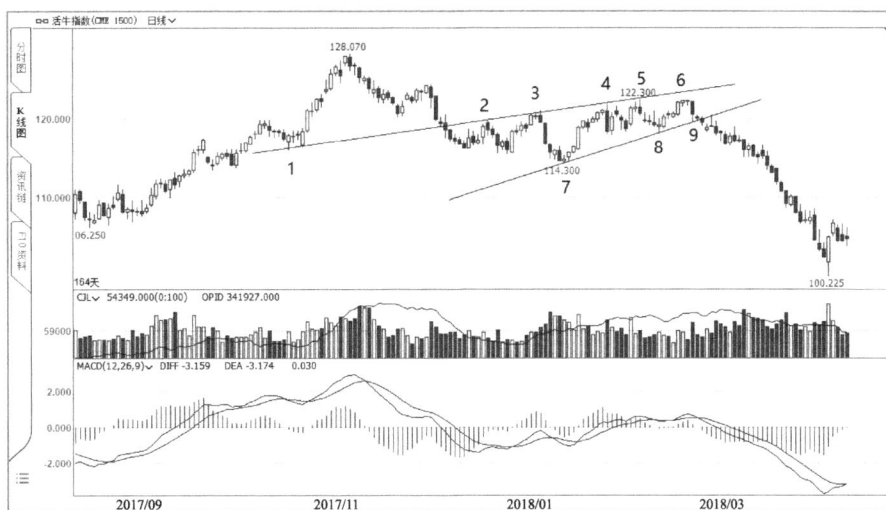

图 5.42　活牛指数日线图（2017 年 8 月 15 日—2018 年 4 月 10 日）

点 1 为 2017 年 10 月的历史低点，点 2 为 2017 年底的历史高点，连接两点得到一条交叉趋势线，它在历史高点 3、高点 4、高点 5、高点 6 均得到验证并发挥了阻挡作用；通过 2018 年 1 月的低点 7 和 2 月的低点 8 做出上升趋势线，其在点 9 得到验证。两条趋势线围成了一个楔形形态，它最终向下突破，因此属于持续形态。

第五节
旗形价格形态与三角旗形价格形态

在急速拉升或暴跌行情下，平行通道或三角形形态的持续时间极短，从量变到质变，有时会演变为所谓旗形或三角旗形形态。

之所以称之为"旗形"，是因为价格形态本身变成了"旗子"，而价格形态之前和之后的行情几乎都是直线式的急涨急跌，成了"旗杆"。不仅如此，价格形态之前的"旗杆"和之后的"旗杆"往往在长度和斜率两方面相当，具有一定的对称性，使"旗子"变成了"降半旗"，成为急速演变行情中途的短暂喘息过程。

旗形的持续时间短，在日线图上一般不超过 3 周，也就是不超过 15 根图线。在下降趋势中，旗形形态的持续时间更短。

随着旗形形态的发展，交易量显著缩小，而当原有趋势恢复时，交易量迸发出来。

如果旗形在整体上倾斜向上或倾斜向下，那么价格突破方向通常与旗形整体倾斜的方向相反。这一点与平行通道有异曲同工之妙。

旗形和尖旗形在急涨或急跌行情中较为常见。换句话说，急涨急跌行情虽然在总体上几乎表现为单边上涨或单边下跌，但并不是一蹴而就，往往分两个阶段进行，两个阶段之间是短暂休整（见图 5.43、图 5.44）。

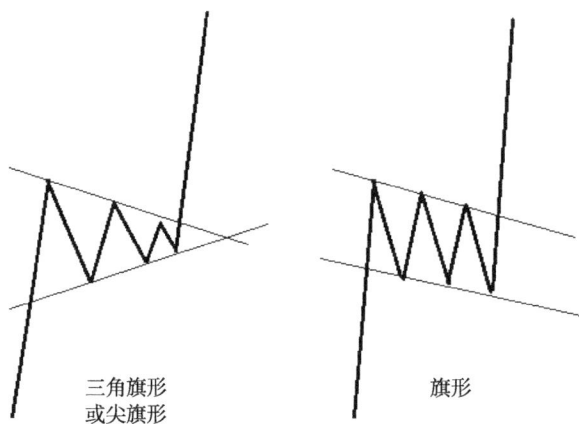

三角旗形   旗形
或尖旗形

图 5.43　旗形与尖旗形持续形态示意图

这类形态的轮廓类似于三角形或平行通道，但是持续时间很短，一般不超过 15 根图线。在其出现前，行情会急涨或急跌；在其完成后，行情以类似形式继续急涨或急跌。因此，它们就像挂在旗杆半腰的旗子。

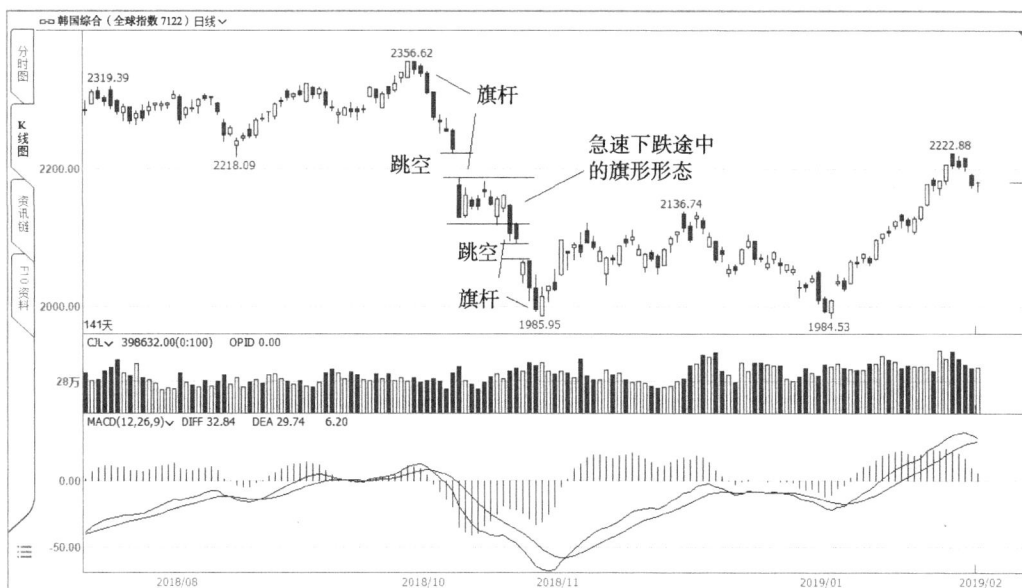

图 5.44　韩国综合日线图（2018 年 7 月 12 日—2019 年 2 月 11 日）

2018 年 10 月行情急速下跌，中途出现了一个旗形形态，持续了 8 个交易日。在旗形形态之前，行情急速下跌，还出现了一个较大的向下跳空，这是上半截旗杆；在旗形形态之后，行情急速下跌，也出现了一个稍小幅度的跳空，这是下半截旗杆。

小结

价格形态是趋势演变过程的一部分，之所以值得特别介绍，是因为它综合运用了包括趋势定义、价格水平、百分比回撤水平、趋势线等趋势分析基本工具，并形成了特定的组合。价格形态犹如围棋中的定式，更有利于投资交易者识别市场状态，深入理解上述基本工具。

本章介绍的价格形态往往按照原有的趋势方向突破，之后原趋势恢复，因此称之为持续形态；下一章介绍的价格形态往往按照原趋势的相反方向突破，宣告原趋势终结，因此称之为反转形态。

第 六 章

常见的反转价格形态

Investment
by Trend

第一节

如何识别反转形态

持续形态与反转形态之辨

在前面的倒水实验部分，我们曾经交代，市场走势总是快速变化和横向盘整交替进行的。

在趋势演变过程中，当然可能出现波折。如果波折次数少、波折幅度小、波折持续时间短，市场大体上便是持续上涨或持续下跌的顺风顺水的情形。在这种情况下，交易者只需按照趋势的既定方向做多或者做空，持有头寸，比较不容易动摇（见图6.1a中左图的情形）。

反之，如果行情走势波折幅度较大、波折持续时间较长，则会带来较高的不确定性，投资交易者对未来走势便会产生困惑（见图6.1a中右图的情形）。在行情出现拐点后，下跌幅度超过了"顺风顺水"的程度，未来行情演变将面临三种可能性（见图6.1b）。

第一种可能性是，行情止跌回稳，经过一番曲折，形成了某种类型的持续形态，最终向上突破，原有上升趋势恢复。趋势的基本特点是持久性，这种情形最常见，也是一般的预期（见图6.1b中的情形一）。这种情形正是上一章讨论的内容。

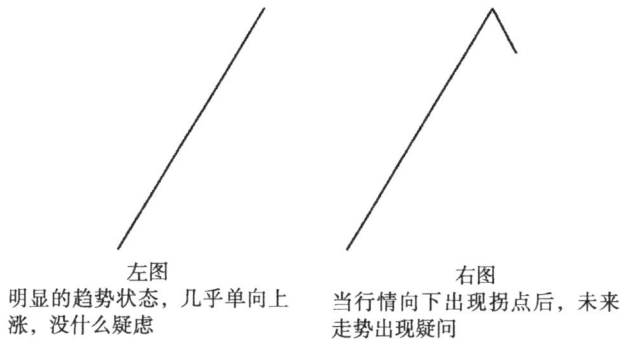

左图
明显的趋势状态，几乎单向上
涨，没什么疑虑

右图
当行情向下出现拐点后，未来
走势出现疑问

图 6.1a 以上升趋势为例来讨论反转形态

左图，在上升趋势迭创新高、顺风顺水之际，投资交易者对未来行情演变没有多少疑虑。

右图，突然，行情出现了拐点，于是未来走势出现疑问，由此产生不确定性。

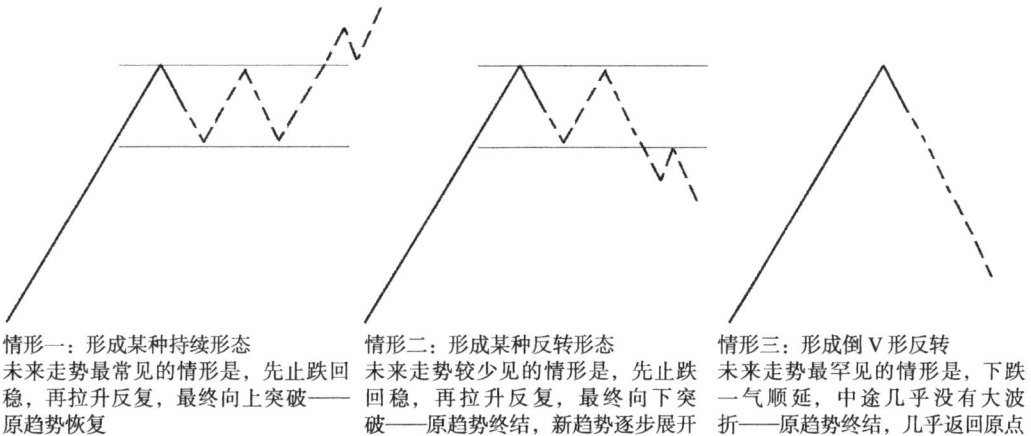

情形一：形成某种持续形态
未来走势最常见的情形是，先止跌回
稳，再拉升反复，最终向上突破——
原趋势恢复

情形二：形成某种反转形态
未来走势较少见的情形是，先止跌
回稳，再拉升反复，最终向下突
破——原趋势终结，新趋势逐步展开

情形三：形成倒 V 形反转
未来走势最罕见的情形是，下跌
一气顺延，中途几乎没有大波
折——原趋势终结，几乎返回原点

图 6.1b 趋势演变的三种可能性

本图实线部分与图 6.1a 右图一致，虚线部分代表之后的行情走势。之后将出现三种可能
性：（1）行情止跌回稳，经过一番曲折，形成了某种类型的持续形态，最终行情向上突
破，原有上升趋势恢复；（2）行情止跌回稳，经过一番曲折，形成了某种类型的反转形
态，最终行情向下突破，原有上升趋势终结，新的下降趋势逐步展开；（3）行情一口气不
停下跌，几乎没有曲折，形成了倒 V 形反转，原有上升趋势终结，新趋势进程太快，几
乎回到原上升趋势起点。幸运的是，情形一最常见；情形二是上升趋势最后的阶段，较少
见；情形三属于极端情形，难得一见。

第二种可能性是，行情止跌回稳，经过一番曲折，形成了某种类型的反转形态，
最终向下突破，原有上升趋势终结，新的下降趋势逐步展开。在趋势演变过程中，行
情通常发生多次掉头反向的运动，几乎每次都能在经过或简或繁的变化后，恢复原来
的趋势。其中只有最后那一次，也唯独这一次，才将带来真正的趋势逆转，原趋势终
结，新趋势逐步上演。这种情形较少见（见图 6.1b 中的情形二）。关键在于，这是一
个相对有序的演变过程，投资交易者有较多机会追随趋势变化。本章将要研究的反转
形态，主要是此类真正带来趋势逆转的价格形态。

第三种可能性是，行情一口气不停地下跌，几乎没有曲折，形成了倒 V 形反转。原上升趋势终结，新下降趋势进程太快，行情几乎回到了原有上升趋势的起点。遇到这样的情形，投资交易者大多反应不及，当初的纸上富贵一朝化为泡影。不仅如此，因为入市点往往在上升趋势途中，最终不但不盈利，反而有亏损。这种情形十分极端，相当罕见（见图 6.1b 中的情形三）。要害在于，V 形反转不是一个过程，而只是一瞬，其中技术线索少、行情变化快，投资交易者没有太多机会做反应，风险很大。本章最后将研究这类反转。

一般来说，我们需要面对的是行情进入横向盘整过程后的情况，即图 6.1b 中的情形一和情形二。横向盘整过程就像一团迷雾，让交易者看不清方向。为此，市场技术分析将横向盘整过程划分为持续形态和反转形态两大类型，一旦市场进入横盘状态，便力求通过各种技术线索尽快判断它属于持续形态还是反转形态，进而使投资交易者做好适当准备。如此一来，在跟踪趋势的过程中，顺风顺水的情形无需多虑，重点就在当行情转入横向延伸状态后，紧盯其演变特征，尽快区分持续形态和反转形态，从中排除或者确认最终那唯一的真正逆转。

从图 6.1b 来看，当市场出现拐点后，其既有可能形成持续形态，也可能形成反转形态。有人认为反转形态不一定导致当前趋势的终结，也有可能带来深幅调整，虽然调整幅度大，但是最终还是能够回来，恢复原来的趋势。请注意，本书所称反转形态指的就是原有趋势的真正终结，而不是指引发深度调整的"反转形态"，理由如下。

首先，在趋势演变过程中，大幅度回调通常发生在趋势演变的第二阶段。趋势第二阶段的基本特点是"往来不穷谓之通也"，行情来回反复。

其次，一般说来，趋势演变的第二阶段本身不会有顺风顺水式的上涨过程或者下跌过程，同时，趋势第一阶段和第二阶段累积的上涨或下跌幅度总共也不会太大，因此即使发生大比例的回落，实际上也并没有多大的绝对价格差距。在趋势演变第二阶段检验趋势是否依然存在的基本考虑是，它的低点（上升趋势中）或高点（下降趋势中）不应该挑战第一阶段底部的低点（上升趋势中）或顶部的高点（下降趋势中）。

再次，之所以研究持续形态和反转形态，目的是要捕捉最终的趋势反转。既然趋势第二阶段不大可能出现顺风顺水式的快速推进过程，它就不是我们主要关心的部分。顺风顺水式的推进过程通常发生在趋势演变的第三阶段，这才是我们要研究的重点。正是在这个阶段，才真正可能发生趋势终结的重大变化。

最后，如果我们分不清趋势演变阶段，但在反转形态之前存在大幅趋势变化，在反转形态之后的确发生了深幅"调整"，那么这种深幅"调整"并不是调整，而是原趋势终结，新趋势展开。换言之，反转形态就是原有趋势的终结。之后的行情将按照新篇章谱写。

确认反转形态的前提条件

根据上文讨论，判断反转形态的前提条件是，之前市场已经经历了明显的上升或下降过程，要么其幅度够大，要么持续时间够久，要么两者兼备。反转形态的作用是逆转之前的趋势。如果之前不存在明显的趋势，那么怎么可能谈得上反转呢？所谓明显，当然是指一般人都能一眼看出来，绝不需要专家用放大镜来仔细搜寻。

趋势的基本特点是其百折不挠的持久能力。一般来说，越是明显的上涨和下跌过程，越表明当前趋势强有力，而不是当前趋势已经上涨或下跌得太多太久。换句话说，市场并不会简单地因为行情上涨或下跌得太多太久而自动地逆转。利弗莫尔说："绝不会因为涨得太多而不能买进、跌得太多而不能卖出。"在跟踪趋势的过程中，投资交易者不能随意猜测市场反转。如此看来，要判断当前趋势是否终结便不得不慎之又慎。从这个意义上说，上述前提条件是必要条件，而不是充分条件。

因此，以上述必要条件为基础，我们还希望出现下述特征。

之前的趋势演变过程已经呈现出完整的三个阶段特征。详细讨论请参见本书第一章。

在图 6.2 中，恒生指数从 8331 点到 31958 点的上升趋势呈现出较为清晰的三个阶段特征：第一个阶段，低点 8331 前后的底部反转过程；第二个阶段，两条价格水平线之间的横向延伸过程；第三个阶段，向上突破第二条价格水平线后市场波折次数较少、波折幅度较低的坚定上涨阶段。

如果不能清晰地呈现出三个阶段特征，那么至少，在趋势演变过程的最后阶段也会出现明显超越通常状态的持续大幅拉升或下挫，这说明新趋势已经潜入，开始玩一出"欲擒故纵"的把戏。

在图 6.3 中，首先上升趋势的持续时间和上涨幅度都十分惊人，完全符合"明显"的前提条件。其次，虽然难以从上升趋势过程中清晰地分辨三个阶段，但是，在上升趋势最后阶段接连出现了超级长阳线，说明新趋势已经潜入。具备这两个条件之后，反转形态到来的时机就比较成熟了。

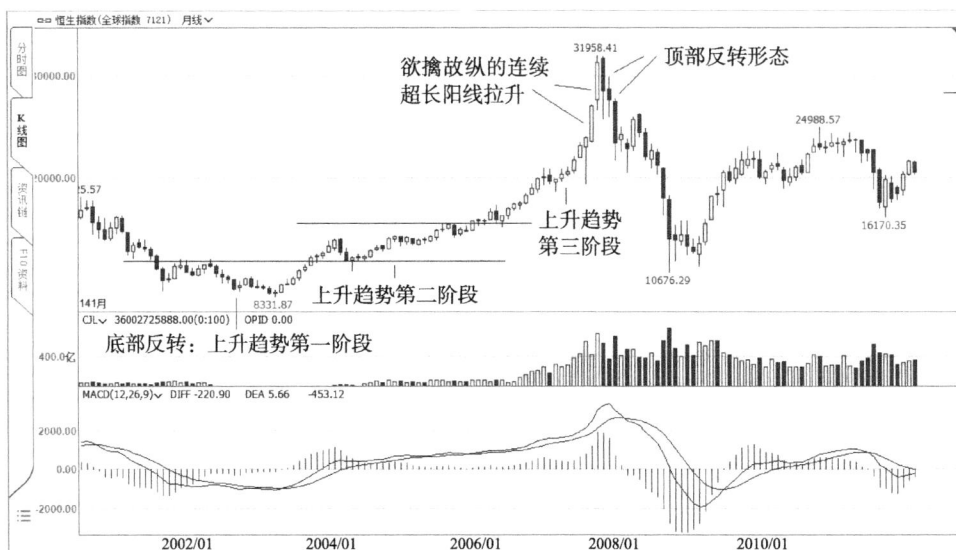

图 6.2　恒生指数月线图（2000 年 7 月—2012 年 3 月）

分析反转形态的目的是力图识别趋势逆转。之前必须存在明显的趋势过程，才可能发生趋势反转。本图的上升趋势过程呈现出完整的三个阶段：底部反转的第一阶段，稍高位置往复振荡的第二阶段，波折次数少且波折幅度小、坚定上升的第三阶段。

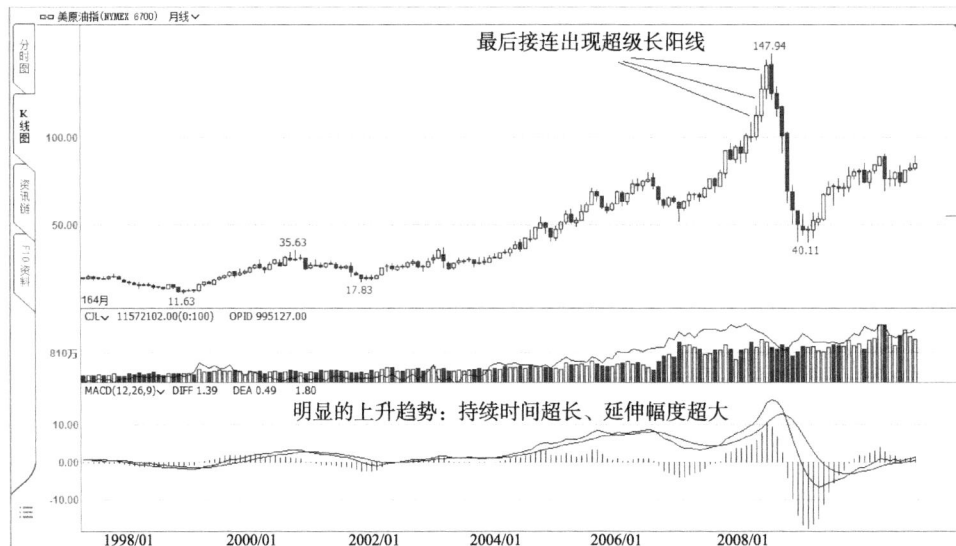

图 6.3　美原油指数月线图（1997 年 4 月—2010 年 11 月）

原油价格从 1998 年 12 月的每桶 11 美元多上涨到 2009 年 7 月的每桶 147 美元多，持续时间 11 年，上涨幅度约 13 倍，这样的上升趋势当然是十分明显的。更引人注目的是，在该上升趋势的最后阶段竟然连续出现了三根超级长阳线，这几根阳线不是表明趋势的强劲，而是表明了新趋势已经潜入，玩起了"欲擒故纵"的把戏。

图 6.4　郑麦指数日线图（2018 年 2 月 2 日—2018 年 11 月 27 日）

本图最高点为 2681，最低点为 2439，波动幅度不足 10%；左侧始自 2018 年 2 月，右侧截至 2018 年 12 月，持续时间近 1 年。这是典型的横向延伸趋势，图上的拐点形似反转形态，实质谈不上反转不反转。

　　图 6.4 行情呈现出明显的横向延伸趋势的基本特征，总体波幅不大，涨跌莫衷一是。没有趋势，便谈不上反转形态。因此，从外形上或许可以找到"反转形态"的轮廓，但实质上只是错觉，不存在真正的反转形态。

第二节
头肩形顶部形态

头肩形顶部反转形态的轮廓

　　头肩形顶部反转形态大致由三个波峰组成，中间的波峰明显较高，这是头部；两边的波峰较低，并且两边往往具有较好的对称性，这是两肩。头肩形的名称很形象（见图 6.5a）。头肩形顶部反转形态可简称为"头肩顶"。

　　之所以称之为反转形态，是因为在头肩顶出现之前，行情处在明显的上升趋势中，经过头肩形的过渡后，行情从上升趋势逆转为下降趋势。

　　如图 6.5b 箭头所示，在头肩形出现前，甚至在头肩形的前半部分，行情具有更高的波峰、更高的波谷，符合上升趋势的定义。

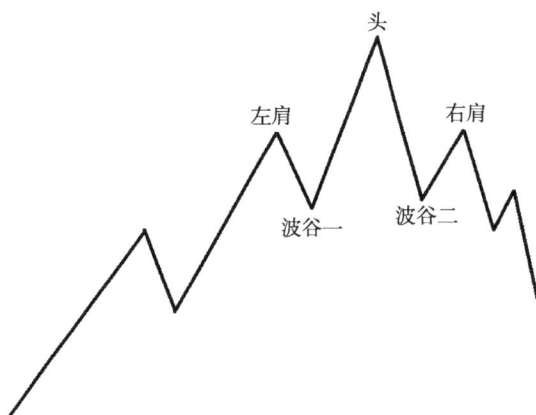

图 6.5a　头肩形顶部反转形态

头肩形顶部反转形态有三个波峰组成，中间的峰明显高于两侧的峰，称为头部；两侧的峰具有对称特征，称为两肩。左肩和头部之间形成一个波谷，头部和右肩之间形成另一个波谷。

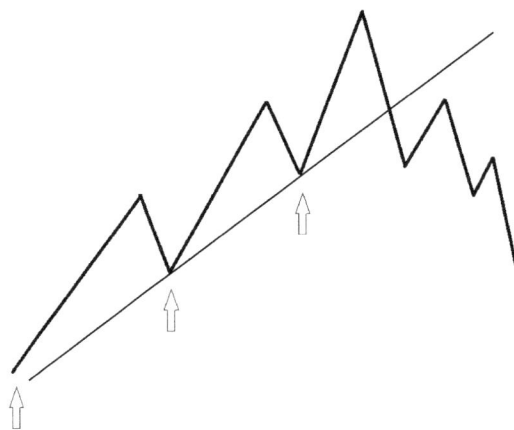

图 6.5b　头肩形反转形态之前的波动情况

在头肩形反转形态的头部出现之前，价格演变形成了依次升高的波峰和波谷，符合上升趋势定义，且最后部分上升过程加速明显，接连留下超级大阳线。通过上述波谷可以连成效果良好的上升趋势线。当行情从头部开始回落时，其通常可能先跌破上述趋势线，发出警告信号。

　　不仅如此，之前的上升趋势应符合反转形态的前提条件，即处在加速过程的末期，接连出现超级长阳线，表明上升趋势已经"成熟"，其反面的种子已经发芽。

　　通过上升趋势的波谷做出上升趋势线，在头肩形出现之前或其前半部分，通常行情曲线能够在趋势线之上维持良好的运行状态，甚至可能形成加速的新的上升趋势线。在头肩形的后半部分，该类趋势线首先被向下跌破，表明趋势加速可能已经结束，发出警告信号。

趋势定义与突破信号

从左肩到头部，波峰依次上升，符合上升趋势的定义。虽然后期接连出现超级长阳线，但那只是警告信号，不构成直接的趋势反转信号。

从头部到右肩，波峰依次下降，已经部分满足下降趋势的定义了。右肩不能向上挑战头部的高度，远远望风而逃，在不断加速的上升趋势过程中出现这样不协调的走势当然令人不安。聊以安慰的是，市场也有可能因为前期上涨过快而进入横向延伸过程，形成上一章讨论的持续性价格形态，之后再度恢复上升趋势。

两肩形成后，留下了头肩形内部两个波谷，通过它们连成一条趋势线，这就是头肩形反转形态的颈线。

最常见的头肩顶颈线是水平线，或者向上稍稍倾斜；最常见的头肩底颈线是水平线或者向下稍稍倾斜。换句话说，颈线通常斜率较低——这是比较重要的趋势线类型。偶尔，头肩顶颈线也有向下稍稍倾斜的，头肩底颈线也有向上稍稍倾斜的。

真正的重头戏来了：一旦市场向下突破头肩形的颈线，由于颈线斜率较低，通常将形成低于头部和右肩之间波谷的新的低点，那么，从头部到右肩是更低的高点，向下突破颈线是更低的低点，满足下降趋势的定义，下降趋势就此形成，头肩形顶部反转形态宣告完结（见图 6.5c）。

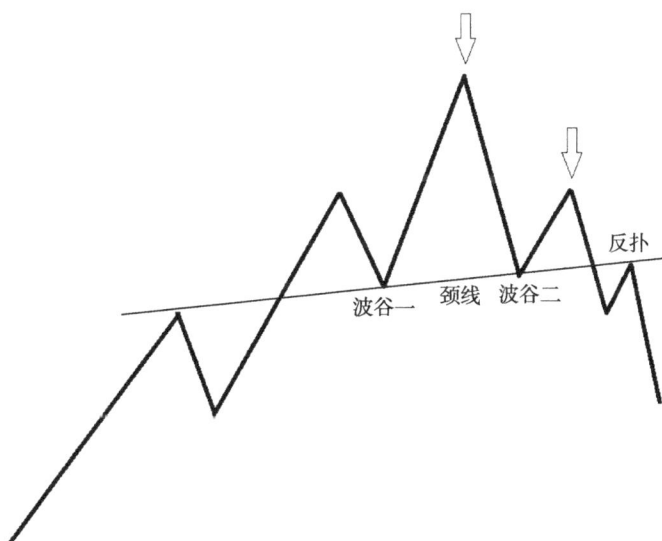

图 6.5c　头肩形顶部反转过程

头肩形反转形态后半部分头部和右肩形成了依次降低的峰。通过头肩形内部的两个波谷可以连接成一条趋势线，其被称为颈线。通常其斜率较小，因而比较重要。

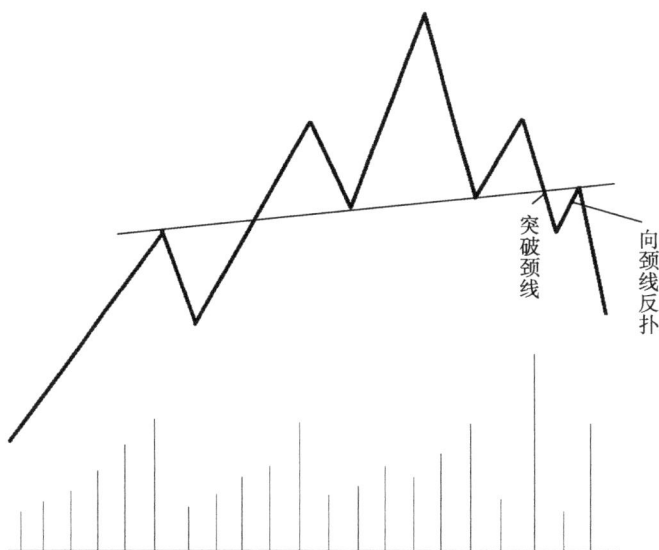

图 6.5d 头肩形反转形态的颈线

当行情最终向下突破颈线时，通常幅度大、交投激烈。之后，多数情况下会发生回向颈线
的向上反扑，此时动作较小，交易量显著萎缩。

通常，向下突破颈线的动作石破天惊：一是在一个时间单位内下滑幅度大，显示市场毅然决然地清晰突破，不留暧昧猜测的余地；二是伴随的交易量巨大，多空双方激烈交锋，任你多大的头寸，在这样的日子里几乎都能够顺利买进卖出。可见，这样的突破不同寻常（见图 6.5d）。

市场以巨量大幅向下突破颈线之后，头肩顶正式宣告完成。在多数情况下，紧接着行情将向上反弹，重新回到颈线下方，但是很难有效地向上突破颈线，回到头肩形的区域。我们称这个动作为"反扑"，一是它紧接着向下突破颈线的大动作而来，动作相对较小；二是它的交易量显著缩小，和向下突破时的交易量不可同日而语。

在头肩形演变过程中，交易量变化是重要辅助信号

在图 6.5e 中，为了清楚地观察头肩形反转形态演变过程中典型的交易量变化模式，我们用数字来表示波段，其中奇数都代表上升波段，偶数都代表下降波段。下面按时间顺序先后一步一步分说。

在头肩形反转形态出现之前，行情处在正常上升趋势进程中，当市场上涨时，交易量放大；当市场回落时，交易量很快减少。1、3 两波段上涨，伴随交易量放大；2、4 两波段回落，交易量迅速减少。这意味着从交易量来看，头肩形的左肩看不出问题。

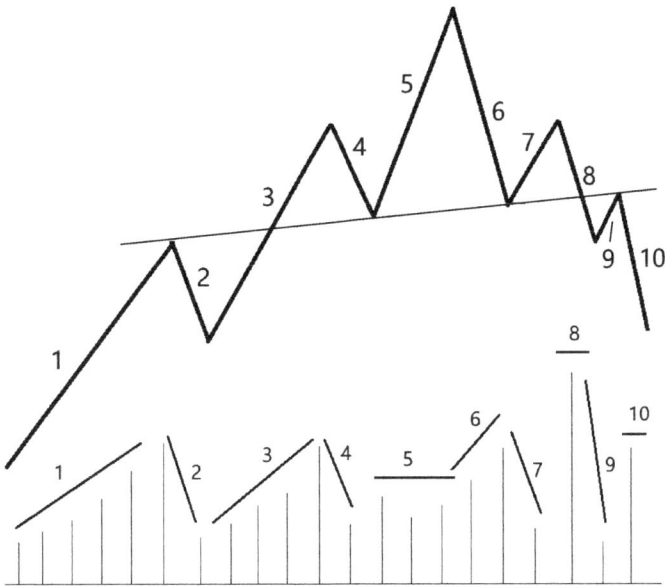

图 6.5e　头肩形反转形态演变过程中的交易量变化模式

在头肩形反转形态演变过程中，交易量具有重要的参考价值。用数字来表示波段，其中奇数都代表上升波段，偶数都代表下降波段。

　　之后，推动头部形成的上升波段来了，行情有力地向上推进，创出明显的新高。超常规长阳线往往就在此时产生。与此同时，交易量虽然维持在较高水平，但是没有呈现出显著的放大，变化不大。图中的波段 5 显示了头部价格大幅上涨与交易量停留在较高水平的反差上。

　　当行情从头部回落时，在常规上升趋势进程中，交易量应当迅速收缩。可是，此处交易量竟然不减反增，如图 6.5e 波段 6 所示。不仅如此，头部右侧的回落过程（头肩形内部的第二个波谷）几乎回到了头部左侧当初上升的起点（头肩形的第一个波谷），未能守住常规的 50% 回撤水平。此时上升趋势线可能也被跌破了。

　　接下来，市场再次上涨（波段 7），形成了右肩的高点。可是，这一次上涨的高点明显不及头部的高点，而且上涨过程中的交易量竟然大幅收缩了，显示右肩的上涨过程已经不能凝聚人气了。

　　以上接连出现了多个令人不安的信号，不过它们都属于警告信号的范畴，不是一锤定音的决定性信号。事实上，到此为止，市场仍然有机会继续横向延伸，形成某种持续形态。

　　然而，接下来，当市场从右肩下跌时（波段 8），量变终于酝酿积累为质变，市场一边大幅快速下跌，一边显著放大交易量，毅然决然地向下跌破了头肩形的颈线。头部、右肩以及向下突破颈线完成了一组更低的高点、更低的低点，根据趋势定义，下降趋势诞生了。

对之前的上升趋势而言，向下突破颈线不再是警告信号，而是盖棺论定。反之，如果市场始终未能向下突破颈线，那么再多的警告信号都不能构成趋势反转的有效信号。

由于市场向下突破颈线的动作幅度过大，在多数情况下，市场最后都会向上反扑（波段 9），重新回到头肩形颈线下方，甚至尝试突破颈线，但是无力向上突破、重新回到颈线上侧。波段 9 的交易量显著萎缩。当市场再次恢复下跌时，速度加快、交易量加大（波段 10）。

反扑之后是新趋势的第二阶段，一般不可操之过急

从图 6.5a 到图 6.5e 的一系列图形来看，头肩顶向下突破完成、行情反扑失败后，市场似乎接着就是跌了又跌、顺水推舟了。事实上，头肩形反转形态的本意是宣告下降趋势的到来。虽然下降趋势倾向于进程更快，其中的波折远少于上升趋势，但在总体上依然具备三阶段特征。头肩形反转形态是下降趋势的第一阶段，完成反转；下降趋势的第二阶段主要表现为横向波动，此时，投资交易者一般需要耐心，不可操之过急，更不能误以为上升趋势死灰复燃（见图 6.5f，相关讨论请参见第一章）。

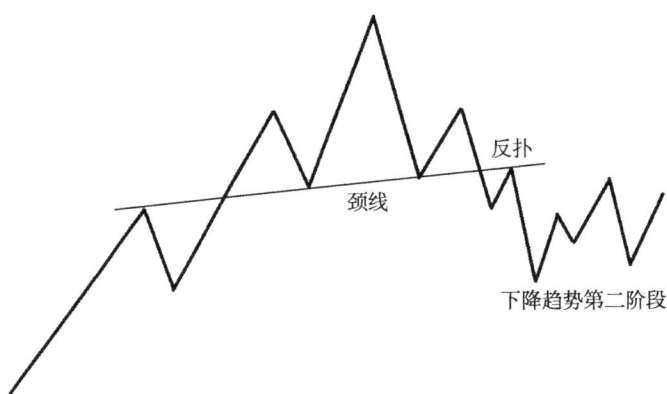

图 6.5f　头肩形反转形态下降趋势中的第二阶段

头肩形反转形态完成后，市场进入下降趋势第二阶段。通常不会持续大幅下跌，而是花费相当长时间横向延伸，此时，投资交易者不可操之过急，更不能误以为上升趋势死灰复燃。

头肩形反转形态不可设定价格目标

在图 6.6a 中，头肩顶之前存在明显的上升趋势，而且 15090 并不是上升趋势的最低点，但是仅从这里算起，到最高点 19040，上涨幅度便已超过了 26%。不仅如此，在上涨过程的最后阶段，接连出现了超级大阳线，满足了反转形态的前置条件。

从变化幅度上看，图 6.6a 中的左右两肩差不多：左肩最高点 17875，最低点 17025，相差 850；右肩最高点 18210，最低点 17245，相差 965。左肩持续了 6 个交易日；头部持续了 4 个交易日；右肩持续了 8 个交易日。左右两肩持续时间相当。

头部显著高于两肩，不过本图高出的幅度似乎大了一点。

右肩之后，市场向下突破颈线，突破信号十分清晰。这是一根难得一见的长阴线，相应的交易量较大，但不是巨量。

在头肩形左肩部分，行情上涨则交易量上升，行情回落则交易量缩小。头部左侧，行情上涨，但交易量总体上维持在较高水平。头部右侧，行情下跌，交易量放大。右肩行情上涨时，交易量维持不变；右肩行情下跌时，交易量有所增加。

头肩形反转形态有价格目标吗？头肩形从头部到颈线的垂直距离被称为"头肩形的高度"。在图 6.6a 中，头部最高点为 19040，在头部最高点的垂直方向上，颈线的价

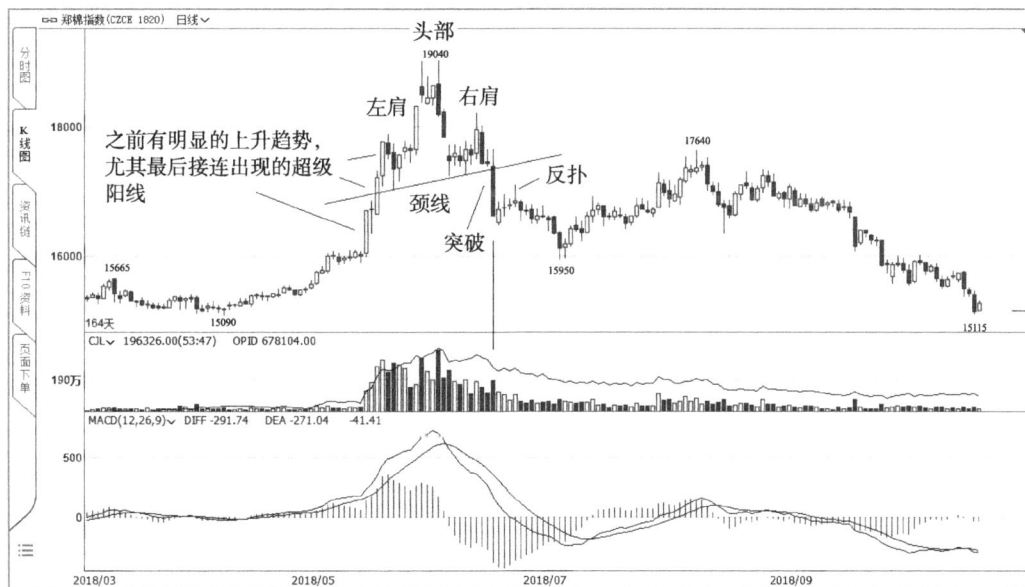

图 6.6a 郑棉指数日线图（2018 年 2 月 28 日—2018 年 10 月 30 日）
之前存在明显的上升趋势，且最后阶段接连出现超级阳线。头肩形反转形态的左肩、头部、右肩、颈线突破井然有序。向下突破信号十分清晰，之后也发生了微弱的反扑行情。

格为 17179，因此该头肩形高度为 1861。

有人认为头肩形有价格目标，当市场向下突破颈线后，从颈线上的突破点开始向下垂直量出头肩形的高度，就得到了头肩形的价格目标。以图 6.6a 为例，颈线被向下突破之处的价格为 17367，减去头肩形高度 1861，得到头肩形价格目标为 15506。

如果你同意这个价格目标，那么图 6.6a 上头肩形形成之后不久，市场便达到低点 15950，这里似乎很像市场到达价格目标了。如果你还不满足，那么熬过了下降趋势第二阶段之后，市场进入下降趋势第三阶段，下跌就比较顺利了，很容易见到 15500 左右的水平。或许，你认为图上右侧的最低点 15115 便是更合适的价格目标。

以上做法都不对。上述过程恰恰犯了猜测底部的常见错误。

市场走过头肩顶反转形态后，进入下降趋势第二阶段，一般不会紧接着顺水推舟地下跌，而是开始比较复杂的横向延伸过程。在本例中，头肩顶之后，市场进入了为期约 3 个月的横向延伸过程，属于向上倾斜的平行通道（见图 6.6b）。

本书明确反对为反转形态设定价格目标，理由在于两个方面。

一是之前上升趋势中的重要价格水平或者百分比回撤水平更适合用来猜测价格目标，比如 50% 回撤水平。

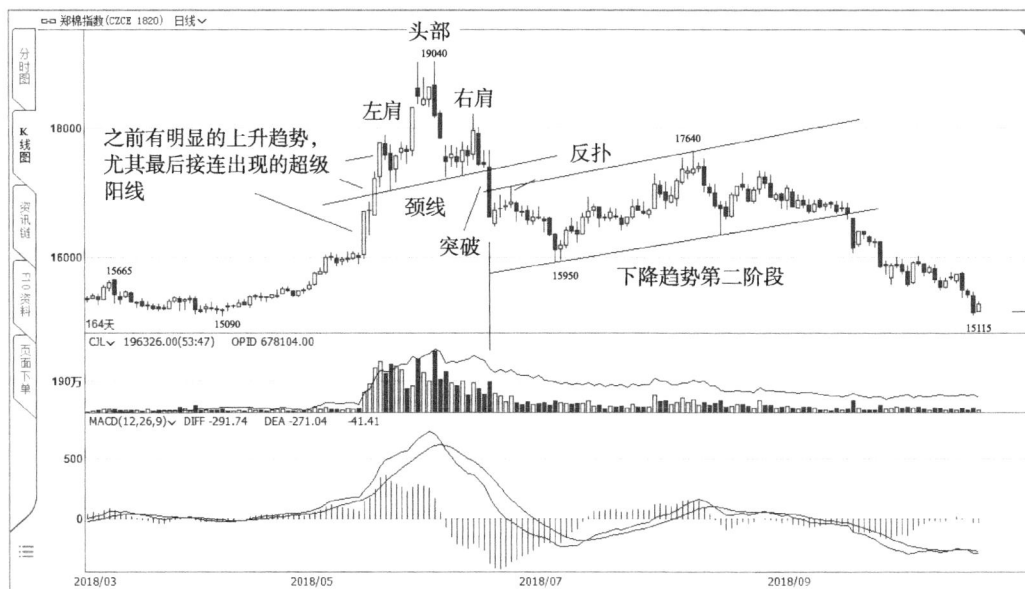

图 6.6b　郑棉指数日线图（2018 年 2 月 28 日—2018 年 10 月 30 日）

头肩形反转形态有价格目标吗？既然新趋势产生了，就不宜设定价格目标了。头肩形顶是下降趋势的第一阶段，之后，行情进入下降趋势的第二阶段，一般来说不会顺水推舟地继续下跌。本图下降趋势的第二阶段是一个稍向上倾的平行通道。

在图 6.6a 的日线图上，行情于 2018 年 5 月 18 日进入颈线之上，头肩形从此开始；6 月 19 日行情向下突破颈线。转到图 6.6c 的月线图上，头肩顶被压缩在 2018 年 5 月和 6 月的 2 根蜡烛线内部。月线图压缩了头肩顶，但是更清楚地交代了之前的上升趋势，那是从 2016 年 3 月深深的 9990 处开始的。该上升趋势中途曾经经历了 19 个月以上的横向延伸过程，留下了重要的历史价格水平 14635。在头肩顶之后的下降趋势中，目前已经实现的最低点为 14620，这正是该历史价格水平的重现。

更重要的一点是，既然头肩形是反转形态，它导致了下降趋势的诞生，那么我们应该遵循一条根本原则来分析，那就是：趋势是活生生的，不可设定其价格目标。

回到图 6.6c，尽管 14635 的重要历史价格水平可做参考，它也不可作为头肩顶的价格目标。从当前行情演变（本图最右侧）来看，除非出现了底部反转形态，且完成了向上突破，否则当前下降趋势的价格目标在哪儿便是未知数。跟踪趋势的纪律不允许我们猜测它的底部，除非已经是既成事实。

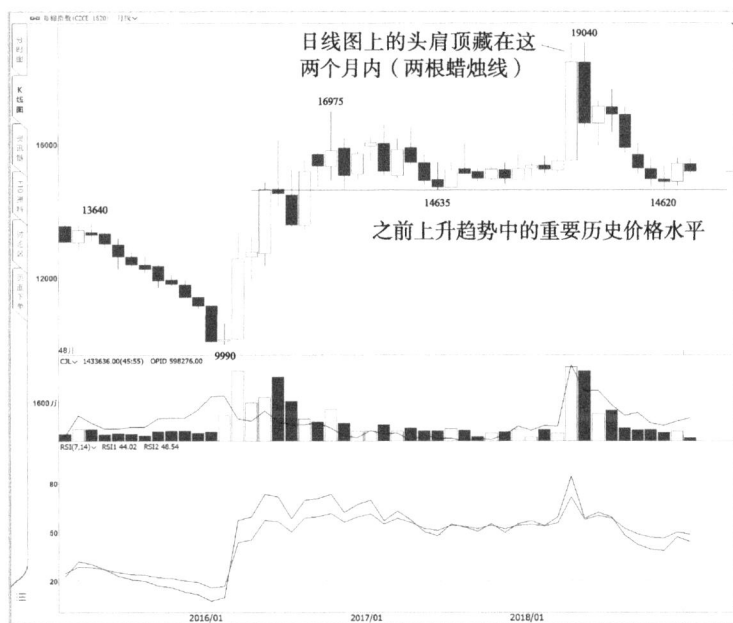

图 6.6c　郑棉指数月线图（2015 年 3 月—2019 年 2 月 15 日）

需要计算头肩形的价格目标吗？本书认为，这个价格目标不如之前上升趋势中的重要价格水平更有参考价值。

头肩顶的颈线突破信号与其头部内包含的反转信号的比较

前面一再强调，头肩形反转形态必须以市场突破颈线为决定性信号，而且必须事

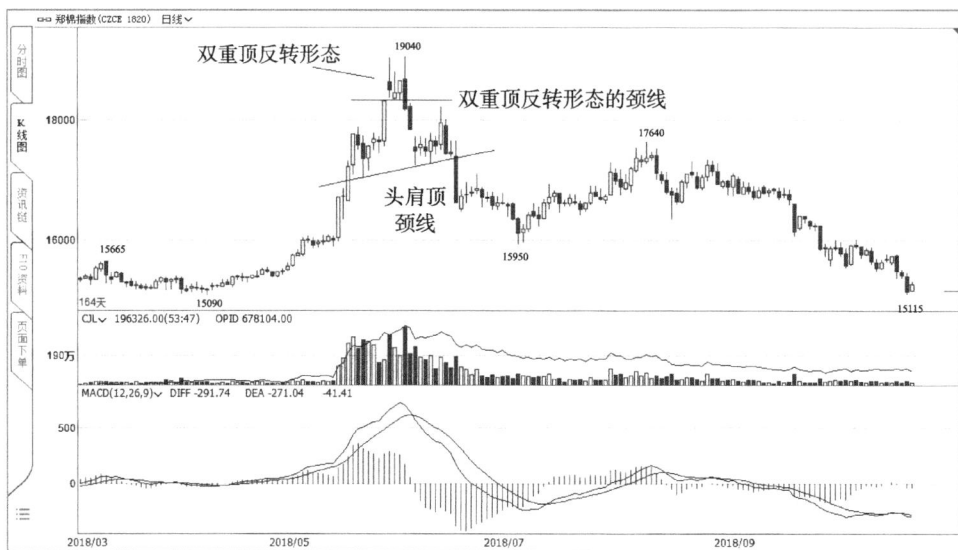

图 6.6d　郑棉指数日线图（2018 年 2 月 28 日—2018 年 10 月 30 日）

当市场向下突破头肩顶颈线时，价格为 17367，从最高点 19040 算起，相当于付出了 8.8% 的代价。这个头肩顶的头部包含了一个小型的双重顶反转形态，其颈线位于 18320，从最高点算起，相当于付出了 3.8% 的代价。

后定论，绝不允许事前猜测。

从图 6.6d 来看，头肩顶颈线被向下突破的价格为 17367，头部最高点为 19040，两者相差 1673，相当于从最高点下跌了 8.8%。由于本例中头肩顶的头部高于两肩的幅度过大，因此代价也付得比较大。

另外，头肩顶形态的头部包含了一个小型的双重顶形态，持续 4 个工作日便完成了。其颈线位于 18320，距离最高点 19040 相差 720，相当于从最高点下跌了 3.8%。如果以这个小型双重顶形态为准来获得市场转向信号，那么这就可以避免相当于最高点的 5% 的下跌。

上述比较揭示了市场技术分析的两难处境：更快做出决断，直接付出的代价较小，但是出错的概率更高；更慢做出决断，直接付出的代价较大，但是出错的概率更低。

市场技术分析归根结底是一场概率游戏，上述选择只能取决于投资交易者。

不过，如果在市场向下突破头肩顶颈线之后，投资交易者依然不采取行动，那么这可不属于上述选择的范围，也不属于技术分析的范畴了。

头肩形有时会发生变形，比如头部从一个波峰变成两个波峰；左肩延长，或者右肩延长，两肩对称性减弱（见图 6.7a、图 6.7b、图 6.7c）。尽管发生了变形，但前面对头肩形反转形态的分析依然适用。

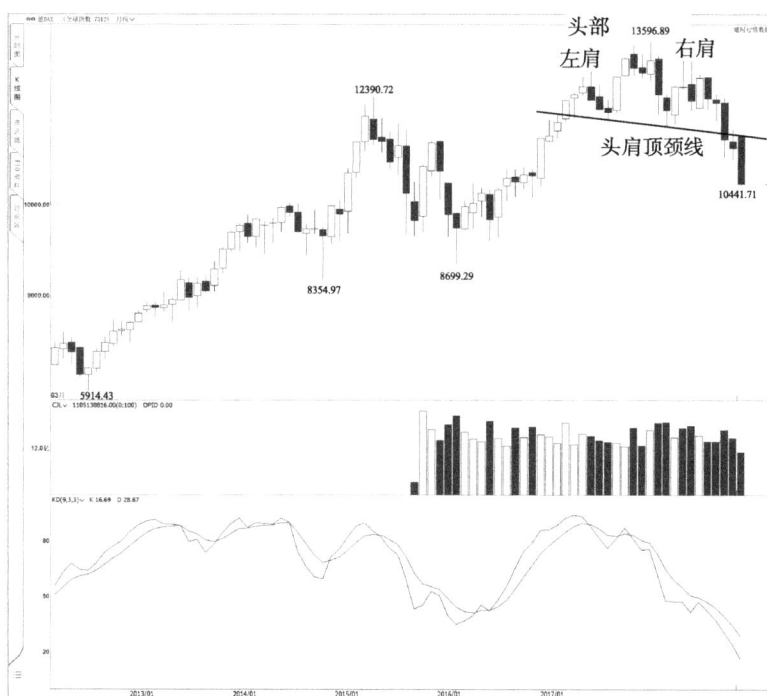

图 6.7a 德 DAX 指数月线图（2012 年 2 月—2018 年 12 月 27 日）

头肩形顶部反转形态的颈线略微向下倾斜。

图 6.7b KOSPI200 指数周线图（2016 年 4 月 8 日—2019 年 1 月 4 日）

头肩顶反转形态的头部似乎是双头，右肩也比左肩宽。不过，头肩形形态总体轮廓清晰；
颈线略向上倾斜；市场向下突破颈线后，出现了反扑现象。这些都较为典型。

257

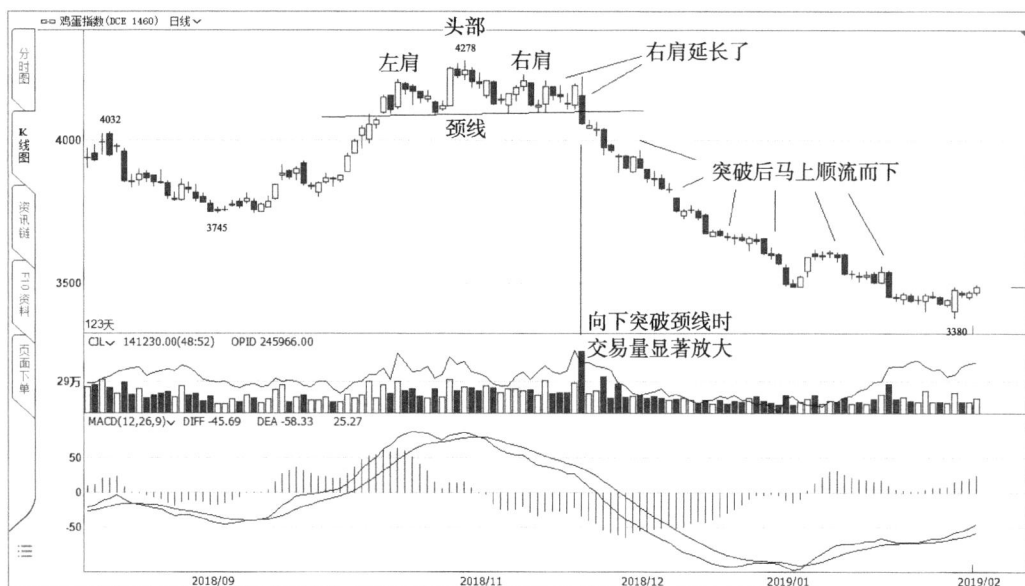

图 6.7c　鸡蛋指数日线图（2018 年 8 月 9 日—2019 年 2 月 14 日）

之前的上升趋势是从 3410 开始的。这里的头肩顶有变形，主要是右肩明显延长，成为一段横向延伸趋势。市场向下突破颈线后，马上顺流而下，没有形成常见的第二阶段。这种情况在下降趋势中更有可能出现。

头肩底反转形态

前面详细介绍了头肩顶反转形态。有了前面的基础，下面只需对头肩底反转形态做简要介绍，基本上，头肩底与头肩顶方向相反，而道理是一致的（见图 6.8）。

但是，这里需要强调，交易量在向上突破颈线时具有重要意义，而不是仅有参考价值。

不仅如此，市场回落向颈线反扑后，当市场再度恢复上升态势的时候，交易量应持续放大。换句话说，上升趋势是在交易量持续放大的条件下才得以延续和发展的。下降趋势不强调交易量的配合。上升趋势需要交易量的持续放大，下降趋势不需要，通俗的比喻是，市场就像受到重力作用，下降不费力，而上升则一定需要额外的助力。交易量反映了市场参与者的交投意愿，交易量越大，则市场参与者参与行情的积极性越高，行情所得到的助力越大。

后面将详细讨论顶部反转形态和底部反转形态的区别。

图 6.9a 是日线图，有一个头肩底反转形态的实例。头肩底之前，是明显的下降趋势；之后是明显的上升趋势。头肩底的左肩、头部、右肩、颈线、颈线突破、反扑等

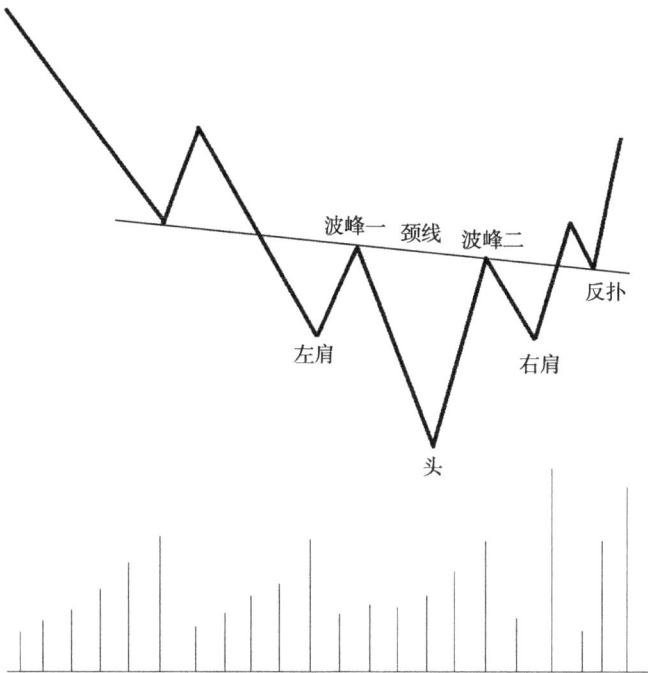

图 6.8　头肩底反转形态

头肩底反转形态的演变过程与头肩顶方向相反，而原则基本相似。不过，当市场向上突破时，突破后出现反扑现象之后，当市场再度恢复上升时，交易量应持续放大。这说明在上升趋势过程中，交易量具有重要意义。

图 6.9a　育肥牛指数日线图（2017 年 9 月 28 日—2018 年 9 月 19 日）

图中标注了一个清晰可辨的头肩底反转形态，在反转形态之前的下降趋势中，行情从最高点 160 下降到最低点 131；在其之后的上升趋势中，行情上涨到了最高点 157。其左肩和右肩基本对称，颈线稍向下倾斜。

走势都相当清晰。

值得注意的是，当市场刚刚向上突破颈线后发生反扑现象时，走势通常不应该向下突破颈线。不过，头肩底是上升趋势第一阶段，之后的第二阶段主要表现为横向延伸，轨迹复杂。随着时间的推移，市场往往不能始终维持在颈线之上，有时可能跌破颈线。图 6.9b 揭示了这种情形。即使如此，第二阶段的低点也必须明显高于头肩底的头部——第一阶段的最低点。

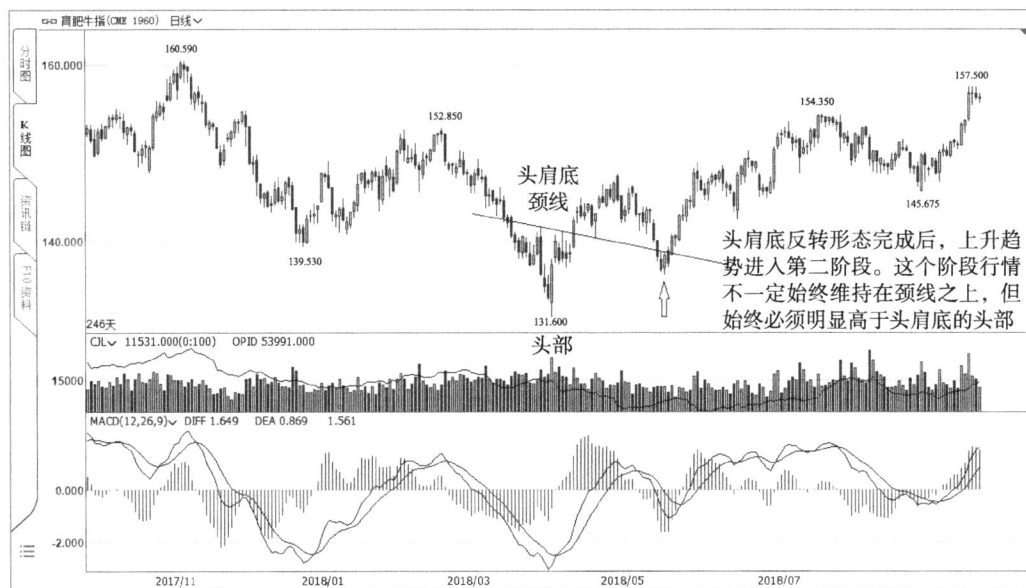

图 6.9b　育肥牛指数日线图（2017 年 9 月 28 日—2018 年 9 月 19 日）

在市场向上突破头肩底反转形态颈线之后，市场马上发生了反扑现象，市场回落试探颈线，此时颈线是不能被向下突破的。之后，随着行情的演变，上升趋势进入第二阶段，在这个阶段中，行情演变总体呈现横向延伸的走势，轨迹较为复杂，不一定始终维持在颈线上侧。但是，第二阶段的低点必须明显高于头肩底的头部。

无论头肩底之前的下降趋势，还是之后的上升趋势，都不具备显著的三阶段特点，尤其是之后的上升趋势很不典型。把这两段行情放到周线图的大背景上来观察（见图 6.9c），我们发现，它们都处在巨大箱体的范围之内，是箱体内部的一下一上两个波段。

图 6.9c 育肥牛指数周线图（2014 年 6 月 13 日—2019 年 2 月 20 日）

图 6.9a 和图 6.9b 的头肩底反转形态发生在低点 131 处。从周线图上可以看出，两条水平直线标出了一个长期箱体形态，在这个低点之前的下降趋势、之后的上升趋势分别是箱体形态的两个波段，因此其趋势性特征不太典型。

不可依葫芦画瓢，要从趋势全貌来理解和辨识反转形态

头肩形反转形态在外形上具有鲜明的特点，相对容易辨认，也比较常见。于是，人们常常会惊喜地发现"头肩形形态"。实际上，那大多只是形似，而不是神似。图 6.10 中出现了一个头肩底的轮廓，"左肩""头部""右肩""颈线"清晰可辨。在其之前，有下跌过程，但幅度过小，不符合反转形态的前提条件。事实上，图 6.10 在总体上都属于横向延伸趋势，虽然其中存在明显的上下波动，但并无有意义的"反转形态"。果然，当市场向上突破"颈线"时，并没有随之发生趋势性变化，"颈线"也没有多大意义。

这个案例告诉我们，既然反转形态终结了旧趋势、开始了新趋势，那么我们一定要从趋势发生、发展、完结的完整演化过程来理解反转形态，把它归结到相应的整体框架下；更进一步地，要从新旧趋势的逆转、交替来理解，虽然旧趋势和新趋势方向相反，但是要从它们互为条件、互为因果、相互转化的一致性上来理解和辨认反转形态承前启后的转折意义。

价格形态不是孤立的轮廓，价格形态分析不是孤立的形态识别。

图 6.10　美元指数日线图（2018 年 7 月 20 日—2019 年 2 月 15 日）

头肩形的轮廓特色鲜明，容易对号入座。然而，光有外形是不够的。形似头肩形，实质不一定就是头肩形。

头肩形反转形态较为常见

头肩形反转形态较为常见。图 6.11 既有一个头肩底反转形态，又有一个头肩顶反转形态，可见其出现频率比较高。

不仅如此，头肩形反转形态展现了趋势逐步逆转的过程，如同罗西尼渐强式序曲一样，一步一步地给出从弱到强的技术信号，前一半原趋势减速，后一半新趋势加速，中途技术信号较多，给予投资交易者较充分的思想准备。最终万事俱备，一锤定音，反转形态的突破信号较清晰，交易安排相对容易。

不过，正如图 6.6 系列所揭示的，有时头肩形趋势头部与颈线突破信号相距较远，发生突破信号时，行情已经距离头部最高处有相当远的距离。换句话说。为了得到头肩形趋势反转信号，可能需要付出更多代价来等待。

从上述讨论来看，技术信号越稳妥，则等待的代价越高；反之亦然。

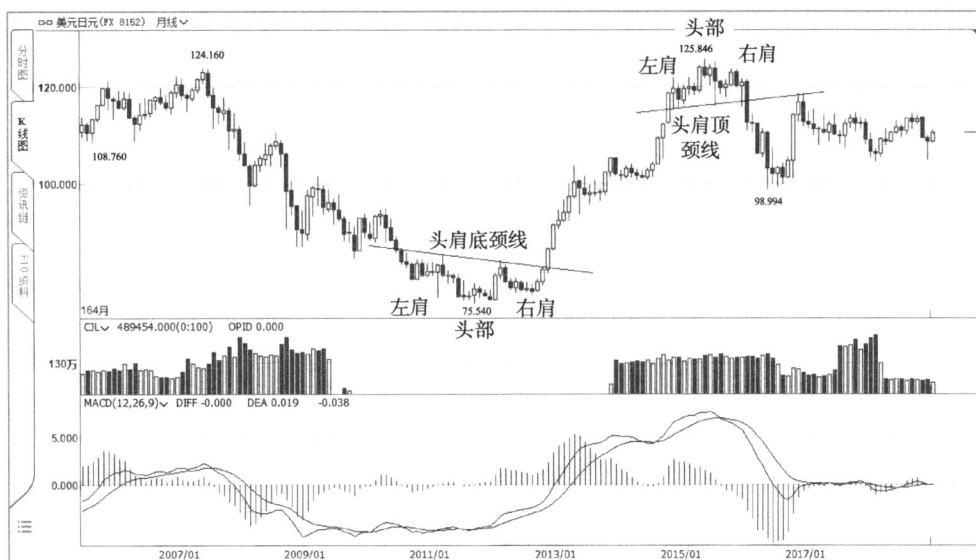

图 6.11　美元兑日元月线图（2005 年 7 月 29 日—2019 年 2 月 26 日）

本图上既有一例头肩底，也有一例头肩顶，说明头肩形反转形态较为常见。

第三节
三重顶和三重底反转形态

三重顶反转形态

如果头肩形反转形态的头部不突出，而是和左肩、右肩差不多高度，头肩形也就不成其为头肩形，而是三个头部并列，成为三重顶或三重底反转形态。图 6.12a 中三个头部的高度不相上下，"一鼓作气、再而衰、三而竭"，三次冲锋耗尽了上涨的能量，完成了趋势逆转的过程。

由于演变过程和技术信号具有较高的相似性，三重顶和三重底似乎可以视为头肩形反转形态的变形。如图 6.12b 所示，在三重顶的形成过程中，同样是先出现上升趋势线被向下突破的警告信号。

头肩顶中间的峰尚能延续之前上升趋势不断创新高的既定路线，即使在行情从头部回落后，也给人相当正常的感觉，警告信号不明显。相比之下，三重顶中间的峰未能向上突破之前的高点，显得更疲弱，警告信号的意义更明显（见图 6.12c）。

三重顶之间的两次回落形成了两个波谷，通过两个低点连接所得的趋势线也被称为三重顶的颈线。顶部的颈线在大多数情况下略微向上倾斜，还有不少情况为水平线，

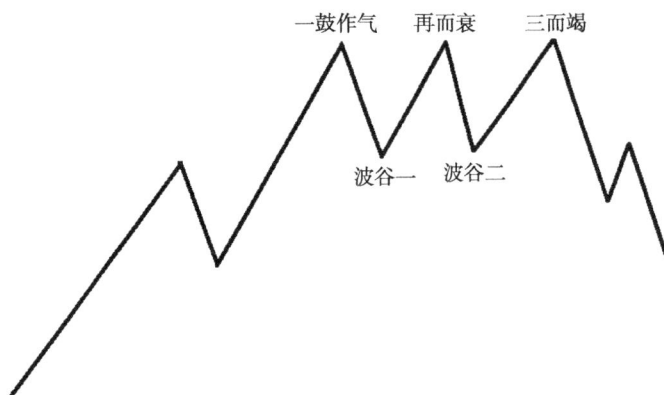

图 6.12a 三重顶反转形态示意图

上升趋势一鼓作气、再而衰、三而竭，之后逆转为下降趋势，留下了三个波峰、两个波谷。

图 6.12b 三重顶反转形态与头肩形反转形态的关系

三重顶反转形态与头肩形类似，先跌破上升趋势线，发出警告信号。

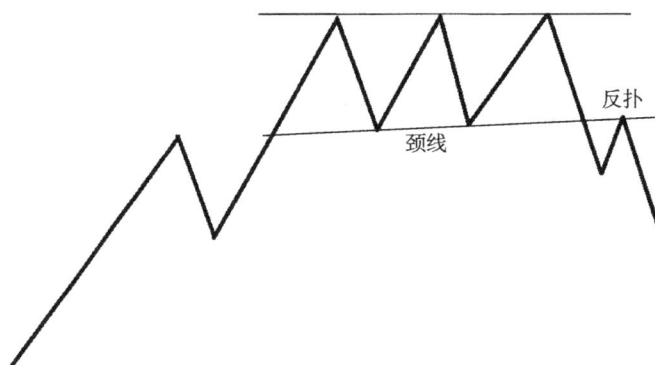

图 6.12c 三重顶中间峰的特点

三重顶反转形态在整体上属于顶部横向延伸趋势。连接两个波谷，得到一条趋势线。通常其斜率较小，因此比较重要。这是三重顶的颈线。

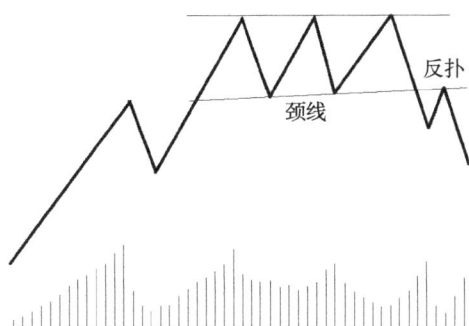

图 6.12d　三重顶反转形态的交易量演变过程与头肩顶类似

少数情况下略微向下倾斜。

当市场决定性地向下突破颈线后，三重顶形态完成，趋势逆转，下降趋势形成。之后，常常出现向上重新试探颈线的反扑现象，但走势往往是浅尝辄止，不能突破颈线，很快市场再度掉头向下跌落，创新低。

在三重顶（见图 6.12d）形成过程中，交易量具有重要的参考价值。左侧，当市场尚未进入三重顶过程时，行情上升，交易量放大；行情回落，交易量迅速缩小——这是上升趋势的常规情况。进入三重顶第一个波峰时，交易量明显放大，没有任何异象。但是，当市场从第一个波峰回落时，交易量并没有明显减少，这不同以往。后来，市场从三重顶之中的第一个波谷回升。首先，回升的高度与第一个波峰差不多；其次，伴随的交易量没有放大。这是警告信号。市场从第二个波峰回落时，往往会跌破某条重要的上升趋势线，不仅如此，伴随的交易量竟然有所放大，这是第二个警告信号。在留下第二个波谷之后，市场三度上升，这一回交易量明显减少。当市场从第三个波峰开始下降时，速度较快、交易量放大，通常会有力地向下突破颈线——这是决定性的趋势反转信号。发生反扑现象时，交易量显著减少。

现在详细讨论三重顶反转形态中的颈线斜率。这个讨论对头肩形反转形态也适用，可以作为对头肩形反转形态的补充。

三重顶反转形态的两个波谷不一定处在同一个价格水平。如果两者相差不大，则颈线斜率不大，不必着意考虑。

有时，第二个波谷明显高于第一个波谷，导致三重顶颈线向上倾斜。这种情况较常见。此时，突破信号来得最早，交易比较有利（请看图 6.12e 中向上倾斜的颈线、相应的突破信号 1）。不过，在这种情况下，即使行情向下突破了颈线，也不一定已经创下新低（突破信号 1 处的价位高于波谷 2），如果采取这样的突破信号，那么并未严

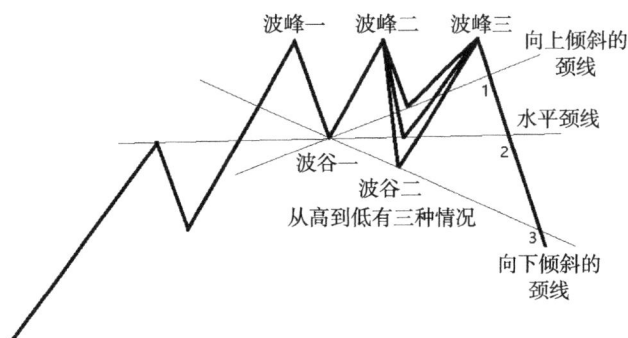

图6.12e　三重顶反转形态中的颈线斜率

三重顶反转形态的两个波谷不一定处在同一个价格水平，此时通过两个波谷绘制的颈线是倾斜的，存在信号过早或信号过晚的弊端。改进方法是在两个波谷中选取最低者，绘制水平直线，作为颈线。

格遵从趋势定义，显得较为激进。

有时，第二个波谷与第一个波谷差不多高度，三重顶的颈线基本水平，这种情况较多见。此时突破信号比较适中（请看图6.12e中的水平颈线、相应的突破信号2）。在这种情况下，市场突破颈线时，一定同时创新低，符合趋势定义。

偶尔，第二个波谷明显低于第一个波谷，导致三重顶颈线向下倾斜。当市场向下突破颈线时，信号来得太晚、等得太久，比较不利于交易（请看图6.12e中向下倾斜的颈线、突破信号3）。在这种情况下，实际上市场已经在突破信号之前创新低（即低于波谷二）。

根据上述讨论，当头肩顶和三重顶反转形态的两个波谷高度明显不同时，我们可以不以连接两个波谷的趋势线为颈线，而是在两个波谷中选择其中最低的那个，通过它绘制水平直线（价格水平线），以它作为颈线。这样的突破信号遵从了趋势定义，时机较适中，值得推荐。起码，我们可以将这样的水平直线视为较为重要的价格水平线。

按照这种方法，在图6.12e中，当第二个波谷较高时，通过波谷一绘制水平直线，所得颈线与第二种情况大致相同；当第二个波谷较低时，通过第二个波谷绘制水平直线，所得颈线低于第二种情况，但比图上向下倾斜的颈线有利（见图6.12f）。

图6.13中波峰一和波峰三高度差不多，波峰二略低，更突出了三重顶反转形态的横向延伸特征。三重顶的颈线稍稍向上倾斜，这种情况常见。波峰一左侧，在行情上升的同时，交易量持续放大，属于上升趋势的"正常表现"。当行情从波峰一向下回落时，交易量没有显著减少。在此之后，直到第三个波峰，交易量基本上处在下降过程中，符合横向延伸趋势的基本特征。可能第二个波峰偏弱，没有引起多大波澜。请注

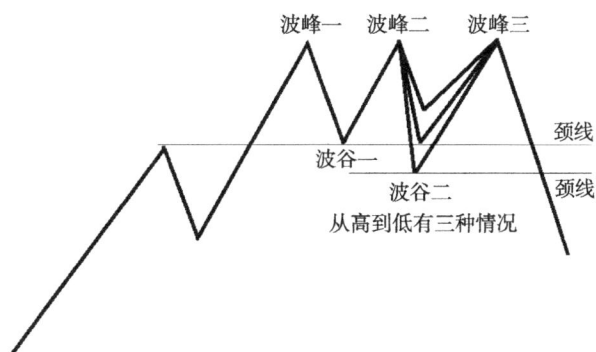

图 6.12f　以波谷中较低者绘制水平线作为颈线

在三重顶或头肩顶的两个波谷中选取最低者绘制水平直线，作为反转形态的颈线，符合趋势定义，信号早晚适中。

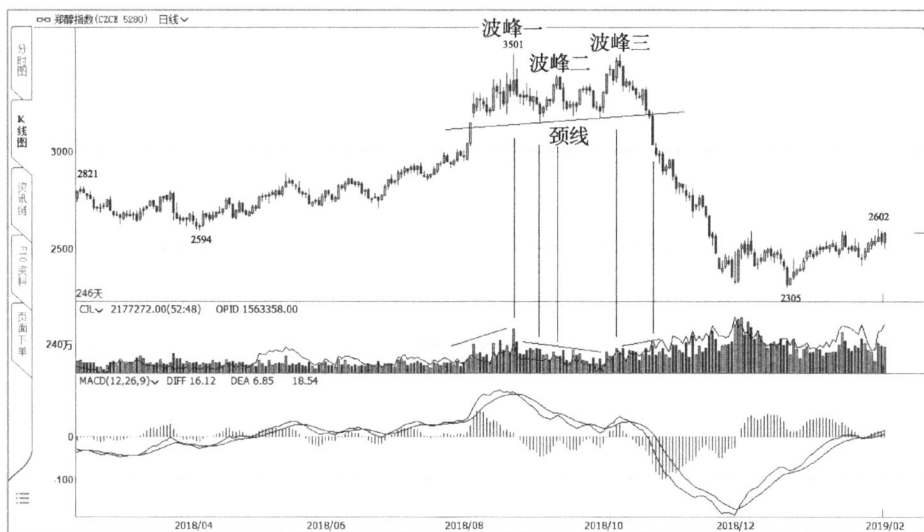

图 6.13　郑醇指数日线图（2018 年 2 月 5 日—2019 年 2 月 14 日）

本图包含三重顶反转形态的实例，第二个波峰偏弱，但符合横向延伸趋势的属性。颈线稍向上倾斜，较常见。交易量的变化很有参考价值。当市场向下突破颈线时，行情走势果断，交易量放大。

意，当市场从第三个波峰下跌时，交易量逐步放大；市场跌破颈线的过程来得相当果断，并且在突破颈线时交易量显著放大。

在图 6.14a 的三重顶中，后两个波峰略低，显得行情较弱。从图 6.14b 来看，由于两个波谷依次下降，常规的三重顶颈线向下倾斜，突破信号来得晚一点。图 6.14c 比较了常规颈线和水平颈线，水平颈线的突破信号比向下倾斜的颈线来得早一点，而且比较适中。

图 6.14d 显示交易量很好地配合了三重顶的演变，提供了有价值的技术分析线索。

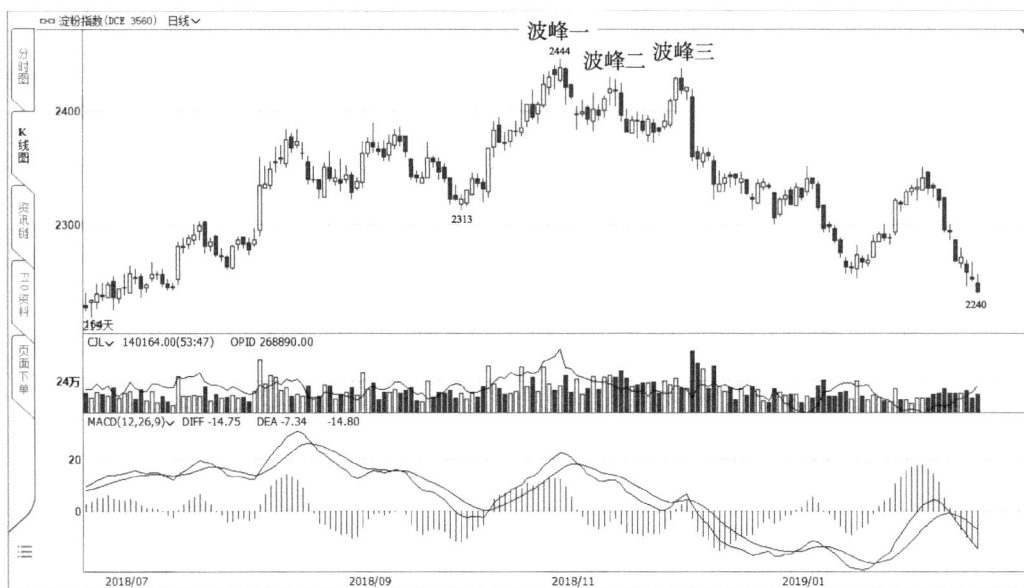

图 6.14a　淀粉指数日线图（2018 年 6 月 21 日—2019 年 2 月 22 日）

波峰二和波峰三高度差不多，两者都比波峰一略低，行情显得更弱。

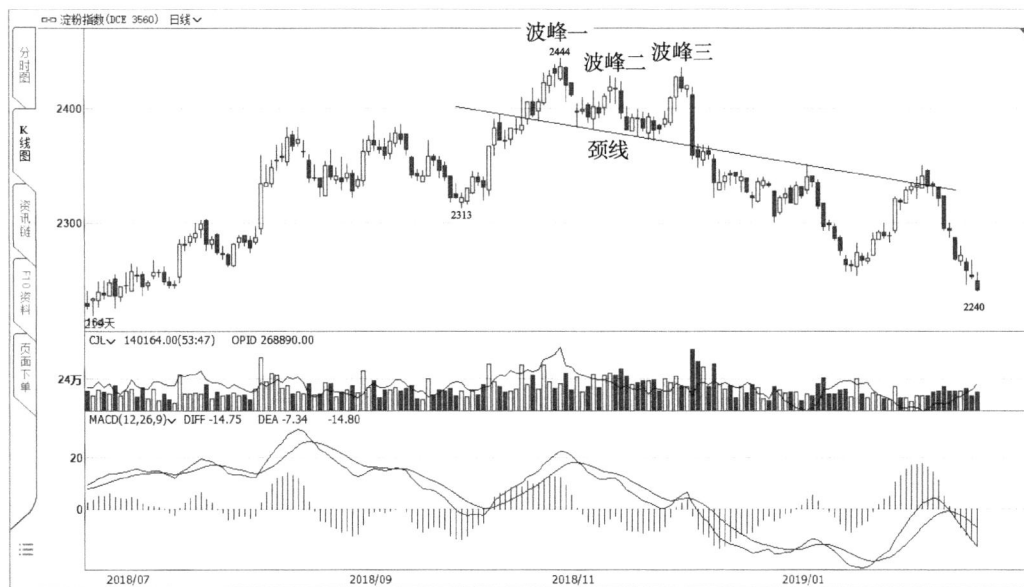

图 6.14b　淀粉指数日线图（2018 年 6 月 21 日—2019 年 2 月 22 日）

波峰二和波峰三高度差不多，两者都比波峰一略低，行情显得更弱。与此相应，两个波谷依次下降，导致三重顶的颈线稍向下倾斜。虽然如此，三重顶颈线在被突破后两次发挥阻挡作用，令人印象深刻。

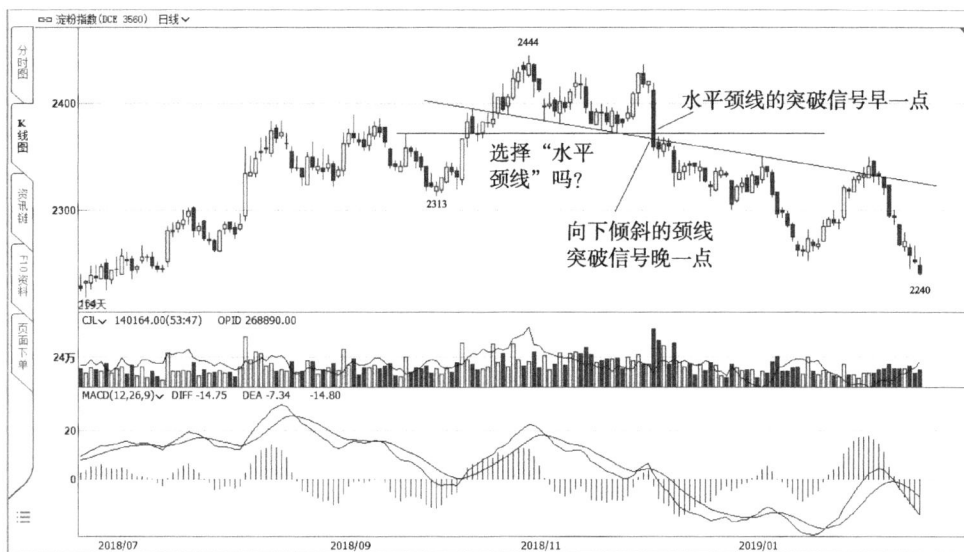

图 6.14c　淀粉指数日线图（2018 年 6 月 21 日—2019 年 2 月 22 日）

三重顶的两个波谷依次下降，导致其颈线稍向下倾斜。颈线还有另一种画法：沿着两个波谷中最低的那个绘制水平直线，以之作为水平颈线。水平颈线的突破信号比向下倾斜的颈线来得早一点，可能更有利。当然，在颈线向上倾斜的情况下，也可以通过两个波谷中最低的那个绘制水平直线，以其作为颈线，其突破信号比向上倾斜的颈线来得晚一点，但符合下降趋势的定义，因此更保守一点。

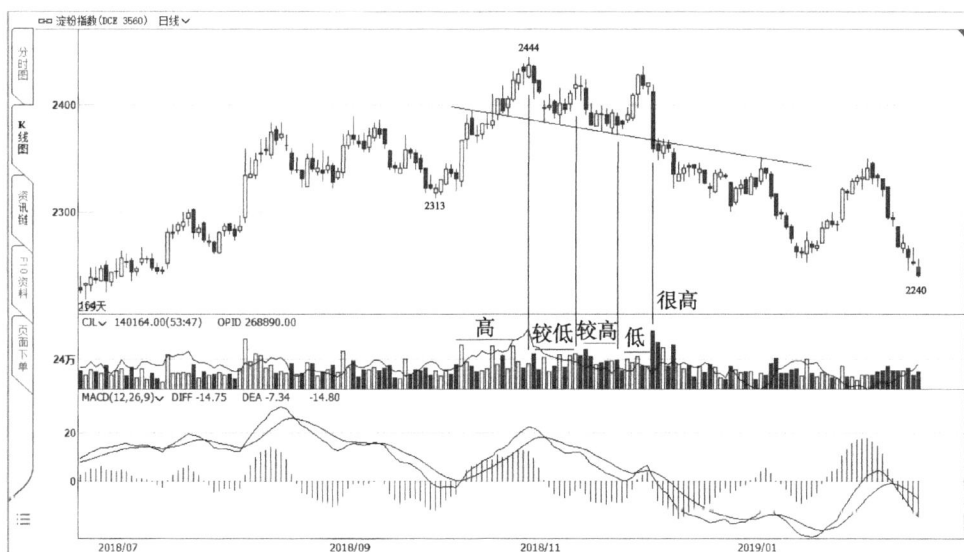

图 6.14d　淀粉指数日线图（2018 年 6 月 21 日—2019 年 2 月 22 日）

本图交易量的变化较为典型。在波峰一左侧行情中，交易量维持高位，这是上升趋势的正常表现。在行情从第一个波峰回落、上升形成第二个波峰的过程中，交易量降低。当市场从第二个波峰下落时，交易量高于从第一个波峰回落时。当市场从第二个波谷再次回升时，交易量下降到低位，较显眼。当市场从第三个波峰下跌时，交易量立即放大到很高的水平，很好地配合了向下突破颈线的决定性动作。

　　三重顶反转形态有多种变形，其中最糟糕的变形如图 6.15a 所示，这是最不利的变形——第三个波峰竟然创了新高，在当时看来，这很可能是上升趋势将继续下一波行情，不容易想到这是三重顶反转形态的最后一波。从交易纪律上来说，也不允许投资交易者随意猜测这是三重顶反转形态的最后一个波峰。

　　当遭遇这种情况时，我们只能以不变应万变，即谨守技术分析的操作要领。当市场符合上升趋势的要领时，按照上升趋势的要求操作。当市场向下跌破图 6.15b 所示的主要上升趋势线时，这便是警告信号；当行情进一步向下跌破三重顶颈线后，确认三重顶反转形态完成，趋势逆转，此时按照下降趋势的要领操作。反过来，在市场真正跌破三重顶颈线之前，绝对不可以贸然猜测已经出现行情顶部。

　　在遭遇图 6.15a 这类重大困惑时，有没有什么技术分析线索来帮助我们早一点分辨真伪呢？

　　很遗憾，事先不存在有效的线索，但是交易量可以作为较为有效的辅助指标。请注意，向上突破的一周交易量竟然大幅萎缩，突破后的第二周交易量虽然有所上升，但交投仍然不算活跃（见图 6.15c）。此外，在第二章日本蜡烛图技术的部分我们曾讨论过，该假突破信号突破前后三个星期的蜡烛线构成了向下反转的基本形态，同时，第二周的蜡烛线属于流星线反转信号。

图 6.15a　美原油指数周线图（2016 年 10 月 8 日—2019 年 2 月 22 日）

本图展示了三重顶形态最不利的变形——第三个波峰竟然创新高，预示很可能上升趋势将继续下一波行情，可是如何想到这是三重顶反转形态的最后一波呢？

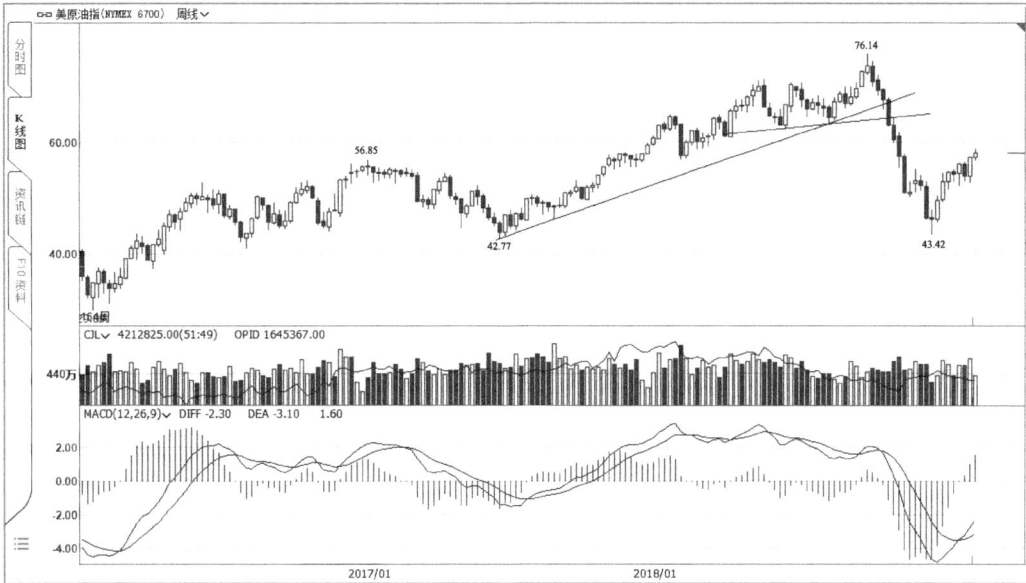

图 6.15b　美原油指数周线图（2016 年 10 月 8 日—2019 年 2 月 22 日）

以不变应万变，面对变形的三重顶反转形态，依然按照三重顶形态的基本要领来进行交易。反过来，这个案例也提醒我们，反转形态必须在突破颈线后才能成立，绝不可言之过早。

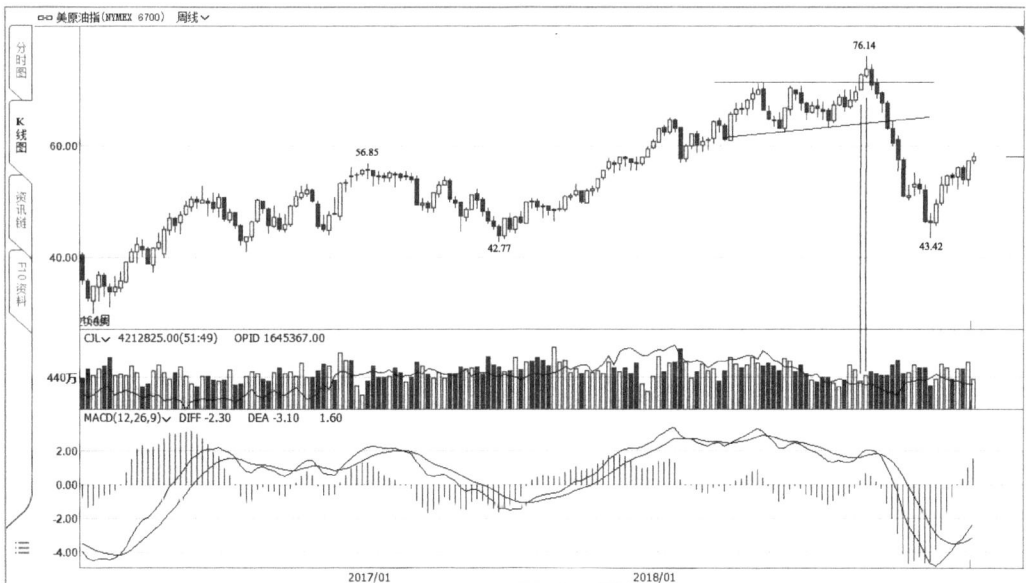

图 6.15c　美原油指数周线图（2016 年 10 月 8 日—2019 年 2 月 22 日）

在上升趋势中发生向上的假突破信号，实在令人受挫。从交易量的角度可以得到有效的辅助指标，在图中向上突破的两周内交易量显著萎缩。

有效的线索有三条：

首先，第三周行情跌回之前波峰一和波峰二的价格水平之下，表明两周前的向上突破很可能是假突破；

其次，图6.15b所示的行情向下跌破显著的上升趋势线，揭示行情有可能发生变化；

最后，行情向下突破三重顶颈线，这是决定性的一击。如果行情停留在波峰一、波峰二之下，但维持在颈线之上，仍然属于横向波行情动，上升趋势仍然有机会死灰复燃，但是一旦跌破颈线，一切都成为过眼烟云，下降趋势已经产生。

三重底反转形态

三重底反转形态有三个波谷，它们差不多处在同一个水平上。三个波谷之间有两个波峰，通过两个波峰连接而成的趋势线被称为颈线。颈线通常斜率不大。当市场决定性地向上突破颈线后，三重底反转形态完成，新的上升趋势形成。

在三重底反转形态的演变过程中，交易量不再是辅助指标，而是重要指标。首先，在三重底形成过程中，交易量应呈现出逐步收缩的特征，越往后，交易越清淡。其次，当市场向上突破颈线时，交易量应显著扩张；再次，反扑过程中交易量显著缩小，之后当市场再度恢复上涨时，交易量进一步放大（见图6.16）。

在图6.17的三重底形态中，波谷一和波谷二基本齐平，波谷三稍高。两个波峰则依次降低，形成了稍向下倾斜的颈线。三重底形态的价格波动幅度逐步收窄，这是底部形态的典型特征。

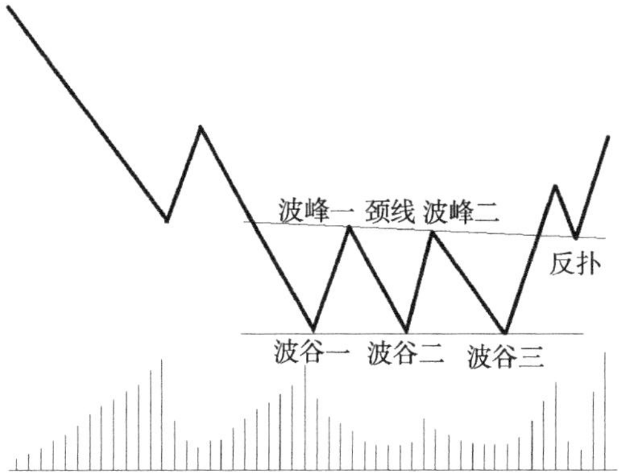

图6.16 三重底反转形态示意图

下降趋势一鼓作气、再而衰、三而竭，逆转为上升趋势，留下了三个波谷、两个波峰。通过连接两个波峰得到三重底的颈线。当市场决定性地向上突破颈线，并且伴随显著放大的交易量时，三重底完成。

图6.18的三重底形态似乎有四个波谷，前三个波谷价格水平差不多，第四个略高。俗话说"事不过三"。在大多数情况下，尤其在顶部反转形态中，"一而再、再而三"，市场已经给予了反转充分的酝酿时间。可是，在构造底部反转形态时，"事不过三"的经验法则并不适用，再四乃至再五、再六都可能，这说明底部反转过程往往漫长而曲折。三重底形态的颈线略向下倾斜。从整体来看，三重底形态的波动幅度逐步收窄。

图 6.17　英镑兑美元周线图（2014 年 9 月 19 日—2018 年 6 月 22 日）

波谷一和波谷二差不多处在同一水平，波谷三略高，三者组成三重底反转形态。颈线稍向下倾斜，较常见。当市场向上决定性地突破颈线后，三重底完成。请注意，在三重底的形成过程中，价格波动幅度倾向于逐步收窄。

图 6.18　螺纹指数日线图（2018 年 6 月 22 日—2019 年 2 月 22 日）

本图的三重底反转形态似乎有四个波谷，而不是三个。前三个波谷价格水平差不多，第四个略高。三重底形态的颈线略向下倾斜。从整体来看，三重底形态的波动幅度逐步收窄。

第四节

双重顶（底）反转形态

顾名思义，双重顶反转形态有两个波峰，之间有一个波谷（见图 6.19a）。在波峰一处，上升趋势看起来进展顺利。当行情从波峰一回落时，似乎也没有任何顶部反转的痕迹。

波峰二之后陡然生变。从波峰二开始的回落行情跌破了之前较为显著的上升趋势线，发出警告信号（见图 6.19b）。

此后，市场并没有停留在波峰一和波谷形成的横向波动区间内，而是变本加厉，

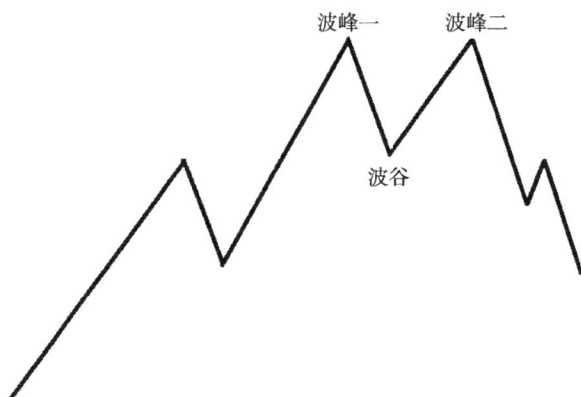

图 6.19a　双重顶反转形态示意图

行情在波峰一时似乎一切正常，但在波峰二陡然生变。两个波峰之间有一个波谷，波谷所在的价格水平为双重顶颈线。

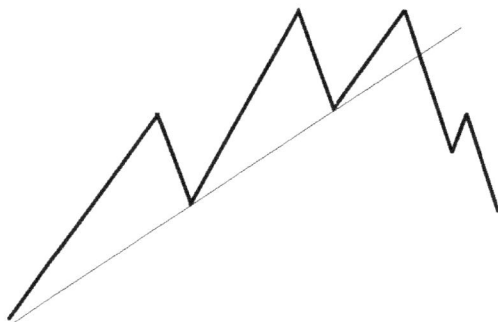

图 6.19b　双重顶反转形态中的第一个警告信号

双重顶反转形态中的第一个警告信号是行情从波峰二落回时跌破了之前较为明显的上升趋势线。

又清晰地跌破了双重顶的颈线（见图 6.19c）。此时双重顶形态方露出狰狞面目，上升趋势已经逆转为下降趋势了。

在双重顶的波峰一之前，价格上涨则交易量扩张，价格回落则交易量萎缩，这属于上升趋势的正常表现。但是，从波峰一到波谷途中，交易量没有快速减少；当市场从波谷反弹上升到波峰二时，交易量不增反减。这些已经不是上升趋势的表现，而是横向趋势的表现了。此外，波峰二和波峰一高度差不多，没有给出清晰的上升趋势信号（见图 6.19d）。

当市场从波峰二下跌时，交易量节节放大。市场清晰地跌破双重顶颈线，交易量

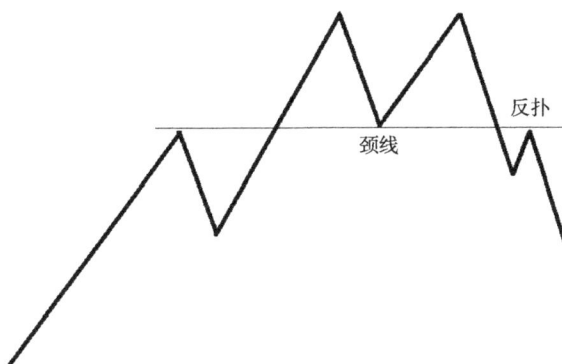

图 6.19c　双重顶反转形态中的颈线

轮廓与双重顶反转形态相似的调整过程太多了，直到行情决定性地跌破颈线后，才能确认双重顶形态已经形成。之后，反扑现象较为常见。反扑伴随交易量显著减少，且不能向上突破。

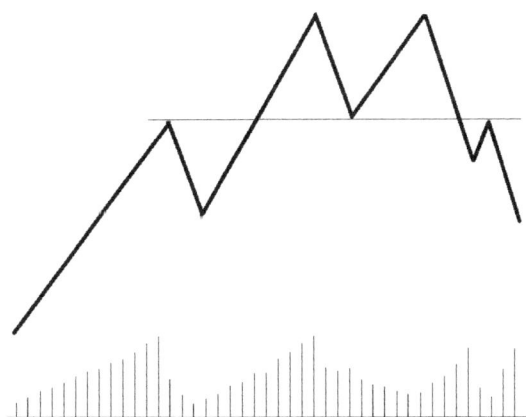

图 6.19d　双重顶形成过程中的交易量

在双重顶形成过程中，交易量是有效的辅助指标。

进一步放大。之后，市场回升到颈线下方——这是反扑现象，交易量急剧减少。迨到市场恢复下跌时，交易量重新回升到较高水平。

在三重顶反转形态中，市场三度向上试探，提供了更多的技术分析线索，留给我们更多的准备时间；在双重顶反转形态下，市场仅向上试探了两次，提供的技术分析线索更少，留给我们的准备时间更少。因此，双重顶反转形态的跟踪分析具有更大的挑战性。

图 6.20 左上方的双重顶形态波峰一和波峰二高度差不多，持续时间为 5 个多月。当市场决定性地跌破其颈线后，趋势反转完成。之后，未发生反扑现象。颈线角色从支撑转为阻挡，在之后 2 年多时间内，始终发挥着良好的阻挡作用。遗憾的是，外汇市场没有直接的交易量数据，不能把行情与交易量加以对照。本图右下角还有一例三重底反转形态，三个波谷处在差不多水平上，颈线略向下倾斜。请注意，三重底的持续时间远远超过双重顶。

双重顶的两个波峰高度有时差不多，有时有差距。

如果双重顶反转形态的前一个波峰高于后一个波峰，这种情况表示第二个波峰冲顶失败，上升趋势转弱，这本身就是趋势可能发生变化的征兆，这种情况比较好判断（见图 6.21）。

图 6.20　欧元兑美元月线图（2005 年 7 月 29 日—2019 年 2 月 26 日）
左上方有一例双重顶反转形态，右下方有一例三重底反转形态。相比之下，双重顶的技术线索更少、时间更短，对当事者的挑战更高。

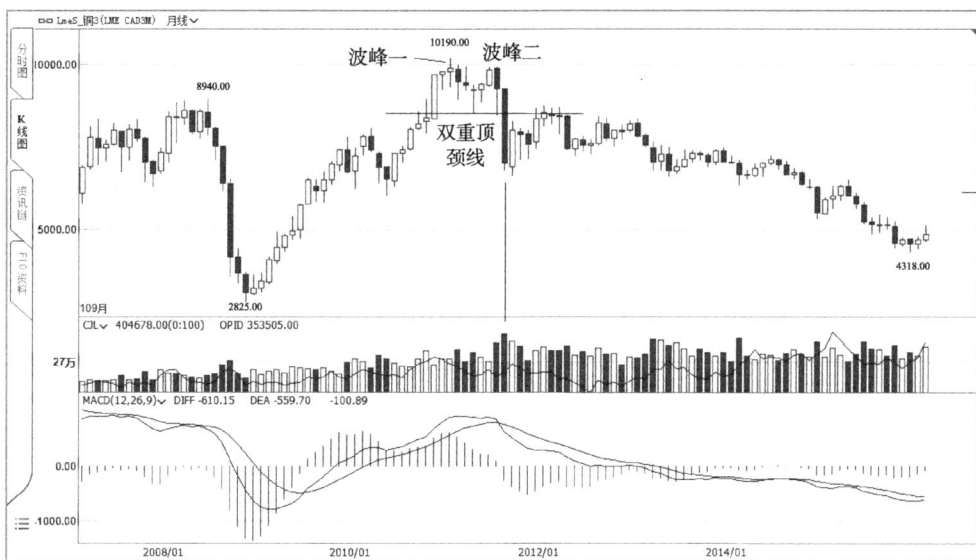

图 6.21　LmeS_ 铜 3 月线图（2007 年 3 月—2016 年 3 月）

波峰二低于波峰一，显示市场无力挑战波峰一，已经透露出一点疲软意味。之后，市场以一根大阴线清晰有力地跌破颈线，同时交易量明显放大，这是典型的顶部突破信号。接下来，虽然市场再次反扑到颈线位置，但始终未能明确地重新回到颈线之上。

图 6.22　M- 道琼主日线图（2018 年 4 月 13 日—2018 年 10 月 31 日）

这是双重顶最糟糕的变形——波峰二高于波峰一，之前一切正常，仅当市场向下突破颈线时，投资交易者才能真正意识到当前面临的是双重顶反转形态！

如果双重顶的后一个波峰高于前一个波峰，那么这种情况表示第二个波峰创新高了，上升趋势正在延续，这会给我们带来严重困扰。

图 6.22 波峰二高于波峰一，这是在上升趋势里创新高，再正常不过了，怎么可能想到是双重顶反转形态呢？当市场从新高的状态重新回到波峰一水平之下时，或许是发出了一个警告信号，之前的向上突破可能是假突破。不过，这个证据并不充分，因为根据上升趋势的定义，从波峰二回落的低点只要高于波峰一和波峰二之间的波谷就可以（见图 6.23）。一直等到市场终于向下突破颈线的一刹那，才算真相大白，这是货真价实的双重顶反转形态。

顾名思义，双重底有两个明显的波谷：波谷一和波谷二，两者价格水平差不多。之间有一个波峰，通过波峰的价格水平线是双重底的颈线（见图 6.24）。值得注意的是，在底部反转过程中，交易量具有重要意义。当市场向上突破颈线时，交易量应明显放大；在反扑现象发生后，当市场再度恢复上涨时，交易量应进一步放大。没有放大的交易量配合，底部反转形态的有效性将大打折扣。

图 6.25 的双重底持续时间仅为 7 个交易日，而典型的底部反转形态往往持续时间较长。或许这是因为在双重底出现之前，市场已经进入了寻底过程，行情从急跌转为缓坡，且波动幅度越来越收窄。双重底形态的波谷二略高于波谷一，这种情况透露出

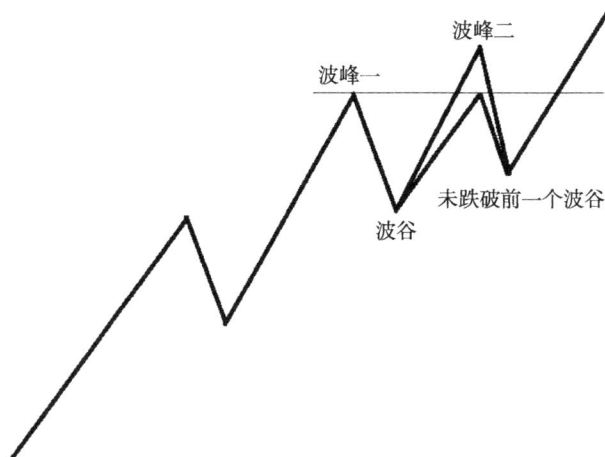

图 6.23　失败的双重顶反转形态

反转形态必须以突破颈线作为最终确认的完成信号，切不可言之过早。在本图中，无论波峰二与波峰一差不多高度，还是波峰二高于波峰一，在波峰二之后的下降行情中，只要市场未能跌破波峰一和二之间的波谷，则双重顶形态不能成立。一旦市场再度向上突破波峰二，则上升趋势恢复，波峰一和波峰二成为"失败的双重顶反转形态"。

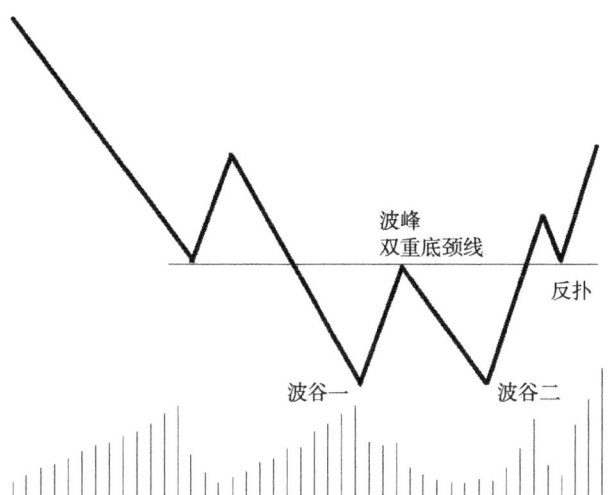

图 6.24　双重底反转形态示意图

波谷一和波谷二价格水平差不多，两者之间有一个波峰。通过波峰的价格水平线为双重底形态的颈线。当市场决定性地向上突破颈线后，形态完成。在底部形态中，交易量是重要信号。

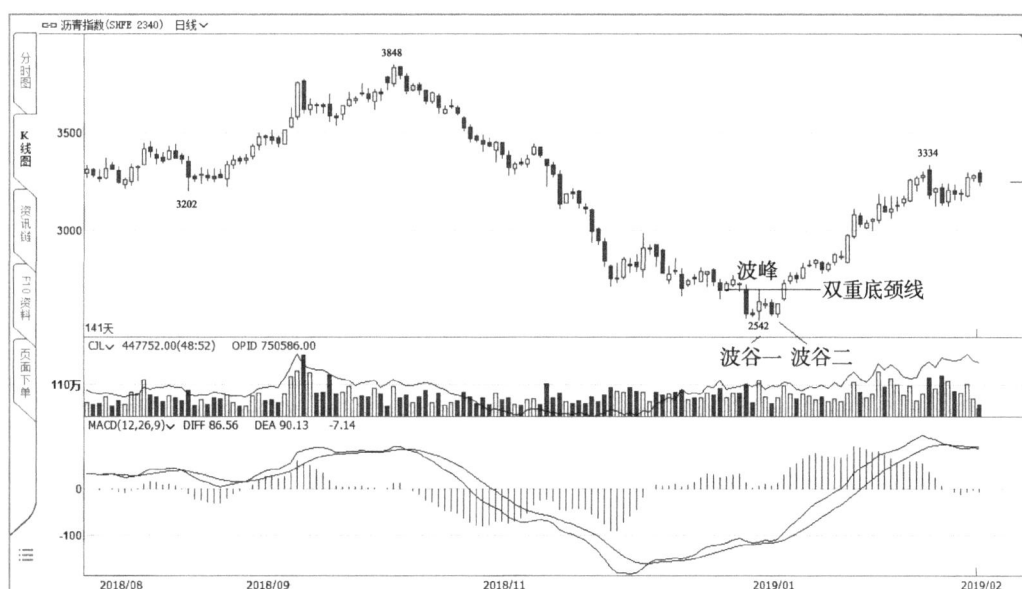

图 6.25　沥青指数日线图（2018 年 7 月 25 日—2019 年 2 月 22 日）

本例双重底反转形态的持续时间仅有 7 个交易日，很不典型。或许，双重底之前的 20 多个交易日市场已经有企稳筑底的迹象，行情波动日趋狭窄，为双重底做了很好的铺垫。

市场下跌乏力，对分析者稍有利一点。市场向上突破双重底颈线后，交易量没有马上放大，而是在之后的上涨过程中逐步放大。

图6.26先有一个双重顶，再有一个双重底，表明这种反转形态较为常见。在其双重顶中，波峰二低于波峰一，提前透露出市场上涨乏力的信息。之后，当行情从波峰二下跌时，留下了一个向下跳空，这是一个有价值的技术信号。有效的价格跳空通常不能回补。市场以一根长阴线有力地跌破颈线，双重顶形态完成。请注意，当市场向颈线反扑时，并没有停留在颈线下方，而是向上突破了颈线，到达上述价格跳空的下边缘，但是始终不能进一步回升到跳空内部，显示出向下跳空的有效性。

本例很精彩，充分说明我们应该切实掌握趋势分析的基本工具，而不是对价格形态的要领依葫芦画瓢机械对照，这样才能深入理解价格形态，保持适当的灵活性。

在其双重底中，波谷二低于波谷一，这是给分析者增加困惑的变形。所幸的是，向下超越波谷一的幅度不大，且在同一根周线内，市场当周的收盘价差不多拉回到波谷一的水平，并且下一周的开盘价已经明显回升到波谷一的水平之上。当行情向上突破颈线时，交易量显著地持续放大，有效地佐证了双重底形态突破颈线的决定性行情变化。

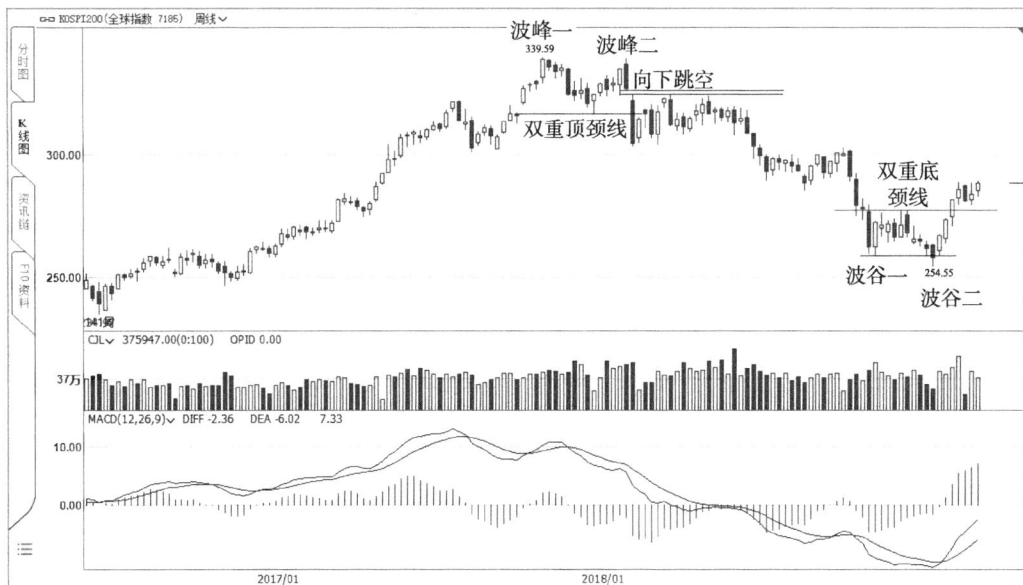

图6.26　KOSPI200周线图（2016年6月10日—2019年2月22日）

双重顶形态的颈线被突破后，市场回升到了颈线之上、跳空之下。虽然行情回到了颈线之上，但未能回填跳空，不违反下降趋势的定义。实际上，向下跳空也是有效突破信号，且其所在的价格水平往往比较重要。本图双重底的波谷二低于波谷一，比较棘手。

第五节

圆形底（顶）反转形态

从头肩形、三重顶（底）再到双重顶（底），趋势逆转的过程越来越快捷，越来越紧张。本节介绍的圆形底反转形态则是完全放松下来的慢动作，需要经过相当长时间的酝酿。

圆形底形态从行情下跌开始，先是减缓下跌速度，再进入横向波动，接下来再从横向波动转为缓缓上升，在圆形底的右上角形成短暂的横向小平台，最终以显著放大的交易量向上拉升，脱离圆形底所在的区域，反转形态完成（见图 6.27a、图 6.27b）。

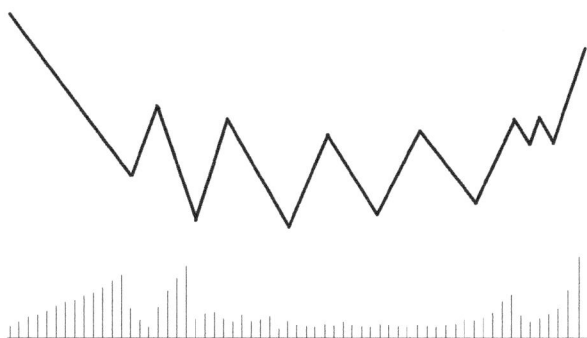

图 6.27a　圆形底反转形态的形成过程

从行情下跌开始，转为缓慢下跌，再转为横向延伸，最后转为缓慢上涨，最终形成圆形底反转形态。在圆形底的演变过程中，通常价格波动幅度逐步收窄，同时，交易量也逐步收缩到低水平。在最后向上突破时，交易量显著放大。

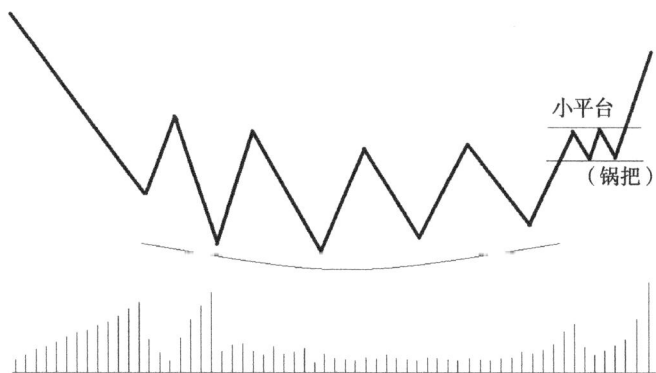

图 6.27b　圆形底反转形态示意图

将圆形底反转形态的低点连接起来，大致形成一段圆弧形。圆弧形底部形似平底锅，右上角的小平台形似锅把，因此圆形底又被称为"平底锅"形态。当市场向上突破平底锅把手处且交易量显著放大时，圆形底形态完成。

　　图 6.28 似乎正在酝酿一个圆形底反转形态。在弧线开始处，下降趋势的进程如火如荼。进入弧线后，下降趋势的力度明显减弱。中途发生了一次幅度较大的震荡，其交易量也显著放大——这种现象在圆形底反转形态中时有发生。之后，行情波动越来越趋于平淡，时间拉长，价格波动幅度收窄，成交量降低。最右侧的行情似乎正在形成圆形底的把手平台。请注意，虽然轮廓上本例形似圆形底，但是必须以有效的向上突破信号为准来证明这的确属于圆形底反转形态。

　　图 6.29 已经被证明是圆形底反转形态，其持续时间在两年左右，充分显示了底部反转过程曲折漫长的基本特点。圆形底的最后部分行情波动越来越窄，交易量显著萎缩。圆形底右上角的平台是一个小三角形。底部形态完成后，新生的上升趋势并没有马上持续拉升，而是进入第二阶段，上上下下横向波动，持续时间也接近两年。请注意，第二阶段的低点并没有维持在小平台的上方，但始终维持在明显高于圆形底低点的水平之上。第三阶段到来后，上涨行情十分激烈。

　　圆形底是典型的底部反转形态，反过来，圆形顶则少见得多了，原因在于通常底部形态波动越来越小但持续时间长，顶部形态通常波动剧烈但持续时间短。圆形顶波动幅度越来越窄、持续时间偏长，不属于典型的顶部反转形态（见图 6.30）。

　　图 6.31 的圆形顶反转形态持续了 5 年以上，不能算做典型的顶部反转过程。

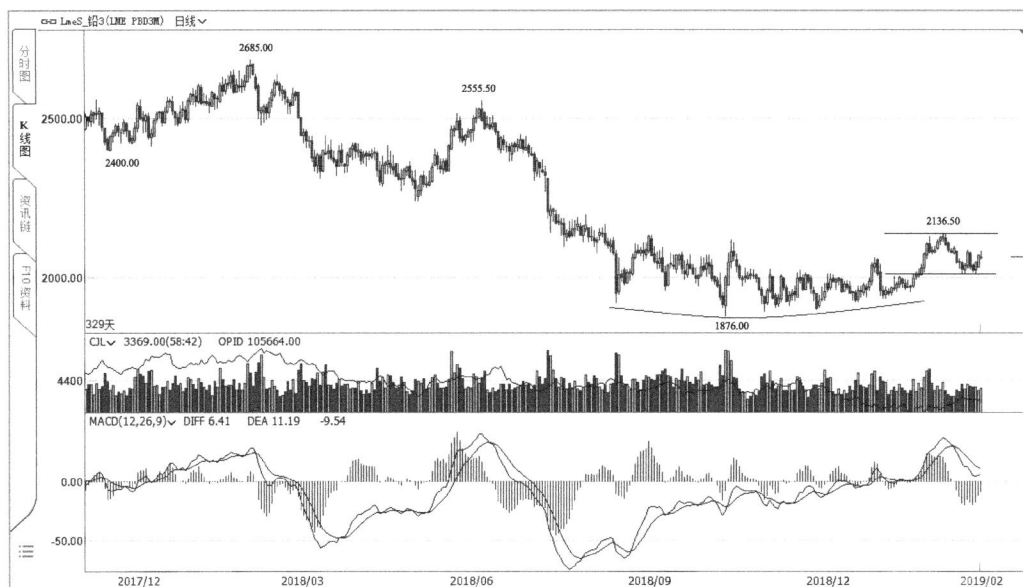

图 6.28　LmeS_铅 3 日线图（2017 年 11 月 6 日—2019 年 2 月 22 日）

图上最后的行情可能是正在酝酿圆形底反转形态。

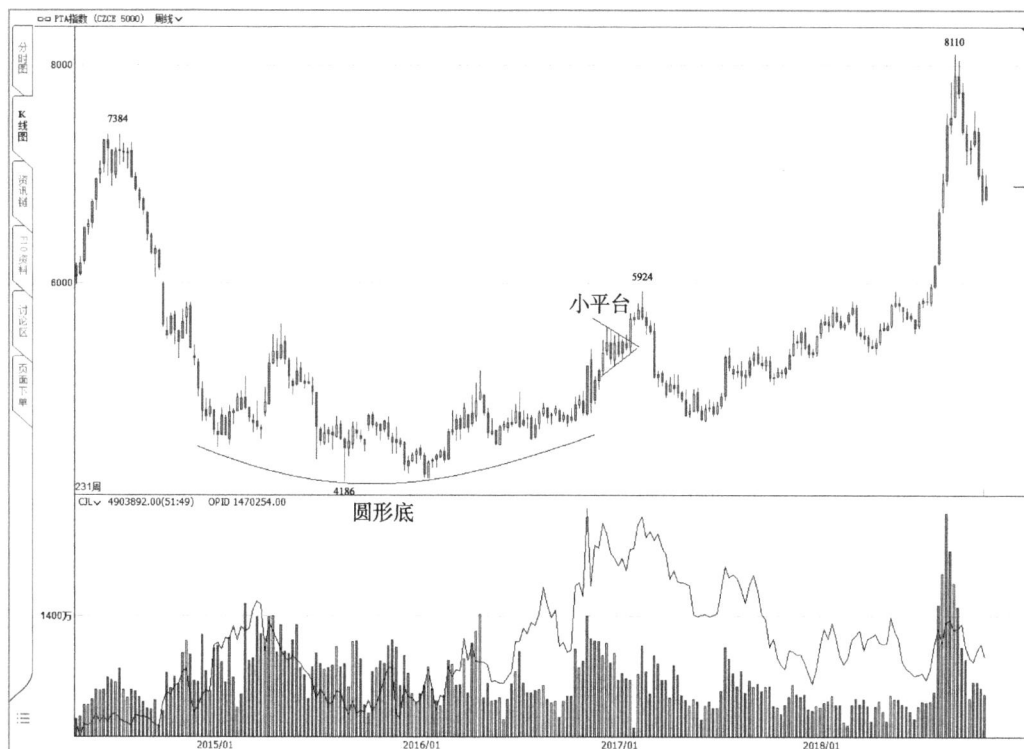

图 6.29 PTA 周线图（2014 年 5 月 9 日—2018 年 10 月 31 日）

圆形底部反转形态持续时间 2 年左右，属于典型的底部反转过程。圆形底右上方的小平台
是一个三角形或尖旗形。

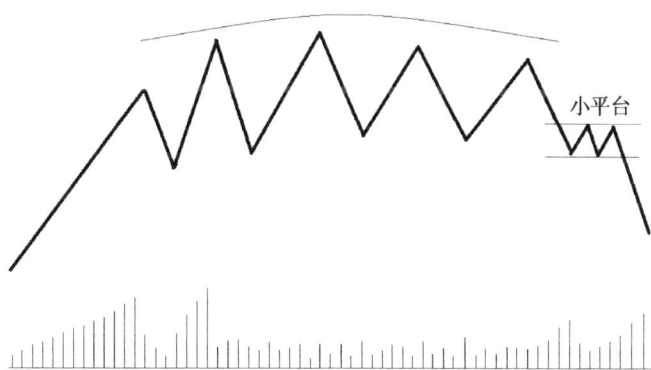

图 6.30 圆形顶反转形态

该形态较为少见。圆形顶左侧延续了之前的上涨趋势，但先是上涨步伐明显放缓，然后进
入横盘状态，再缓缓下降。价格波动幅度和交易量都逐步收窄。右下角常常形成某种小平
台，当市场决定性地向下突破小平台后，圆形顶完成。

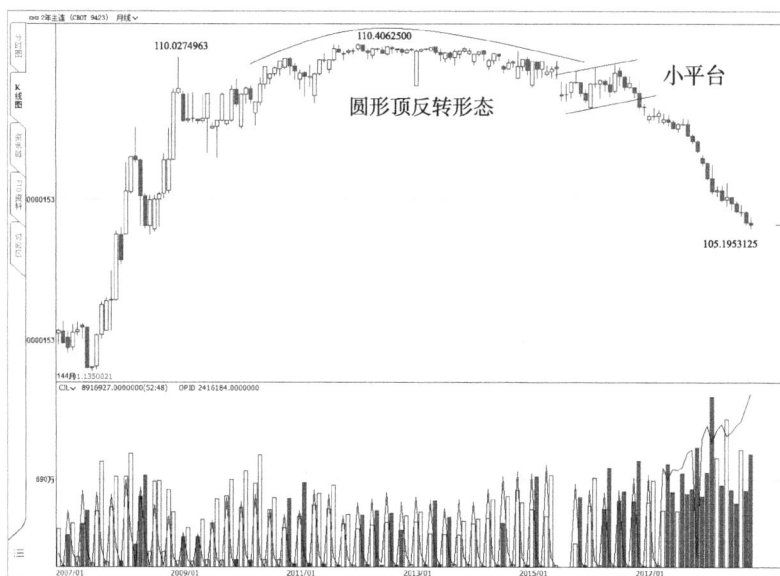

图 6.31 2 年期国债期货主连月线图（2006 年 11 月—2018 年 10 月）

这是美国 2 年期国债期货主力合约连接图（月线图）。中部的圆形顶反转形态弧形部分始自 2010 年 6 月，终于 2015 年 6 月，然后进入右下角的小平台（这是一个稍向上倾斜的平行通道），于 2016 年 11 月向下突破，形态完成。债券市场有点特别，其价格和到期收益率走势相反，二者都可用作判断债券行情。

　　圆形底或圆形顶反转形态持续时间长，变化过程缓慢，一方面给分析者留下了大量时间，可以有充分准备；另一方面走势长期迟疑不决，研究起来费时费力，反倒容易令人失去兴趣、失去警觉，当行情终于到来的时候往往会措手不及。

　　与圆形反转形态相比，下一节介绍的 V 形反转形态则是另一个极端。

第六节
V 形顶（底）反转形态

　　所谓价格形态，一般指具备一定特征的行情演变过程。头肩形、三重顶（底）有三个显著的波峰或波谷，双重顶（底）有两个显著的波峰或波谷，圆形反转形态更是漫长而曲折。严格说来，V 形反转不是一个过程，不属于价格形态，而是突然 180 度掉头（见图 6.32a）。它突如其来，不给分析者任何准备时间。

　　V 形顶技术线索少，但是行情却来得极为凶猛，这样的矛盾把投资交易者逼到了墙角，投资交易者必须果断采取行动，这也是真正考验其市场技术分析功力的地方。没有价格形态的组合式线索，投资交易者就必须从基本概念和基本工具入手。

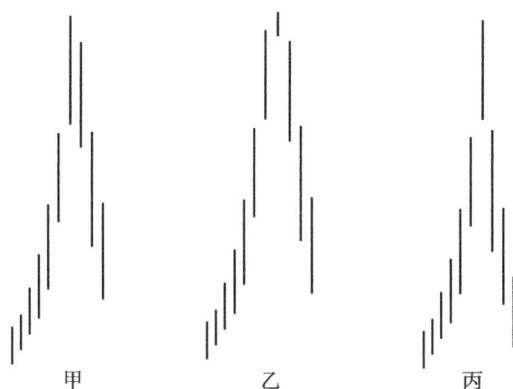

甲　　　　　　　乙　　　　　　　丙

图 6.32a　Ｖ形顶反转形态示意图

本形态通常出现在过度延长后的快速上涨过程中，就像被过度拉长的橡皮筋，最后终于被
拉断，"啪"地弹回，行情几乎在眨眼之间从快速上涨转为快速下跌。本形态也被称为"倒
Ｖ形形态"或"长钉形态"。

既然Ｖ形反转形态本身既没有发出多少技术信号，也没有留给我们时间，我们就
必须尽可能对Ｖ形反转之前的行情特点提高警觉。通常，有三个方面的辅助线索。

首先，在Ｖ形顶之前通常是急速拉升的上升趋势行情，行情图线主要为一连串的
阳线，它们的实体长度越来越长，并且相邻蜡烛线之间重叠的部分越来越少，直至向
上跳空，甚至接连几个向上跳空（见图 6.32a）。

其次，在这一轮急速拉升行情之前，市场往往已经经历了长期的上升趋势，累积
涨幅较大，最后出现的上述急速拉升行情与下降趋势第一阶段"将欲取之，必固与之"
的特点十分吻合。

最后，急速拉升行情过程中交易量急剧放大，明显超出之前上涨行情中较大的交
易量；如果为期货行情，则其持仓量往往迅速上升，达到甚至超越历史最高水平。

油灯在油干灯尽之前，往往会发生跳闪，平时豆粒大的灯焰会一下子暴增好几倍，
亮好几倍，可是好景不长，跳闪几下后，灯火熄灭，周围一片漆黑。

实际上，上述这三条描述的是加强版上升趋势第三阶段的特征，有了加强版的这
些特征，趋势反转的条件便成熟了。

我们要从两方面入手采取应对措施。

第一个方面是用好图表工具，充分借助短时间单位的行情图表来盯紧行情变化
细节。

在日常盯市过程中，必须将长短期图表结合起来使用。本书前文曾经推荐月线图，
其具有良好的简化功能，能够化繁为简、突出重点，适宜跟踪长期趋势。日线图细节

过多，容易将分析者淹没在各种曲折之中，令其不得要领。通过月线图的简化功能，我们可以理清行情主线，抓住长期趋势的牛鼻子。不过，月线图的局面相对稳定，一两周看一次即可，而投资交易者每一天都要看日线图。换言之，日常盯市的重点是跟势，不是交易。

当觉察到行情已经进入持续急涨或持续急跌的过山车模式后，我们要缩短图表时间单位，充分发挥短时单位行情图表细节丰富的特点，积极寻找技术线索。此时，不是每天观察日线图，而是要随时跟踪；不仅跟踪日线图，还要跟踪小时线图、分时图。因为在这样的行情下，必须将跟势与交易结合起来，随时做好交易准备，采取必要措施。换言之，在过山车式行情的极端情况下，日常盯市的重点是密切跟踪趋势变化，随时准备交易。

在一般情况下，我们要借助月线图有意地"让行情变少"，以简制繁，因为在一般情况下行情技术线索较为繁多，但是其中有效的线索却比较少；在现在这种特殊情况下，行情真正快起来了，令人难以招架，我们就需要借助日线图、小时线图、分时图有意地"把行情放大"，就像电影慢镜头放慢快速动作一样，这样才能及时采取交易措施，不放过有效的技术线索。这大抵属于行情演变的"相对论"。下文将通过图例来详细解说。

第二个方面是重点采用基本的趋势信号、基本的趋势分析工具。

如前面所说，V形反转实质上不是价格形态，不是趋势变化过程，而是突变。此时，我们一定要回归基本工具，在切实掌握基本功的前提下，采用各种基本的市场技术分析工具，包括基本的趋势信号、基本的趋势分析工具。

当行情急剧下跌后，即在可能发生V形反转之后，我们首先要从之前上升趋势中留下的线索入手寻找向下突破信号，包括其中的重要价格水平，如历史高、低点、价格跳空、百分比回撤水平、趋势线等（见图6.32b甲图）。这是在V形顶之前产生的技术线索。

其次，要从V形顶的最高处（拐点处）观察有没有某种蜡烛图反转形态，发现顶部蜡烛图技术信号（见图6.32b乙图）。这是V形顶本身的技术线索。

最后，要看在下跌过程中有没有形成新的重要信号，如向下跳空（见图6.32b乙图和丙图）、先形成小平台再向下突破等。

总之，要从事前、事中、事后基本的蜡烛图趋势信号和基本的趋势分析工具入手，密切跟踪行情快速变化，力求准确把握决定趋势反转的时机——既要有足够多的技术

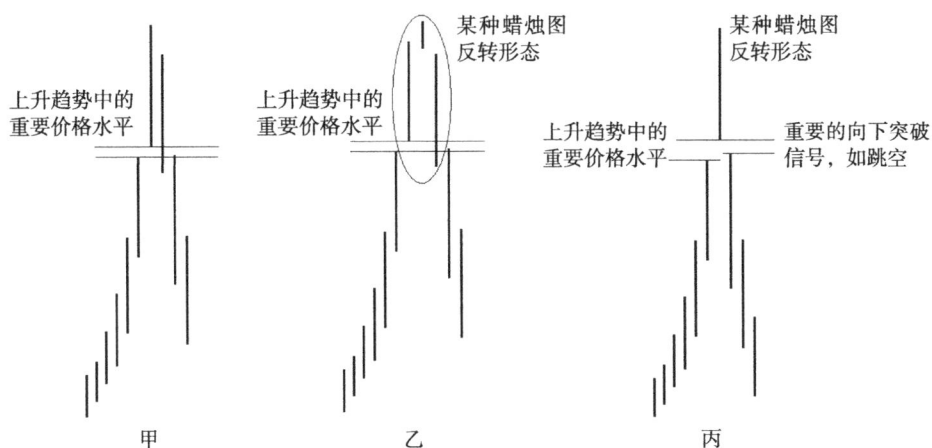

图 6.32b V形顶反转形态示意图

面对此类翻天覆地般的剧烈变化，我们有两方面的应对手段：一是充分借助短时间单位行情图表紧盯行情变化细节，此时日线图成为最主要的图表分析工具，周线图、月线图等可作为辅助；二是应重点采用基本的蜡烛图趋势信号、基本的趋势分析工具。

分析证据以便做出决定，又要尽可能早地判断出 V 形顶反转。

图 6.33a 是一个典型的 V 形顶反转，如同一场大雪崩，突如其来、天崩地裂。其中技术线索极少，留给投资交易者的反应时间极短。如果观察不灵敏、决心不果敢、行动不敏捷，总之稍有差池，投资交易者就会有灭顶之灾，或者错过难得一遇的重大机遇。应当庆幸，V 形反转毕竟不常见，这也算是为投资交易者留下了生路。

虽然 V 形顶令人猝不及防，但在它出现之前，必然存在能量累积的过程。俗话说，"冰冻三尺，非一日之寒"。图 6.33a 中 V 形顶之前的上升趋势具备三个阶段的基本特征。第一个阶段，大致可以用水平直线来代表，这相当于双重底反转的颈线，大概从 1998 年初到 2002 年底，持续时间为 5 年左右。上升趋势第二阶段明显呈涨势，但上升速度尚算正常，并且在其最后阶段向下回落，比较复杂。这一阶段大概从 2003 年初到 2007 年中，持续时间为 4 年半左右。第三阶段的上升速度明显加快，可以以图示上升趋势线来标志。其中的蜡烛线主要为阳线，且其实体一根比一根长，最终呈现出明显的极端状态。

如何判别 V 形顶、捕捉其中有效的技术信号呢？实际上这是同一枚硬币的两个方面。

首先，V 形顶左侧的行情虽然极端，但是仍然有两个较清晰的价格水平：422、378，两者围成一段小平台。这是两个重要的技术线索。

其次，V 形顶本身有两根蜡烛线，一根阳线涨，一根阴线跌。两者组合成为蜡烛

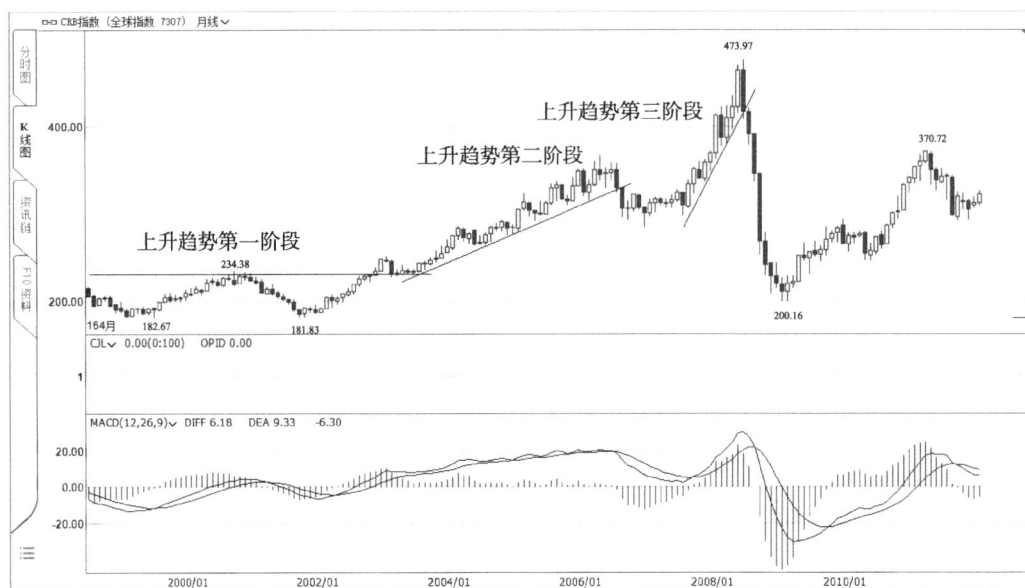

图 6.33a　CRB 指数月线图（1998 年 7 月—2012 年 2 月）

V 形顶反转如同一场大雪崩，技术线索极少，行情变化天崩地裂。在 V 形顶之前，上升趋势经历了三个阶段，图上借用三根趋势线大体来标示。

图技术的吞没形态，属于顶部反转信号。

当行情向下突破重要价格水平之一时，这个突破信号正是吞没形态完成的信号（阴线实体向下突破前一根阳线的实体），两者重叠。激进的投资交易者可以采用该信号作为 V 形顶反转信号。当行情进一步跌破重要价格水平之二时，前一个突破为初始信号，本信号构成验证信号，提供了较为充分的证据，应当构成常规的 V 形顶反转信号。此时，稳健的投资交易者也必须采取行动（见图 6.33b）。

如果错过了上述两个信号，图 6.33c 的上升趋势线的突破信号便成为最后的补救措施。这条趋势线斜率较缓，维持时间较长，具有重要意义。

如果选择重要价格水平之一，此处约为 422，距离最高点 473，损失了 12%；如果选择重要价格水平之二，此处约为 378，距离最高点损失 25%；如果选择图 6.33c 的趋势线，此处约为 318，距离最高点损失 48%。在 V 形顶的快速变化中，三者差异巨大。

图 6.33a、图 6.33b、图 6.33c 都是月线图，省略了许多细节。在 V 形反转的情况下，更短时间单位的图表可以提供更丰富的细节，应当成为主要的图表工具，并且应当实时跟踪它们。下面我们借助周线图和日线图来寻找更好的反转线索。

图 6.33d 是周线图，重现了图 6.33a、图 6.33b、图 6.33c 月线图中的 V 形顶反转

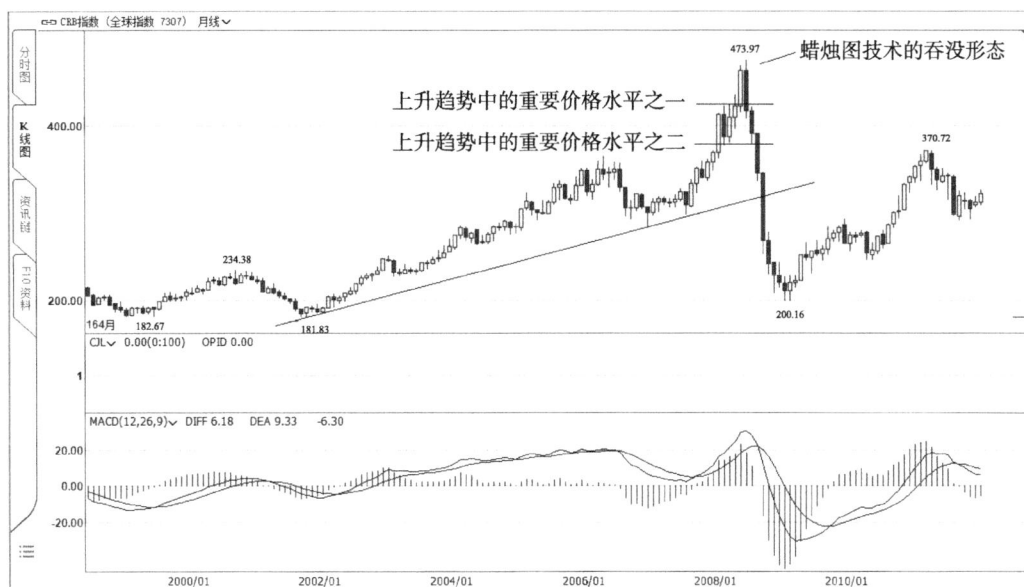

图 6.33b　CRB 指数月线图（1998 年 7 月—2012 年 2 月）

V 形顶左侧行情中有两个重要的价格水平。V 形顶本身由两根蜡烛线组成，一根阳线涨起来，一根阴线跌下去，两者组合为蜡烛图吞没形态，这是蜡烛图的顶部反转形态。吞没形态与行情向下突破第一个价格水平基本重叠，激进的投资交易者可以采取这个信号作为 V 形顶信号；向下突破第二个价格水平时，大多数投资交易者应当采纳为常规 V 形顶信号。

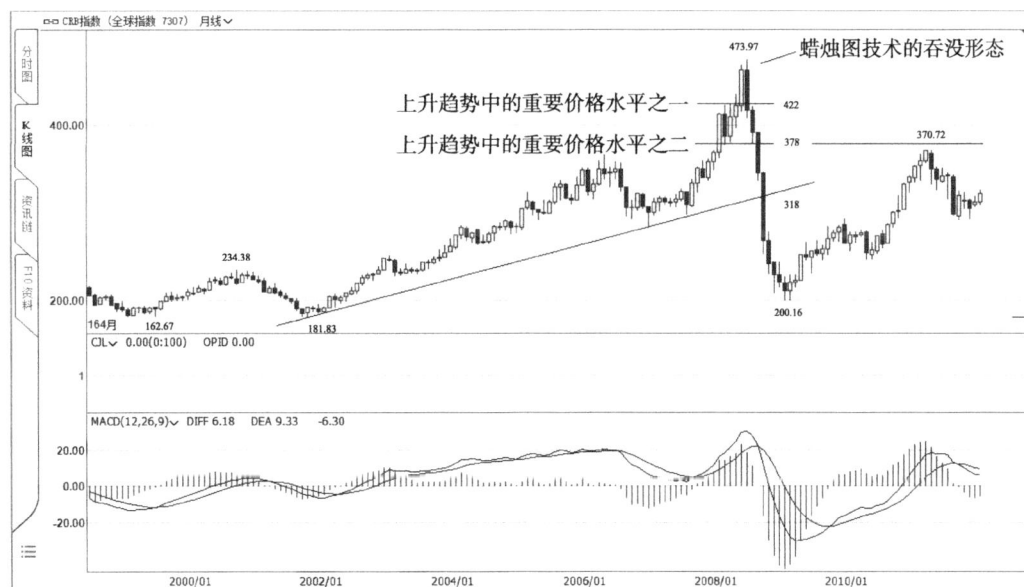

图 6.33c　CRB 指数月线图（1998 年 7 月—2012 年 2 月）

典型的 V 形顶反转形态中三种突破信号的比较。

图 6.33d CRB 指数周线图（2006 年 11 月 10 日—2009 年 12 月 24 日）

图 6.33a、图 6.33b、图 6.33c 是从月线图上看 V 形顶反转形态，本图是从周线图上再来看同一个 V 形顶，细节更多，但并没有带来更多有效的技术分析信号。

形态，行情细节增多了，但有效的技术分析信号依然是"重要价格水平之一"和"重要价格水平之二"。

图 6.33e 展现了日线图上同一个 V 形顶反转的轨迹，我们可以更详尽地观察重要价格水平之一和重要价格水平之二的形成过程、被突破的过程以及突破前后从支撑作用转为阻挡作用的具体情形。

更重要的是，我们发现了一个新的价格水平，在它的上方，形成了一个近似头肩顶的反转形态，该价格水平线是其颈线。即使不能认定其上方为头肩顶形态，至少也可以认定其上方为横向延伸过程，该价格水平是横向延伸过程的下边界。

当市场向下突破这条新发现的价格水平线时，我们有两个选择。激进的选择是，当即判断反转形态成立，趋势方向逆转，因此平仓了结多头，转而新建空头（至少可以先了结多头）。保守的选择是，以该突破信号作为警告信号，等到市场向下突破重要价格水平之一时，作为验证信号，平仓了结多头，转而新建空头（至少可以先了结多头）。

由于在日线图中市场向下突破该价格水平，构成了反转形态，比起月线图中的"吞没形态""重要价格水平之一""重要价格水平之二"，新增了强有力的技术分析线索，

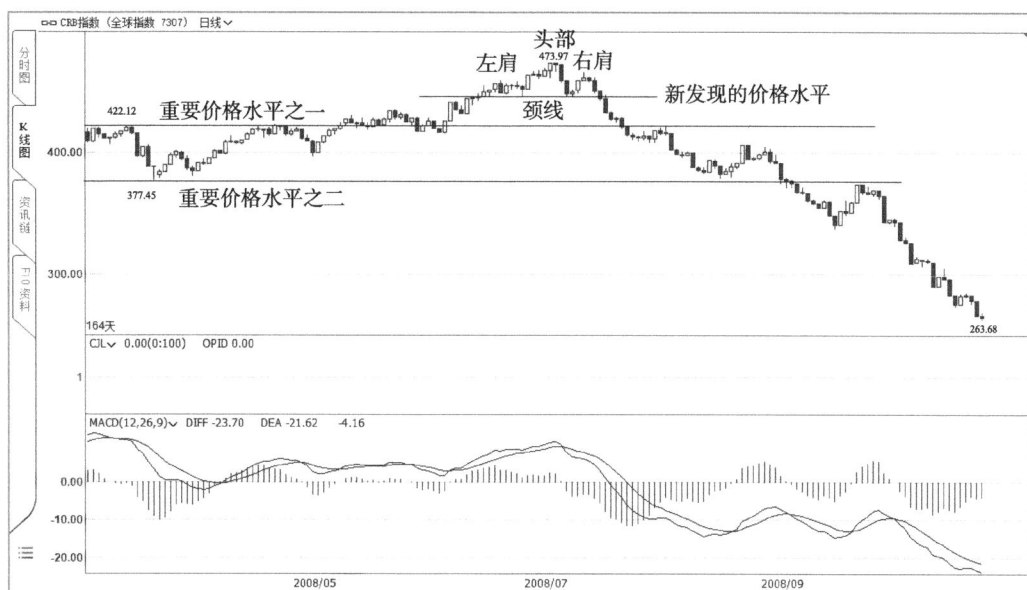

图 6.33e　CRB 指数日线图（2008 年 3 月 4 日—2008 年 10 月 23 日）

本图是从日线图上再来观察前面 4 张系列图中的 V 形顶反转形态，细节更加丰富。重要的是，本图新发现了一个价格水平，可以判断其上方为近似头肩形反转形态，至少也可以判断其上方为横向延伸过程。其向下突破信号来得最早。此时，激进的选择是当即判断反转形态成立，趋势方向逆转；保守的选择是，以该突破信号作为警告信号，等到市场向下突破重要价格水平之一时，作为验证信号。跟踪 V 形反转，日线图比月线图有利得多。

让我们对行情反转有了更早的准备和更为清晰的认识。

该价格水平约为 446，距离最高点 473 损失 5.7%。在上述两个选择中，无论哪一个都比单纯使用月线图有利得多。

在第四章讨论价格跳空时，图 4.3 系列在介绍国内股市 2015 年的 V 形反转技术分析时，采用的是日线图和分时图，这正是为了利用日线图和分时图所提供的丰富细节。请对照来看。

图 6.34 的 V 形顶提供了较丰富的技术信号。首先，重要价格水平既是上升趋势中的重要历史高点，也是顶部行情中近似于颈线的支撑线。当市场向下突破该重要水平时，也向下突破了之前的上升趋势线，两个突破信号接踵而至，加强了其技术意义。

其次，随后行情回升，重新向上试探该重要价格水平，但一触即溃。这相当于顶部反转常见的反扑现象，是较可靠的辅助技术信号。

反扑现象后，行情立即下跌，并再次向下突破，这可以作为顶部反转信号的验证信号。

总之，在本例中，既有双重的向下突破信号，也有反扑现象，随即还有再次向下

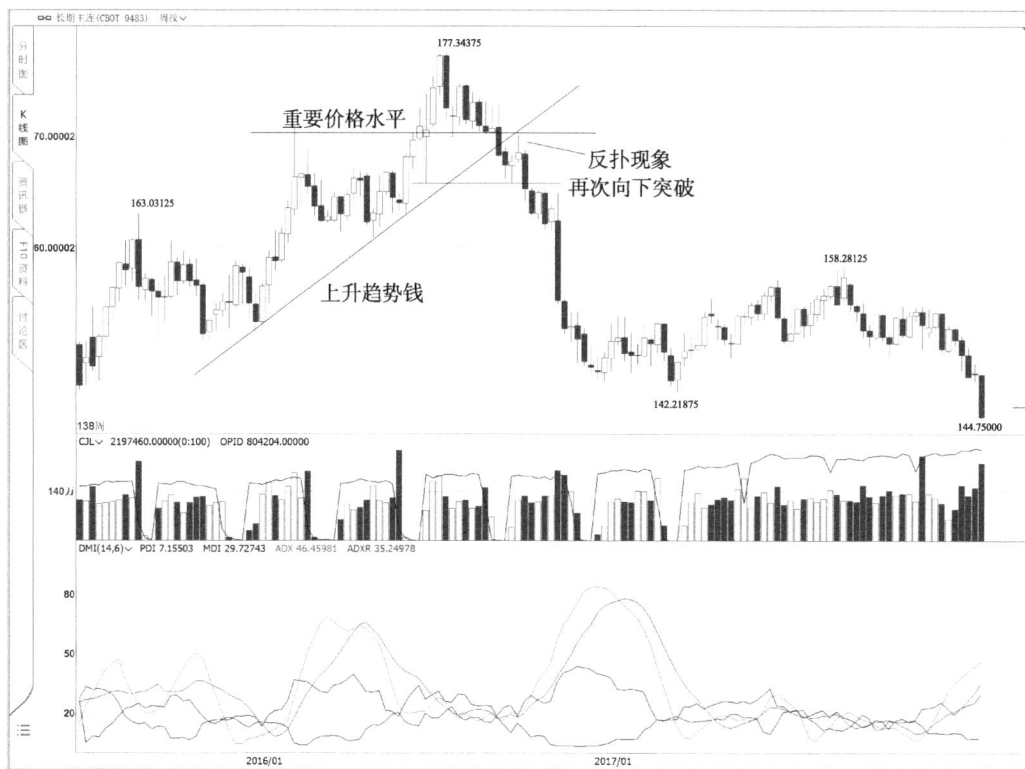

图 6.34　美长期国债期货主力合约连接周线图（2015 年 6 月 26 日—2018 年 2 月 2 日）

V 形顶的重要价格水平很显眼，与上升趋势线的突破信号接踵而至，构成较有效的顶部突破信号。之后出现了反扑现象，市场向上回试该价格水平，但无功而返。这是顶部反转的又一佐证。当市场再次向下突破另一个价格水平后，可归入验证信号。技术分析者倘若没有采纳前一个突破信号，此处便必须行动。

突破的验证信号，三类信号齐全。

图 6.35a 中的 V 形顶大约由 9 个交易日组成。V 形顶左侧有一个明显的向上跳空，这是上升趋势向上加速的表现。这便是上升趋势中的重要价格水平。

在反转日当日（见图 6.35b），开盘价明显高于前一交易日收盘价，继续向上跳空。然而，开盘后不久，市场便掉头向下，很快填平了开盘时的向上跳空，接着变本加厉，继续下跌，当日收盘在最低价附近。在第四章价格跳空部分曾经介绍，这类表现属于激烈的当日反转。回到 6.35a 日线图，反转日的阴线实体向下深入到前一根阳线实体内部，两者组成了乌云盖顶形态，这是蜡烛图技术的反转信号。乌云盖顶形态之后，市场疲软，再也回不到乌云盖顶形态所处的价格水平，从而验证了乌云盖顶形态的反转信号。

不久，市场跌破了前述跳空留下的重要价格水平。一个交易日之后，市场再次向

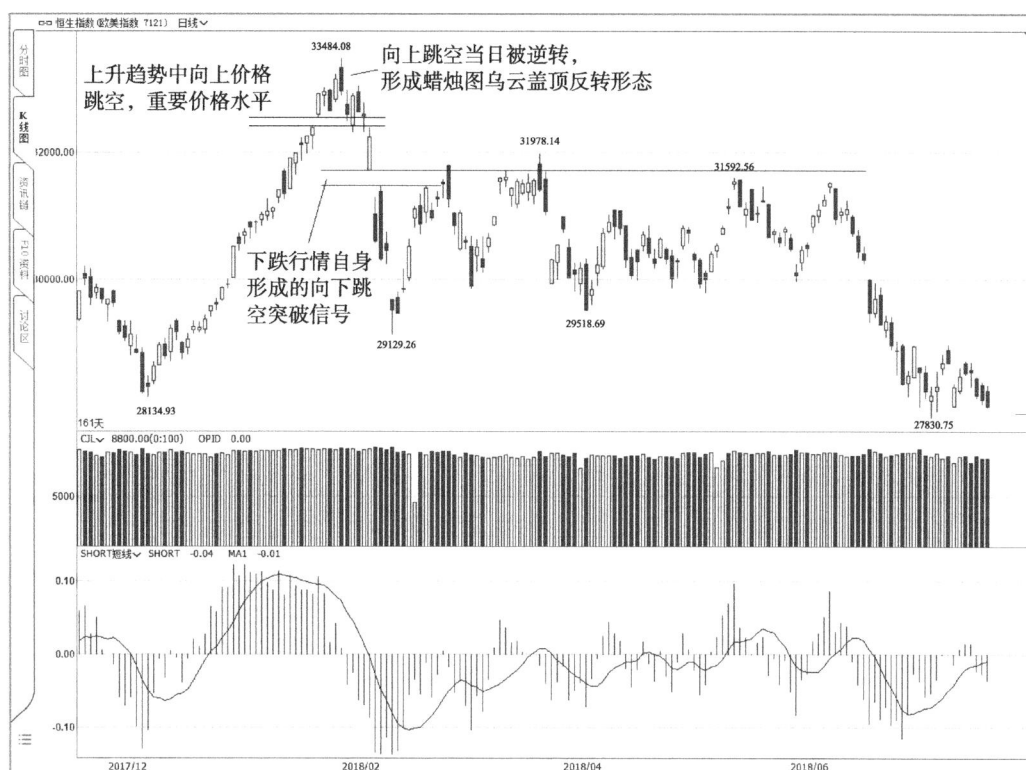

图 6.35a　恒生指数日线图（2017 年 11 月 21 日—2018 年 7 月 19 日）

本图中 V 形顶左侧有明显的向上跳空，留下重要价格水平；反转日开盘价的向上跳空当日被反转，且形成了蜡烛图的乌云盖顶形态；右侧向下突破了上述向上跳空的支撑作用；之后的向下跳空验证了 V 形顶突破信号。

下跳空，这是下降趋势自身的向下跳空，是有效的技术信号，可以充当前一个突破信号的验证信号。

从图 6.35a 来看，之后的行情不像雪崩那样残酷，而是形成了较长时间的横向延伸。但其最高点始终未能作为超越验证信号的向下跳空的上边缘。不仅如此，在横向延伸行情之后，市场继续下跌，恢复了下降趋势。

从 V 形反转的特点来看，它天生属于顶部形态，我们见到的一般是 V 形顶。虽然如此，V 形底也可能找到。

在图 6.36a 的 V 形底反转形态之前，下降趋势处于明显的加速状态，为 V 形底的出现做了一定的铺垫。V 形底本身由三根蜡烛线组成：第一根长阴线下跌，这是下降趋势的常态；第二根短阴线位于最低处，表示市场继续下跌，但不再态度坚决；第三根是长阳线，一举收复了前两根阴线所有的下跌空间。三者组成了蜡烛图技术的启明星底部反转形态。这是本图中 V 形反转最强的技术信号了。之后市场在上涨过程中形

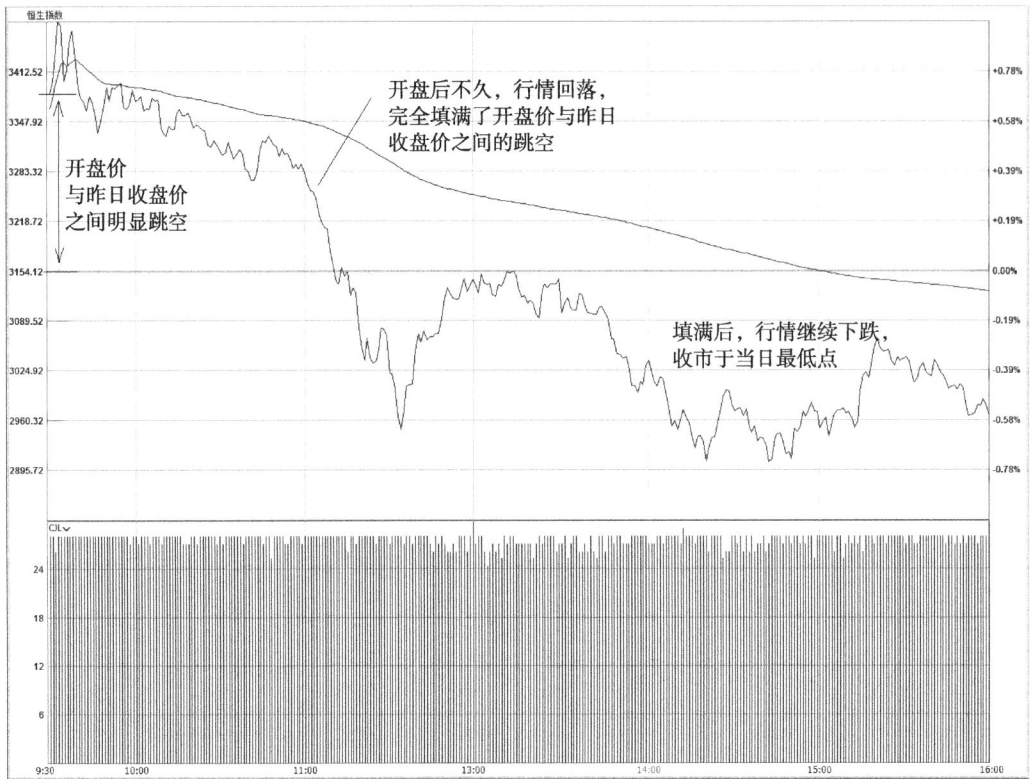

图 6.35b　恒生指数分时图（2018 年 1 月 29 日）

V 形顶反转当日开盘价向上跳空，明显高于昨日收盘价。然而开市后不久，行情便回落，不仅填平了向上跳空，还继续下跌，当日收盘价接近最低点。在第四章跳空形态的部分曾说过，这是少见的当日反转情形。

成了一个小平台，向上突破小平台似乎可以作为 V 形底的验证信号。不过，这个价格水平过于普通，意义不太大。

图 6.36a 作为底部反转形态，缺乏交易量辅助信号。

从图 6.36b 中可以看到，V 形底左侧行情中曾经形成了一个向下倾斜的平行通道，持续时间近 3 个月。一般说来，向下倾斜的平行通道往往向上突破，本例最终却是加速下跌，较少见。将平行通道的上下缘趋势线延长，在 V 形底右侧的上涨行情中，可以带来两个向上突破信号。当市场向上突破平行通道下缘趋势线时，与小平台的突破信号基本重叠，这增强了后者的技术意义。当市场向上突破平行通道上边缘趋势线时，几乎可以视为 V 形顶反转最终的确认信号。原因在于如果市场不能突破平行通道上缘，就有可能停留在平行通道内，继续横向延伸。

在图 6.37 的 V 形底之前，下降趋势十分剧烈。V 形底由两根蜡烛线组成，左侧是

图 6.36a　纳斯达克指数日线图（2018 年 8 月 21 日—2019 年 3 月 14 日）

先是加速下跌，然后是启明星形态构成了 V 形底反转，接下来是对一个较不起眼的价格水
平的向上突破信号。

图 6.36b　纳斯达克指数日线图（2018 年 8 月 21 日—2019 年 3 月 14 日）

V 形底反转形态之前的平行通道提供了技术线索，有助于在 V 形反转形态之后跟踪行情。

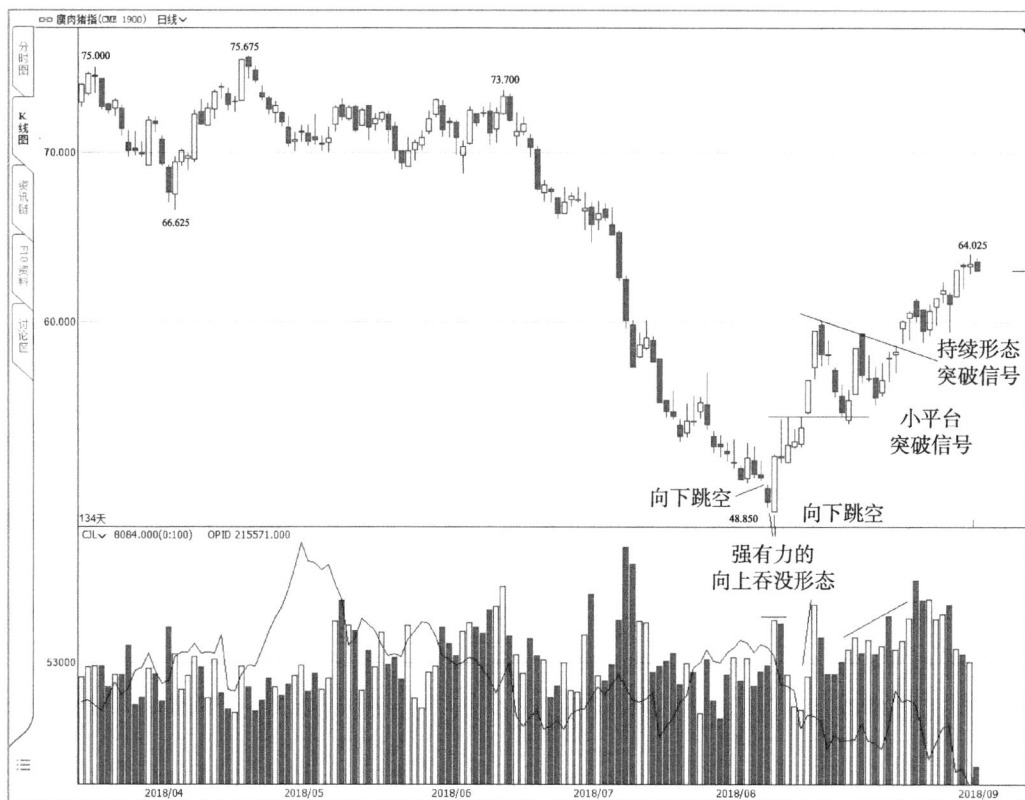

图 6.37　瘦肉猪指日线图（2018 年 3 月 14 日—2018 年 9 月 21 日）
在较为极端的市场环境下，V 形反转与价格跳空往往同时出现，因此对价格跳空应特别留意。

阴线，向下跳空；右侧是大阳线，强有力地向上吞没了前一根阴线。它的向下跳空以及之前的阴线，组成了一个强有力的看涨吞没形态。在 V 形底右侧，市场开始上升后，马上形成了一个小平台，小平台被向上突破时，可以构成吞没形态的验证信号。之后行情进入横向延伸过程，形成明显的规模较大的持续形态（三角形）。当市场向上突破持续形态的上边缘时，便可确认上升趋势的最终信号。

第七节
反转形态的特征

反转形态的共性特征

本章研究了常见的反转价格形态：头肩形、三重顶（底）、双重顶（底）、圆形底

（顶）、V形顶（底）。大致上，它们具备如下共性。

（1）如果之前的上升趋势或下降趋势具备较为明显的三个阶段特征，且在第三阶段已经有长足发展；或者在价格形态出现前，至少具有明显的超常规趋势加速特征，例如趋势线斜率越来越陡峭、蜡烛线实体不断放长、接连出现同方向价格跳空等，则形成反转形态的条件较为充分。

（2）在常规趋势进程下，交易量的变动一般配合价格走势。当价格按照趋势方向变动时，交易量增大；当价格反趋势方向变动或横向延伸时，交易量减少。如果交易量未能如常配合价格走势，则构成了反转形态的警告信号。

（3）之前的上升趋势或下降趋势通常会留下一系列趋势线，趋势线的斜率一般越来越陡峭。在反转形态的酝酿过程中，行情常常朝向反方向突破最近的趋势线。这并非决定性信号，仍属于警告信号。

（4）根据趋势定义，趋势进程的主要特征是创新高（上升趋势）或创新低（下降趋势）。如果价格走势不能如期创新高或新低，或者虽然创新高或新底，却难以坚守新阵地，不久便重新回到之前的历史高点或低点的另一侧，则可作为警告信号。

（5）行情轨迹逐步具备上述反转形态的轮廓，如头肩形、三重顶（底）。与此同时，当价格与原趋势反向变化时，交易量放大；同向变化或横向变化时，交易量缩小，似乎形成了反向趋势的交易量模式。这可作为反转的警告信号。

（6）行情只有决定性地反向突破反转形态的颈线——明显可辨的重要价格水平，且在底部反转的情况下交易量放大，才构成反转形态完成的突破信号。反之，不论出现了多少警告信号，也不能对反转形态言之过早。

（7）在市场突破反转形态颈线——重要价格水平后，市场往往会回头重新尝试颈线，但往往一触即溃或浅尝辄止，形成反扑现象。

严格说来，V形反转不属于价格形态，退而求其次，只能借助基本的趋势分析工具来跟踪分析。

顶部反转形态与底部反转形态的不同特征

一般来说，顶部反转形态与底部反转形态具有如下显著不同的特征。

（1）顶部反转形态价格波动幅度大、速度快；底部反转形态价格波动幅度逐渐收窄，最后几乎没有波动。

行情图表大多按照线性坐标值，随着行情上涨，即使变动比例不变，只有价格数值的绝对值变大，变化幅度的绝对值也会变大，这必然导致行情图形纵向规模变大。相反，底部通常处在价格数值绝对值较小的位置，行情图形的纵向规模变小，显得波澜不惊。上述只是图表技术方面的特点。

本质上，行情在顶部时，人气足，各路资金入场、出场，你方唱罢我登场，忙得不亦乐乎。各种观点激烈博弈，你看多来我看空，必然导致行情起伏不定、大起大落。顶部行情是夏天的天气，"六月的天，小孩的脸，说变就变"。

反过来，当行情处在底部区域时，往往人气不足，市场流动性也不足，除了少数坚守者依然交易之外，其他方面偃旗息鼓进入冬眠，或者转战他方无暇顾及。交投不足，自然导致行情变化趋缓，行情曲线慢慢趋向于一条横线。今天看，一副死气沉沉的模样，明天看，还是这副模样。《聊斋志异·狼》的故事说，那匹坐在屠夫前面的狼"目似瞑、意暇甚"，意在引诱屠夫松懈，好让另一匹狼从屠夫倚靠的草堆背后打洞夹攻。底部行情的表现就像这匹坐在那里的狼。

（2）顶部反转形态持续时间短，底部反转形态持续时间长。

一般说来，市场参与者的普遍心理是落袋为安。毕竟，赚钱才是交易的真正目的。相比之下，投资交易者拿着钱的时候往往更踏实、更从容，拿着货的时候更不踏实、更不从容。

市场参与者在行情顶部本来持货就多，正处在惊弓之鸟的状态，偏偏顶部行情如同十五个吊桶打水——七上八下。三十六计走为上，干脆"火中取栗"吧。因此，顶部行情似乎就是"比快"，顶部反转过程不容行情慢慢变化，也不可能给市场参与者左思右想的犹豫机会，几番折腾之后，行情很快摊牌，下降趋势露出狰狞面目。

市场参与者在底部要么套牢，要么持仓减到最低限度，捂着钱的感觉总比被行情折腾来得更轻松。与此同时，底部过程似乎铁了心要给市场参与者一个不可磨灭的教训，开始的时候，偶尔向上反弹，挑逗市场参与者"驿动的心"，但回升行情不能持久，那些"机会"如同肥皂泡屡屡破灭；之后，底部越来越平淡乏味，难以激起交易冲动，似乎真的终于令市场参与者"死了心"。一动不如一静，底部行情就是"比慢"，要把"板凳坐穿"，此时的上升趋势真是"千呼万唤始出来"。

（3）顶部反转的后续行情变化来得比较痛快，下跌速度快、幅度大；底部反转的后续行情一步三回头，上涨进程曲折、步调缓慢。

交易过程是买卖双方以资金为选票来投票表决的。观点重要，拿现钱投票来实际支持自己的观点更重要。行情上涨需要市场参与者主动地看多，而且需要不断以新增的资金来表达支持；行情下跌则不一定需要市场参与者主动地看空，甚至可以仅仅因为市场参与者没有兴趣或没有增量资金做多，行情就会下跌。这就是所谓"重力规律"。

顶部反转之后，下降趋势行情进程较快，倾向于容易下跌；底部反转后，上升趋势行情进程较慢，倾向于不容易上升，"犹抱琵琶半遮面"。

（4）在顶部反转形态形成过程中，交易量的异常变化具有警告意味，当市场向下突破颈线时，交易量一般会放大，但不是决定性的要素；在底部反转过程中，交易量应逐渐缩小，直至极低水平，当市场向上突破颈线时，交易量必须明显放大，这是决定性要素。

图 6.38a 中顶部反转形态左侧是之前上升趋势的末段，接连出现向上价格跳空；顶部最高点之后，在第一轮急跌行情中接连出现了两个向下价格跳空，显得极不寻常。行情在短短几个交易日内来回大幅震荡：3 个交易日从 636.6 跌至 565.7；2 个交易日从 565.7 升至 617.0；2 个交易日从 617.0 跌至 552.1；3 个交易日从 552.1 升至 607.4。之后，震荡才逐渐减缓。

图 6.38b 是月线图，图 6.38a 的顶部反转浓缩到了本图顶部的两根蜡烛线之内，细节少了，但容纳了整个上升趋势的历史和之后下降趋势的演变过程，给了我们全貌。顶部大幅波动，只涉及 2 个月，而之前的底部反转持续差不多 12 个月，且波动幅度远小于顶部反转。上升趋势的第二阶段漫长而起伏不定，第三阶段出现了前所未见的超级长阳线。在顶部反转之前，完成了特征较为显著的三阶段的演变历程。

当市场完成顶部反转后，下降趋势一泻而下，但在这个过程中交易量明显萎缩。这表明行情有自重，就像下坡，下跌快，下跌容易，不需要交易量配合。

图 6.38b 的上升趋势从最低点 253 上涨到了最高点的 636。图 6.38c 的行情接在图 6.38b 之后，主要展示了下一轮上升趋势的演变过程。图 6.38b 右半部，是顶部反转之后的下降趋势，市场从最高点 636 下降到最低点 240.3。

在图 6.38c 左部，市场首先围绕 240.3 的最低点构筑底部反转，底部区域的最高点为价格水平 312.2，波动幅度有限，但持续时间竟然有近 50 个月！之后，这一轮上升趋势的第二阶段同样是往来起伏的横向延伸过程，最后以接连出现的大阳线展现了上升趋势的第三阶段。在本图上升趋势的总体进程中，交易量基本呈现出不断放大的态势，配合了价格走势。然而，在顶部反转形态左侧，上升趋势末段，一方面行情急速拉升，另一方面交易量快速枯竭，交易量不能验证价格走势，这是一个明显的警告信

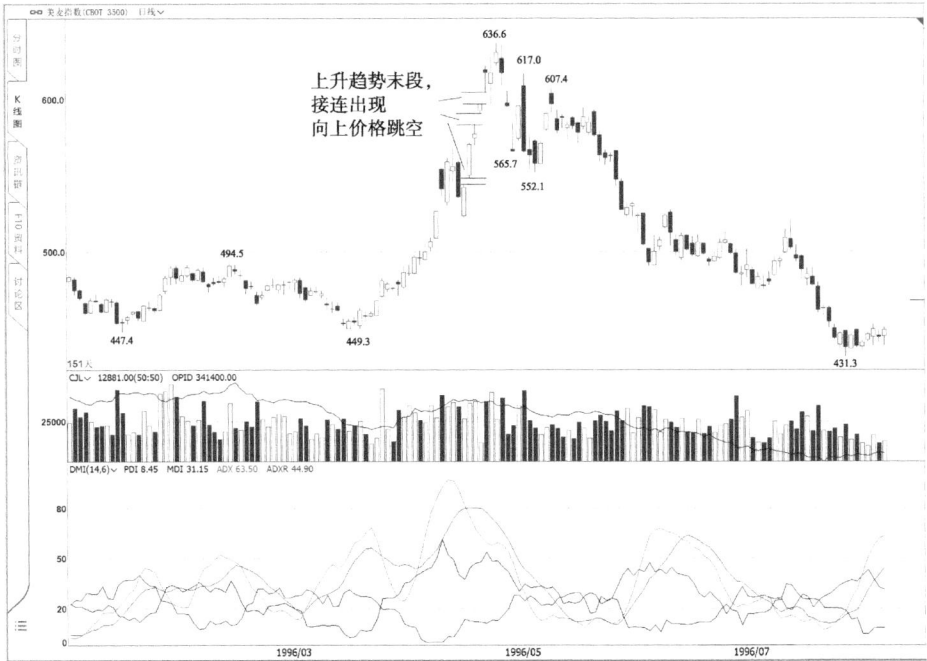

图 6.38a　美麦指数日线图（1996 年 1 月 3 日—1996 年 8 月 6 日）

顶部反转形态的波动剧烈、变化幅度大，顶部波峰为 636.6，3 个交易日下跌到 565.7；很快从此处反弹，2 个交易日后达到高点 617.0；当日反转向下，再经过 2 个交易日到达低点 552.1；3 个交易日后又回升到 607.4。

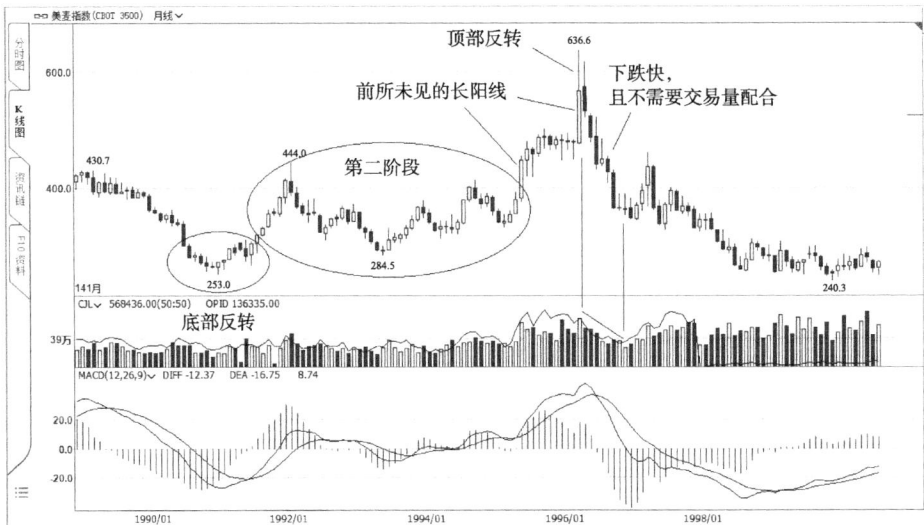

图 6.38b　美麦指数月线图（1988 年 12 月—2000 年 8 月）

顶部反转差不多 2 个月完成，且其波动幅度巨大。图 6.38a 的日线图对这两个月有详细的展示。底部反转差不多 12 个月才完成，价格波动幅度小、波折少。顶部反转之后的六七个月里，行情下跌快、幅度大，但是这个阶段的交易量则明显萎缩。下跌行情不需要交易量配合。1999 年 12 月到达最低点 240.3。

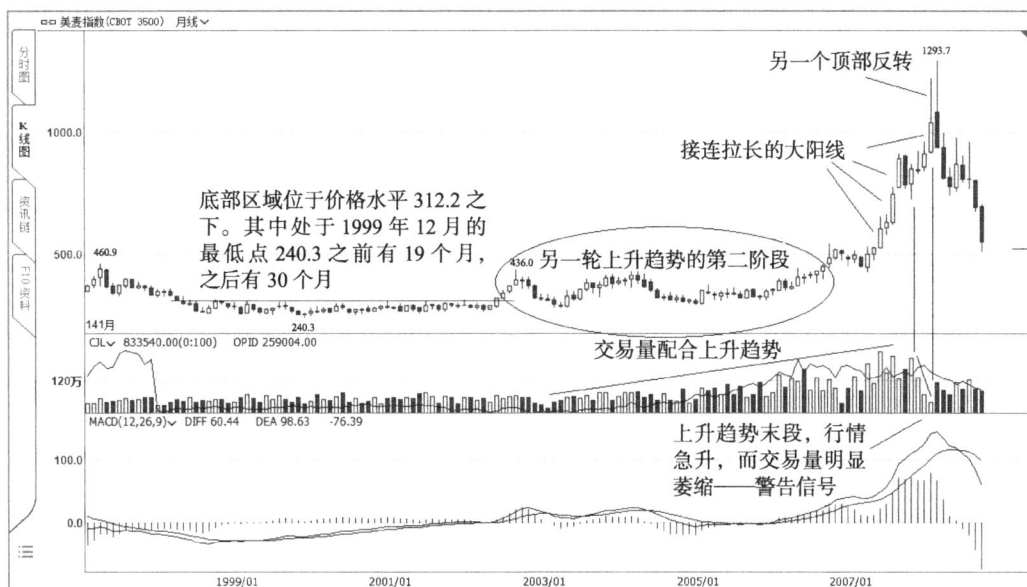

图 6.38c　美麦指数月线图（1997 年 2 月—2008 年 10 月）

本图的行情与图 6.38b 部分重叠，并展现了紧跟其后的演变。这一点从 1999 年 12 月的最低点 240.3 可以明显看出。本图展示了另一轮巨大的上升趋势，其底部反转区域位于价格水平 312.2 之下，其中包含 1999 年 12 月的最低点 240.3。该底部反转形态持续近 50 个月，且价格波动幅度越来越窄。

号。之后，顶部反转到来了，无独有偶，这里也仅涉及两根月蜡烛线。

　　为了进一步认识底部反转的特征，图 6.38d 把图 6.38c 的底部反转区域用周线图来展现。底部区域的最高点为 312.2、最低点为 240.3，底部区域的后半部分波幅进一步收窄。其持续时间长达 4 年。两方面充分揭示了底部形态的典型特征。

　　在一般市场，行情的一边是某种"物"，如商品、股票、债券，另一边是某种"货币"，如人民币、美元、日元、欧元、英镑等，大致属于"物的价格"的范畴。无论如何，物的流动性总是远远不如货币的流动性，这可能是导致顶部和底部行情特征不同的原因之一。

　　上述关于顶部和底部的讨论属于通常的情况，凡事皆有例外。前面曾经讨论，V 形底反转形态的特点便与上述讨论南辕北辙。

　　根据顶部和底部反转形态的不同特点，在应对顶部反转的过程中，投资交易者应更多采用日线图、分时图等短时间单位的图表，并实时跟踪行情变化；在应对底部反转的过程中，投资交易者不妨更多采用较长时间单位的图表，适当放慢节奏。当然，这只是侧重点的不同，两方面图表各有特点，长短结合方为稳妥。

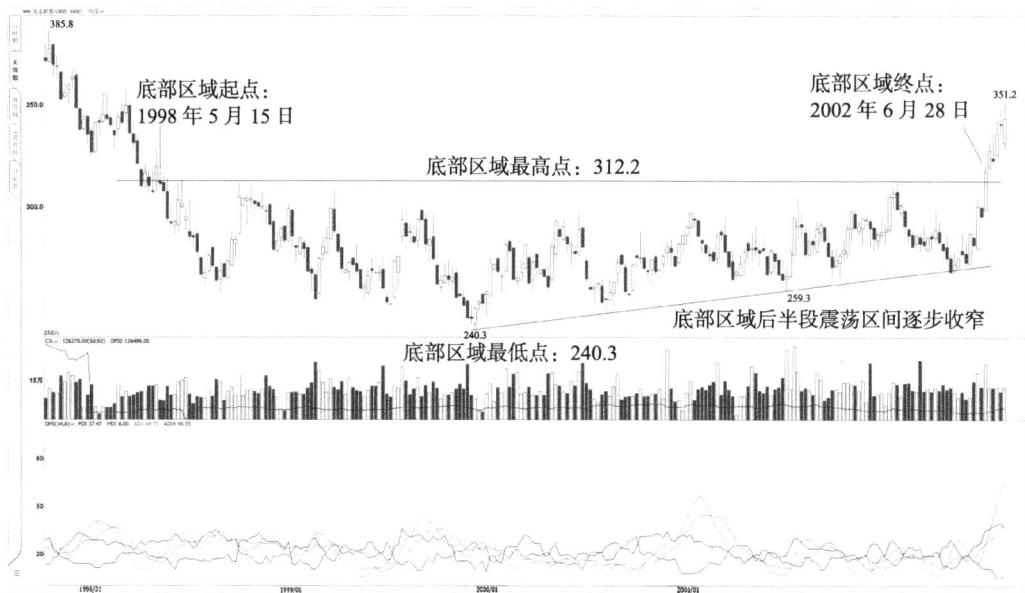

图 6.38d　美麦指数周线图（1997 年 10 月 17 日—2002 年 8 月 2 日）

这是图 6.38c 底部反转过程的放大版。底部区域持续 4 年之久！其最高点为 312.2、最低点为 240.3，后半段波动区间逐步收窄。

从正反两方面应用价格形态

对趋势的基本分析工具，我们采取了正反两方面的用法。对持续价格形态和反转价格形态，同样也采取了正反两方面的使用方法。

在上升趋势中，出现横向过程后，如果有证据表明这是持续形态，或者虽然判断持续形态的证据不足，但有证据表明这不是反转形态，那么，可以判断上升趋势持续，继续持有多头，甚至择机加仓。

如果有证据表明这是反转形态，或者虽然判断反转形态的证据不足，但有证据表明这不是持续形态，那么，可以判断上升趋势反转，平仓了结多头，甚至择机做空。

在下降趋势中，出现横向过程后，如果有证据表明这是持续形态，或者虽然判断持续形态的证据不足，但有证据表明这不是反转形态，那么，可以判断下降趋势持续，继续持有空头，甚至择机加仓。

如果有证据表明这是反转形态，或者虽然判断反转形态的证据不足，但有证据表明这不是持续形态，那么，可以判断下降趋势反转，平仓了结空头，甚至择机做多。

价格形态分析不能脱离趋势分析的基本概念和基本工具

寻求价格形态的目的类似于学习围棋定式，价格形态相当于某些相对固定的技术线索组合，通过价格形态分析可以减轻分析者的负担，提高辨识准确率。

不过，V形反转形态没有多少可靠的技术线索组合，不能带来形态分析方面的便利。在这种情况下，我们不得不退而求其次，充分运用基本的趋势分析概念和工具。

事实上，价格形态分析只是基本概念和基本工具的组合式应用，其前提条件是牢固掌握基本概念和基本工具，如此才能获得价格形态带来的益处；否则，如果简单地机械照搬外形轮廓，按图索骥地寻找价格形态，那么面对纷繁复杂的行情变化，很可能不得其利，反受其害。

第 七 章

市场技术分析的
三个层面

Investment
by Trend

当我们在单一市场应用技术分析时，蜡烛图可以在三个层面或者说三种视角上为投资交易者提供市场状态信息。

第一节
第一个层面——全局视角

第一个层面是全局观察或第一视角观察，即观察市场的总体走势，进而了解当前行情所处的趋势环境。

观察资料：通常指整张图表，图表由多根蜡烛线组合起来，展示行情的连续演变。这个层面以行情轨迹为基础，包含的不是数根蜡烛线，而是数百根蜡烛线，远远超越第二个层面。它试图展示某个趋势的完整历史演变，如趋势演变的三个阶段。它的视角是力求观察全局，所以可称为"全局视角"或"第一视角"。

分析工具：在这个层面上，蜡烛图与西方技术分析线图并没有太大区别，主要采用趋势定义、价格水平、百分比回撤水平、趋势线等趋势分析基本工具来进行图表分析，观察行情的总体趋势状况，不在意具体的蜡烛线和蜡烛图形态。这些工具可以运用在月线图、周线图、日线图等各种时间单位的图表上。

分析目标和结论：在分析总体市场走势的基础上，得出当前行情所处的"长期"趋势方向，一般说来，趋势方向要么是上升趋势，要么是下降趋势，要么是横盘趋势。在大规模横盘趋势内部，还可以进一步区分出横盘中的上升趋势、下降趋势和横盘趋势。当然，由于处在总体横盘趋势之中，它们的趋势意义必然打折扣。

就一般投资交易者来说，可从比较密集的月线图开始，进行第一视角的行情分析。其时间跨度一般在 20 年以上，足以展示超长期趋势演变过程，有助于建立较为可靠的大局观，为日常的市场分析提供扎实的基础。同时，正因为这样的视角是超长期的，所以分析者并不需要经常光顾，一个月一次，至多两个星期一次足矣。

图 7.1a 是较密集的月线图，展示了纳斯达克指数 25 年以上的行情。图表最左侧（最初），行情处在全图最低位；图表最右侧（最近），行情处在全图最高处；图表中间有 16 年多的时间，行情处在箱体之中。全图表现为典型的超长期上升趋势，图表左侧为上升趋势，右侧也为上升趋势，中间的箱体形态是长期的铺垫，说明右侧的上升趋势其来有自。从整张图表来看，市场上涨—横盘—上涨，一张一弛，抑扬顿挫，显得弹性十足。我们在图 7.1a 中所使用的分析工具主要为历史高低点、趋势定义、价格水平线，基础而简明。

在本图中，除了进行超长期趋势分析之外，还可以理解重要的调整和转折点。2002 年 10 月的低点为 1108，2009 年 3 月的低点为 1265，市场在接近前期重要历史低点时完成了持续 5 个月的底部形态。2007 年 10 月高点为 2861，在 2012 年 2 月市场最终向上之前，曾经有 10 个月以上的时间在该水平之下徘徊。2000 年 3 月的高点为 5132，这是本图上最突出的历史高点。2016 年 8 月市场最终向上突破该水平，超级上

图 7.1a　纳斯达克指数月线图（1994 年 2 月 28 日—2019 年 9 月 3 日）

本图采用了较为密集的月线图，覆盖了 25 年以上的时间跨度。

升趋势恢复。但是，在这之前，市场曾经在上升到该水平时遭遇强大阻力，在该水平之下徘徊达 16 个月以上，留下了一个长期持续性价格形态。事实上，正是在向上突破了 2000 年 3 月的历史高点 5132 之后，市场才进入较快速的上升状态。

历史高、低点属于转折点，很可能同时存在蜡烛图反转信号或西方技术分析中的反转信号。但我们对细节并不特别在意。

综上所述，第一视角主要应用趋势定义，关注重要的历史高、低点，以重要历史高、低点作为比较基准识别长期乃至超长期趋势。

第二节
第二个层面——价格形态层面

第二个层面（或第二视角）是价格形态层面，即通过分析价格形态跟踪趋势演变，判断趋势持续还是逆转。

这类价格形态一般由十几根蜡烛线组成，要么处于顺风顺水的趋势推进阶段，形成了较清晰的上涨或下跌过程；要么处于横向波动阶段，形成了较大型的价格形态，包括箱体、稍向上或向下倾斜的平行通道、三角形、头肩形、三重顶（底）、双重顶（底）等。

当趋势处在持续过程时，通常具备较为清晰的趋势推进形态，即蜡烛线一根接一根地依次上升，行情持续向上突破、迭创新高；或者一根接一根地依次下降，行情持续向下突破、迭创新低；其中偶尔会发生短时间调整行情，表现为一到三根小蜡烛线收缩在前一根蜡烛线范围内。

文武之道一张一弛，这个阶段大致属于“张”。

当趋势处在横向波动阶段时，通常会形成较大规模的价格形态，这个阶段大致属于“弛”，并和“张”的阶段相互交替，共同组成了趋势演变的曲折过程。不过，所谓曲折主要还是反映在横向波动阶段。

当市场从持续过程转入横向波动过程后，行情的不确定性显著上升，当前的横向波动阶段到底属于持续形态还是反转形态呢？如果是持续形态，则在横向波动结束后，原有的趋势将恢复，那么在横向波动阶段就应该持仓不动，甚至利用有利的时机适当加仓；如果是反转形态，则在横向波动结束后，原有的趋势将逆转为相反的方向，那么在横向阶段就应该在横向波动结束后、反转形态完成时平仓退出，甚至反向建立头寸。

横向波动过程一般持续时间较长，波动幅度较大。时间较长，意味着投资交易者忍受煎熬的时间长，需要足够的定力才能持有有利的头寸不动摇，最后取得较大成果；波动幅度较大，意味着当横向波动最终演化为趋势逆转之后，与趋势之前所达到的最高点或最低点相比，已经回撤了较大的幅度，可能会造成较大损失。

正因为横向波动过程带来了较大的不确定性，所以在跟踪趋势的过程中，烦恼几乎大多来自这类阶段。当市场进入横向波动阶段后，尽早识别其是持续性质还是反转性质，就成为跟踪趋势层面的头等大事。

大多数横向波动属于趋势持续性质的，少数横向波动具有趋势逆转性质。从概率上来说，不能轻易认为横向波动阶段即将带来趋势逆转，因此，投资交易者对价格形态必须练就火眼金睛。

投资交易者可以根据价格形态的一般特点来尽量识别，但是必须对顶部形态和底部形态的典型特征特别留意。

顶部形态的典型特征如下。

（1）事前已经出现了长程的上升过程，上升趋势显得较为成熟。如果已经具备了可以明显识别的三个阶段特点，那更有利于识别趋势反转形态。

（2）顶部形态本身的波动幅度大、交易量大，市场上下争夺激烈、鏖战正酣。

（3）顶部形态持续时间短，一般是经过剧烈争夺后，结果较快便见分晓。

底部形态的典型特征如下。

（1）事前已经出现了长程的下降过程，下降趋势显得较为成熟。如果已经具备了可以明显识别的三个阶段特点，那更有利于识别趋势反转形态。

（2）底部形态本身的波动幅度越来越小、交易量越来越小，市场参与者越来越没有交易意愿。

（3）底部形态持续时间长，一般都是久拖不决，很难给一个痛快的结论。

上述典型特征给我们带来了正反两方面的参考价值。正面的是，如果走势基本符合上述特征，则构成反转形态的概率加大；反面的是，如果走势不符合上述特征，则构成持续形态的概率加大。

图 7.1b 是较为常规的月线图，图线密度中等，在 16：9 的显示屏上，一方面可以展示 10 年多的行情，另一方面可以清晰地跟踪每一根蜡烛线，这是典型的第二层面的月线图。如此一来，既可以逐根蜡烛线地跟踪上涨过程，也可以逐根蜡烛线地跟踪横

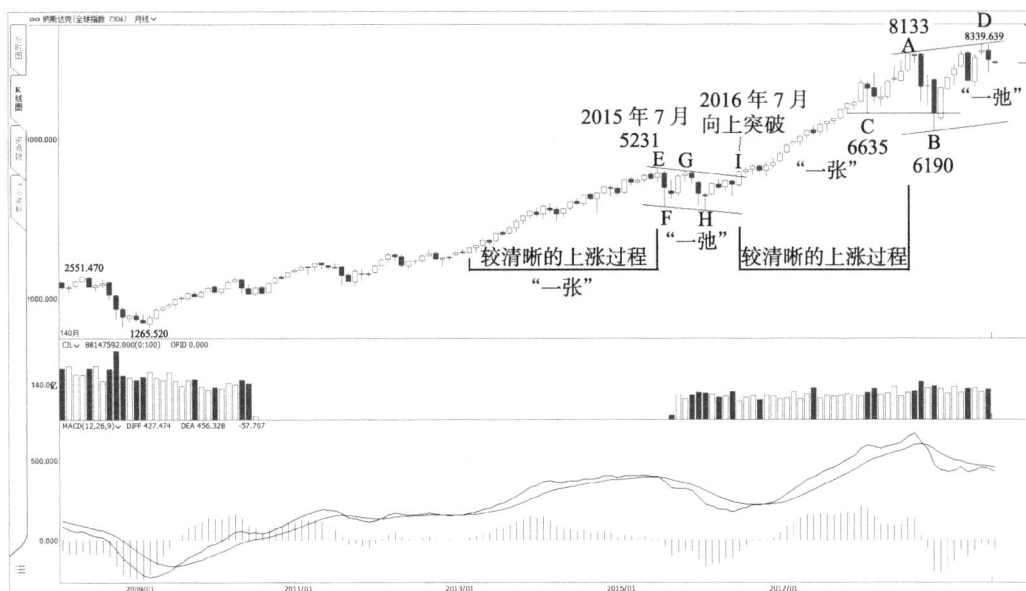

图 7.1b 纳斯达克指数月线图（2008 年 2 月 29 日—2019 年 9 月 3 日）

这是较为常规的月线图，没有着意加大图线密度，其覆盖时间在 11 年左右，可以清晰地跟踪大尺度的行情演变。右半图的行情较为典型，在超长期上升趋势中，有一段较清晰的上涨过程、一段横向波动，再有一段较清晰的上涨过程、一段横向波动，一张一弛，节奏分明。所谓第二层面（或第二视角），就是通过图表跟踪具体的趋势阶段或节奏，特别是着重于跟踪其中的横向波动阶段，力图尽早分辨到底是持续形态还是反转形态。

向波动过程，并且在两种阶段交替时及早察觉——当行情从横向波动转为上涨过程时，及时发现买入信号；当行情从上涨过程转为横向波动时，及时判别是持续形态还是反转形态。

图 7.1b 中标出了两段较为清晰的上涨过程，也标出了两段横向波动过程。上涨过程和横向波动过程交替出现，充分体现了"文武之道，一张一弛"的古训。

在两段上涨过程中，我们可以来逐根比较每一根蜡烛线，其基本符合上升趋势的定义，即除了其中偶尔出现一二根蜡烛线龟缩在前一根蜡烛线内部，不能提供趋势信息之外，基本上所有蜡烛线都呈现出依次上升的态势，上涨过程确实比较清晰。因此，两段横向波动过程给整体的上升趋势带来了不确定性，这是我们盯市的重点对象。

前一段横向波动过程从高点 E（2015 年 7 月，5231 点）的下一个月开始，到 I 点（2016 年 7 月）向上突破形态上边线为止，持续了 1 年。横向波动过程的高点 G 略低于高点 E，连接这两个高点，得到横向波动过程的上边线。请注意，我们正是以这条上边线为标志，当市场再度向上突破这条上边线时，判断横向波动过程结束，上升趋势恢复（即 I 点）。

该横向波动过程中的第一个低点是 F。通过低点 F 做出上边线的平行线，尝试以它作为横向波动过程的下边线。横向波动过程中的第二个低点 H 验证了该平行线，于是确立了横向波动过程的下边线。请注意，低点 H 只是略低于低点 F，而不是显著低于低点 F，且当月最后的价格已经向上拉回，因此不能构成有效的向下突破。横向波动过程的两条相互平行的上下边线微微向下倾斜，构成了一个持续 1 年的稍稍向下倾斜的平行通道。微微向下倾斜的平行通道一般预示着行情最终将向上突破。

在微微向下倾斜的平行通道里，后期 4 个月行情波动显著收窄，符合横向波动过程的一般特点。

综上所述，当看到行情在低点 H 验证了平行线的时候，我们可以初步判断其为向下倾斜的平行通道，这是典型的带有向上突破意味的持续形态。再加上后来 4 个月的行情收窄，横向波动时间拉长、波幅收窄，行情构成顶部反转形态的可能性不断减小，反过来，上升预期便越来越明朗了。

后一段横向波动过程从高点 A（2018 年 8 月，8133 点）之后第二个月开始（下一月为十字线，龟缩在 8 月蜡烛线内部，不提供趋势信息），到图表最右侧都没有走出来，给我们留下了悬念。

首先，我们注意到从高点 A 到低点 B（2018 年 12 月，6190 点）的暴跌，幅度大、速度快，并且跌破了前期低点 C（2018 年 2 月，6635 点）。市场在高位调整可能采取急速下跌的形式，但是一般不会显著跌破前期低点，此处跌破前期低点就显得不同寻常。

其次，高点 D（2019 年 7 月，8339 点）高于高点 A，通过高点 A 和 D 连接所得的横向波动上边界呈现稍稍向上倾斜的态势。这就意味着，高点 D 本来已经向上超越高点 A 创出新高了，但是创新高的幅度不算太大，更重要的是，在大势向上的背景下，市场已经创新高了，却不能守住新高，这就不属于理想的持续性形态。

最后，最近的横向波动阶段只出现了一个显著的低点 B，市场很快离开这里，更多地停留在高点 A 附近的区域。在上升趋势中出现横向波动阶段，我们宁愿市场更多地停留在低点区域，或者至少有两次认真尝试低点（前一个横向波动就是两次探底）。市场之所以上涨，一种情况是因为势不可当，涨个不停，横向波动阶段不属于这种情况；另一种情况反过来，是因为跌不下去。横向波动阶段如果属于持续性质，要害在于要证明市场跌不下去。前一段横向波动有两个低点 F 和 H，H 再次证明市场跌不下去。那么，在本次横向波动阶段中，一个低点 B 是不是足以证明跌不下去呢？

以上三点让我们对第二个横向波动阶段的属性判断偏向了反转形态。

然而，也有反面的证据，本阶段的持续时间偏长，顶部反转一般持续时间较短，持续形态一般持续时间较长。随着本形态的不断发展，时间拖得越久，其构成持续形态的可能性便越大。不仅如此，本形态后期波动幅度越来越收窄，符合持续形态的一般特点。

综上所述，后一个横向波动阶段到底属于持续性质还是反转性质，在本图上还是一个悬念。

请注意，在第二层面上，当我们跟踪横向波动过程时，其中高低点当然引人注目，但是我们对高低点的细节并不感兴趣，只看高低点之间的相互关系，即横向波动区间的总体走向等。核心问题是横向波动过程何时开始、何时结束，尤其是横向波动过程到底属于持续性质还是反转性质。

从上述讨论可以看出，第二个层面主要应用价格形态分析，即由一二十根蜡烛线组成的较长期的价格形态，以西方技术分析提供的价格形态分析技术为主，辅以蜡烛图技术提供的价格形态分析技术。

第三节
第三个层面——细节或盯市视角

第三个层面（或第三视角）是细节或盯市层面，即密切跟踪每根蜡烛线，尤其是最新的蜡烛线的动态演变过程，期间主要应用蜡烛图趋势分析、基本的买卖信号等。单根蜡烛线是蜡烛图形态分析、趋势分析的砖石，这是蜡烛图技术的基本功，也是分析市场的日常工作。

首先，通过前后相继的两根蜡烛线来判断基本趋势，以前一根为比较基准，根据当时发生的后一根蜡烛线来观察比较向上突破创新高或者向下突破创新低的情形。

其次，通过前后相继的数根蜡烛线来判断行情转折点（拐点）。大多数蜡烛图形态都是由二三根蜡烛线组成的，形态本身发出信号，紧随之后的另一根蜡烛线构成验证信号。

当行情拐点形成后，一是有可能留下历史高、低点，如果是具有较强代表意义的历史高、低点，则形成了较为重要的支撑水平或阻挡水平，构成了判断大势的基准，是大势分析的依据；二是在通常情况下，当行情出现拐点后，往往意味着趋势进入横向波动阶段，之后需要进行价格形态分析。

最后，最重要的一点是，在极少数情况下，市场可能发生 V 形反转，即趋势突然逆转。在这种情况下，唯有通过逐根蜡烛线盯市，才有可能及时察觉可能正在发生的严峻局势。其他两个层面的工作都是远水解不了近渴。

图 7.1c 是一张放大了的月线图，容纳的时间缩短到三年左右，可以更好地进行逐根蜡烛线分析。

蜡烛线 1（2016 年 11 月）是比较基准。

蜡烛线 2（2016 年 12 月）的高点高于蜡烛线 1 的高点、低点高于蜡烛线 1 的低点，为上升趋势。

蜡烛线 3 的高点高于蜡烛线 2 的高点、低点高于蜡烛线 2 的低点，上升趋势持续。接下来，蜡烛线 4、5、6、7、8、9 皆清晰地显示上升趋势持续。

蜡烛线 10 收缩在蜡烛线 9 的范围内，不提供趋势信息。

蜡烛线 11 依然以蜡烛线 9 为比较基准，高点更高、低点更高，上升趋势持续。接下来，蜡烛线 12、13、14、15 皆清晰地显示上升趋势持续。

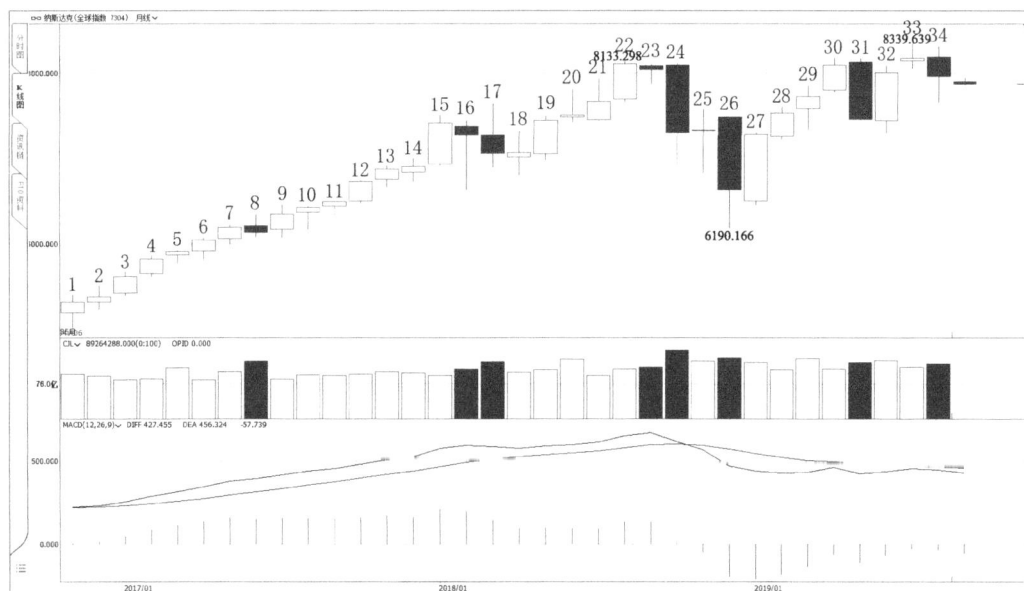

图 7.1c　纳斯达克指数月线图（2016 年 11 月—2019 年 9 月 3 日）

从 2016 年 11 月开始，我们在这根蜡烛线上方标记"1"，之后，每一个月的行情都有一个数字序号，本图上总共可以看到 34 根已经完成的月蜡烛线，还有最后那根最新的正在演变之中的月蜡烛线。

实际上，从蜡烛线 1 到蜡烛线 15，上升趋势顺利地展开，一路上几乎没有什么坑坑洼洼的地方。

蜡烛线 16 是一根上吊线，同时它又和蜡烛线 15 组合为一个孕线形态，似乎为上升趋势笼罩了一层阴影。它的下影线突破了蜡烛线 15 的低点，低点更低、高点更低，是不是下降趋势已经形成了呢？

鉴于蜡烛线 15 之前上升趋势持续时间长、延展幅度大，市场迫切需要调整，但反转为下降趋势恐怕言之过早。蜡烛线 16 的收市价（月末价格）大幅回升，无论是上吊线形态还是孕线形态，从蜡烛图技术来看，都要判断其是否属于行情反转，而下个月的验证信号具有决定意义。虽然如此，从蜡烛线 16 回过头来看，蜡烛线 15 的高点是个拐点，拐点之后，要么是横向波动阶段，要么是行情逆转。

蜡烛线 17 又使走势分析更加复杂，它的高点高于蜡烛线 16 的高点、低点高于蜡烛线 16 的低点，肯定不能验证蜡烛线 16 的看跌意义，但是恐怕也不能据此判断上升趋势已经恢复。它的收市价（月末价格）大幅回落，这根月蜡烛线是阴线。

蜡烛线 18 比蜡烛线 17 具备更低的高点、更低的低点，同样这也暂不能算作下降趋势。原因就在于蜡烛线 16、17、18 共同属于横向波动阶段，而横向波动阶段中行情变化往往不具有趋势性意义。

幸运的是，上述三条蜡烛线虽然上下影线表现"出格"，但它们的实体都偏小，虽然三个实体依次降低，但都龟缩在蜡烛线 15 的长实体内部，从实体角度看，呈现出典型的调整态势，并且具备较为明确的持续性质。

接下来，蜡烛线 19 相比蜡烛线 18 高点更高、低点更高，但尚不能认定上升趋势已经形成，但其似乎又和前三根蜡烛线表现不同。蜡烛线 20 相比蜡烛线 19，高点更高、低点更高，并且相对于横向波动阶段之前的蜡烛线 15、横向波动阶段中的蜡烛线 17 都创了新高，可以因此断定上升趋势恢复。蜡烛线 21、22 顺风顺水，均为清晰的上升趋势。

蜡烛线 23 没有趋势信息，但和前 3 个月的势头显然不同。蜡烛线 23 和 22 组成了孕线形态，这要看下一个月是否验证了。

蜡烛线 24 的开市价（月初价）与蜡烛线 23 的收市价相比没有明显变化，不提供验证信号。但是当月行情大幅下跌，到月末收市时形成了一根大阴线，验证了孕线形态的反转意义，回头看蜡烛线 22 的高点是一个显著的拐点，之后行情要么属于下降趋势，要么属于横向波动阶段。

蜡烛线 25 是一根十字线，但下降过程中的十字线没有太大意义，且它的低点低于蜡烛线 24 的低点、它的高点低于蜡烛线 24 的高点，下降趋势持续。

蜡烛线 26 又是一根大阴线，下降趋势清晰持续。这根蜡烛线给我们带来了疑虑，主要原因是它跌破了蜡烛线 16 的低点。

蜡烛线 27 为大阳线，其实体向上穿越了蜡烛线 26 阴线实体的一半，符合刺透形态的要求。

蜡烛线 28 验证了上述刺透形态，以蜡烛线 27 为基准，其高点更高、低点更高。不仅如此，它还向上穿越了蜡烛线 26 的高点。于是可以判断蜡烛线 27 的低点为拐点，急速下跌行情结束，上升趋势开始。而这一番折腾都属于蜡烛线 22 的拐点之后更大规模的横向波动过程。

蜡烛线 29、30 继续保持上升趋势。

蜡烛线 31、32、33、34 不再保持上升趋势，但它们处在横向波动过程中，乏善可陈。

蜡烛线 22 高点为 8133，蜡烛线 23 的高点为 8104、蜡烛线 24 的高点为 8107，均十分接近 22 的高点。蜡烛线 30 的高点为 8176，蜡烛线 31 的高点为 8164，都对蜡烛线 22 的历史高点进行了挑战。尤其是蜡烛线 33，虽然它本身近似十字线，但是它的高点却达到了 8339，如果说前两者浅尝辄止，这一次可是明显超越了。蜡烛线 34 的高点为 8311。在横向波动阶段，这些表现并非不可接受，但是市场停留在横向波动区间上边缘的时间过久，对下边缘的试探过少，显得横向波动阶段不够扎实，为下一步行情留下了隐忧。

图 7.1c 中最后的蜡烛线是 2019 年 10 月的，它正在演变之中，其走向是我们最关心的。不过，横向波动区间已经为它定了基调，除非它有大不相同的表现，否则不能贡献多少有效的趋势信息。因此，本月的盯市变得很简单，不时扫一眼，如果没有异常，也就没什么好看的了。

第四节
日线图和其他时间单位的图表

借助月线图来观察行情趋势的三个层面，可以跟踪了解行情趋势的总体格局、趋势演变过程中一张一弛交替的基本节奏以及趋势演变的当前局势。之所以推荐月线图，是因为它简繁得当，在分析过程中既容易突出趋势演变的主要脉络，又不容易陷入细枝末节而迷失大方向。

在方法和技巧的意义上，月线图的三个层面视角同样可以运用于周线图、日线图以及小时线图等日内图表上。表 7.1 从现在常见的 16：9 的显示器来看，总结了月线图、周线图、日线图、小时线图整张图表覆盖的时间范围。

表 7.1　常用时间周期的图表覆盖时间

图表覆盖的时间	月线图	周线图	日线图	小时线图
20 年以上	全局层面			
10 年左右	价格形态层面			
5 年左右	细节层面	全局层面		
3 年左右		价格形态层面		
2 年左右		细节层面	全局层面	
12 个月左右			价格形态层面	
6 个月左右			细节层面	
3 个月左右				全局层面
2 个月左右				价格形态层面
1 个月左右				细节层面

所谓全局视角，一般应该是时间范围越久越好，只不过我们的投资活动不可能无限期，因此"全局"，应当是和我们的投资周期密切相关的全局。举例来说，假定长期投资的时间周期为 10 年，那么我们应该观察 20~30 年的行情演变历史，为今后的 10 年建立相对完整的总体背景。换言之，相对于我们的投资周期，我们应当观察 2~3 倍投资周期甚至更长一点时间的历史行情。

由此说来，相对于长期投资来说，周线图、日线图或者更短时间单位的图表其实不能算作全局，不适合拿来进行全局分析。对于短线或日内交易来说，周线图和日线图可以起到"全局视角"的作用。对于日内交易来说，应当至少采用小时线图作为"全局视角"。

所谓细节视角，当然是越详细越好，也就是图表的时间单位越小越好。可是，时间范围越小，则越容易陷入细节的泥潭，只见树木不见森林。因此细节视角同样应当与我们的投资周期密切相关。举例来说，假定长期投资的时间周期为 10 年，入市、出市的时点最小应当精确到日，因此细节层面可以采取日线图。

另外，市场演变的进程在时间上并不是均匀的，还应当考虑行情快慢来调整注意力的焦点。当行情变化快的时候，应在上述三个层面的基础上侧重采取短时间单位的图表，包括分时图，增加观察市场的频率，聚焦到细部变化。当行情变化慢的时候，应在上述三个层面的基础上侧重采取长时间单位的图表，减少观察市场的频率，聚焦到长期变化。换言之，行情快，侧重于细节；行情慢，侧重于大势。

从趋势演变阶段性特征来看，一般来说，在趋势演变的第一阶段，如果是顶部反转，则行情变化快，如果是底部反转，则行情变化慢（第六章曾讨论）；在趋势演变的第二阶段，行情变化通常较慢；在趋势演变的第三阶段，行情变化通常较快。

当行情变化快的时候，应以短期图表放大细节，放慢市场的快动作；当行情变化慢的时候，应以长期图表观察大势，忽略意义不大的反复。当然，这只是侧重点的不同，长短期图表各有特点，长短结合方为稳妥。

我们的建议是，用月线图来进行全局分析、形态分析、细节分析，取其简明，得到较为明确的趋势判断，以此为基础，用日线图、小时图、分时图等来补充行情细节，捕捉精确时机。在时间框架上，两类图表基本上可以相互衔接，可以从宏大的历史背景聚焦到逐日盯市。

图 7.1d 是纳斯达克指数日线图，我们借助它来补充图 7.1a、图 7.1b 和图 7.1c 的细节分析，作为逐日盯市的工具。从日线图上可以观察到一个微微向上倾斜的平行通道，因此，本图可以进行日线图层面的形态分析。同时，本图也可以用来进行逐日盯市。不过，由于当前行情都属于横向波动阶段，日线无论涨跌都没有太多的趋势性意义，不宜过度解读。

理论上，每一根月线都要等到每个月的月终才能定局。但是，当行情发生快速变化时，或者当行情在关键价格水平发生重大突破信号时，容不得我们等待当月剩下的时间走完再采取应对措施。在这样的情况下，如果在日蜡烛线图上连续两个交易日的收市价都验证了突破信号，则可以采取相应的措施。

当然，归根结底，是根据趋势变化来采取相应措施，在这种关键时刻，有必要综合月线图三个层面和日线图的细节来瞪大眼睛仔细分析。

在非 24 小时连续交易的市场上，每日有一段时间开市交易，有一段时间闭市休息。上一个日线和下一个日线之间有时会发生价格跳空。根据具体情况，价格跳空既可能是蜡烛图价格形态的一个组成部分，也可能构成了重要的支撑或阻挡水平。这类价格跳空是日线图上独有的有效技术线索。

图 7.1d　纳斯达克指数日线图（2019 年 2 月 13 日—2019 年 9 月 30 日）

覆盖时间约 7 个月，大体属于日线图的形态分析层面，也可以兼顾细节分析。日线图上通过两个高点连成一条趋势线，通过低点绘制其平行线，得到一个微微向上倾斜的平行通道。本图大体上对应了图 7.1c 从蜡烛线 29（3 月）到蜡烛线 34（8 月）的行情。另外，本图上 9 月行情已经完整了。

月线图中仅当上一个月末和下一个月初之间存在价格跳空时才有可能产生价格跳空，而这样的价格跳空实质上乃是特定两个交易日之间的价格跳空，且是来自日线图。

在日内图表中，如小时线图或 5 分钟线图，价格跳空往往只出现在上日末和下日初的两个时间单位之间，其他时间段之间都属于连续交易，通常不会发生价格跳空。实际上，这样的价格跳空也是日线图之间的价格跳空。

如果做短线交易或日内交易，为了获得足够的细节，则 5 分钟线图甚至分时行情图都可以作为精确追踪行情细节的工具，成为实质性的第三视角。

第五节
与三个层面对应的主要技术分析工具

三个层面的主要技术分析工具

表 7.2 对三个层面做了一个小结。

表7.2 全局、价格形态、细节三个层面的比较

	资料	主要分析工具	分析目标	所求结论	用处
全局视角	密集的蜡烛图线，典型的如月线图，时间跨度可能超过20年	历史高低点（即价格水平）、趋势定义、趋势线、百分比回撤水平	当前行情所处的大趋势	上升趋势，下降趋势，横向趋势（大规模横向趋势中可再分为上升趋势、下降趋势和横向趋势）	一般只需偶尔地观察、确认，在关键转折点处需密切关注
价格形态视角	密度适中的蜡烛图线	西方技术分析：箱体形态、平行通道、三角形、三重顶（底）、头肩形顶（底）蜡烛图技术：三法形态、三山顶部形态、三川底部形态、三尊形态、倒三尊形态	当前横向波动阶段所形成的较大型价格形态到底是属于持续性质还是属于反转性质	如为持续性质，则继续持有，当出现顺趋势突破信号时加码；如为反转性质，则适度减仓，当出现逆趋势突破信号时，平仓并反向建仓	趋势持续推进时可忽略。在通常情况下，这是追随趋势的基本工作
细节视角	密度较低和时间单位较小的蜡烛图线	基本趋势形态主要为蜡烛图技术中的常见形态分析，如窗口、吞没形态、十字线、黄昏星形态、启明星形态、白三兵形态等；也包括少数西方技术分析工具，如反转日、V形或长钉形反转形态	趋势持续跟踪，确认拐点和突破信号	发现基本趋势信号，为交易更精确地选择时机，在V形反转情况下可以进行合理的紧急处置	需要日常盯市。V形反转是特殊情况，虽然发生的概率低，但事关重大，既关系到大趋势方向，也关系到交易时机抉择，需要投资交易者拥有火眼金睛，能够当机立断

在全局视角上，主要分析工具为趋势定义、历史高低点（即价格水平）、趋势线、百分比回撤水平等，这些都属于典型的西方技术分析工具。

在价格形态视角上，主要分析工具为持续时间较长的箱体形态、平行通道，也有大型的三角形、三法形态、三重顶（底）、三山顶部形态、三川底部形态、头肩形顶（底）、三尊形态、倒三尊形态。价格形态既包括持续性质的大型价格形态，也包括反转性质的大型价格形态；既包含常见的西方技术分析的价格形态，也包括常见的蜡烛图技术的价格形态。

在细节视角上，主要分析工具为本章前面介绍的基本趋势形态和基本买卖信号分析，主要是对蜡烛图技术中的常见形态进行分析，如窗口、吞没形态、十字线、黄昏星形态、启明星形态、白三兵形态等；同时也包括少数西方技术分析工具，如反转日、V形或长钉形反转形态等。

全局视角的目的是确定当前行情所处的趋势方向，这是市场分析的根本任务。

价格形态视角的目的是在已知当前趋势方向的情况下，一旦行情进入横向波动状

态后，尽早判断其到底属于持续性质还是反转性质。

细节视角的主要目的既在于在大势确定的条件下精细选择交易时机，也在于分辨行情变化的快慢状况，当市场进入快速变化后，转而密切跟踪行情。

下面我们以上证指数为例，分三个层面来做一个按部就班的分析：以密集月线图分析基本趋势，以密度适中的月线图分析价格形态，以日线图逐日盯市观察行情演变的细节。

图 7.2a 是上证指数密集的月线图，覆盖时间达 21 年多，图中最重要的技术指标为通过重要历史低点 A 和 B 绘制的超级上升趋势线 AB。趋势线 AB 在 C 处的一系列历史低点处得到了反复的验证，并从 C 处开始激发了一轮急速的牛市行情。在重要历史低点 D 处，久经考验的超级上升趋势线 AB 再次发挥了强大的支撑作用，使得摇摇欲坠的股市重新找到了立足点。这条上升趋势线不代表当前股市行情为牛市，但无疑为市场奠定了不容忽视的重要底部，确立了 D 点后的相当长时间内市场的基调是向上尝试拓展空间。

图 7.2b 还是上证指数月线图，覆盖的时间为 12 年多，意在展示当前行情所处的价格形态——这是价格形态层面的分析。历史高点 A 和低点 B 之间存在一个规模较大的箱体形态，两点分别界定了箱体的上、下边界线。行情在 C 处向上尝试箱体上边界，未能到达上边界就被打退，即使在箱体内部，这一点也足以凸显行情内在的疲软，结果引发了从 C 点到 D 点的跌势。这段跌势气势汹汹，很快从箱体上边到达下边，并在 D 点一度打破下边缘。

箱体形态属于横向调整过程，形态完成后，偏向恢复箱体之前的熊市，即向下突破的概率更大。行情在箱体下边界的动作，实际上是在挑战图 7.2a 的超级上升趋势线。D 点处有 4 根月线都曾经向下突破 B 点的历史价格水平，真是"黑云压城城欲摧"。幸运的是，超级上升趋势线的支撑作用有效，D 处为假突破，市场重回箱体形态内部。之后，市场关心的主要问题转为行情能否向上挑战箱体形态的上边界。

箱体形态也可能构成底部反转。在典型情况下，需要满足两个条件：一是不应当继续创新低；二是持续时间长、波动幅度越来越收窄，直至最终向上突破。第二项条件在图 7.2b 的最后 6 根月线上似乎已经有所反映，接下来，就需要耐心了。

顺便说一句，图 7.2b 总体上表现为横向延伸，其后行情的趋势性可能进一步减弱。

图 7.2c 是上证指数日线图，覆盖时间接近 1 年，可以借之观察行情演变细节——第三个层面。这张图显示的正是不断收窄的横向波动行情，其中几乎每个转折点都有

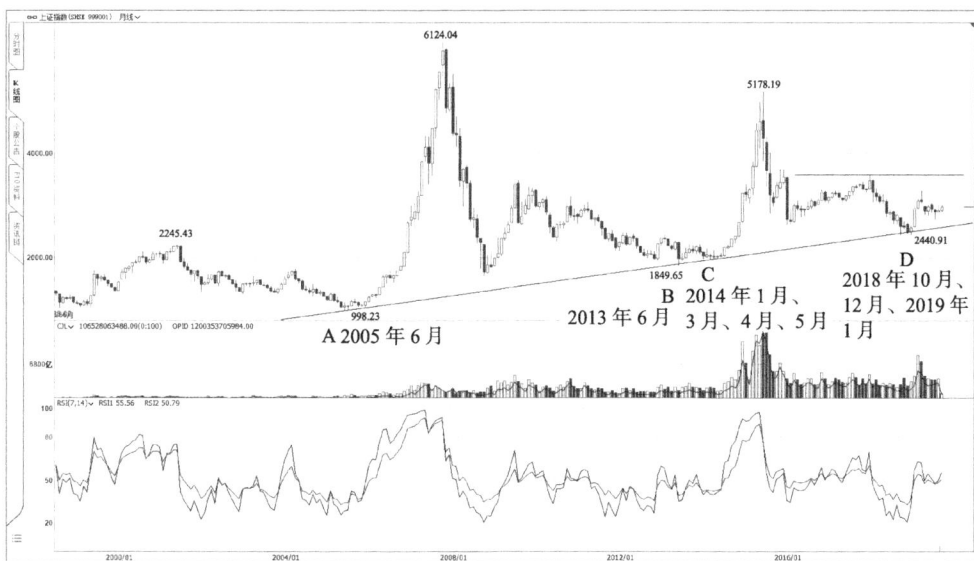

图 7.2a　上证指数月线图（1998 年 7 月—2019 年 10 月 16 日）

本图覆盖的时间超过 20 年，提供了全局视野。A 点为 2005 年 6 月的低点，B 点为 2013 年
6 月的低点，连接 AB 得到了一条超长期上升趋势线。点 C 包含了 2014 年 1 月、3 月、4 月、
5 月，市场四度试探趋势线 AB，都未能向下突破，之后从该线有力地向上弹开，证明了
该趋势线的支撑作用。点 D 为 2018 年 10 月、12 月、2019 年 1 月的三次向下试探，市场
再次得到趋势线 AB 的有力支撑。

图 7.2b　上证指数月线图（2007 年 1 月—2019 年 10 月 16 日）

从本图可以观察价格形态层面：高点 A 确定了其后数年箱体形态的上限，低点 B 基本上
构成了箱体形态的下限。在 C 处市场无力挑战高点 A，市场转而向下试探低点 B，并一度
创下新低。从低点 D 向上反弹后，行情重回箱体。本图也提供了细节层面的情况，图表最
右侧的最近数月，行情窄幅横盘。

图 7.2c 上证指数日线图（2018 年 11 月 19 日—2019 年 10 月 16 日）

投资交易者可借助日线图来作为行情细节分析工具，逐日盯市。点 A（2019 年 4 月 30 日）是向下打开的窗口的上边缘，在之后的行情演变过程中发挥了阻挡作用。在点 B 处（2019 年 7 月 2 日），市场第一次向上试探 A 处的窗口上边缘，结果未能突破，形成了一根十字线。7 月 2 日的十字线与 7 月 1 日的阳线组成了十字孕线形态，并得到了 7 月 3 日阴线的验证。在点 C 处（2019 年 9 月 16 日），市场第二次向上试探点 A 处的阻挡水平，再次失败，留下了一根小阴线。此处没有明显的蜡烛图形态，但符合基本的向下反转蜡烛线组合形态。

蜡烛图信号。我们特别注意到窗口在本图中的重要作用。点 A 处行情向下打开了一个较大的窗口，我们用 A 来标记该窗口的上边缘。理论上，该窗口的整个范围都构成了后来行情的阻挡水平，而窗口上边缘则是其最后一道防线。

之后在点 B 处，市场首次向上尝试关闭窗口，但是在点 A 的阻挡水平处形成了一个孕线形态，转头向下；在点 C 处，市场再度向上尝试，这不是典型的蜡烛图形态，而属于基本趋势信号，也是一个拐点。

特殊情况是 V 形反转。V 形反转较少发生，然而一旦发生，我们则只能从细节层面来观察、判断并及时应对。此时，细节层面既关系到大趋势方向的急剧逆转，也关系到精准交易时机的抉择，细节层面包揽了所有层面——全局层面远水解不了近渴，价格形态层面根本无从谈起。

关于 V 形反转最惨痛的案例是 2015 年国内股票市场的激烈变化。本书之前曾有详细分析，读者可以结合三个层面的比较分析再回头重温。在这个 V 形反转案例中，蜡烛图技术中的窗口形态是基本的分析工具，也是较为可靠的技术信号。

蜡烛图技术与西方技术分析的结合

一般说来，西方技术分析更多是从大的视角出发，逐步收缩到局部，基本特征是由大到小。因此，它侧重于过程分析。

蜡烛图技术则从局部细节出发，力图捕获拐点，由拐点再逐步扩大到价格形态、趋势，其基本特点是由小到大。因此，它侧重于关键点分析。

在多数情况下，行情演变是一个步步深入的过程，我们采取三个层面的方式，从全局看大势，从大势看价格形态，从价格形态看具体行情细节。此时，我们的主要分析框架由西方技术分析提供，盯市细节由蜡烛图技术提供。

一旦发生 V 形反转，行情演变不是一个过程，而是从急涨到急跌或者从急跌到急涨的断崖式变化，这时就只能以蜡烛图技术为主要手段，以西方技术分析作为辅助工具。

实际上，通常所见的行情演变既不完全属于连续过程，也不完全属于不连续的跳跃，而是连续和跳跃交替、混杂（阴阳关系）。另外，西方技术分析工具也可以应用于关键点分析，日本蜡烛图技术也可以应用在过程跟踪上，因此西方技术分析工具和蜡烛图技术都是必要的，应当根据市场环境各取所长、互为补充。

第 八 章
跟踪趋势的要领

Investment
by Trend

第一节

投资交易问题多，唯有趋势方向最关键

与投资交易相关的问题很多，试列举如下。

- 什么品种最适合交易？
- 做多还是做空？
- 做多少金额？
- 分笔做，还是一次性投入？
- 什么时机做？
- 如果盈利了，下一步怎么办？如果亏损了，下一步怎么办？

对于这些问题我们是等量齐观，还是纲举目张，突出重点呢？要把这个问题说清楚，不妨换一个思路。

假定我们要从甲地前往乙地，是坐车还是骑马？带多少行李？问题多多。然而，其中唯有一个问题最重要——方向。只要方向正确，其他问题总有办法解决，总能到达目的地；方向不正确，不论其他问题解决得多好，也不能到达目的地。这真是"方向比速度重要，选择比努力重要"。

毫无疑问，在投资交易的问题上，唯有趋势方向最关键。掌握了趋势方向，就解决了主要问题和关键问题。纲举目张，接下来其他问题就有了解决的希望。

判断趋势须保持直观和朴素

市场是大众的，行情被大众所驱动，行情是为了招徕大众而产生的，所以市场行情必然适应大多数市场参与者的观察能力。曲高和寡的市场走势注定不能持久，能够为大多数人喜闻乐见的市场才有生命力。

既然市场是大众的，那么行情趋势便是直观的，不需要仔细搜寻，绝不需要用放大镜观察。只需静下心来，行情趋势便一目了然。

因此，判断趋势要朴素，要直接。

看，价格越来越高，涨就是涨；

看，价格越来越低，跌就是跌；

看，价格胶着在那儿，停就是停。

"为学日益，为道日损"。学习投资是为了做减法。学习投资理论、方法和技巧，目的正在于加强投资交易者对市场的基本感受能力，排除期望、恐惧、贪婪等有害心理因素的干扰，养成严守纪律的投资交易行为模式，心态平和地当作则作、当止则止。

品酒师品酒，一定要保持清静，心情清净、口腔清净，充分发挥嗅觉和味蕾的天生功能。学品酒，重点是学清洁，增强原本的感受器官，使之更灵敏、强大。品酒之前，绝不能吃大蒜、大葱或者其他味道浓烈的香料。

学投资交易，重点是清洁头脑，加强对市场的感受力和灵敏度，而不是用一套人为的理论、方法、技巧来干扰我们对市场行情的基本感受能力。

有市场技术分析者声称："凭铅笔直尺走天下。"对此，基本面研究者不服气："我花了那么多功夫，怎么你就可以凭铅笔和直尺走天下呢？"秘密就在于，技术分析用减法，根据趋势当动则动、当止则止，没有那么多花哨。

靶子是死的，兔子是活的

本书中的图表都是仔细选出来的，主要目的是说清楚作者想说的道理。图表一旦选出来，就成了静态的靶子——除非读者拿着书对照行情软件，接着图表继续跟踪行情。图表是靶子，是死的；行情是兔子，是活的。真功夫在于打兔子。

图 8.1a 左半侧有一个明显的下降趋势，可以用下降趋势线完美表示。低点 A 和高点 B 发生在同一个交易日，从这一天起，市场进入箱体形态。在之后的一个多月里，从未有其他交易日向上超越点 B。

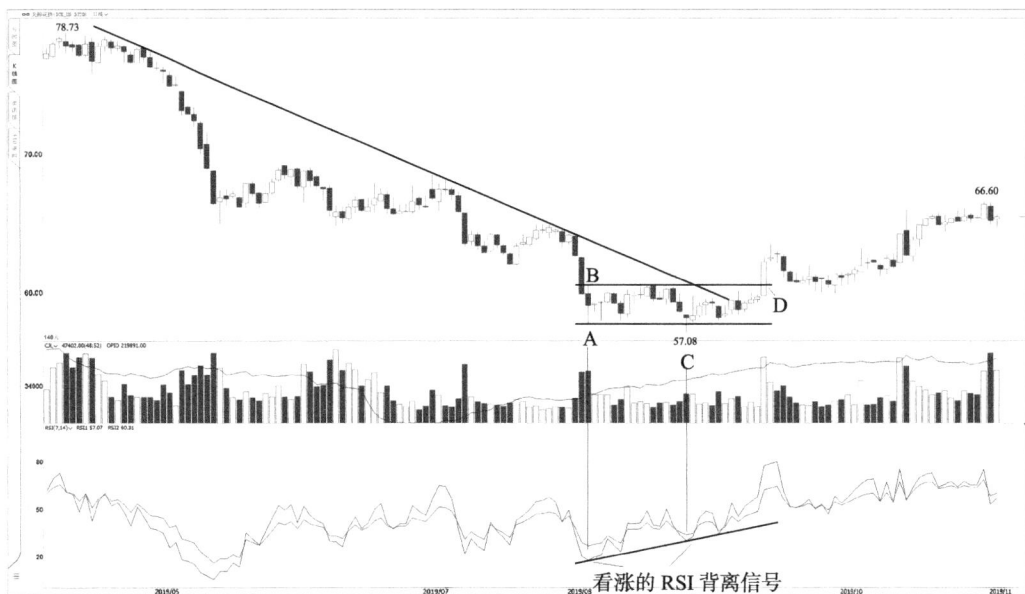

图 8.1a　美棉花指数日线图（2019 年 4 月 4 日—2019 年 11 月 1 日）

下降趋势从 4 月底延续到 9 月初，可以用图上的下降趋势线较好地表示。2019 年 8 月 5 日的最低点 A（57.73）和最高点 B（60.56）定义了之后 1 个多月的箱体形态。C（8 月 26 日）是一根锤子线，它起先向下突破了箱体下边缘，但当日有力地向上反弹，最终收市价回到了箱体区间内部，形成了假突破信号。之后市场波幅逐步收窄，直至在 D（9 月 12 日）向上突破，趋势反转。与点 A 和 C 两处低点对应的 RSI 指标形成了看涨的背离信号。

（1）在箱体形态中，仅有一个交易日 C，曾经在日内一度向下突破低点 A，但是收市之前已经反弹上来，当日形成了一根锤子线（蜡烛图反转形态），完成了一个假突破信号（进一步加强了锤子线的看涨意味）。

（2）A 点的 RSI 指标低于 20，处于超卖状态；C 点的 RSI 值明显高于 A 点的，两者组成了 RSI 的看涨背离信号。

（3）锤子线之后，日线图波幅逐步收窄，符合典型的底部形态特征。

（4）D 点市场向上突破箱体形态的上边缘，底部形态完成。

（5）D 点的交易量大幅放大，验证了向上突破信号。

上述分析作为对箱体形态底部反转的说明可谓经典。然而，箱体形态之后行情已经演变到了几个月后，形态成为板上钉钉的既成事实，这是死的靶子。在箱体形态演变过程中，在行情发生的当时，存在各种不确定性或者其他各种可能的选择，那是活的兔子。典型的"兔子"发生在 C 点。

C 点是 2019 年 8 月 26 日，图 8.1b 是当日的分时图。开市价低于前一日收市价，

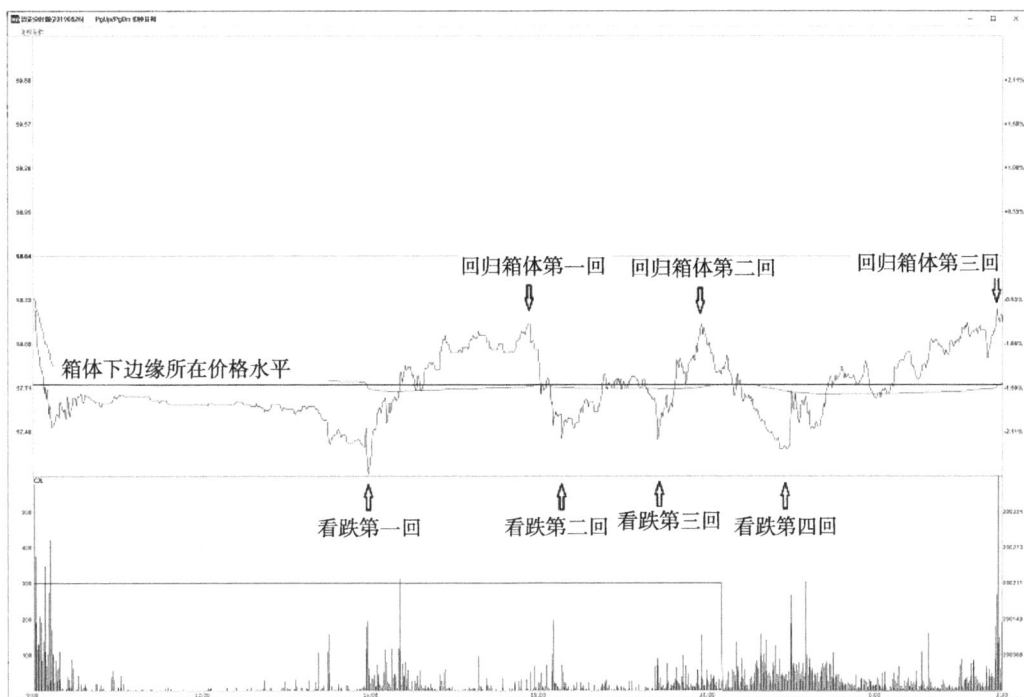

图 8.1b　美棉花指数分时图（2019 年 8 月 26 日）

这是图 8.1a 中点 C 那一天的分时图。图上用显眼的黑色水平线标志了箱体下边缘（图 8.1a 低点 A）。当日行情紧张地在该价格水平上下拉锯：如果维持在其下，则是向下的突破信号；如果重新回到区间内，则维持了箱体形态的有效性，还构成了假突破信号，具有看涨的意义。

开市后价格迅速下滑，很快跌破箱体下边缘所在的价格水平。从向下突破起，到图上"看跌第一回"的箭头所指的低点为止，市场始终维持在上述价格水平之下，当时的日线图如图 8.1c 所示。

随着分时图一步一步向前推进，当日的日蜡烛线不停地改变形状，发出不同的技术信号。

我们来看图 8.1c 的日蜡烛线图，这张图和图 8.1a 其实一样，不同的是，图 8.1a 包含了定局的 8 月 26 日，以及之后的 2 个多月行情。看图 8.1a，似乎一切都来得水到渠成，实际上，这是后知后觉的结果。图 8.1c 和图 8.1d 故意把 8 月 26 日之后的行情裁去了，这样就没有了后面行情走势的暗示，可以勉强回到当时的场景，找回一点"现场"的感觉——不用说，在现场当然感觉未来充满了不确定性！不仅如此，我们还特意绘制了当分时图行情发展到图 8.1b"看跌第一回"箭头所指的时候对应的日线图，这就是图 8.1c；以及与"回归箱体第一回"箭头所指的时候对应的日线图，这就是图

图 8.1c　美棉花指数日线图（2019 年 4 月 4 日—2019 年 8 月 26 日）

最右侧的日线为 8 月 26 日，但这不是当日最终的日线，而是在分时图发展过程中对应着图 8.1b 中"看跌第一回"箭头所指的时间。在"看跌第二回""看跌第三回""看跌第四回"，当日的日线与本图线相似，只是稍带一点点下影线而已。

8.1d。可见，作为现场的 8 月 26 日，日线图上最后一根蜡烛线（8 月 26 日）的形状处在动态变化之中，随着分时图的演进而不停地变化，其图形大体上处在图 8.1c 和图 8.1d 之间，发出性质不同的信号。

当 8 月 26 日行情发展到"看跌第一回"箭头所指处时，达到了当日最低点附近，明显低于箱体下边缘的价格水平（见图 8.1c）。

（1）自 4 月以来的下降趋势线维持完好。不仅如此，点 E 的行情高点竟然未能触及下降趋势线，更显示了行情疲软。

（2）市场清晰地跌破了历史低点 A。

从图 8.1c 来看，很可能这是下降趋势的正常延续，趋势明朗并进一步持续发展。如果已经持有空头，不妨继续持有，甚至还可以加码扩大空头头寸；如果持有多头，那么现在应该止损，甚至反手做空。

当 8 月 26 日行情发展到"回归箱体第一回"箭头所指处时，达到了当日最高点附近，明显高于箱体下边缘的价格水平。于是，我们得到了另一张动态的日线图（见图 8.1d）。

（1）自 4 月以来的下降趋势线维持完好。不仅如此，点 E 的行情高点竟然未能触及下降趋势线，更显示了行情疲软。

图 8.1d　美棉花指数日线图（2019 年 4 月 4 日—2019 年 8 月 26 日）
这是动态的日线图，与图 8.1b 中"回归箱体第一回"箭头所指处对应，当时的市价与"回归箱体第二回""回归箱体第三回"（收市价）处在同一个水平上。在这三个时点，当日蜡烛线的形状与此基本相同。换言之，本图与收市后定局的日蜡烛线一致。

（2）虽然市场一度跌破了历史低点 A，但是现在已经重新回到历史低点 A 之上。这可能构成假突破信号，有利于形成底部。

（3）当日蜡烛线可能为锤子线，这是另一个反转信号。

（4）低位箱体形态保持完好，未来趋势方向不确定。

在上述分析中，（1）与（2）、（3）相反。这是趋势不明并且原来的趋势可能发生变化的情形。如果已经持有空头，不妨继续持有，但显然不可加码扩大空头头寸；如果持有多头，因凶险程度已经有所降低，不妨继续观察，看看箱体形态结果到底如何。

回到 8 月 26 日的分时图 8.1b，我们已经经历了顺水推舟的"看跌第一回"，根据这时候看到的图 8.1c 的日线图，继续看跌；之后又经历了惊心动魄的"回归箱体第一回"，空头的感觉是"煮熟的鸭子飞了"，多头的感觉是惊弓之鸟；之后"看跌第二回""看跌第三回""回归箱体第二回""看跌第四回""回归箱体第三回"来回折腾。之所以说前者顺水推舟，那是因为它符合当前趋势，不出意料；之所以说后者惊心动魄，因为它不符合当前趋势，出乎意料。就这样，当天行情在箱体形态下边缘展开了激烈争夺，双方你来我往，几得几失，发出的技术信号一会儿这样、一会儿那样，还有很多时候骑墙、两头为难。这一天的观感真是十五个吊桶打水——七上八下。投资交易者就在这样的七上八下之中饱受磨炼。这可不是死的靶子，而是活生生的行情。

本书前文曾经有过鹿和老虎的比喻。猎人面对的，既有可能是老虎，也有可能是鹿。从事后来看，必然要么是老虎，要么是鹿，要么是错觉，绝对不可能既是老虎又是鹿、又是错觉。问题是，未来是不确定的，要害处不是事后的定论，而是当时——事前的观察结论。在现场，面对未来，未来既有可能是老虎，也有可能是鹿，那个"对象"正是各种可能性的混合体，既有几分像老虎，同时又有几分像鹿！拿捏分寸、把握火候就是在现实条件许可的范围内，尽量得出两者概率的恰当组合，步步为营地到达最终的真相。

换言之，从静态角度来看，老虎是害，鹿是利。但是，从现实角度来看，在我们的认识能力、环境条件的制约下，利和害其实是一个动态的认识过程，在这个过程中恰如其分地评估老虎和鹿的概率，才是最有利的，偏离了"恰如其分"就是有害的。从动态角度看，不是老虎有害，也不是鹿有利，而是所谓分寸或者火候的把握决定利害。如果我们偏向冒险，把眼前的对象多当成鹿来看待，那么错把老虎看成鹿的机会将增大，被虎咬伤的风险上升；如果我们偏向保守，把眼前对象多当成老虎来看待，那么错把鹿看成老虎的机会将增大，家里人挨饿的风险同样上升。

图 8.1c 展现出来的前景是鹿，说明原有趋势延续。

图 8.1d 展现出来的前景是回头虎，说明原有趋势陷入停顿，未来可能发生变化。

到收市的时候，是不是就分清了老虎和鹿呢？不是，只是老虎的概率变大了，鹿的概率变小了。后面的行情还没有走出来，没有走出来的总存在不确定性。

随着箱体形态的演变，其持续时间越来越长、行情波动幅度越来越窄，鹿的可能性越来越小，虎的可能性越来越大。直至最终向上突破，虎的可能性占据绝对优势。

如何根据死的靶子来追踪活的兔子呢？

常用的办法是，日线图应当以收市价做定论，既然兔子老是动来动去的，干脆等到它不动的时候再做打算。收市时，纷纷扰扰的分时行情尘埃落定，日内交易者都已经平仓了结，只留下了相对长线交易者继续持仓，因此收市价表达了相对长期的看法。按照这种办法，临近收市的时候，图形大局已定，算是看清楚了，这时就得赶紧交易。每日收市时交易量通常比其他时段来得大，这是一个重要的原因。

不过，这个办法是有代价的。如果当日行情单向变化且变化幅度大，那么等到收市时，错过的价格幅度也大。还有的情况是，当日的收市价并不算数，接下来几个交易日行情继续反复，换言之，即使等到收市时，也不保证图形一定是定局。

按照惯例，同样的道理也适用于 15 分钟图、小时图、周线图、月线图，它们都需要以最后一个价格来作为图线分析的定局。

本书推荐的办法如下。

第一，靶子虽然是死的，但是我们一定要从靶子入手，把靶子吃透，牢牢地打好基础。在本例中，要对图 8.1c 和图 8.1d 两种情况了然于心。

第二，一定要把三个层面相结合，对市场的总体趋势心中有数（见图 8.1e）。

第三，还是得打牢基础，精通各种基本的技术分析手段，通过基本手段持续评估行情背后潜藏的多空力量对比，在出现单向大幅变化的情况下适当等待，但不死等到底，只要有可靠的技术线索帮我们下决心，就得果断行动。换言之，打靶打到熟能生巧，就能打兔子。要打兔子，必先练好打靶。

图 8.1e 美棉花指数月线图（2010 年 2 月—2019 年 11 月 4 日）

看看价格形态层面，自从 2013 年 3 月以来，本市场就在一个巨大箱体内运行，其上边界为 DEFG，下边界为 ABC。历史低点 A 发生在 2015 年 1 月，为 57.75；历史低点 B 发生在 2016 年 2 月，为 54.44。这两者之间的小区域都属于箱体的下边缘。根据这个巨大箱体，跌破 57.75，只是进入下边缘所在的区域，不能简单地看跌。换言之，图 8.1b 中位于 57.73 的黑色水平线并不具有泾渭分明的技术意义。

面向未来，处处歧路

习惯上，人们乐于将基本面消息划分为利多或利空两大类，乍看起来两者似乎有明显的分别。可是，不论人们相信消息属于利空还是利多，行情总是既有可能上涨，也有可能下跌。举例来说，中央银行降息，一般被看作对股市利好，可是市场的反应却不一定总是上涨。

如果市场上涨，那么通行的解释是，减息降低了资金的机会成本，同时降低了企业的融资成本，对股市投资有利。

如果市场下跌，那么通行的解释是，减息说明宏观经济减速了，必须降息刺激，降息幅度还不够，或是宏观经济增速回落只是开头，后面还不好说。

如果市场没有明显变化，那么通行的解释是，宏观经济减速的情形尚不清楚，而且降息刺激的作用也是未知数。

由此可见，市场在理解信息时，往往同时有多种选择。到底选择哪一种，唯有在行情实际走出来之后，才算尘埃落定。换句话说，大多数市场信息都可以有多种理解，并且各种理解之间往往是相互矛盾的，事前很难简单断言。

面向未来，处处歧途。未来是不确定的，对市场的合理预期通常不应当是唯一的，而应当是各种可能性的适当组合。基本面分析有这样的困境，技术分析也有这样的困境。在行情演变过程中，很多时候市场技术分析面对的往往也不是唯一的选择，而是同时有几种选择，这几种选项之间有时还可能是相互矛盾的。

一种价格形态同时具备看涨、看跌两种可能性，例如箱体、对称三角形等。这类价格形态本身没有倾向性，既可以充当持续形态，也可以充当反转形态，很难从形态本身来预期未来市场突破方向。

另一种情况更为复杂，同一个行情格局既可以描绘成这样的图形分析，也可以描绘成那样的图形构想，同时描绘成两种或更多种不同的价格形态，这些价格形态具备不同的前景，甚至是相互矛盾的前景。

下面讨论的例子是纳斯达克指数迷你期货日线图，同样一张图，在图 8.2a 中的分析为向上倾斜的楔形，具有较强的看跌意味；在图 8.2b 中的分析为上升三角形，具有较强的看涨意味。

如果选择前者，意味着市场很可能处在滞涨状态，虽然原本为上升趋势，但是目前上升趋势所创新高却不同于常规上涨过程，新高的幅度太小，显得很勉强，难以成为显然的、广为接受的事实，这表明后市下跌的概率较大。

如果选择后者，意味着市场很可能处在强势调整过程中，一方面市场原本处在上升趋势中，最近发生的横向延伸阶段只是上升趋势中的正常整理过程，现在上升三角

图 8.2a 纳斯达克指数迷你期货主日线图（2018 年 12 月 21 日—2019 年 11 月 5 日）

在历史高点 A 点之后，市场进入横向盘整阶段。通过连接历史高点 A 和 B 得到上方的阻挡线 AB。在 C 处，市场表现踌躇，阻挡线 AB 的作用得到初步验证。通过连接历史低点 D、E 得到支撑线 DE。在 F 处，市场从支撑线 DE 上反弹，表明支撑线 DE 有效。此后，在低点 G 处，支撑线 DE 再次发挥作用。在上升趋势中，阻挡线 AB 微微向上倾斜，支撑线 DE 向上倾斜，两者围成了稍指向上方的楔形形态。指向上方的楔形形态一般最终向下突破。

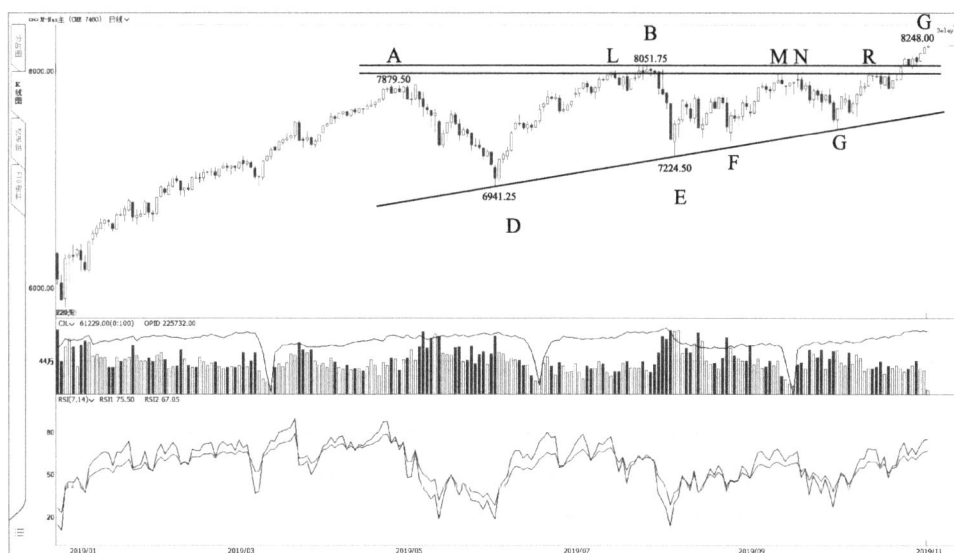

图 8.2b 纳斯达克指数迷你期货主日线图（2018 年 12 月 21 日—2019 年 11 月 5 日）

在历史高点 A 之后，市场进入横向整理阶段。在该阶段中，选择最高点 B 和次高点 L 绘制两条水平直线，两条直线之间构成了强有力的阻挡区域，市场在 M、N、R 等处屡屡折载，不能向上突破。通过连接历史低点 D、E 得到下方的支撑线，其在点 F、G 两次得到验证。上方的水平阻挡线与下方的支撑线围成了一个上升三角形。上升三角形一般以向上突破完成形态。在 C 处，市场已经清晰地向上突破了上述阻挡区域，上升三角形完成突破。

形已经向上突破，形态完成，上升趋势已经恢复，行情将继续上涨。

假定我们在本图之后半年再来看，市场只能走出上述两种情形中的一种（如果你还记得图 7.1d 的分析，那么或许还可能有第三种情形，倾向于后市下跌）。然而，站在本图最后的时刻展望未来行情，未来前景既有一定的可能性是前者，也有一定的可能性是后者，从某种意义上来说，既是这样的，也是那样的，未来是两者（以及其他情形）按照一定可能性的组合！这几乎与量子力学著名的"薛定谔的猫"相似了。

应用市场技术分析，分析的过程往往是选择不同场景的过程，一般不会出现无分歧的非黑即白的情形。更重要的是，市场技术分析名曰分析，其实不是分析，而是投资交易的行动纪律。在周遭朦胧的时候，尽自己的各种条件和目力所及，恰如其分地评估各种场景及其可能性，选择概率较大的道路有所侧重地探索前进；一旦闪电照亮道路，一定要认准当前市场选定的场景，查验当初的选择，或加码，或止损，或反向操作，绝不允许模棱两可、贻误战机。

首先，既然市场前景是各种场景的组合，那么我们的判断就应当包括各种不同的场景，至少也要包括其中主要的几种情形，不可偏废，不可只知其一不知其二。这样可以让我们对各种情况都有一定的预期和准备，尽可能不出现意外情形。

其次，既然是各种场景按照一定可能性组合，就一定要恰如其分地估计或分配各种场景的可能性。随着行情的演变，不断增加已知的有用信息，对各种场景的可能性的估计也相应地适当调整，动态适应行情发展。

拿图 8.2a 和图 8.2b 两种情形来说，考虑到在调整过程之前，原来的趋势是明确向上的，并且无论长期、中期皆如此。在图 8.2a 中，历史高点 B 被向上突破之前，即图 8.2b 中的历史高点 M、N、R 处，两种情形大体上平分秋色，可能性各占 40%~50%。

当历史高点 B 被向上突破后，即两图的 C 处，上升三角形变得更为突出，其可能性占到 60%~70%，而楔形的可能性下降为 20%~30%。

最后，当决定性的时刻到来时，上述分歧有可能消除，市场只有明确的唯一方向——既定趋势。此时，投资交易者必须及时而清晰地判明市场已经做出抉择，一时雾开云散，此时绝对必须按照市场的最终抉择采取断然措施：如果之前做空，则必须买入止损，并进一步买入做多；如果之前没有头寸，则必须建仓做多；如果之前做多，则可以继续持有或加仓。

在图 8.2c 中，阻挡线 AB 在 C 处曾经多次发挥作用，市场停留在该线下方数日，前途未卜。然而，一旦在 D 处以收市价的方式向上突破了阻挡线 AB，则图 8.2a 成为

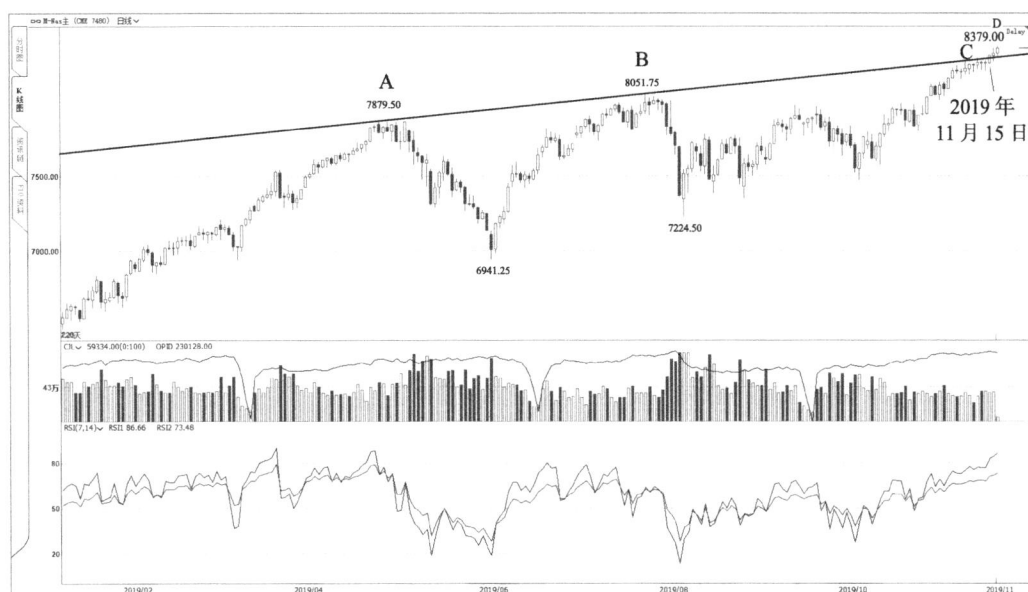

图 8.2c　纳斯达克指数迷你期货主日线图（2019 年 1 月 8 日—2019 年 11 月 19 日）

通过 A、B 两点连成阻挡线，C 点验证了该线的技术意义。一旦市场在 D 点（2019 年 11 月 15 日星期五）以收市价的方式向上突破阻挡线 AB，则图 8.2a 的上升楔形不复存在，行情清晰无误地指向上升趋势恢复。这是少有的趋势未来方向毫不含糊的时刻。

楔形的可能性基本破灭，图 8.2b 的上升三角形占据了主要的可能性。虽然不能排除意外的反复，但上升三角形的可能性在 80%~90%。这是少有的闪电照亮大地的时刻，投资交易者可以明确判断上升趋势恢复。

当然，无论在什么情况下，某种走势的可能性都不可能达到 100%。市场的基本特点就是出人意料，走出脱离趋势的种种变化，甚至是 V 形反转。"市场上唯一不变的就是变化"，这就是余下的 10% 可能性所对应的情形。

行情歧路给投资交易者带来了巨大危险。

危险一：不能全面判断行情演变的各种可能性，只知其一，不知其二。要么抓住一点，不及其余，当另一种情形最终出现时，因为完全没有心理准备而手足无措、犹豫不决，或者因为前期投入过重，损失过大而丧失灵活性。要么当实际情况已经演变为另一种情形后，仍然死守第一种情形，不知适时变通。

危险二：虽然看到了不同的可能性，但当初选择了其中一种可能性，结果形成路径依赖，从一而终。当市场走向另一种情形之后，当事人竟然被手上持有的头寸绑架了，只相信其中对自己有利的情形，不相信另一种不利的情形。虽然事实证明当初的选择是错误的，但是当事人感觉这只是暂时的错觉，感觉市场马上就要"重回正轨"

了。实际上这不是做错了，而是"一厢情愿"，以想象代替了事实。

危险一主要来自知识和技能的不足，通过知识和技能的增长可以得到较大程度的缓解。

然而，危险二恐怕主要和人的心理有关。俗话说"江山易改，本性难移"，除非当事人洗心革面彻底改造自己，否则别无有效的解决途径。

第二节
跟踪趋势的日常操作要领

第一项要领：判定趋势方向

应用市场技术分析，首要工作是判断长期趋势方向。月线图简繁得当，运用基本的趋势分析工具足以判断长期趋势方向。

长期趋势方向明确向上或向下，为后续工作奠定了良好基础。

图8.3为道琼斯工业指数迷你期货月线图，展现了一轮持续10年以上的上升趋势，并且目前很可能还处在加速上升过程中。正如该图所示，我们常常可以从股票市场找到长期上升趋势的例子，这符合股票价值成长的基本特点。

图8.4为英镑兑美元汇率月线图，显示了一轮持续超过10年的下降趋势，并且目前可能仍处在加速下降过程中。正如该图所示，我们常常可以从汇率市场找到长期上升或下降趋势的例子，这反映了两国币值对比的长期特点。

若长期趋势为横向延伸，则可能带来较多困扰：一方面，大型横向趋势中的上涨下跌过程幅度大、时间长，必须适当应对；另一方面，正处在大型横向趋势内部的上涨下跌行情，倾向于趋势性特征越来越弱，走势往往越来越凌乱、越来越收窄，从而带来了较高的不确定性。

图8.5为伦敦金属交易所3月铜合约月线图。图中展示了一段持续超过10年的横向延伸趋势，其中开头的时候有一段大幅、快速的上升趋势，跟着一段大幅但速度稍慢的下降趋势，之后行情波动幅度缩小，方向越来越难判断。图上的上升趋势线和下降趋势线围成了一个巨大的三角形，揭示了横向趋势较为典型的演变过程。正如该图所示，大型横向延伸趋势往往可以在大宗商品市场上找到案例，这反映了其周期性特征。

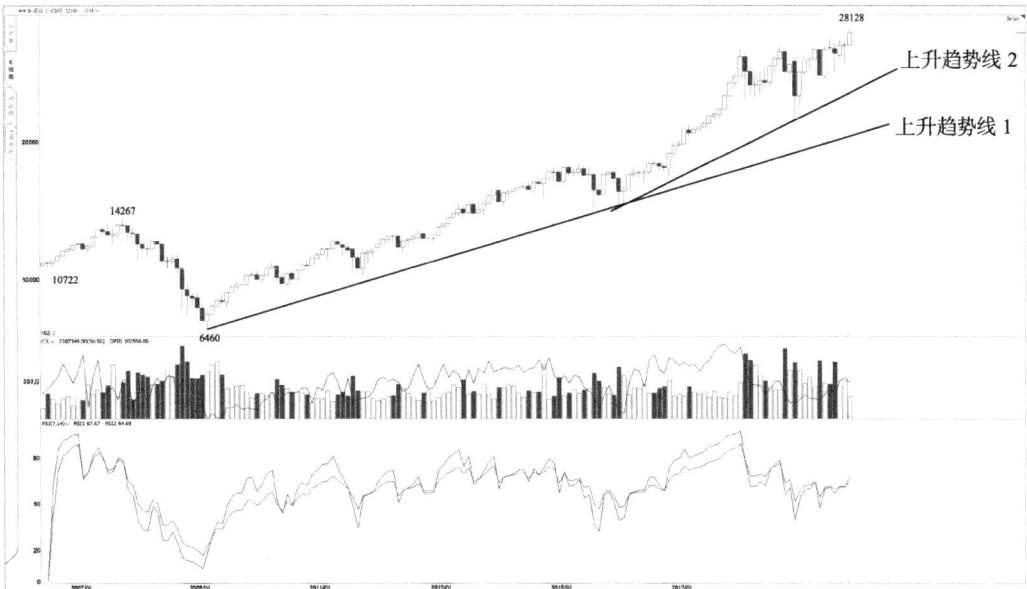

图 8.3 道琼斯工业指数迷你期货月线图（2006 年 6 月—2019 年 11 月 22 日）

从月线图可以清晰地观察到道琼斯工业指数持续 10 年以上的上升趋势。图上的两根上升
趋势线表示上升趋势正处在加速过程中。

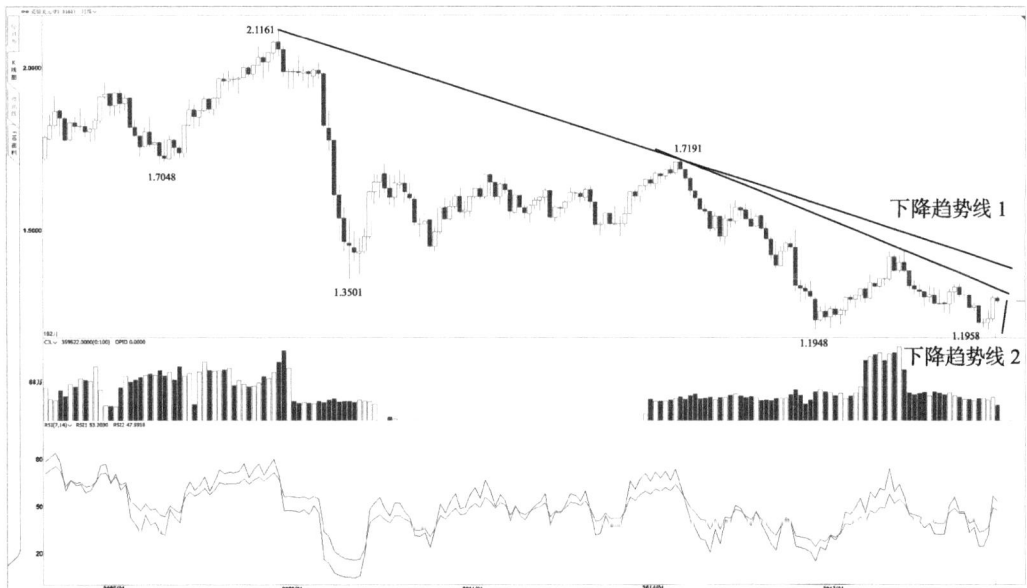

图 8.4 英镑兑美元月线图（2003 年 12 月—2019 年 11 月 22 日）

从月线图上，可以清晰地观察到英镑兑美元汇率持续 10 年以上的下降趋势。比较下降趋
势线 1 和下降趋势线 2，可以看到下降趋势有所加速。

图 8.5　LmeS_铜 3 月线图（2003 年 12 月—2019 年 11 月 22 日）

从月线图观察，铜处在 10 年以上的横向延伸趋势中。期初的上升趋势和下降趋势相对幅度较大，之后幅度收窄，方向越来越不确定。

第二项要领：判定趋势阶段

趋势演变常常表现为三个阶段，每个阶段都有自身的特点，应当针对各阶段不同的特点来应用趋势分析工具，而不是简单划一、一视同仁。

第一个阶段新趋势初露端倪，重点是判断和确认趋势反转信号，在操作上仅可在形成确凿的反转信号后小额尝试。不在第一阶段匆忙入市，而是一定要等待道氏信号。

图 8.6 右侧上升趋势的第一阶段是双重底反转形态。当市场向上突破双重底颈线时，发出道氏信号，上升趋势第一阶段完成，进入第二阶段。

第二个阶段以横盘为主，且持续时间长，走势一波三折，很难走出清晰行情。投资交易者要重点提防市场在不经意间完成从第二阶段到第三阶段的转变，在操作上一定要耐心地等待时机慢慢积累筹码，或者干脆静观其变。不要在第二阶段草率入市，一定要等待时机；入市后不轻易止损。归根结底，止损是因为趋势做错了，而在第二阶段，行情进退无常。

图 8.6 右侧上升趋势的第二阶段持续时间较长，为 3 年左右，此间操作难度极大。当市场向上突破第二阶段最高点后，进入第三阶段。

第三个阶段趋势状态最为突出，趋势分析工具如鱼得水，投资交易者在操作上一

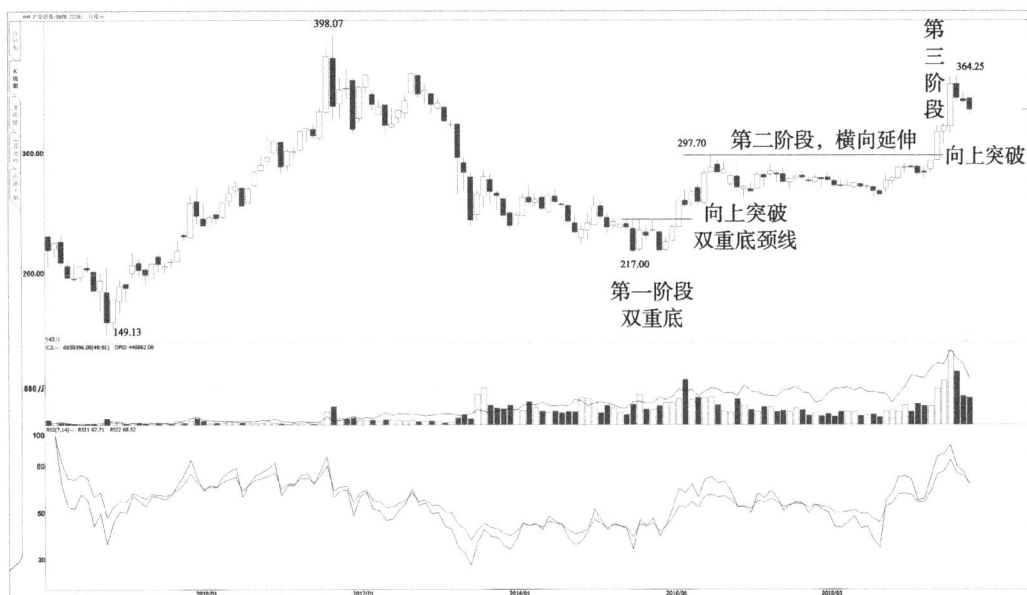

图 8.6　沪金指数月线图（2008 年 1 月—2019 年 11 月 23 日）

沪金指数月线图的右半部分从双重底开始，这是上升趋势的第一阶段；双重底颈线被向上突破标志着第一阶段结束、第二阶段开始，第二阶段是漫长的横向延伸过程，走势十分曲折；当市场向上突破第二阶段横向波动区间的高点时，行情进入趋势三阶段，几乎单向地急速拉升。在本例中，第三阶段的行情并没有充分展开，2011 年 9 月的历史高点 398 压制了其上升空间。

定要果断进取，适当重仓。这是收获的季节，之前所有的挫折和等待都得到了良好的报偿。不要在趋势演变第三阶段追求一再确认，而是必须当机立断。

图 8.6 右侧上升趋势的第三阶段急速拉升，几乎单方向地上涨。不过，这里的第三阶段并没有充分展开，原因是上升趋势被 2011 年 9 月的历史高点 398 所压制。这个上升趋势其实是更大的横向区间内部的一段行情。

总之，不可在非趋势状态下（第二阶段）机械应用趋势分析工具，不可在趋势状态下（第三阶段）犹豫不决。

第三项要领：当趋势进入横盘状态后，关键是判定价格形态是属于持续还是属于反转性质

当行情按照趋势方向顺利发展时，可以观察价格水平、价格跳空、百分比回撤水平、趋势线等基本工具，它们一般不会带来多少困惑。

当市场从上述状态转入横向延伸过程后，麻烦来了。

跟踪趋势的功夫就在于及早分辨当前所处的横盘状态到底属于持续形态还是属于

反转形态，越早得出结论越有利。或者更准确地说，要动态评估持续形态和反转形态的相对可能性。我们需要从正反两方面来判断价格形态的性质。

（1）如果有相对明确的线索表明为持续形态，则判断趋势持续。

（2）如果有相对明确的线索表明不大可能为反转形态，则判断趋势持续。

（3）如果有相对明确的线索表明为反转形态，则判断趋势反转。

（4）如果有相对明确的线索表明不大可能为持续形态，则判断趋势反转。

在图 8.7a 中，历史高点 A 之前的行情涨势如虹，但是 8 月份的大阴线犹如当头一棒，表明上升趋势已经脱离顺利推升的轨道。从 9 月的行情看，当前行情能否止跌企稳，8 月的低点 B 能否成为历史低点，还是未知数。本图最令人忐忑，行情既有可能进入横向波动区间，也有一定可能形成 V 形反转状态，需密切关注。

事后来看，这是横向波动区间的开头部分，其初难知，行情潜在变化多，而可供分析的线索却较少。

图 8.7a　纳斯达克指数月线图（2007 年 8 月—2015 年 9 月）

2015 年 8 月形成了大阴线，回头看，历史高点 A 出现在 2015 年 7 月，为 5231。2015 年 8 月行情从低点有力地向上反弹，当月最终的收市价显著高于当月最低点。虽然如此，2015 年 9 月为小阴线，龟缩在 8 月的波动范围内，暂时不能判断下降过程是否已经结束，因此尚不能判断 A 点之后到底是横向延伸趋势还是向下的 V 形反转。

图 8.7b　纳斯达克指数月线图（2007 年 8 月—2016 年 2 月）

2015 年 10 月是一根大阳线，确认了 B 点是一个历史低点。2015 年 12 月，行情形成了历史高点 C。2016 年 1 月、2 月，行情向下尝试之前的历史低点 B，但未能向下突破。本图既可能形成双重顶形态，也可能形成箱体形态。由于之前为上升趋势，后者可能性大于前者。D 点是否构成历史低点尚不确定。

在图 8.7b 中，历史高点 A 之后，2015 年 10 月形成了一根大阳线，说明之前的 B 点的确是一个拐点，并构成了历史低点。如此一来，V 形反转的可能性便基本消除。现在的问题是，正在进行的是持续形态，还是反转形态？ 2015 年 12 月，形成了历史高点 C。2016 年 1 月、2 月，行情多次向下挑战之前的历史高点 B。虽然 2 月低点低于 B，但浅尝辄止，当月便向上反弹。从图示上绘制的两条支撑线来看，2 月低点进入了一个窄幅的支撑区，没有穿越支撑区。有惊无险。

从图 8.7b 来看，行情既可能形成双重顶形态，也可能形成箱体形态。双重顶意味着后市将向下反转，而上升趋势中的箱体形态主要意味着后市将继续上涨。由于之前的上升趋势，后者的可能性大于前者。不过，此时两种前景的可能性尚未拉开差距。

事后回头看，本图大体对应着横向延伸区间的中段，技术线索已经明显多于初期，我们开始心中有数了，但行情未来仍有各种演变的潜力。

在图 8.7c 上，箱体形态进一步发展。2016 年 3 月，行情从 D 点开始向上反弹，表明 D 点为历史低点。此时，双重顶形态的可能性大大下降。典型的顶部反转形态波动剧烈、持续时间短，而行情从 D 点反弹后，留下了一系列较小的实体，行情波动减

图 8.7c　纳斯达克指数月线图（2007 年 8 月—2016 年 6 月）

2016 年 3 月，D 点为历史低点。从高点 A、C 做出阻挡线，从低点 B、D 做出支撑线，两条直线基本平行，共同围成了一个稍稍向下倾斜的平行通道，这是典型的上升趋势中的持续形态。

缓，持续时间拉长。如此一来，行情越来越不符合典型的向下反转形态的特征，整个形态构成横向延伸过程的可能性大大上升。

从高点 A、C 做出阻挡线，从低点 B、D 做出支撑线，两条直线基本平行，共同围成了一个稍稍向下倾斜的平行通道。向下稍稍倾斜，意味着后来的突破方向很可能向上，这是典型的上升趋势中的持续形态。一旦市场向上突破阻挡线 AC，则上升趋势恢复。

图 8.7c 展示的横向延伸趋势已经进入波幅收窄的后期，行情收缩在一个窄小区间中波动，距离最终的突破越来越近了。从这个意义上说，该图已经是横向延伸趋势的后期，形态的持续性质越来越清晰，发生其他变化的可能性迅速减少。

在图 8.7d 中，就在图 8.7c 之后一个月，2016 年 8 月，市场向上突破横向波动区间的阻挡线 AC，上升趋势恢复了。此时，阻挡线 AC 转化为支撑线 AC，当市场向下回落时，它发挥了支撑作用。反扑现象在突破后比较常见。

图 8.7d 后来的行情证明，重要的并不是在横盘阶段追求精确入市点，而是尽早确认趋势方向。在本例中，只要持有多头，不论如何选点，都能享有上升趋势的大部分涨幅，其间差别相对较小；反过来，如果趋势方向不正确，则无论如何选点，都不可

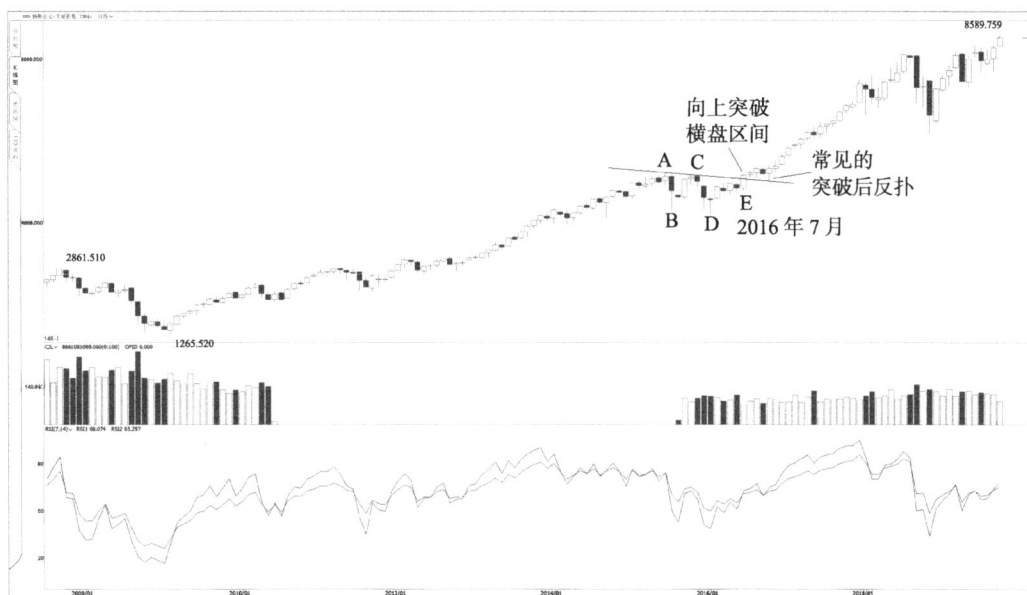

图 8.7d　纳斯达克指数月线图（2007 年 8 月—2019 年 11 月 22 日）

2016 年 7 月（E 点），行情向上突破横向盘整区间的阻挡线 AC，持续形态完成，原来的上
升趋势恢复。之后，阻挡线 AC 转变为支撑线，当市场向下回落时，它发挥了有效的支撑
作用。

能获得有益的结果。这给我们带来了一种重要启示，在趋势方向明确的情况下，做对
趋势比选准入市点重要得多，重点是行动。正是在这个意义上，市场技术分析的主要
用途不是分析，而是行动纪律，当行则行，当止则止。不行动，徒有虚言，则市场技
术分析没有意义。

第四项要领：久盘必跌？久盘往往上涨

"久盘"，指的是持久的横向趋势。横向趋势倾向于波动幅度越来越小，成交量越
来越轻，最终几乎收缩为一条窄幅区间。在持久的横向趋势中，这一特点在其最后阶
段尤为显著。

在上升趋势中，正如第三项要领所说，如果趋势从顺利上涨转入横盘状态，则其
持续时间越久，越不符合反转形态的典型特征，越有可能属于持续形态，其后市大多
继续向上突破。

在下降趋势中，如果趋势从顺利下跌转入横向趋势，由于行情具有自重（一般来
说，买入做多要付出资金成本，资金成本就是自重），无需外力就会自动下降，因此不
大可能长期处在横盘状态之中。如果在下降趋势中出现了持久的横盘，反倒符合底部

反转的特点。当市场最终向上突破，且成交量逐步放大配合突破信号，则底部反转完成，新的上升趋势出现。

综上所述，在典型情况下，非但不是什么"久盘必跌"，而是久盘往往上涨。

在图 8.8 左上角，1989 年 12 月的最高点 38957 点高高在上，之后是日本"失去的二十年"。我们注意到两段显著的横向延伸阶段。

第一段，发生在图表的左侧，用两根水平线表示，大体上这是一个箱体形态。其中 1992 年 7 月是一根十字线，之前有一波剧烈下跌行情，十字线之前的大阴线、十字线、之后的大阳线，三者共同构成了一个向上反转形态，表明十字线是向上的拐点；2000 年 3 月是一根上吊线，之前有一波明显的上涨行情，上吊线构成向下反转信号，得到了紧随其后的大阴线的有效验证，表明上吊线构成了向下的拐点。上述两个拐点之间的行情及其前后部分行情共同组成了箱体形态，其持续时间接近 10 年。

箱体形态本身大多属于持续形态。在本例中，当行情最终向下突破箱体下边缘后，市场持续下跌，迭创新低，符合持续形态的特点。

不过，上述箱体形态不算典型，随着箱体的演变，箱体内部行情波动幅度没有

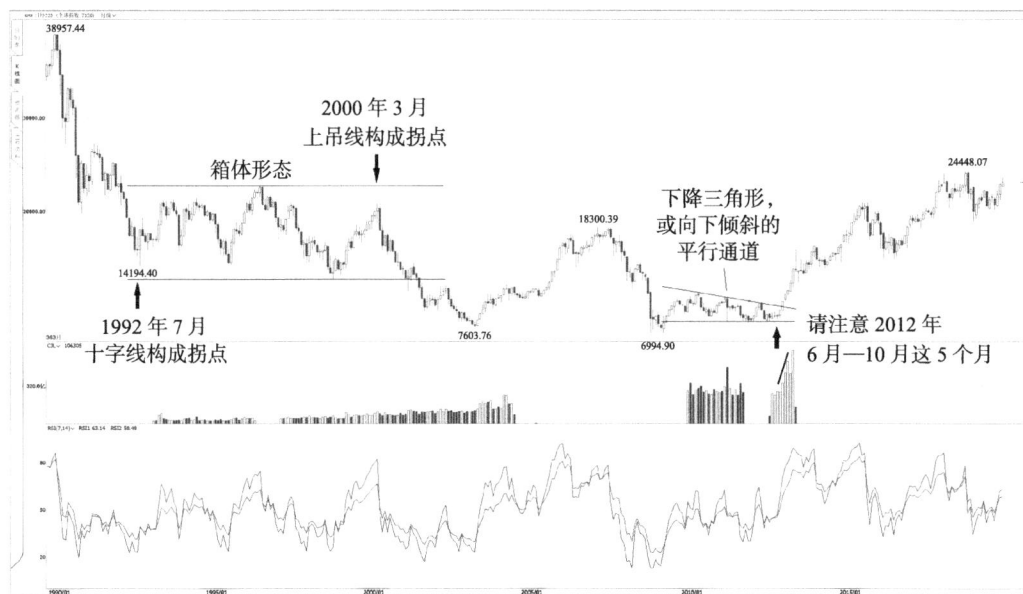

图 8.8 日经 225 指数月线图（1989 年 9 月—2019 年 11 月 22 日）

左上角，1989 年 12 月最高点为 38957 点，之后本市场上演了漫漫熊市。图表左侧有一段
10 年左右的箱体形态，其中始终维持较大幅度的行情波动。最终市场向下突破箱体形态，
并继续下跌。图表右侧有一个下降三角形，其中行情波幅逐渐收缩，在其最后的 5 个月里
几乎成为一条水平线。最终下降三角形构成了底部反转形态，市场向上反转，交易量迅速
放大，有力地配合了底部反转行情。

收窄，而是始终维持着大幅波动状态。这类维持大幅波动的箱体不是此处所指的"久盘"。

第二段，发生在图表的右侧，既可以把它描绘成稍稍向下倾斜的平行通道，也可以如图所示绘制为下降三角形，即其上边缘为向下倾斜的阻挡线、下边缘为水平线。

在该下降三角形中，行情波动幅度逐步收窄，符合典型的横向延伸趋势的特征。特别是在下降三角形的后期，请注意2012年6月—10月这5个月的月蜡烛线，这些都是小实体，几乎收缩在一个水平线上。

整个下降三角形显然属于典型的"久盘"的情形。正如本例所示，这个典型的久盘恰恰完成了一个精彩的底部反转形态，当市场向上突破三角形上边缘（斜边）时，交易量快速放大，有力地配合了市场底部反转的积极信号。

第五项要领：如果看不清楚，则判断原趋势持续

一旦趋势形成，则所有的判断应当具有基本的倾向性：符合趋势方向的，倾向于采纳；不符合趋势方向的，倾向于不采纳。甚至在横向延伸趋势中，也要倾向于横向趋势持续，突破信号必须有确凿证据。

另外，在趋势确定后，不可轻易采取波段操作。波段操作往往令人迷失大方向。捕捉趋势是首要的，不可以因小失大。《股票大作手回忆录》（［美］埃德温·勒菲弗著，丁圣元译）中有一则老火鸡的故事，强调的就是这一点。

前面介绍了四项要领：第一，按照趋势定义判断趋势方向；第二，根据趋势演变的三个阶段观察其阶段性特征；第三，当趋势进入横向延伸阶段后，力求判断其为持续形态还是反转形态；第四，一般来说，久盘之后往往看涨。

如果认真对照上述要领搜集了所能搜集的所有线索，进行了所能进行的全部分析，但是除了能够认定基本趋势方向之外，其他细节怎样努力都看不清楚，则简单地判断原趋势将恢复。

第三节
上证指数2008—2015年行情演变的实例分析

根据前几节提出的要领，我们来分析图8.9a中的行情。经过了从2007年10月的6124到2008年10月的1664的急速下跌，市场又开始逐步上升，在2009年8月到达

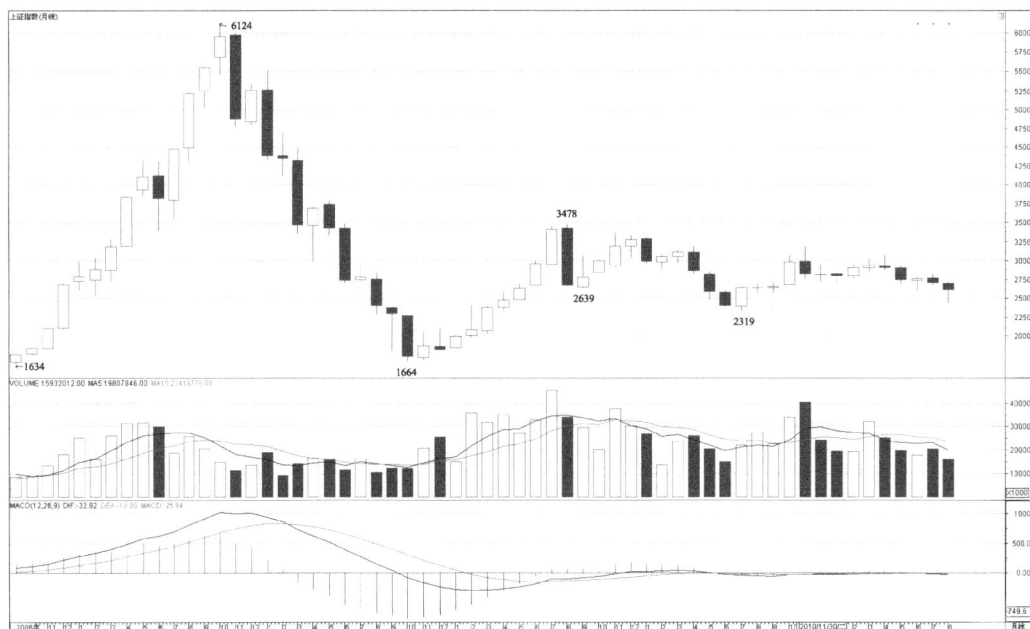

图 8.9a　上证指数月线图（2006 年 9 月—2011 年 8 月 26 日）

提出问题：如何看待行情的未来走势？

3478 的高点。之后行情继续演变，本图最右侧的月线是 2011 年 8 月，距离 2009 年 8 月的高点，又过了 2 年多。

请问行情现在的长期趋势方向是什么？长期趋势处在哪个阶段？

我们注意到 2009 年 8 月的蜡烛线（图 8.9a 中标注了高点 3478）是一根几乎光头光脚的大阴线，之后的行情演变似乎处在这根阴线的范围内，和图 7.5 所示的行情停顿的情形十分相似。果真如此，则从这根大阴线开始，行情进入了某种横向趋势状态，上述问题便转化为大阴线之前行情与这段调整行情的关系问题。

第一步，判断趋势方向

在图 8.9b 中，判断趋势方向的重点是在图中 D 点 2009 年 8 月的蜡烛线出现后如何判断趋势方向。此时，一方面行情已经从历史低点 C 点（2008 年 10 月，1664 点）开始快速拉升，似乎已经形成了上升趋势；另一方面，历史高点 D（2009 年 8 月，3478 点）当月形成的大阴线跌幅惊人，在大阴线之后行情将进入横向趋势，还是将重新试探 C 点的历史低点呢？

一种情况是：如果行情进入横向趋势，则低点 C 之后的上升趋势很可能延续。历

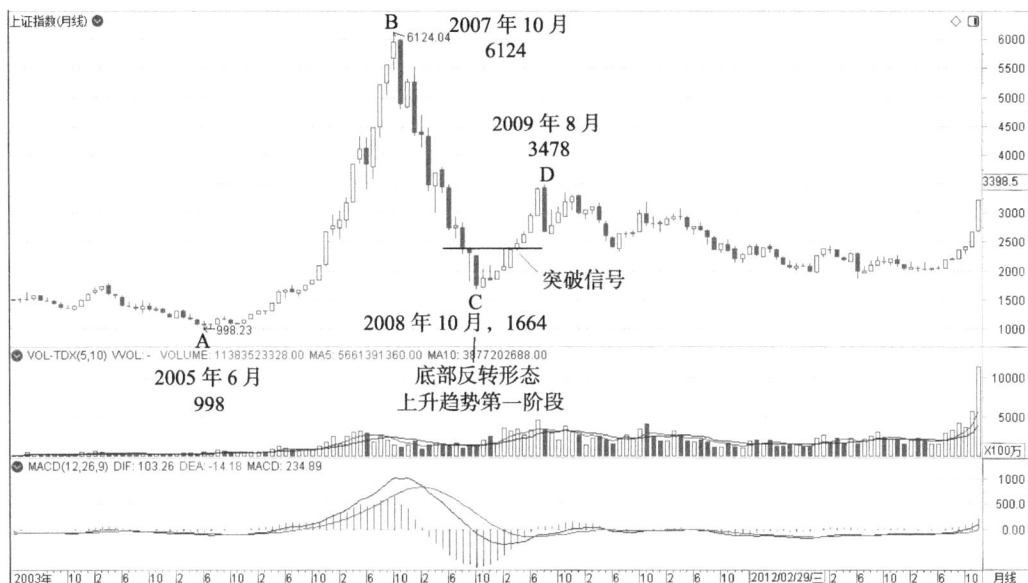

图 8.9b　上证指数月线图（2003 年 2 月—2014 年 12 月）

历史低点 A（2005 年 6 月）为 998 点，历史高点 B（2007 年 10 月）为 6124 点，历史低点 C（2008 年 10 月）为 1664 点，历史高点 D（2009 年 8 月）为 3478 点。BC 的跌幅相当于 AB 涨幅的 90%，基本上回到了 AB 上涨行情的起点。从 C 到 D，涨幅 1814 点，恢复到从 B 到 C 下跌行情的 40% 位置。

史低点 C 便构成了重大的反转点，引发了长期上升趋势。

　　另一种情况是：如果行情重新试探历史低点 C，则情况将变得十分严峻，行情从 C 到 D 也许只是下跌趋势中的一次回撤，历史低点 C 到底是不是底部可能是个问题，不能排除行情跌破 C 点继续下跌的可能性。

　　从低点 A 到高点 B 是一轮史无前例的剧烈上涨行情；从高点 B 到低点 C 同样是一轮史无前例的断崖式下跌行情。BC 的跌幅相当于 AB 涨幅的近 90%，基本上从哪里来到哪里去。从趋势反转的角度来看，历史高点 B 之后的反转行情最多回到原来的起点，因此 BC 的下跌行情已经基本完成任务。从这一点来说，我们倾向于判断行情下跌充分，重新进入上升趋势，属于第一种情况。

　　虽然如此，当 D 点所在的月蜡烛线刚刚完成的时候，我们的确没有把握排除第二种可能性。D 点当月的蜡烛线如此疲软，很容易令人联想到从 B 到 C 的行情。市场也有可能在 D 点的大阴线之后，继续下跌，重新试探 C 点低位。

　　幸运的是，D 点之后的 9 个月，市场都没有继续有效地创新低，并且它们都基本收缩在 D 点所在大阴线的范围内部。当上升趋势中发生横向行情时，如果市场上下剧烈波动且持续时间短，则往往构成顶部反转形态；如果持续时间越来越长，则形成持续形态的可能性较大。因此，随着上述行情的延续，D 点之后的行情构成上升趋势中横向趋势的可能性越来越大，而向下反转的可能性越来越低。因此，离开 D 点后，由于行情平淡，越往后，则越倾向于判断长期趋势方向向上，即出现第一种情况。

下面几个部分的讨论就是以这一判断为基础的。当然，对于这一判断的有效性有一个检验标准：任何时刻市场都不可以再次挑战历史低点 C。换言之，如果市场接近 1664 点，那么历史低点 C 是否启动向上反转、引发长期上升趋势便成了一个疑问。

第二步，判断趋势阶段

历史低点 C 构成拐点，5 个月之后，市场向上突破 C 点所在的 2008 年 10 月大阴线的最高点，发出底部反转信号（见图 8.9b）。因此，C 点前后的大约 6 个月构成了底部反转形态，进入上升趋势的第一个阶段。

当行情向上突破后，大约在 2009 年 6 月以后，上升趋势进入第二阶段。"往来不穷"是第二阶段的基本特征，以下分析便主要是为了说清楚第二阶段的复杂变化。

图 8.9c　上证指数月线图（2003 年 2 月—2014 年 12 月）

历史高点 D 之后，下一个月出现了第一个低点，标为低点 1；又过了 10 个月，出现了第二个低点，标为低点 2；再过了 17 个月，出现了第三个低点，标为低点 3；接下来还有低点 4 和低点 5。通过低点 2 和低点 3，连接出一条支撑趋势线，通过它们之间的高点，连接出一条阻挡线，两条线围成了一个向下倾斜的楔形。该楔形精彩地刻画了上升趋势第二阶段。

在图 8.9c 中，我们把 D 点之后下一个月的低点标为 1，之后还标出了 2、3、4、5 共 5 个低点。在上升趋势第二阶段里，每当行情接近低点乃至跌出新低的时候，都是我们最为关注的时候。此时，市场的不确定性遽然上升：到底是上升趋势第二阶段，还是向下重新试探历史低点 C？

正如前文所说，在低点 2 出现之前的 9 个月里，市场始终处在 2009 年 8 月的大阴线范围内无所事事。但是在低点 2，能否维持第二阶段判断的第一个考验来了：低点 2 向下突破了低点 1。

一方面，在第二阶段，行情波动不定，市场创新低是可以接受的。只要低点 2 明显高于低点 C，则无需改变上述判断。

另一方面，此时仍然有一定的可能性，市场在向下突破低点 1 之后持续下跌，接近 C 点甚至低于 C 点，从 C 点（1664）到 D 点（3478）构成一个大箱体。这将导致上升趋势第二阶段的预期破产。这种情形是上文所谓不确定性的主要原因。

幸运的是，低点 2 比低点 1 低得不太多，比历史低点 C 则高得多，第二阶段的判断没问题。不仅如此，在低点 2 之后，市场很快拉升，重新回到了低点 1 之上，更进一步地表现出"往来不穷"的特点，行情来回不定，没有明确方向。

经过了低点 2 之后，当低点 3 出现时，我们的心理准备就好得多了。虽然行情向下跌破了低点 2，但幅度小，没有说服力。同样道理，这恰好验证了往来不穷，而不是相反。当然，这已经是 17 个月之后的事了，第二阶段磨人的特点也展现得很充分，身在这样的行情中，进退两难的感受十分痛切。

低点 4 和低点 5 没有更多新花样，它们下跌的幅度越来越小，越来越不像创新低了。值得指出的是，最低的低点 5 也明显高于历史低点 C。更重要的是，低点 5 浅尝辄止，当月收回到低点 4 之上，与其说向下突破，不如说假突破信号。向下的假突破信号反倒是行情向上的技术线索。

第三步，分析价格形态

在图 8.9c 中，通过低点 2 和低点 3 可以绘制一条稍稍向下倾斜的支撑线，低点 3 验证了这条支撑线的技术意义，低点 4 和低点 5 得到了这条支撑线的有效支撑。这条支撑线斜率不大，表明第二阶段的一系列低点并不具有实质性的下降意义。

通过低点 2 和低点 3 之间的高点还可以绘制出一条明显向下倾斜的阻挡线，其之后也得到了验证并多次发挥阻挡作用。

上述支撑线和阻挡线围成了一个向下倾斜的楔形。第一，楔形属于典型的横向延伸趋势，契合上升趋势第二阶段的特征；第二，在楔形形成过程中，市场上下往复，波动幅度逐步收窄；第三，楔形持续时间竟然达到了5年多，显示当前行情所处的上升趋势属于超长期规模；第四，楔形的最终突破方向往往与楔形本身的方向相反，在本例中楔形向下倾斜，意味着即将向上突破，这一点符合上升趋势第二阶段的观察。

前面曾指出低点5是向下的假突破信号，是行情向上的技术线索。大约半年之后，上升趋势第二阶段进入了尾声（见图8.9d），判断依据是：2014年1月到6月的6根月蜡烛线高度收缩，几乎演变为一条水平线，与此同时，这几个月的交易量也处在历史低位。这类情形通常发生在底部反转形态末期，由于横向趋势倾向于波幅收窄，因此也可能发生在横向趋势末期。于是，这就成为即将向上突破的先兆，虽然何时突破、以何种方式突破还不确定。

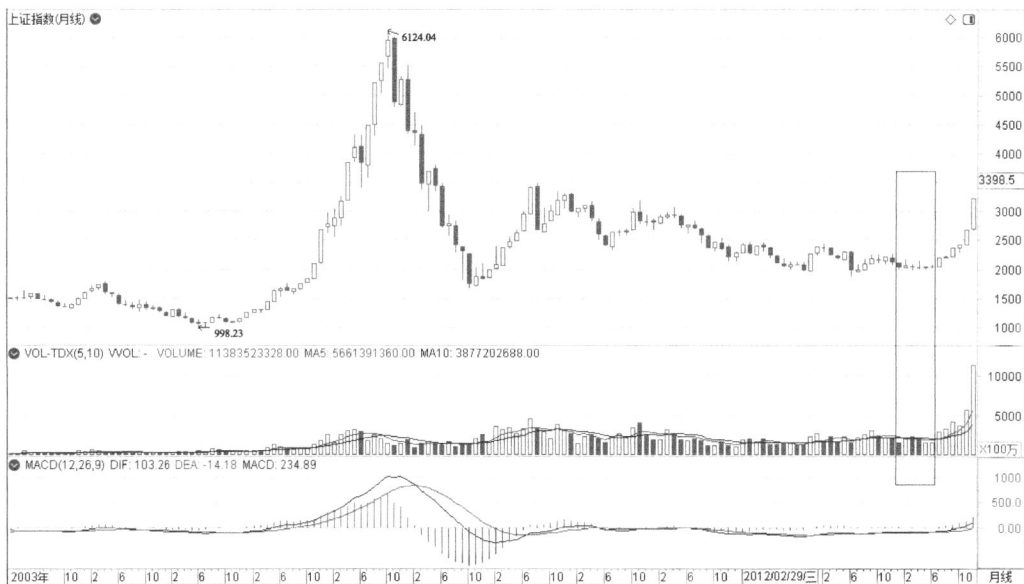

图8.9d　上证指数月线图（2003年2月—2014年12月）

图中右侧框中的行情为2014年1月—6月的6根月蜡烛线。请注意它们的波动幅度几乎收缩为一条水平线，这几个月的交易量也处于历史较低水平。

第四步，每日盯市，获得突破信号

在图8.9e中，标出了两个向上突破信号。第一个突破信号来自市场对楔形上边线的突破，其发生在2014年7月。当月月蜡烛线显著长于之前的6根月线，交易量也明

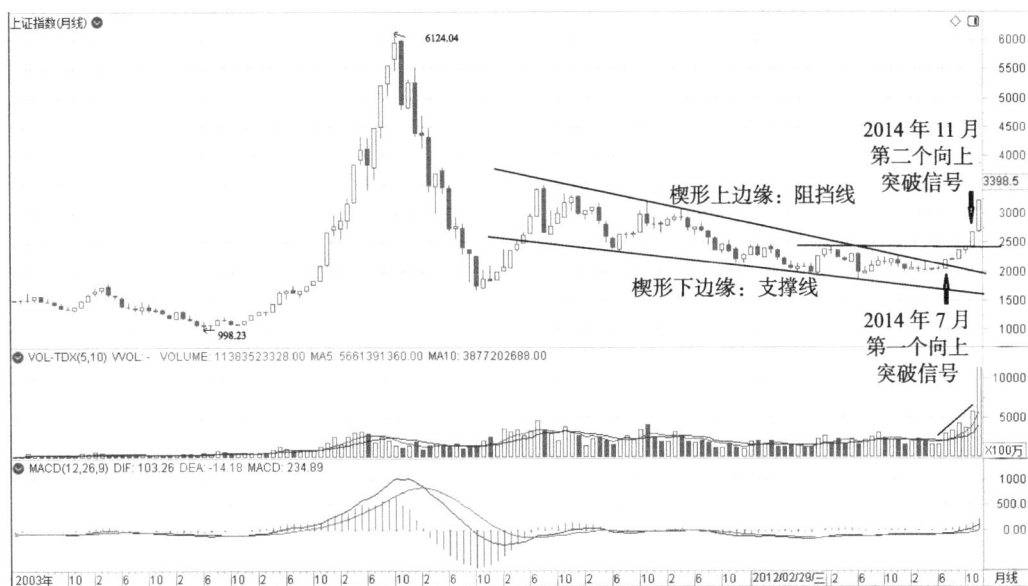

图 8.9e　上证指数月线图（2003 年 2 月—2014 年 12 月）

2014 年 7 月的月线向上突破楔形的上边线，这是上升趋势第二阶段结束、第三阶段开始的
第一个信号。2014 年 11 月的月线向上突破重要的前期历史高点，这可以作为第二个信号。
上述信号发生后，重点是买入，是行动。

显开始抬升。当本信号发生时，市场大致处在 2200 点之下（当月最高点为 2203）。

第二个买入信号发生在 2014 年 11 月，月初的开市价便已经向上超越了较为重要
的前期历史高点。此时，市场大致处在 2500 点左右。当月交易量继续放大，有效地配
合了向上突破信号。

关于突破信号，我们需要强调以下几点。

首先，所谓"买入信号"，关键在于买进做多，实施行动，而不是观察研究，更不
可因为讲究精细选择入市点而错过行动。

前文讲了判断大势、确定趋势阶段、分析价格形态三个步骤，我们以现在的买入
信号作为第四个步骤。实际上前面三个步骤都属于观察，唯有第四个步骤才真正属于
行动。观察的全部目的都是为了最终的行动。

本实例在时间上拖得很久，足以让我们仔细体味趋势三个阶段、价格形态等的具
体形成过程，而突破信号是最终的收场。在日常盯市时，观察大势、研究趋势阶段、
判断价格形态、捕获突破信号几个步骤往往循环进行，但是这并不改变这几个步骤之
间的关系，即观察与行动的关系。譬如钓鱼和打猎，大部分时间用来观察，关键时刻
一定要行动。静如处子，动如脱兔。

其次，突破信号的到来符合我们的预期，它不是突如其来，不是天上掉馅儿饼。在市场长达 5 年多的调整过程中，随着时间的推移，楔形越来越成形，趋势进入第二阶段的可能性越来越大，而向下重试历史低点 C 的可能性越来越低。

一方面，5 年的横向过程对市场参与者是一场旷日持久的严峻考验，真是艰难困苦、玉汝于成。投资交易者一定要耐得住寂寞、经得住考验。另一方面，等待的过程也不是机械的，既要密切观察，确认上述判断，也要与时俱进，做好迎接上升趋势第三阶段的准备。

在操作上，如果前期做多不慎被套牢，因为上升趋势仍在，所以应当耐心持有等待；如果幸运地空仓，也应当耐心等待，绝不要轻举妄动。当然，或许也可以在市场下跌时慢慢买进。

最后，通常，技术分析信号不是孤立发生的，而是水到渠成的。当我们判断上升趋势第二阶段时，正意味着最终将以向上突破信号收场。市场演变是一个剧情连续发展、量变质变交替的故事。

在应用市场技术分析时，上述几个步骤依次进行，目的就在于尽可能对繁杂的行情信息进行周全、恰当的处理，既有综合，又有分析，力求高保真地勘察、提取正在上演的市场故事。

在上述案例之后的时间里，2015 年 6 月 12 日上证指数达到 5178 点的历史高点，之后发生 V 形反转，行情急转直下。2015 年余下的时间是在所谓"股灾"之中度过的。本书前面在研究价格跳空和 V 形反转时曾经有过介绍。

对于常规行情，我们可以按照大趋势、趋势阶段、价格形态、突破信号（每日盯市）几个步骤来有条不紊地跟踪、应对。对于 V 形反转，几乎没有步骤可言，变化快是其主要特点。那么如何有效应对 V 形反转呢？

答案与"靶子是死的，兔子是活的"的部分一致。基本功越扎实，则越能适应行情变化，不论其变化快慢。或者说，基本功扎实了，变化快的行情似乎也变慢了，技术线索也会很多。

"重为轻根，静为躁君。"（《老子》第二十六章）本书倡导长期投资，这是相对于一般掌握市场技术分析的投资交易者而言的。对于短线交易和超短线交易，市场技术分析的观点是，当事人既必须借助工具进一步深入到行情细节，也必须通晓行情大势，两方面的努力都是要把快速的交易"变慢"，要下慢功夫。

请重温卖油翁、纪昌学射的故事。

第 九 章

透过市场求觉悟

Investment
by Trend

第一节
关于市场技术分析

市场技术分析是从哪儿来的

"地上本没有路，走的人多了，就成了路"。市场技术分析不是从书斋里搞出来的理论，而是一代代投资交易者在市场上实践出来的，是他们用无数心血和金钱换来的经验总结。

杰西·利弗莫尔是市场技术分析的开拓者之一。他于 1877 年 7 月出生在美国马萨诸塞州南艾肯顿的一户普通农家，他不喜欢农民收入无多的艰辛劳动，14 岁初中毕业（1891 年）后，就到佩因·韦伯公司的波士顿股票经纪营业部当小伙计，工作内容是把纸带报价机的最新价格抄写到大黑板上。当时的报价机太少，每个营业部只有一台，而它打出来的电报纸带窄窄一条，不便于大家分享。可是，投资交易者人数众多，大家在营业部里都要看最新行情。营业部只好聘用手脚麻利的小伙计，随时把最新行情抄写在黑板上。我们这位主人公数学成绩好，上学时曾经因此跳过级。不论行情变化多快，他都能把数字记得牢牢的，准确地写到黑板上。当时他是一个毛孩子，并不知道行情就是金钱，但他对数字很敏感，行情变来变去，而且总是变来变去，激起了他的强烈兴趣。

"我对数字记得很牢。我能详细地记得前一天价格曾经如何变化，就在它们今天上涨或下跌的前头。我的心算特长让我在处理这些数字的时候游刃有余。

"我注意到，在行情上涨或下跌时，股票价格往往表现出特定的习惯——如果可以这样描述的话。我看到了无穷无尽重复发生的相似现象，从中可以提取范例，作为未来的指引。虽然当时我只有 14 岁，但是心中已经积累了成百上千的行情实例。有了这个底子，我渐渐开始有意地检验它们的准确性，把股票今天的走法和其他交易日进行比较。没多久，我便开始预期下一步价格变动。我唯一的向导，正如前面交代的，就是它们的历史表现。我的脑子里有一份随时更新的《赛马早知道》。我指望股票价格按照一定的形态或顺序变化。我力图把握价格变化的时机。"(《股票大作手回忆录》,[美]埃德温·勒菲弗著，丁圣元译。本节下同)

"我对自己这套把戏着了魔，对所有行情活跃的股票都忍不住要小试牛刀，急切地预期它们的上涨或下跌，因此总是随身带着一个小本。我在小本上记下自己的观察。本子上记录的并不是模拟交易，许多人采用模拟交易来训练投资技巧——获利巨万不会让你荷包满满（当然你也就不可能骄傲自满），亏损巨万也不会让你一文不名。我的本子不同。小本上记录的是我预期正确的情况和错误的情况，紧接在我对最可能出现的价格变化事前所做的判断之后。这样做的主要用意是确认我的观察是否足够精准，也就是说，验证当初的预期是否正确。

"假定我已经仔细研究了某个活跃股票当日变化的全部细节，得出的结论是，它现在的表现一如既往，符合它在即将向下突破 8 到 10 个点之前的一贯表现，因此这是个前兆。假定这是周一，我就在小本上简要地记录股票名称及其周一的价位，同时，根据我对它的类似历史表现的记忆，再记下它在周二和周三应有的行为表现。周二和周三之后，我再查看行情纸带，核实它的真实交易过程。"

这位 14 岁的农村孩子到城里打工，每天下午收市后，居然不出去玩，而是聚精会神地重新回看当天的纸带，对照自己的小本子，日积月累地分析、总结。

当时他不知道这些是可以用来赚钱的，直到 15 岁，有一天小伙伴找他借钱炒股票。起初，他吃了一惊，因为他从没有意识到自己这样的穷人也可以做交易。反应过来后，他赶紧查自己小本子上的笔记。

"果真！根据我的记录，柏林顿的表现恰恰符合以往它在上涨之前通常的表现……于是，我倾囊而出。他带着我俩凑集的本钱赶到邻近的一家对赌行，买了一些柏林顿。两天后，我们卖出变现。我获利 3.12 美元。"

从此之后，利弗莫尔这位不世出的交易天才开始了他的交易生涯。之后，他走过了很长的路：从最初发现短线行情模式快进快出，上升到把握总体市场趋势进行长线交易。利弗莫尔在交易生涯中四起四落，每次"起"都意味着他对市场的理解进一步加深，而每次"落"则都是市场向他提出新挑战，迫使他彻底反省，不断总结提高。就这样，一方面他对市场的理解不断加深，他的研究方法不断贴近市场趋势；另一方面，他所有的心得都必须经受市场严格、及时的检验。终于，他形成了成体系的市场研究方法（请参见《股票大作手操盘术》，［美］杰西·利弗莫尔著，丁圣元译）。

日本蜡烛图技术的开创者本间宗久（1724—1803）、美国的杰西·利弗莫尔是千千万万投资交易先行者中的杰出代表。他们的宝贵经验教训汇聚成市场技术分析的各种理论和方法，在金融市场数百年的历史中不断经受考验和验证。

总之，市场技术分析是市场操作者的生存之道，不是预测学，而是生存学。不是论文，而是投资交易者的行动纲领，是纪律和行为准则。

投资交易的整个链条

既然投资交易是行动，是做事，那么它和研究就有比较大的差异。一般说来，做事是一个链条，必须环环相扣，每一个环节都不可出问题，最终才能取得成果。重点不在于某个环节是不是极为出色，而是不能存在薄弱环节。薄弱环节导致整个链条的断裂，不论其他环节如何过硬，也不能取得最终的成果。事业成功取决于整个链条，而提升事业水准，需要提高整个链条所有环节的水平（见图9.1）。

水桶理论说的也是这个道理。水桶盛水的多少取决于桶壁最短的那块木板。

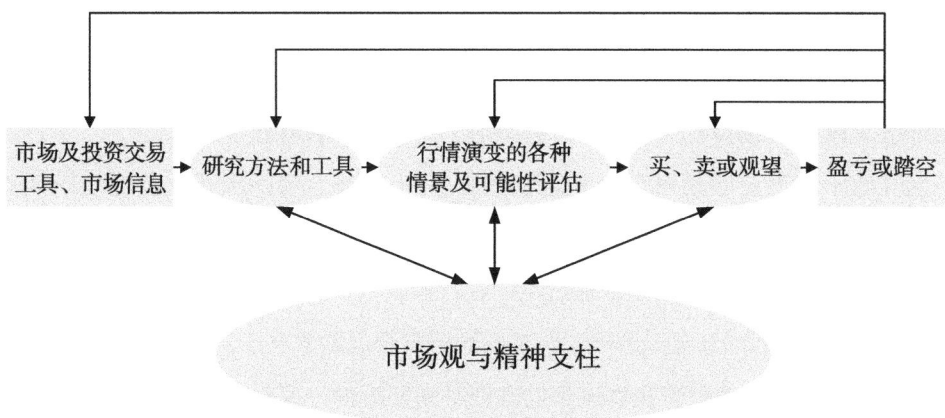

图9.1 投资交易链条示意图

投资交易是做事，其成果取决于一个完整的链条，链条上不能有薄弱环节。链条开始于外部的金融市场和投资交易工具，终结于外部市场给出的盈亏或踏空的客观结果，并要随时接受外部检验。链条的比喻也可以理解为水桶原理。

研究所追求的是独出心裁、见解独到，见他人所未见。研究不必面面俱到，没有链条一说。

金融市场及投资交易工具

金融市场有货币市场（包括外汇市场）、债券市场、权益类市场、大宗商品市场等现货和衍生产品市场。投资交易者需要对总体市场有基本的了解，特别是对国际市场要有所了解。原因如下。

一是市场之间存在根本的联系，了解总体市场有助于理解某个具体市场和具体的交易品种。

二是任何交易都要从货币市场着眼来考虑，货币市场利率是投资成本的衡量标准。在跨境投资交易中，还必须关注汇率趋势。

三是一定要选择适合自己的投资交易工具。举例来说，在权益市场，指数 ETF 产品适合大多数投资交易者，可是不少投资交易者并不了解这个产品，或者没有选择这类产品。由于投资交易产品日益丰富，投资交易者需要与时俱进，及时了解。

四是在互联网时代，可以便捷地获得市场信息。如今的问题是市场信息过多，而不是过少。市场技术分析所需要的市场信息包括市场行情和产品条款，但不包括各种观点、分析、预测、评论、研究报告等。投资交易必须始终从事实出发。

随着我国改革开放进程的深化，国内投资者可以交易的跨境产品越来越多，可以带着全球视野，投资境外适合的品种。

本环节属于外部客观事实，但需要主动了解选择。

研究方法和工具

行情的本质是趋势，市场技术分析通过恰当的图表工具简明地揭示行情，通过简单易行的图表分析工具识别市场状态，直接对应买、卖、等待的实际行动步骤，通过交易盈亏明确检验上述步骤的正误。

本环节属于个人修养。

行情演变的各种前景及可能性评估

一般情况下，行情前景同时存在若干种判断，而不是唯一一种。它们之间有时只是程度上的区别，但有时也可能是相互对立的。在跟踪行情时，首先要充分评估各种前景，没有重大遗漏，力求对未来各种行情变化都有心理准备；其次要动态评估各种前景的可能性分布，各种前景的可能性随着行情发展此消彼长，当其中一种前景占据压倒性优势时，便是采取最终行动的决定性时刻。

本环节属于个人修养。

买、卖或观望

首先，市场技术分析的重点是行动，是捕捉趋势。精确选择时机或者买卖点可以锦上添花，但不是决定性因素。决定性因素是在上升趋势中做多、在下降趋势中做空，头寸与趋势方向一致。

其次，不同的趋势阶段行情演变具有不同特征：第一阶段为趋势逆转，应保持警惕，整理原来的头寸；第二阶段"往来不穷"、飘忽不定，一定要耐心、耐心、再耐心，或小额慢慢积聚头寸，或从容观望；第三阶段必须断然入场坚持到底。

再次，在跟踪趋势过程中出现横向整理过程时，力求分辨出是持续形态还是反转形态，并采取相对应的措施。

最后，对基本的趋势形态和买卖信号不断加深认识，遵守市场技术分析纪律，养成良好的投资交易行为模式。

本环节属于个人修养。

盈亏或踏空

交易盈亏或踏空来自外部，使我们再次回到客观事实。不论投资交易者采取什么行动，市场都会及时给你一个明确无误的交代。市场如同一面不走样的镜子，照出投资交易者的真实面目。譬如练功房，四壁的镜子帮助练功者立即从外部看到自己动作的准确度，可以及时进行纠正。

本环节属于外部客观事实。

市场观和精神支柱

在上述链条中，投资交易者从外部事实出发，最终归结到外部事实，两头在外。投资交易者不能改变外部事实，只能改变属于个人修养的中间三个环节。在培育个人修养的过程中，摔跟头是家常便饭。

第一个挑战是，怎样才能保证朝着大致正确的方向努力，避免大方向的根本错误？

第二个挑战是，在长期的磨炼过程中，如何始终把握分寸，长期打算而不孤注一掷，确保自己在市场上存活、保留未来的机会？

第三个挑战是，在长期的磨炼过程中，怎样屡败屡战、越战越勇，坚持下来，坚持到修成正果？

第四个挑战是，虽然上述环节都是"我"的个人修养，可是良好的"个人修养"

恰恰是追求符合外部客观市场规律，"我"的修养实际上是如何避免在投资交易过程中掺入"我"的成分。在我的个人修养中摘除"我"的不利影响，是自我革命。

第五个挑战是，世上其他行当和钱的关系都是间接的，先做本行，看看本行做得怎么样，再看本行的金钱回报。投资交易这一行不然，这一行的直接结果便是金钱得失。事业成败就是金钱得失，直接对应当事人财务状况的安危。要干这一行，既要过本行的职业技能关，还得同时过金钱得失关。

面对这些挑战，没有强大的精神支柱是不可想象的。

如何学习市场技术分析

市场技术分析的基本教材有《金融市场技术分析》（［美］约翰·墨菲著，丁圣元译）、《日本蜡烛图技术》（［美］史蒂夫·尼森著，丁圣元译）。其特点是基本概念清晰、知识点全面，可以作为学习入门的教材。选择正确的教材就是选择正确的起点，它可以帮助初学者建立基本概念，具备基本的鉴别能力。学有余力，可以进一步参考《投资正途》（丁圣元著）第一章中关于趋势的理论。

学习技术分析如同学习打球、炒菜、品酒，一定要边学边练，多画图，适度交易，反复对比总结。如果有可能，读书后，可以适当参加研讨班，向有经验者请教。绝不可以把它们单纯当书看。

在掌握了市场技术分析基础知识和基本技能的基础上，《股票大作手回忆录》（［美］埃德温·勒菲弗著，丁圣元译）、《十年一梦——一个操盘手的自白》（青泽著）可以作为案例集来研究。以市场技术分析为知识框架和判断准则，内行看门道，更深入地理解当事人的经历、体验、领悟、挫折、盈亏等，而不只是看故事。

当我们具备了一定的人生历练和较多交易实践后，心中有些疑问不可能从上述资料中找到答案。《周易》《老子》《庄子》《孙子兵法》《论语》《大学》《中庸》等都是重要的知识源泉。早读、早积累，将来早领悟，早得到帮助。

读书只是在做知识准备，要日积月累、长期坚持不懈，并最终在实践中恍然大悟，只有这样才能把书上的知识真正转化为自己的行为准则。

先牢记条条框框，再依葫芦画瓢，将条条框框应用于实践中。在相当长的时间内，你不知道自己究竟在干什么。迟早有一天，你会一拍大腿，"啊，书上说的那句话原来是这个意思"。就这样，不断积累，点滴领悟。久而久之，从量变到质变，时间将发挥神奇的发酵作用，原本书上的、别人的知识和技能，不知不觉地转化成你自己的心得，别人的变成了自己的，你甚至还能够去粗取精、变通适时，最终进入得心应手的佳境。

布里丹毛驴的故事——时间是交易者学习过程的关键要素

宋代禅宗大师青原行思提出了修禅的三重境界：

参禅之初，看山是山，看水是水；

禅有悟时，看山不是山，看水不是水；

禅中彻悟，看山仍是山，看水仍是水。

刚开始看山是山，看水是水，是因为入行尚浅，基本上是依葫芦画瓢、知其然不知其所以然，所见所为基本上按照直观和直觉来。

接下来，学有所得，但还不透彻，煮的是夹生饭。此时好似邯郸学步，最初的直观直觉已经被抛弃了，可是尚未养成完备的新观念和新方法，建立得宜的新的行为规范，结果总是两头为难。

经过中间阶段的曲折反复艰苦磨炼后，终于修成正果，形成了正确的观念和方法，养成了合乎要求的行为规范，返璞归真。

这三个阶段和趋势的三个阶段理论异曲同工，只不过趋势三阶段讲的是市场行情，而这里的三个阶段讲的是当事人历练的过程和心路历程。修禅的核心是第二阶段"禅有悟时"。趋势演变的第二阶段为"往来不穷谓之通也"；修禅的第二阶段则是"似是而非"的夹生饭。

我国有一则"邯郸学步"的故事，说的是"寿陵余子之学行于邯郸，未得国能，又失其故行矣，直匍匐而归耳"（《庄子·秋水》）。殊不知邯郸学步是第二阶段"看山不是山、看水不是水"的常态，当事者常会出尽洋相而不知。

国外有一则故事与邯郸学步不相伯仲。哲学家布里丹教授养了一头小毛驴，他每天要向附近的农民买一捆草料来喂它。这天，送草的农民出于对哲学家的景仰，额外多送了一捆草料放在旁边。两捆草的数量、新鲜程度、营养和口味完全看不出区别。布里丹的毛驴跟在哲学家后面学会了"理性"的行为方式，必须要找出合理的理由做出选择，才肯下嘴吃草，绝不能随意姑且。可怜的毛驴站在两捆草之间，实在找不出先吃哪一捆的理由，结果这头理性的毛驴活活被饿死了。

大家恐怕都要对那位寿陵少年心存鄙夷，对这头蠢驴也不会有什么好感。可是，这就是第二阶段的基本特征。如果什么都不学或者刚刚开始学，当然不会有寿陵少年的烦恼。做事情理性不到家，或者甚至无所谓理性不理性地随便玩玩，自然不会陷入毛驴的困境。可是，我们好歹都要学一点手艺，好歹都要讲一点理性。在第二阶段，我们和寿陵少年、和毛驴的区别只不过是五十步与一百步。如果只在第一重境界，那是小白兔或者小肥羊，根本还没有品到真味。不经过寿陵少年和毛驴的磨难，不可能达到第三重境界。生米不经过夹生饭，就不可能煮成熟饭。因此，有志于学的人，可以以寿陵少年和布里丹毛驴作为一个检验标志，到达这个状态并最终度过这个状态，才有希望上升到第三重境界。

此外，从统计学上看，人群之中大多数行当的从业者可能都处在第二重境界而不自知，为了避免邯郸学步和布里丹毛驴的困境，在实际操作时混杂着使用了第一重境界和第二重境界的手段。真正达到第三重境界的总是少数。因此，我们要警惕自己的状态是否处在第二阶段——在煮夹生饭；也要对各种口头推广、文字材料等保持警惕，慎之又慎。

市场技术分析的四大用处

第一个用处是可以一直作为行为准则，实际跟踪市场趋势，投资交易获利。

第二个用处是，既然市场技术分析通过简化揭示市场本质，我们就能借助它一个市场一个市场地看，看一个遍，得到环球金融市场的一幅全景图，把国内外全部主要的金融市场一网打尽，理清其中的关联，形成整体思路。

第三个用处是，在形成整体思路的基础上，在金融工具许可的范围内实施全球化金融资产配置，配置范围尽可能覆盖上述所有主要市场。

第四个用处是，借助市场技术分析反观自己的行为，求得启发。理解市场，就是理解他人；理解他人，反过来也就可以理解自己。

第二节
行情的本质是趋势，技术分析是简化，简化的过程就是提炼行情本质的过程

古人说："大道至简。"

投资交易的过程需要三方面组合：市场本身、观察和交易的工具、"我"（见图9.2）。市场是复杂的，这是每一位投资交易者必须接受的外部事实，每个人都拿它毫无办法。工具则可以选择简单的或者复杂的，这要看我们的取舍。投资交易者本人当然是复杂

图 9.2　投资交易过程中的三个方面

市场是复杂的，这是客观事实。工具可以选择简单的，也可以选择复杂的。我是复杂的，有希望修炼到简单，进而达到"无我"的境界。三方面综合起来，大致有四种组合：复杂＋复杂＋复杂＝毫无希望；复杂＋复杂＋简单＝复杂；复杂＋简单＋简单＝有希望；复杂＋简单＋无我＝很可能成功。

的，但是事在人为，勤加修炼，有可能把本人变得简单，甚至简单到极致，达到"无我"的境界。

上述三方面大致有四种组合的结果。

第一种结果是：市场复杂＋工具复杂＋"我"复杂＝毫无希望。

第二种结果是：市场复杂＋工具复杂＋"我"简单＝结果复杂。

第三种结果是：市场复杂＋工具简单＋"我"简单＝有希望成功。

第四种结果是：市场复杂＋工具简单＋"无我"＝很可能成功。

市场复杂，我们采取简化的应对方法，一方面保持简单，另一方面尽量避免投资交易者本人的影响，希望化繁为简。这里先来讨论工具，"我"放在后文讨论。

市场技术分析通过蜡烛图力求简明地表达行情；通过各种分析工具力求简易地标

注市场状态，当市场状态改变时，尽可能第一时间反映出来；通过买卖或等待将结论直接对应、落实到交易行为，适时顺应趋势。因此，市场技术分析就是简化的功夫，通过简化，力求捕捉市场行情的本质——趋势。

市场技术分析有一句行话："铅笔和直尺走天下。"铅笔和直尺，听起来太简单了，怎么可能有那么大的魔力？道理如下。

首先，市场总是处在不同状态之中，既有趋势状态，也有横盘状态。

其次，技术分析借助基本的趋势分析工具分析市场状态，并且一般通过直线来标志市场状态的边界。如果行情处在边界之内，则属于现有的某种状态；如果行情突破边界，则往往标志着市场进入了另一种状态。并不是铅笔和直尺有什么魔力，而是借助它们来绘制辅助线，能更清晰地标志、揭示市场状态。当突破发生时，这样可以帮助当事人第一时间注意到市场状态的改变。

最后，当市场状态改变时，通常我们的交易头寸也应当随之改变。如此一来，市场技术分析从行情事实出发，分析和标注市场状态，当市场状态发生改变时，立即采取交易，适应市场状态的改变，由此形成交易规则和行动纪律。

然而，"简"不是魔法师的咒语，不是说一声"芝麻开门"就行了。为了获得"简"的本领，首先必须下足"繁"的功夫。"为学日益，为道日损"（《老子·第四十八章》）。关键在于不经过"益"，就不可能"损"；不先"为学"，就不可能"为道"。于是，话题重新回到了"修禅的三重境界"。

"天下难事必作于易，天下大事必作于细"（《老子》），不立志，就不能开始学习市场技术分析的征程。"不积跬步，无以至千里；不积小流，无以成江海"（《荀子·劝学》），在漫漫的修炼过程中，不坚守初心，就不能百折不回，最终达到目的。

第一个阶段的重点是学，认真看经典书、多找机会听课、拜师求艺都是好办法。古人说，"书山有路勤为径，学海无涯苦作舟"，尽可能知道得更多一点，尽可能占有更多的资料。这个阶段有点像阅读导游书，读得越多越杂，准备越充分。不过，这个阶段基本上还是纸上谈兵，阅读导游书，不可能代替亲身游览。

充分获得相关信息后，进入第二个阶段，重点是"习"。"纸上得来终觉浅，绝知此事要躬行"（《冬夜读书示子聿》，南宋陆游）。多动手尝试，将别人传授的知识拿到自己的实践中尝试，亲身经历，从中获得体会。把已经知道的，带到事件中尝试，再将尝试所得的体验细细反刍，力求获得领会。这个过程是艺海拾贝，点点滴滴地积累经验和体验。这个过程很像盲人摸象，每次摸到的都是大象的一个部分，难以形成全貌。然而，无论如何，每次摸到的都是真实的大象。不用说，理解的过程就是似是而非、似非而是的反复过程。

第二阶段像是带着导游图到现场旅游，每一个场景都令人惊叹，但是一般性的旅游只是做一个过客，容易对当地的风土人情留下浮光掠影的印象，却不容易对当地的历史、地理、文化进行深刻的了解和感受。

希望在于从量变到质变，坚持不懈。积累多了，终有一天发生质变。光旅游不够，还得在当地体验生活；一个个独立的景点不够，还要把各个景点连起来，获得山川地理的全貌。如此以往，把大象各个部位安排到各自应有的位置，就能够得到大象的完整面貌，这样既有全貌，又有局部细节。

总之，过程长，道路曲折，没有恒心、不能吃苦是不可能领悟真谛的。

第三节
"我"的挑战

投资者在工具和"我"两方面同时面临挑战，自己的方面尤甚

如图 9.2 所示，投资交易的结果是市场、工具和"我"的结合，投资交易者同时面临着两方面的挑战，一方面是如何认识工具、如何选择工具、如何使用工具，另一方面是如何认识"我"、如何管理"我"的挑战。投资交易的结果是直接的金钱得失，父子、兄弟可能为钱反目成仇，既然金钱对人有如此深切的影响，那么投资交易对"我"的挑战自然极大。

如此一来，撇开市场本身不谈，投资交易的结果必然混合了工具和"我"两方面的作用，是人与技术两方面综合的结果。举例来说，市场技术分析发出了一系列买卖信号，由于"我"的作用，对这些信号进行了进一步的过滤和加工，认为其中有的信号可信度高，可重仓投入；有的信号可信度低，应轻仓投入，乃至根本放弃信号。这种进一步的过滤和加工当然不属于市场技术分析本身的内容，往往成事不足、败事有余。事后看，重仓的可能带来了亏损，而轻仓的、放弃的反倒是本可能带来盈利的。

有人在读了几本技术分析书、听了几次讲座之后，开始使用技术分析方法，尝试若干次后效果不佳，便宣称市场技术分析无效。从前文的讨论来看，市场技术分析并没有那么好掌握，而"我"更加难办。

事实上，有时候，投资交易的结果不错，其中很大程度上不过是一时的运气，因为 90% 以上的人天生偏好做多，而当时的行情恰恰处在牛市中。如果在这种情况下，把投资业绩归结到自己切实掌握了工具，或者归结到自己英明盖世，那实在是有点不知天高地厚。有时候，投资交易的结果不好，其中很大程度上也不过是一时运气不济。总之，投资交易的结果是工具和"我"的组合，不能简单归结到工具。

想法和行动天差地别

"我"遭遇的第一个挑战是：想法和行动之间天差地别。

首先，想法必须基于事实，不基于事实的想法是沙滩上的大楼。什么是事实？"我"往往会混淆。一般说来，真正发生了的，并且可以被"我"及时、准确地获得信息的事件才是"我"的事实。未来可能发生的不算，不能准确获得的不算，不能及时获得的不算。

市场技术分析认可的事实只有行情，包括价格、成交量、持仓量，它们在第一时间被发布出来，所有有资格交易的人都可以根据发布的价格竞争交易。

所有的投资交易者都盯着行情，因为行情决定着盈亏。但是，其中有多少人能够始终清醒地认识到只有行情才是"想法"唯一可靠的基础呢？

其次，"我"的想法纷至沓来，可以同时有千奇百怪的各种想法，甚至可以是相互矛盾的想法同时并存而泰然处之。"我"的头脑天生可以容纳千千万万的念头，难就难在到底应该选择哪一个想法去做呢？这会儿是一种想法，过一会儿又是另一种想法，到底是坚持原来的，还是选择新来的呢？

再次，"我"可以天马行空地想，做起来却不得不脚踏实地。实际上，大多数想法根本行不通，不可能做到。于是，"我"往往"想得到"，就是做不到。更重要的是，想法很多，可是任何时刻能够付诸实施的做法往往只是其中唯一的一个，这么做了，就不能那么做。这么一来，必然导致"我"左右为难，做不出有效的选择，即使勉强选择了，也容易动摇，难以坚持到底。

最后，"我"有一种奇特的功能，容易混淆想法和做法，往往以为想到了就是做到了。退一万步，即使做到了，如何才能确保做得正确呢？实践是检验真理的唯一标准。想法是"我"的，具有主观性，为了保证其符合客观世界，必然需要验证和矫正，验证和矫正的依据只能是外部事实。

综上所述，真正可靠的想法必须抓住事物的本质——事物的本质必然是少的，而不是多的。相反，如果想法抓不住事物的本质，则根本无足轻重，甚至反倒会成为行动的羁绊。

身子比脑子快——从移动平均线看观念相对于行为的滞后性

曾参的家在费地，费地有个跟曾参同名同姓的人杀了人。有人向曾参的母亲报告说："曾参杀人了！"曾参的母亲说："我的儿子绝不会杀人。"没隔多久，又有一个人跑到曾参的母亲面前说："曾参在外面杀了人。"曾参的母亲仍然不去理会这句话，还是坐在那里不慌不忙地穿梭引线，照常织着自己的布。又过了一会儿，第三个报信的人跑来对曾母说："曾参杀人了。"曾母心里骤然紧张起来。慌忙扔掉手中的梭子，端起梯子，越墙逃走了（成语"曾参杀人"）。

曾参是儒家大贤。他的母亲本来了解他、信任他，但是经过三次消息的刺激，原本的信任动摇了，母亲转而相信儿子可能真的杀了人。

一般说来，外部信息的刺激会导致我们产生观点，观点引发我们采取行动。但是，无论是从外部信息到我们的观点，还是从我们的观点到实际行动，都有相当大的差距。

从外部信息的刺激到观点的产生，首先，当事人必须注意到外部信息。或者由于不关心，或者由于专业能力不足，当事人往往敏感度不足，不容易注意到相关的外部信息。其次，外部信息往往必须重复数次，才足以产生观点。如果是要改变原有的观点，那就更得重复若干次。当事人越迟钝，则需要重复的次数越多；越敏感，则需要重复的次数越少。在曾参杀人的故事中，曾母对儿子当然十分关心，不可能不注意外部信息。在三次外部信息的重复刺激下，曾母意识到儿子可能真的杀人了，便遁墙而走（成语的原意是曾母本该坚信儿子没有杀人，不理会别人说什么的，我们这里只谈成语所说的事件）。

通常，当我们第一次遇到某种事件时，往往感到新鲜，但较少往心里去，难得认真地对待和思考。第二次遇到，可以与第一次产生比较，信息增多，可能开始留心。以后再遇到，积累的信息更多，对其的思考也增多，从而会逐渐对这类事物产生看法。反应快的人，经过少数几次重复就产生了印象，不过，来得快，看法也容易反复；反应慢的人，经过多次重复后较慢产生印象，不过，来得慢，看法也相对稳定。

然而，不论快慢，看法总是滞后于实际事件。滞后于实际事件，便是脱离现实，从而导致当事人行为失当，并可能带来损害。从专业角度来看，最合适的应对方法是，在事件发生后的第一时间形成适当的看法，同时采取相应的行动。

有两种市场技术分析工具，分别代表了事件出现后适时和滞后的两种特点：基本的突破信号具有适时性，移动平均线突破信号具有滞后性。

基本的突破信号以历史高、低点为比较基准，突破历史高、低点构成买卖信号。首先，历史高、低点是客观存在，不会因为采取不同时间周期的图表而改变。其次，当前价格变动是否突破历史高、低点，属于行情现场发生的事实，没有明显滞后。如图 9.3a 所示，在经历了一轮明显的上涨行情之后，出现了一个双重顶形态。2019 年 4 月 25 日，当市场向下突破双重顶颈线后，双重顶形态完成，发出向下反转的趋势信号。

移动平均线上每一个点都来自若干个行情数据的平均值，是对行情数据进行加工后的结果。计算平均值而不是采用原始的价格数据的好处在于去掉了周期短于平均线时间参数的小波动，使得移动平均线更为平滑，较少曲折，即提高了稳定性；坏处是，有时小波动是大波动的开头，包含了有价值的信息，舍弃小波动，实际上也舍弃了信号的灵敏度。因此，移动平均线的时间参数越长，则其平滑效果越好，但是付出的代价是其滞后效应越强，信号越迟钝。

如图 9.3b 所示，本图运用移动平均线组合产生信号，其中较短的为 19 日，较长

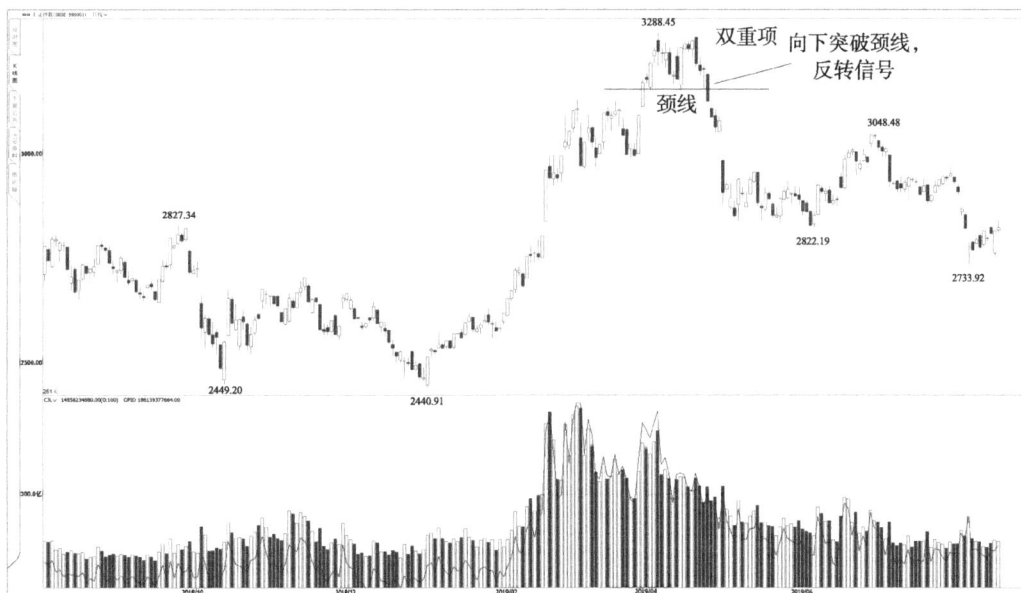

图 9.3a　上证指数日线图（2018 年 8 月 7 日—2019 年 8 月 16 日）

2019 年 4 月 3 日—4 月 25 日形成了一个较为明显的双重顶形态。双重顶之前，市场曾经出现显著的上涨行情。2019 年 4 月 25 日市场向下突破双重顶颈线，发出反转信号。当日指数波动区间为 3123~3193。

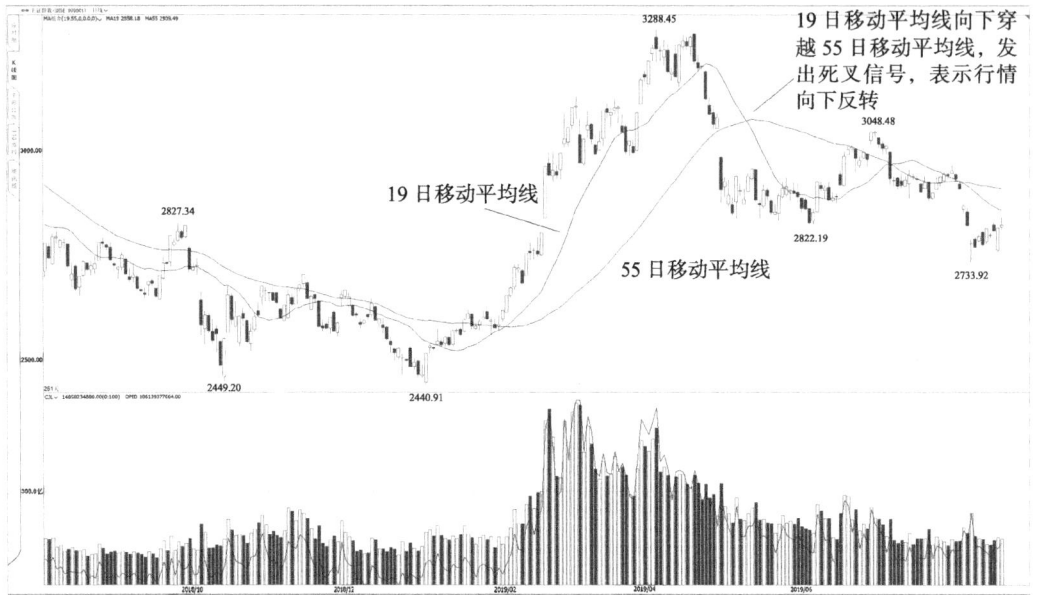

图 9.3b　上证指数日线图（2018 年 8 月 7 日—2019 年 8 月 16 日）

图上绘制了两条移动平均线：一条时间参数较短，为 19 日移动平均线；另一条时间参数
较长，为 55 日移动平均线。相比行情图线，两者都具有显著的平滑效应，其中 55 日的平
滑效果比 19 日的更好。不过，两者都滞后于行情，55 日的更迟钝，滞后更多。2019 年 5
月 15 日，当时间参数较短的移动平均线向下穿越时间参数较长的移动平均线时，构成死
叉信号，表示行情向下反转。当日指数波动区间为 2902~2945。

的为 55 日。它们平滑了价格波动，时间参数越长，平滑效果越好。付出的代价是时间
参数越长，则反应越迟钝，相对于行情变化越滞后。2019 年 5 月 5 日，当时间参数较
短的移动平均线向下突破时间参数较长的移动平均线时，发出死叉信号，表示行情向
下反转。

　　比较图 9.3a 和图 9.3b 的两个信号，移动平均线突破信号滞后了 11 个交易日。不
仅如此，基本的颈线突破信号发生在 3150 左右（颈线的水平），移动平均线交叉信号
发生在 2940 左右（当日收市价附近），相差 200 点以上，幅度接近 7%。从后来的行
情发展来看，后者基本上已经无利可图。

　　有人可能会指出，移动平均线可以选择更短的时间参数，以提高其敏感度。图
9.3b 中的移动平均线组合是为了揭示之前的上升趋势，它们和双重顶之前的上涨过程
是匹配的。如果选取更短的时间参数，敏感度可能提高，但是追踪上涨过程的效果也
会降低，可能增加跟踪趋势过程中的信号反复。

　　当事人观点形成的过程与移动平均线极为相似，观点的形成来自类似事件的重复

刺激，如果当事人更敏感，则需要重复的次数较少，达成的观点相对更容易发生变化；如果当事人更迟钝，则需要重复的次数较多，达成的观点相对更不容易发生改变。无论如何，它们的滞后效应都是共同的，前者滞后较少，后者滞后较多。这就揭示了现实生活中的一项本质特征：当事人境遇变化在前，观念"跟进"在后，但是，当事人在事发当时并不是什么都不做，而是已经稀里糊涂地实施了具体行动。换句话说，脑子还没有想到，可是实际上已经有行为了。就这样，身子比脑子快，现实比思想快。当事件发生时，我们没有能力当场弄明白这是怎么回事，但是行动却是当时就做了；事后慢慢琢磨，或许有朝一日头脑可以反应过来。一般来说，观念总是滞后的，因而总是脱离现实的。

回忆一下我们理解父母身体状况的过程。当我们年轻时，往往不能理解父母已经到了中老年的每况愈下的身体状况，还停留在父母"大人"的儿时印象中，对父母照顾不周。等到我们也上了一定的岁数，对父母的年纪增大总算有了一点切身体验的时候，父母已经垂垂老矣。

市场技术分析的专业训练和其他各种实用技术的基本目的是，一旦事件发生，当事人就能正确地认识事件本质，在事件发生后的第一时间采取恰当的应对措施，不需要事件重复发生，尽可能缩短滞后效应，不脱离现实。本书之所以强调基本的趋势突破信号等基本工具，出发点就在于此。

路径依赖

路径依赖俗称"宿醉"效应，即昨天晚上饮酒，到今天白天脑子还是昏昏沉沉的。事件已经过去，脑子应放下它，不带包袱地迎接新的事件，只有这样才能客观、敏感地反映新事件。可是我们的头脑往往受到过去发生的事件的影响，不能重新归零，形成了路径依赖的特点。

行为产生实际后果，必然是路径依赖的。思想不同于行为，思想可以天马行空，面对新事件，应当从零开始，始终以合理、恰当为最优目标。走路的时候，每时每刻都不得不从上一个时刻到达的地点出发，从而必然是路径依赖的。然而，每一个时刻，都应当根据目的地的方位来校正下一步前进的方向，不论从哪一点出发，前进方向都应当始终围绕目的地来选择。行动有路径依赖，倘若思想也有路径依赖，则目的地将慢慢变得模糊，最终迷失方向。

借镜子来做一个比喻，每次照镜子，镜子上并不会留下一点影子。倘若不是如此，镜子照得越多，镜子里面的影子就越积累越浓密，慢慢将不能用作镜子了。

回到基本的突破信号和移动平均线信号的比较上来。移动平均线是新旧价格数据平均的结果，当然属于路径依赖。上文说到，专业训练的结果是，当事者不需要事件重复，而是在事件发生后的第一时间就能认识事件，进而采取恰当的应对措施。从这里的讨论我们得到的启示是，当新的事件到来时，要斩断路径对思路的束缚，重新归零，在新事件发生后的第一时间抓住其本质，采取恰当的应对措施。

第四节
得一

镜子和水的启示

庄子曰："至人之用心若镜，不将不迎，应而不藏，故能胜物而不伤。"（《庄子·应帝王》）这句话的意思是说，真正做到家的人，用心犹如用镜子，来什么照什么，来的不迎接（来的不预设条件），去的不挽留（去的不留痕迹），是什么当即就照出什么，如实反映本来面目，既不隐藏也不保留，所以能够顺应各种事物，使之各得其宜，而不会被纷纷扰扰的事物困扰，不会受到事物的损害。

老子说："上善若水。"（《老子·第八章》）水最重要的一项特点是，随时能找到水平。类比到人的所思所为，那相当于人的想法和举止的公道、适度、恰如其分。采取的态度、做事的方式保持公道、适度、恰如其分。我们学习市场技术分析，所追求的正在于此。不仅如此，我们所追求的不是一时一地的恰如其分，而是长期、一贯地保持恰如其分。

鲤鱼跳龙门——相信感官还是相信仪表

喷气式飞机速度快，飞行员很容易发生错觉，尤其是混淆天空和海洋、正飞和倒飞。由于飞机速度高，在极短的时间内就可以飞过飞机所在的高度，如果混淆了正飞和倒飞，飞机很快就可能栽到地面。

据说飞行员要过仪表关。飞行员到底是该依靠感官直觉，还是依靠仪表？特别是当感官和仪表矛盾的情况下，你的第一动作是查看仪表，还是查找感觉？飞行员必须以仪表为凭据，舍弃感官，相信仪表，把仪表转化为直觉，才能确保安全。

将飞行员的仪表关对应到市场技术分析上来，大致相当于下列过程。

观察——仅以事实为准，舍弃各种分析、说法。

判断——仅凭市场技术分析规则，舍弃各种想法或灵感。

过滤——对技术分析信号不再加以主观判断取舍，舍弃人为偏好或侧重。

行动——及时机械反应，舍弃心情、意愿。

跟踪——以市场反馈为准，舍弃期望和想象。

总之，自然的、直觉的反应代表未经训练的平常人反应，而专业素养是按照专业规范要求做出的专业反应，通常与常人的自然反应不同。成功的交易者改造了自然反应，把专业反应转化为"自然反应"。学习市场技术分析，要把专业训练转化为自己的直觉，取代原本的感官直觉。鲤鱼跳龙门，跳过龙门化为龙，跳不过龙门还是鲤鱼。这是一个巨大的飞跃，不经历这个飞跃，就不可能真正掌握专业训练的内容。

得一

得一的概念来自老子。"昔之得一者，天得一以清；地得一以宁；神得一以灵；谷得一以盈；万物得一以生；侯王得一以为天一正"（《老子·第三十九章》）。无独有偶，孔夫子说："吾道一以贯之。"

通俗地理解，学会骑车的过程，就是"得一"的过程。在没有学会骑车之前，心想着骑起来、眼看着前路、手把龙头选方向、脚踩蹬子出力，这样的分工本没有错，可是初学者的心、眼、手、脚各干各的、自行其是，结果歪歪扭扭，骑不了多远就容易摔倒。真正学会之后，同样地心想着骑起来、眼看着前路、手上掌龙头、脚下给动力，心、眼、手、脚合作无间，简直像是天生就会的样子，如果有意问骑车的人，心里怎么想的、眼睛怎么看的、手脚怎么动的，他们往往说不上来，感觉那就是自然而然的。这就是"得一"，心、眼、手、脚协调一致，不仅自身是一体的，甚至骑车人和自行车也已经融为一体。

市场技术分析所追求的"得一"大致在以下四个方面。

第一，行情复杂多变，想法不能复杂多变，要认清行情本质、抓住要害。这是"为学日益，为道日损"中"损"的功夫。想法太多，必然难以定夺行动。因此，绝不可以有太多的想法，绝不能各种想法纷至沓来。

第二，想法一以贯之。所谓一以贯之，不是维持想法不变，而是一定要让想法追随行情、适应行情，根本的一条是，行情变，我变；行情不变，我不变。这样的想法才是市场技术分析所追求的前后一致。

第三，确保想法与行动一致。想法来自"仪表"，而不是来自感官直觉。想法不是一时灵感或个人感觉，而是来自专业观察和分析过程。行动和仪表之间不设置过滤器，不设置人为的中间环节。从仪表到行动，简单机械。

第四，以市场为镜，以事实为依归，检验和矫正想法的正误。归根结底，想法靠不住，所以练舞蹈的房间四壁都是镜子，练舞者随时能看到自己的姿势，随时进行纠正。

利弗莫尔说："人们说，凡事皆有两个方面。然而，股票市场只有一个方面，既不是多头的方面，也不是空头的方面，而是只有正确的方面。"（《股票大作手回忆录》，[美]埃德温·勒菲弗著，丁圣元译）"得一"的最终目的就是想法和行为恰如其分，保持在正确的方面，让我们的行为具备一致性，身与心和谐统一，自己与外部市场和谐统一。